W0000797

MIRA®

Der Preis dieses Bandes versteht sich einschließlich
der gesetzlichen Mehrwertsteuer.

Umwelthinweis:
Dieses Buch wurde auf chlor- und säurefreiem Papier gedruckt.

Das Geheimlabor

Ohne es zu wissen, gelangt Cathy in den Besitz von brandheißem Beweismaterial: Der Biochemiker Dr. Victor Holland hat versehentlich eine Filmrolle in ihrem Wagen liegen lassen, die illegale Versuche in einem Labor zeigt. Zu spät erkennt Victor, dass er die Frau, die er liebt, damit in Lebensgefahr gebracht hat: Die Hetzjagd auf sie ist bereits eröffnet ...

Tödliche Spritzen

Das Leben der schönen Ärztin Kate Chesne wird zu einem Albtraum, als sie unter Verdacht gerät, einen Kunstfehler begangen zu haben. Doch ausgerechnet der Anwalt David Ransom, der gegen sie klagt, steht zu ihr. Er spürt ihre Angst und versteckt Kate schützend in seinem Haus ...

Tess Gerritsen

Akte Weiß

MIRA® TASCHENBUCH
Band 25106
1. Auflage: Oktober 2004

MIRA® TASCHENBÜCHER
erscheinen in der Cora Verlag GmbH & Co. KG,
Axel-Springer-Platz 1, 20350 Hamburg
Deutsche Taschenbucherstausgabe

Konzeption/Reihengestaltung: fredeboldpartner.network, Köln
Umschlaggestaltung: pecher und soiron, Köln
Titelabbildung: by GettyImages, München
Autorenfoto: © by Harlequin Enterprise S.A., Schweiz
Satz: D.I.E. Grafikpartner, Köln
Druck und Bindearbeiten: Ebner & Spiegel, Ulm
Printed in Germany
ISBN 3-89941-142-0

www.mira-taschenbuch.de

Tess Gerritsen

Das Geheimlabor

Roman

Aus dem Amerikanischen von
M.R. Heinze

PROLOG

Zweige schlugen Victor Holland ins Gesicht, und sein Herz hämmerte so hart, dass er glaubte, seine Brust würde explodieren, doch er musste weiterlaufen. Schon jetzt hörte er, wie der Mann näher kam, und er stellte sich vor, wie die Kugel durch die Nacht fetzte und in seinen Rücken schlug. Vielleicht war das sogar bereits passiert. Vielleicht legte er eine breite Blutspur. Er war zu betäubt vor Entsetzen, um im Moment irgendetwas anderes zu fühlen als verzweifelten Lebenshunger.

Eisiger Regen klatschte in sein Gesicht, blendete ihn. Victor taumelte durch einen See von Dunkelheit und landete bäuchlings im Schlamm. Das Geräusch seines Sturzes war ohrenbetäubend laut. Sein Verfolger wurde durch das scharfe Knacken der Zweige angelockt, veränderte seine Richtung und kam jetzt direkt auf Victor zu. Das Plopp eines Schalldämpfers und das Zischen einer Kugel an seiner Wange verrieten ihm, dass er entdeckt worden war.

Er zwang sich auf die Beine, schlug einen Haken nach rechts und wieder einen zurück Richtung Highway. Hier im Wald war er ein toter Mann. Aber wenn er einen Wagen anhalten, wenn er jemandes Aufmerksamkeit erregen konnte, hatte er vielleicht noch eine Chance.

Krachen von Zweigen und ein scharfer Fluch sagten ihm, dass sein Verfolger gestrauchelt war. Victor gewann ein paar kostbare Sekunden. Er rannte weiter, nur instinktiv von seinem Orientierungssinn geleitet. Es gab kein Licht, das ihn führte, nichts außer dem düsteren Schimmer der Wolken am nächtlichen Himmel. Die Straße musste gleich da vorne sein. Jeden Moment musste er Asphalt unter seinen Füßen spüren.

Und was dann? Wenn es keinen Wagen gab, den er anhalten konnte? Wenn niemand da war, der ihm half?

Dann sah er durch die Bäume ein schwaches Flackern, zwei wässrige Lichtbahnen.

Mit einem verzweifelten Sprint jagte er auf den Wagen zu. Seine Lungen brannten, seine Augen waren von dem Peitschen von Zweigen und Regentropfen fast blind. Wieder pfiff eine Kugel an ihm vorbei und schlug in einen Baumstamm, aber der Schütze hinter ihm hatte plötzlich keine Bedeutung mehr. Nur noch diese Lichter zählten, führten ihn durch die Dunkelheit, lockten ihn mit dem Versprechen der Rettung.

Als seine Füße plötzlich auf Asphalt trafen, war es wie ein Schock. Die Lichter waren noch immer vor ihm und schwankten irgendwo jenseits der Bäume auf und ab. Hatte er den Wagen verpasst? Entfernte sich der Wagen bereits hinter einer Kurve? Nein, da war das Licht wieder, jetzt sogar heller. Es kam hier entlang. Victor rannte dem Wagen entgegen, folgte der Biegung der Straße und wusste die ganze Zeit, dass er hier draußen ein leichtes Ziel war.

Das Klatschen seiner Schuhe auf der nassen Straße erfüllte seine Ohren. Die Lichter schwenkten auf ihn zu. In diesem Moment hörte er den dritten Schuss. Die Wucht des Einschlags ließ ihn taumelnd auf die Knie fallen. Vage fühlte er, wie die Kugel seine Schulter durchschlug, wie sein eigenes Blut warm an seinem Arm herunterfloss, aber er empfand keinen Schmerz. Er konnte sich nur darauf konzentrieren, am Leben zu bleiben. Er kämpfte sich wieder auf die Beine hoch, tat stolpernd einen Schritt vorwärts ...

Und wurde von den auf ihn zukommenden Scheinwerfern geblendet. Zu spät, um sich zur Seite zu werfen, sogar zu spät, um in Panik zu geraten. Reifen kreischten auf dem Asphalt, spritzten Wasserfontänen hoch.

Victor fühlte den Aufprall nicht. Er wusste lediglich, dass er plötzlich am Boden lag und der Regen in seinen Mund prasselte und ihm sehr, sehr kalt war.

Und dass er etwas zu tun hatte, etwas Wichtiges.

Fiebrig tastete er in die Tasche seiner Windjacke. Seine Finger schlossen sich um den kleinen Plastikzylinder. Victor konnte sich nicht genau erinnern, wieso der Behälter so wichtig war, aber er war erleichtert, weil das Ding noch vorhanden war. Er umklammerte es fest mit seiner Hand.

Jemand rief ihn. Eine Frau. Er konnte ihr Gesicht nicht durch den Regen sehen, aber er konnte ihre Stimme hören, heiser vor Panik inmitten des Summens in seinem Kopf. Er versuchte zu sprechen, versuchte, sie zu warnen, dass sie beide verschwinden müssten, dass der Tod ringsum in den Wäldern lauerte. Aber er brachte nur ein Stöhnen hervor.

1. KAPITEL

Drei Meilen außerhalb des Redwood Valley war ein Baum quer über die Straße gestürzt, und bei den schweren Regenfällen und dem Stau brauchte Catherine Weaver fast drei Stunden, um Willits zu passieren. Da war es bereits zehn Uhr, sodass sie Garberville nicht vor Mitternacht erreichen konnte. Hoffentlich blieb Sarah auf und wartete auf sie. Aber wie sie Sarah kannte, wurde bestimmt ein Abendessen im Herd warm gehalten, und im Kamin loderte ein Feuer. Catherine fragte sich, wie ihrer Freundin die Schwangerschaft bekam. Wunderbar, natürlich. Sarah hatte jahrelang von diesem Baby gesprochen, einen Namen dafür ausgesucht – Sam oder Emmy – und das schon lange, bevor sic schwanger geworden war. Die Tatsache, dass sie keinen Ehemann mehr hatte, spielte eine untergeordnete Rolle. „Man kann nur eine begrenzte Zeit auf den richtigen Vater warten", hatte Sarah erklärt. „Dann muss man die Dinge selbst in die Hand nehmen."

Und das hatte sie getan. Während ihre biologische Uhr ihre letzten Jahre verticken ließ, war Sarah zu Cathy nach San Francisco gefahren und hatte in aller Ruhe aus den Gelben Seiten eine Samenbank ausgesucht. Natürlich eine liberal eingestellte. Eine, die Verständnis für die verzweifelte Sehnsucht einer neununddreißig Jahre alten, allein stehenden Frau aufbrachte. Die Befruchtung selbst war eine kühl klinische Angelegenheit gewesen, wie sie später erzählte. Auf den Tisch hüpfen, die Füße in die Steigbügel stellen, und fünf Minuten später war man schwanger. Nun ja, fast. Aber es war eine einfache Prozedur, die Spender waren nachweisbar gesund, und was das Beste von allem war, eine Frau konnte ihre Mutterinstinkte ohne das ganze alberne Zeug rund um eine Ehe befriedigen.

Ja, das alte Ehespiel! Sie beide hatten es durchlitten. Und nach ihren Scheidungen hatten sie beide ungeachtet der Narben aus der Schlacht weitergemacht.

Tapfere Sarah, dachte Cathy. Wenigstens besitzt sie den Mut, das alles ganz allein durchzustehen.

Der alte Ärger stieg in ihr hoch und war noch immer stark genug, dass ihr Mund sich schmal zusammenpresste. Sie konnte ihrem Exmann Jack eine Menge verzeihen. Seine Selbstsucht. Seine Forderungen. Seine Untreue. Aber sie konnte ihm nie verzeihen, dass er ihr die Chance verweigert hatte, ein Kind zu bekommen. Oh, sie hätte selbstverständlich gegen seinen Wunsch ein Kind bekommen können, aber sie hatte gewollt, dass er es sich genauso sehr wünschte. Also hatte sie auf den richtigen Zeitpunkt gewartet. Doch während ihrer zehnjährigen Ehe hatte er sich nie „bereit" gefühlt, war es nie „der richtige Zeitpunkt" gewesen.

Er hätte ihr natürlich die Wahrheit sagen können, nämlich, dass er zu egozentrisch war, um sich mit einem Baby abzugeben.

Ich bin siebenunddreißig Jahre alt, dachte sie. Ich habe keinen Ehemann mehr. Ich habe nicht einmal einen ständigen Freund. Aber ich wäre zufrieden, könnte ich nur mein Kind in den Armen halten.

Wenigstens würde Sarah bald so glücklich sein.

In vier Monaten war das Baby fällig. Sarahs Baby. Cathy musste bei dem Gedanken lächeln, obwohl der Regen jetzt gegen ihre Windschutzscheibe prasselte und sie trotz der auf höchster Geschwindigkeit laufenden Scheibenwischer kaum die Straße erkennen konnte. Sie sah auf ihre Uhr. Es war fast schon halb zwölf. Weit und breit war kein anderer Wagen in Sicht. Falls sie hier draußen eine Panne hatte, würde sie die Nacht auf den Rücksitzen verbringen müssen, während sie auf Hilfe wartete.

Sie versuchte, die Mittellinie auszumachen, sah jedoch nichts als eine solide Regenwand. Sie hätte doch in diesem Motel in Willits absteigen sollen. Doch sie hasste die Vorstellung, nur noch fünfzig Meilen von ihrem Ziel entfernt zu sein, besonders nachdem sie so weit gefahren war.

Sie entdeckte vor sich ein Schild: Garberville, 10 Meilen. Also war sie doch weiter, als sie angenommen hatte. Noch fünfundzwanzig Meilen, dann kam eine Abzweigung und eine Strecke von fünf Meilen durch dichte Wälder zu Sarahs Zedernholzhaus. Dass sie so nahe war, steigerte ihre Ungeduld. Sie gab dem alten Ford etwas mehr Gas, eine Unvorsichtigkeit unter diesen Bedingungen, aber ein warmes Haus und heiße Schokolade waren einfach zu verlockend.

Die Straße beschrieb plötzlich eine Kurve. Erschrocken riss Cathy das Steuer nach rechts, und der Wagen rutschte wild über die regennasse Fahrbahn. Cathy hütete sich, auf die Bremse zu treten. Stattdessen umklammerte sie das Lenkrad und kämpfte darum, den Wagen wieder unter Kontrolle zu bringen. Die Reifen rutschten ein paar Meter weit, bis sie schon dachte, die Bäume am Straßenrand mitzunehmen. Im letzten Moment griffen die Reifen wieder, und Cathy schaffte den Rest der Kurve.

Dann traf es sie völlig überraschend. In dem einen Moment gratulierte sie sich, weil sie eine Katastrophe vermieden hatte, und im nächsten Moment starrte sie ungläubig nach vorne.

Der Mann war aus dem Nichts aufgetaucht. Er kauerte auf der Straße, wie ein Wild von ihren Scheinwerfern gefangen. Ihre Reflexe setzten ein. Sie rammte den Fuß auf die Bremse, doch es war schon zu spät. Dem Kreischen ihrer Reifen folgte der dumpfe Aufprall des Körpers auf ihrer Motorhaube.

Scheinbar eine Ewigkeit saß sie wie erstarrt da und konnte nichts anderes machen, als das Lenkrad zu umklammern und auf die hin- und hergleitenden Scheibenwischer zu starren. Als sie endlich begriff, was tatsächlich passiert war, stieß sie die Tür auf und rannte in den Regen hinaus.

Zuerst konnte sie durch den Wolkenbruch nichts sehen, nur einen glitzernden Streifen Asphalt, der von dem schwachen Schein ihrer Rücklichter beleuchtet wurde. Wo ist er, dachte sie hektisch. Während Wasser über ihr Gesicht strömte, ging sie zurück und versuchte, mit den Augen die Dunkelheit zu durchdringen. Dann hörte sie über dem Prasseln des Regens ein leises Stöhnen. Es kam irgendwo von der Seite bei den Bäumen.

Sie tauchte in die Dunkelheit ein und versank knöcheltief in Schlamm und Tannennadeln. Wieder hörte sie das Stöhnen, jetzt näher, fast in Reichweite.

„Wo sind Sie?“ schrie sie. „Melden Sie sich!“

„Hier ...“ Die Antwort war so schwach, dass Cathy sie kaum hörte, aber es reichte aus. Sie drehte sich herum, tat ein paar Schritte und stolperte buchstäblich in der Finsternis über die zusammengesunkene Gestalt. Zuerst bestand er nur aus einem verwirrenden Haufen nasser Kleider, aber sie fand seine Hand und fühlte seinen Puls. Er schlug schnell, aber regelmäßig, wahrscheinlich regelmäßiger als ihr eigener jagender Puls. Seine Finger schlossen sich plötzlich in einem verzweifelten Griff um ihre Handgelenk. Er rollte sich gegen sie und versuchte sich aufzusetzen.

„Bitte, bewegen Sie sich nicht!“ flehte sie.

„Kann ... kann nicht hier bleiben ...“

„Wo sind Sie verletzt?“

„Keine Zeit. Helfen Sie mir. Schnell ...“

„Erst, wenn Sie mir sagen, wo Sie verletzt sind!“

Er packte ihre Schulter und schaffte es zu Cathys Erstaunen, sich halb hochzuziehen. Einen Moment schwankten sie zusammen, dann ließ seine Kraft nach, und sie glitten beide im Schlamm auf die Knie. Sein Atem ging rau und stoßweise. Wenn er innere Verletzungen hatte, könnte er innerhalb von Minuten sterben. Sie musste ihn sofort in ein Krankenhaus bringen, selbst wenn das bedeutete, dass sie ihn zum Wagen zerren musste.

„Los, versuchen wir es noch einmal“, rief sie, packte seinen linken Arm und schlang ihn sich um den Nacken. Sein schmerzliches Zischen erschreckte sie. Sofort ließ sie ihn los. Sein Arm hinterließ klebrige Wärme auf ihrem Hals.

Blut!

„Meine andere Seite ist in Ordnung“, ächzte er. „Versuchen Sie es noch einmal!“

Sie wechselte auf seine rechte Seite und zog seinen Arm über ihren Nacken. Sie schwankten wie betrunken, aber endlich stand er aufrecht. Cathy fragte sich, ob er die Kraft hatte, einen Fuß vor den anderen zu setzen. Sie würde ihn ganz sicher nicht von der Stelle bekommen. Auch wenn er schlank war, so war er doch wesentlich größer, als sie erwartet hatte, zu groß, um von ihren einsfünfundsechzig gestützt zu werden.

Aber irgendetwas schien ihn anzutreiben, irgendeine verborgene Reserve. Selbst durch die nassen Kleider hindurch fühlte sie die Hitze seines Körpers. Ein Dutzend Fragen entstanden in ihrem Kopf, doch ihr fehlte der Atem, um sie auszusprechen. Sie musste sich vollständig darauf konzentrieren, ihn zu dem Wagen und dann in ein Krankenhaus zu schaffen.

Während sie ihn um die Taille festhielt, krallte sie ihre Finger um seinen Gürtel. Schmerzhaft kämpften sie sich Schritt um Schritt zur Straße voran. Sein Arm spannte sich hart um ihren Hals. Alles an ihm wirkte angespannt. Verzweiflung schien ihn anzutreiben. Seine Panik übertrug sich auf Cathy, steckte sie mit seinem Drang zu fliehen an. Nach jedem Meter musste sie stehen bleiben und ihr triefnasses Haar zurückstreichen, nur um zu erkennen, wohin sie gingen. Und rings um sie herum versperrten Regen und Dunkelheit jegliche Sicht auf mögliche lauernde Gefahren.

Die Rücklichter ihres Wagens leuchteten vor ihnen wie rubinrote Augen in der Nacht. Mit jedem Schritt wurde der Mann schwerer, und ihre Knie wurden so weich, dass sie fürchtete, sie beide würden der Länge nach hinschlagen. Wenn das passierte, würde sie nicht mehr die Kraft haben, den Mann aufzurichten. Schon jetzt sackte sein Kopf gegen ihre Wange, und Wasser sickerte von seinem regennassen Haar an ihrem Hals hinunter.

Als sie die Beifahrerseite erreichten, fühlte sich Cathys Arm an, als würde er abfallen. Sie konnte kaum die Tür aufziehen und hatte keine Kraft mehr, um sanft vorzugehen. Sie schob den Mann einfach auf den Sitz.

Er sackte auf den Beifahrersitz. Seine Beine hingen noch heraus. Cathy bückte sich, packte ihn an den Knöcheln und hob ein Bein nach dem anderen in den Wagen, wobei sie mit einem Gefühl des Losgelöstseins feststellte, dass ein Mann mit so großen Füßen auf keinen Fall elegant sein konnte.

Als sie sich auf den Fahrersitz schob, versuchte er schwach, den Kopf zu heben, ließ ihn jedoch wieder nach hinten sinken. „Beeilen Sie sich“, flüsterte er.

Gleich beim ersten Drehen des Schlüssels stotterte der Motor nach der Zündung kurz und starb ab. Gütiger Himmel, flehte sie, spring an! Spring an! Sie schaltete die Zündung aus, zählte langsam bis drei und versuchte es noch einmal. Diesmal sprang der Motor an. Cathy schrie fast vor Erleichterung auf, rammte den Gang hinein und jagte mit kreischenden Reifen Richtung Garberville los.

Voll Panik sah sie im Schein der Armaturenbrettbeleuchtung, dass der Kopf des Mannes gegen die Rückenlehne gesunken war. Er rührte sich nicht.

„Hey! Hören Sie mich?“ schrie sie.

Die Antwort kam in einem Flüsterton. „Ich lebe noch.“

„Gütiger Himmel! Einen Moment dachte ich ...“ Ihr Herz hämmerte, während sie wieder auf die Straße blickte. „Hier muss doch irgendwo ein Krankenhaus sein ...“

„Bei Garberville ... da ist eines ...“

„Wissen Sie, wie ich dahin komme?“

„Ich bin vorbeigefahren ... fünfzehn Meilen ...“

Wo war sein Wagen? „Was ist passiert? Hatten Sie einen Unfall?“

Er setzte zum Sprechen an, doch seine Antwort wurde von einem plötzlichen Flackern von Licht unterbrochen. Er raffte sich hoch, drehte sich um und starrte auf die Scheinwerfer eines anderen

Wagens weit hinter ihnen. Bei seinem geflüsterten Fluch sah Cathy ihn alarmiert an.

„Was ist los?“

„Dieser Wagen ...“

Sie blickte in den Rückspiegel. „Was ist damit?“

„Wie lange folgt er uns schon?“

„Ich weiß nicht. Ein paar Meilen. Warum?“

Die Anstrengung, seinen Kopf hochzuhalten, schien plötzlich zu viel für ihn zu werden, und er ließ ihn mit einem Stöhnen wieder sinken. „Kann nicht denken“, wisperte er. „Kann nicht ...“

Er hat zu viel Blut verloren, dachte sie und trat in Panik das Gaspedal durch. Der Wagen tat einen Satz durch den Regen, das Lenkrad vibrierte wild, während Fontänen von den Rädern hochsprühten. Langsamer, sonst brachte sie noch sie beide um!

Sie nahm den Fuß wieder vom Gas. Der Mann kämpfte sich erneut in sitzende Haltung hoch.

„Bitte, behalten Sie den Kopf unten“, flehte sie.

„Dieser Wagen ...“

„Ist nicht mehr da.“

„Sind Sie sicher?“

Sie blickte in den Rückspiegel. Durch den Regen sah sie nur ein schwaches Funkeln von Licht, aber das waren nicht eindeutig Scheinwerfer. „Ich bin sicher“, log sie und war erleichtert, dass er sich wieder zurücklehnte.

Sein Schweigen jagte ihr Angst ein. Sie musste seine Stimme hören und sich vergewissern, dass er nicht bewusstlos geworden war.

„Sprechen Sie mit mir“, drängte sie. „Bitte!“

„Ich bin müde ...“

„Nicht aufhören! Weitersprechen! Wie ... wie heißen Sie?“

Die Antwort bestand nur aus einem Flüstern. „Victor ...“

„Victor. Das ist ein großartiger Name. Der gefällt mir. Was machen Sie beruflich, Victor?“

Sein Schweigen war Anzeichen dafür, dass er zu schwach war, um sich zu unterhalten. Aber sie konnte nicht zulassen, dass er das Bewusstsein verlor.

„Na schön." Sie zwang sich dazu, ihre Stimme leise und ruhig zu halten. „Dann werde ich sprechen. Sie brauchen nichts zu sagen. Hören Sie nur einfach zu. Mein Name ist Catherine. Cathy Weaver. Ich lebe in San Francisco, im Richmond District. Kennen Sie die Stadt?" Es kam keine Antwort, aber sie fühlte, dass er ihre Worte stumm zur Kenntnis nahm. „Na schön", fuhr sie fort, um die Stille irgendwie zu füllen. „Vielleicht kennen Sie die Stadt nicht. Das spielt keine Rolle. Ich arbeite für eine unabhängige Filmgesellschaft. Genau genommen gehört sie Jack. Meinem Exmann. Wir machen Horrorfilme. Zweitklassige Filme, aber sie werfen Profit ab. Unser letzter war ‚Reptilian'. Ich habe das Make-up bei den Spezialeffekten gemacht. Richtig grausiges Zeug. Jede Menge grüner Schuppen und Schleim ..." Sie lachte ... es war ein seltsamer, panikartiger Klang. Unverkennbar schwang Hysterie mit.

Sie musste darum kämpfen, sich wieder unter Kontrolle zu bekommen.

Ein Lichtblitz ließ sie scharf in den Rückspiegel blicken. Ein Scheinwerferpaar war durch den Regen kaum erkennbar. Sekundenlang beobachtete sie das Licht und überlegte, ob sie etwas zu Victor sagen sollte. Dann schwand es wie ein Gespenst.

„Unser nächstes Projekt ist für Januar geplant. ‚Ghouls'. Wir werden in Mexiko filmen, was ich hasse, weil die verdammte Hitze immer das Make-up zum Schmelzen bringt ..."

Sie warf einen Seitenblick auf Victor, sah jedoch nicht einmal den Hauch einer Reaktion. Aus Angst, den Kontakt zu ihm verloren zu haben, wollte sie nach seinem Puls tasten. Seine Hand war tief in die Tasche seiner Windjacke geschoben. Als Cathy versuchte, sie herauszuziehen, reagierte er sofort mit heftigem Widerstand, wurde ruckartig wach, schlug blindlings nach ihr und wollte sie von sich stoßen.

„Victor, es ist schon gut!" schrie sie und versuchte, gleichzeitig den Wagen zu steuern und sich selbst zu schützen. „Es ist ja gut. Ich bin es, Cathy! Ich will Ihnen nur helfen!"

Beim Klang ihrer Stimme wich die Spannung aus seinem Körper, und sein Kopf sank langsam gegen ihre Schulter. „Cathy", flüsterte er. Es klang erleichtert. „Cathy ..."

„Ja, ich bin es." Sachte schob sie seine nassen Haare zurück. Er griff nach ihrer Hand. Sein Griff war erstaunlich fest und beruhigend und sagte: Ich lebe noch, ich atme noch. Er presste ihre Handfläche an seine Lippen. Es war eine Zärtlichkeit zwischen Fremden, die Cathy aufgewühlt zittern ließ.

Sie lenkte ihre volle Aufmerksamkeit wieder auf die Straße. Der Mann schwieg, aber sie konnte weder das Gewicht seines Kopfes an ihrer Schulter noch seinen warmen Atem in ihrem Haar ignorieren.

Der Wolkenbruch wurde zu einem leichten, aber stetigen Regen. Das Sunnyside Up Cafe flog vorbei. Ein trister Kasten unter einer einzelnen Straßenlampe, und Cathy erhaschte einen Blick auf Victors Gesicht im Profil: eine hohe Stirn, scharfe Nase, hervorspringendes Kinn. Dann war das Licht verschwunden, und er war nur ein Schatten, der neben ihr leise atmete. Aber sie hatte genug gesehen, um zu wissen, dass sie dieses Gesicht nie vergessen würde.

„Wir müssten schon in der Nähe sein", sagte sie, mehr um sich selbst als ihn zu beruhigen. „Wo ein Cafe auftaucht, kommt bald auch eine Stadt." Keine Antwort. „Victor?" Noch immer keine Antwort. Sie unterdrückte ihre Panik und gab Gas.

Obwohl das Sunnyside Up Cafe schon mindestens eine Meile hinter ihr lag, konnte sie noch immer die Straßenlampe in ihrem Rückspiegel blinken sehen. Sie brauchte ein paar Sekunden, um zu begreifen, dass es nicht nur ein Licht war, sondern zwei, und dass diese Lichter sich bewegten ... Scheinwerfer auf dem Highway. War es etwa derselbe Wagen, den sie schon früher gesehen hatte? Sie starrte so eingehend in den Rückspiegel, dass sie beinahe das Schild übersehen hätte:

Garberville, 5.750 Einwohner
Benzin – Essen – Unterkunft

Eine halbe Meile später tauchte die Straßenbeleuchtung gelblich schimmernd im Regen auf. Ein Lastwagen kam ihr entgegen. Obwohl jetzt eine Geschwindigkeitsbeschränkung galt, hielt sie den Fuß fest auf das Gaspedal gedrückt und betete zum ersten Mal in ihrem Leben, von einem Polizeiauto gejagt zu werden.

Das Straßenschild HOSPITAL schien ihr aus dem Nichts entgegenzuspringen. Sie bremste und bog ab. Ein paar hundert Meter weiter lenkte sie ein rotes Schild NOTFALL zu einem Seiteneingang. Sie ließ Victor auf dem Beifahrersitz, rannte hinein, durch einen leeren Warteraum und schrie einer hinter ihrem Pult sitzenden Krankenschwester zu: „Bitte, helfen Sie mir! Ich habe einen Mann in meinem Wagen ..."

Die Krankenschwester reagierte sofort, folgte Cathy ins Freie, warf einen Blick auf den auf dem Beifahrersitz zusammengesunkenen Mann und rief nach Unterstützung.

Selbst mit Hilfe eines stämmigen Arztes hatten sie Schwierigkeiten, Victor aus dem Wagen zu ziehen. Er war zur Seite gesunken, und sein Arm war unter die Handbremse gerutscht.

„Hey, Miss!" rief der Arzt Cathy zu. „Steigen Sie auf der anderen Seite ein und befreien Sie seinen Arm!"

Cathy kletterte auf den Fahrersitz. Sie zögerte. Sie musste seinen verletzten Arm bewegen, griff nach seinem Ellbogen und versuchte, ihn unter der Handbremse hervorzuziehen, entdeckte jedoch, dass sich seine Armbanduhr in der Tasche seiner Windjacke verhakt hatte. Nachdem sie das Armband geöffnet hatte, zog sie seinen Arm über die Handbremse. Er reagierte mit einem schmerzlichen Stöhnen. Der Arm glitt schlaff auf den Boden. Endlich hatten sie Victor auf eine Bahre gelegt, festgeschnallt und rollten ihn in das Gebäude.

„Was ist passiert?“ rief der Arzt Cathy über seine Schulter zu.

„Ich habe ihn angefahren ... auf der Straße ...“

„Wann?“

„Vor fünfzehn, zwanzig Minuten.“

„Wie schnell sind Sie gefahren?“

„Ungefähr sechzig Stundenkilometer.“

„War er bei Bewusstsein, als Sie ihn fanden?“

„Etwa zehn Minuten lang ... dann wurde er mehr oder weniger bewusstlos ...“

Eine Schwester warf ein: „Das Hemd ist blutgetränkt. Er hat Glassplitter in der Schulter.“

Während dieser wilden Jagd durch den Korridor unter den Leuchtstoffröhren sah Cathy zum ersten Mal Victor deutlich. Schmales Gesicht, lehmverschmiert, das Kinn kantig vor Schmerz, eine breite Stirn, auf der hellbraune Haare nass klebten. Er griff nach ihr, hielt ihre Hand fest.

„Cathy ...“

„Ich bin da, Victor.“

Er weigerte sich, den Kontakt zu unterbrechen. Der Druck seiner Finger schmerzte beinahe. Er blinzelte durch den Schmerz, richtete seinen Blick auf ihr Gesicht. „Ich muss ... muss Ihnen sagen ...“

„Später!“ sagte der Arzt knapp.

„Nein, warten Sie!“ Victor versuchte, sie im Auge zu behalten. Schmerz verzerrte seine Gesichtszüge, während er sich bemühte zu sprechen.

Cathy wurde von der Verzweiflung in seinem Blick angezogen und beugte sich über ihn. „Ja, Victor“, flüsterte sie, streichelte sein Haar und wollte seinen Schmerz mindern. „Was ist denn?“

„Wir können nicht warten!“ erklärte der Arzt kurz angebunden. „Bringt ihn hinein!“

Victors Hand wurde Cathy entrissen, als sie ihn in den Notfallraum rollten, einen Albtraum aus rostfreiem Stahl und blendend hellen Lichtern. Er wurde auf den Operationstisch gelegt.

„Puls 110“, sagte eine Schwester. „Blutdruck fünfundachtzig zu fünfzig!“

„Zwei Infusionen. Blutgruppe feststellen und kontrollieren und sechs Konserven bereitstellen. Und holt einen Chirurgen. Wir werden Hilfe brauchen ...“

Die maschinengewehrartigen Stimmen, das metallische Klirren von Schränken und Infusionsständern und Instrumenten war ohrenbetäubend. Niemand schien Notiz von Cathy in der Tür zu nehmen, während sie mit der Faszination des Entsetzens zusah, wie eine Krankenschwester nach einem Messer griff und Victors blutige Kleider zerschnitt.

Mehr und mehr Haut wurde freigelegt, bis Hemd und Windjacke weggeschnitten waren und eine breite Schulter mit dichten dunklen Haaren sichtbar wurde. Für Ärzte und Schwestern war das einfach ein Körper, an dem sie arbeiten mussten, ein Patient, den sie retten mussten. Für Cathy war das ein lebender, atmender Mensch, ein Mensch, der ihr etwas bedeutete, wenn auch nur wegen dieser schrecklichen Minuten, die sie gemeinsam erlebt hatten.

Die Schwester beschäftigte sich mit seinem Gürtel, öffnete ihn rasch, zog ihm Hose und Shorts aus und warf sie zu den anderen schmutzigen Kleidungsstücken. Cathy nahm kaum die Nacktheit des Mannes wahr oder die Schwestern und die Techniker, die sich an ihr vorbei in den Raum drängten. Ihr geschockter Blick hatte sich auf Victors linke Schulter gerichtet, von der frisches Blut auf den Tisch floss. Sie erinnerte sich daran, wie sein ganzer Körper vor Schmerz gezuckt hatte, als sie ihn an dieser Schulter packte. Erst jetzt begriff sie, wie sehr er gelitten hatte.

Säuerlicher Geschmack stieg in ihrem Hals hoch. Gleich wurde ihr schlecht.

Sie kämpfte die Übelkeit nieder, taumelte ein Stück weg und sank auf einen Stuhl. Da saß sie ein paar Minuten, ohne sich weiter um das Chaos um sie herum zu kümmern. Entsetzen packte sie, als sie das Blut an ihren Händen sah.

„Da sind Sie", sagte jemand. Eine Schwester war soeben aus dem Behandlungsraum gekommen und trug ein Bündel mit den Habseligkeiten des Mannes. Sie winkte Cathy zu einem Pult. „Wir brauchen Ihren Namen und Ihre Adresse, falls die Ärzte noch Fragen haben. Und die Polizei muss verständigt werden. Haben Sie sie schon verständigt?"

Cathy schüttelte benommen den Kopf. „Ich ... ich sollte es wohl tun ..."

„Sie können dieses Telefon benutzen."

„Danke."

Es klingelte achtmal, bevor sich jemand meldete. Die Stimme klang rau vor Schlaf. Offenbar bot Garberville sogar für die örtliche Polizei nachts nur wenig Aufregendes. Der Revierpolizist nahm Cathys Meldung auf und erklärte ihr, man würde sich später mit ihr in Verbindung setzen, sobald sie den Unfallort inspiziert hatten.

Die Schwester hatte Victors Brieftasche geöffnet und suchte nach irgendwelchen Ausweisen. Cathy beobachtete, wie sie ein Aufnahmeformular ausfüllte.

Name: Victor Holland. Alter: 41. Beruf: Biochemiker. Nächste Angehörige: unbekannt.

Das war also sein voller Name. Victor Holland. Cathy starrte auf den Stapel verschiedener Ausweise und richtete ihre Aufmerksamkeit auf einen Sicherheitspass einer Firma namens Viratek. Ein Farbfoto zeigte Victors ernstes Gesicht. Seine grünen Augen blickten direkt in die Kamera.

Leise fragte sie: „Kommt er wieder in Ordnung?"

Die Schwester schrieb weiter: „Er hat viel Blut verloren, aber er macht einen ziemlich zähen Eindruck ..."

Cathy nickte.

Die Schwester reichte ihr einen Stift und das Informationsblatt. „Schreiben Sie Ihren Namen und Ihre Adresse da unten hin. Falls der Arzt noch eine Frage hat."

Cathy schrieb Sarahs Adresse und Telefonnummer auf das Blatt. „Mein Name ist Cathy Weaver. Sie erreichen mich unter dieser Nummer."

„Sie bleiben in Garberville?"

„Drei Wochen. Ich bin zu Besuch hier."

„Oh. Toller Urlaubsanfang, wie?"

Cathy stand seufzend auf. „Ja, toll."

Sie blieb vor dem Behandlungsraum stehen und fragte sich, was da drinnen passierte. Sie wusste, dass Victor um sein Leben kämpfte, ob er noch bei Bewusstsein war und sich an sie erinnern konnte? Irgendwie erschien es ihr wichtig, dass er sich an sie erinnerte.

Cathy wandte sich an die Schwester. „Sie rufen mich an, ja? Ich meine, Sie lassen es mich wissen, falls er ..."

Die Schwester nickte. „Wir halten Sie auf dem Laufenden."

Es hatte aufgehört zu regnen, und am Himmel war ein Streifen mit Sternen zu sehen. Als Cathy den Parkplatz des Krankenhauses verließ, zitterte sie vor Erschöpfung. Sie bemerkte nicht den Wagen, der auf der anderen Straßenseite parkte, oder das kurze Aufglühen einer Zigarette, bevor sie ausgedrückt wurde.

2. KAPITEL

Knapp eine Minute, nachdem Cathy das Krankenhaus verlassen hatte, kam ein Mann herein und trat an das Pult der Schwester, die noch die Papiere des neuen Patienten ausfüllte. Sie blickte hoch und sah einen ungefähr fünfunddreißigjährigen Mann, schmales Gesicht, die dunklen Haare leicht gräulich durchzogen. Wassertropfen funkelten auf seinem braunen Burberry.

„Kann ich Ihnen helfen, Sir?“ fragte sie und richtete ihren Blick auf seine Augen, die so schwarz schimmerten wie Kieselsteine in einem Teich.

Er nickte. „Wurde vor kurzer Zeit ein Mann eingeliefert? Victor Holland?“

„Ja. Sind Sie ein Verwandter?“

„Ich bin sein Bruder. Wie geht es ihm?“

„Er ist gerade erst gebracht worden und wird noch versorgt. Wenn Sie warten wollen, kann ich mich erkundigen, wie es steht ...“ Sie unterbrach sich und griff nach dem klingelnden Telefon. Ein technischer Mitarbeiter gab die Laborwerte des neuen Patienten durch. Während sie die Zahlen aufschrieb, bemerkte sie aus den Augenwinkeln, dass sich der Mann umgedreht hatte und zu der geschlossenen Tür des Notfallraums blickte. Die Tür schwang auf, als ein Helfer mit einer prall gefüllten und blutverschmierten Plastiktüte herauskam. Stimmengewirr drang aus dem Raum.

„Blutdruck rauf auf 110 zu 70!“

„Operationssaal ist vorbereitet!“

„Wo bleibt der Chirurg?“

„Ist unterwegs. Hatte Probleme mit dem Wagen.“

„Bereit zum Röntgen! Alle zurücktreten!“

Langsam schloss sich die Tür und dämpfte die Stimmen. Die

Schwester legte den Hörer auf, als der Helfer die Plastiktüte auf ihr Pult stellte. „Was ist das?“ fragte sie.

„Die Kleider des Patienten. Die sind restlos im Eimer. Soll ich sie einfach wegwerfen?“

„Ich nehme sie mit nach Hause“, erklärte der Mann im Regenmantel. „Ist alles hier drinnen?“

Der Helfer warf der Schwester einen unbehaglichen Blick zu. „Ich weiß nicht so recht ... ich meine, die Sachen sind recht ... äh ... schmutzig ...“

Die Schwester sagte rasch: „Mr. Holland, lassen Sie uns doch die Kleider wegwerfen. Da ist nichts dabei, das man noch aufheben könnte. Seine Wertsachen habe ich schon hier.“ Sie schloss eine Schublade auf und zog einen verschlossenen Umschlag heraus mit der Aufschrift: Holland, Victor. Inhalt: Brieftasche, Armbanduhr. „Das können Sie mitnehmen. Unterschreiben Sie nur die Quittung.“

Der Mann nickte und unterschrieb mit David Holland. „Sagen Sie“, fragte er, während er den Umschlag einsteckte, „ist Victor wach? Hat er irgendetwas gesagt?“

„Ich fürchte nicht. Er war bei seiner Einlieferung nur halb bei Bewusstsein.“

Der Mann nahm diese Information schweigend auf. Es war ein Schweigen, das die Schwester plötzlich äußerst beunruhigend empfand.

„Entschuldigen Sie, Mr. Holland“, fragte sie, „woher haben Sie erfahren, dass Ihr Bruder verletzt wurde? Ich hatte keine Gelegenheit, irgendwelche Verwandten zu benachrichtigen ...“

„Die Polizei hat mich angerufen. Victor fuhr meinen Wagen. Man hat ihn zerschmettert am Straßenrand gefunden.“

„Ach, was für eine schreckliche Art, so etwas zu erfahren.“

„Ja. Das Zeug, aus dem die Albträume sind.“

„Wenigstens hat man Sie erreicht.“ Sie blätterte in den Papieren auf ihrem Schreibtisch. „Könnten wir Ihre Adresse und Telefonnummer bekommen? Für den Fall, dass wir uns mit Ihnen in Verbindung setzen müssen?"

„Natürlich." Der Mann griff nach den Aufnahmepapieren und überflog sie hastig, ehe er seinen Namen und eine Telefonnummer in das Feld neben „Nächste Angehörige" schrieb. „Wer ist diese Catherine Weaver?" fragte er und deutete auf den Namen und die Adresse am unteren Rand des Blattes.

„Das ist die Frau, die ihn eingeliefert hat."

„Ich werde mich bei ihr bedanken müssen." Er gab ihr die Papiere zurück.

„Schwester?"

Sie blickte zu dem Arzt, der sie von dem Notfallraum her rief. „Ja?"

„Ich möchte, dass Sie die Polizei rufen. Sie soll so schnell wie möglich herkommen."

„Die Polizei ist schon verständigt worden, Doktor. Sie weiß über den Unfall Bescheid und ..."

„Rufen Sie noch einmal an. Das ist kein Unfall."

„Was?"

„Wir haben gerade die Röntgenaufnahmen bekommen. Der Mann hat eine Kugel in der Schulter."

„Eine Kugel?" Die Schwester wandte sich langsam an den Mann, der behauptet hatte, Victor Hollands Bruder zu sein. Zu ihrem Erstaunen war niemand da. Sie fühlte nur einen kühlen Lufthauch und sah, wie sich die Doppeltüren leise schlossen.

„Wohin ist er denn verschwunden, zum Teufel?" flüsterte der Helfer.

Sekundenlang konnte sie nur auf die geschlossenen Türen starren. Dann sank ihr Blick zu dem leeren Fleck auf ihrem Schreibtisch, von wo die Tüte mit Victor Hollands schmutziger Kleidung verschwunden war.

„Warum hat die Polizei noch einmal angerufen?"

Cathy legte langsam den Hörer auf. Obwohl sie in einen warmen Bademantel gewickelt war, schauderte sie. Sie drehte sich um und starrte quer durch die Küche Sarah an. „Dieser Mann auf der Straße ... sie haben eine Kugel in seiner Schulter gefunden."

Sarah blickte überrascht auf, während sie Tee einschenkte. „Du meinst ... jemand hat ihn angeschossen?"

Cathy ließ sich auf einen Küchenstuhl sinken und blickte benommen in die Tasse Zimttee, die Sarah vor sie schob. Ein heißes Bad und eine beruhigende Stunde vor dem Kamin hatten die Ereignisse der Nacht wie einen bösen Traum erscheinen lassen. Hier in Sarahs Küche mit dem Duft von Zimt und Gewürzen wirkte die Gewalttätigkeit der realen Welt Millionen Meilen entfernt.

Sarah beugte sich zu ihr vor. „Weiß man schon, was passiert ist? Hat er irgendetwas gesagt?"

„Er ist gerade aus dem Operationssaal gekommen." Sie warf einen Blick zu dem Telefon. „Ich sollte noch einmal im Krankenhaus anrufen ..."

„Nein, das solltest du nicht. Du hast alles getan, was du überhaupt tun kannst." Sarah berührte sachte ihren Arm. „Und dein Tee wird kalt."

Cathy strich sich mit bebenden Fingern die feuchten Haare aus der Stirn. Eine Kugel in der Schulter! Hatte jemand ganz einfach auf irgendeinen fremden Wagen geschossen? Oder war Victor Holland zum Sterben ausersehen gewesen?

Im Freien rasselte etwas und klapperte gegen das Haus. Cathy setzte sich scharf auf. „Was war das?"

„Glaub mir, das war nicht der schwarze Mann", sagte Sarah lachend, ging an die Küchentür und griff nach dem Riegel.

„Sarah!" rief Cathy in Panik. Der Riegel glitt zurück. „Warte!"

„Wirf doch selbst einen Blick hinaus." Sarah öffnete die Tür. Das Licht aus der Küche fiel über etliche Mülltonnen auf dem Autoabstellplatz. Ein Schatten glitt auf den Boden, huschte davon und zog eine Spur von Essensverpackungen über die Einfahrt.

„Waschbären", erklärte Sarah. „Wenn ich die Deckel nicht festbinde, verstreuen diese Biester den Abfall im ganzen Garten." Ein zweiter Schatten steckte seinen Kopf aus einem der Eimer und starrte sie mit in der Dunkelheit schimmernden Augen an. Sarah klatschte in die Hände und schrie: „Los, hau ab!" Der Waschbär wich nicht. „Hast du kein Zuhause, in das du dich verziehen kannst?" Endlich ließ sich der Waschbär zu Boden fallen und trottete zwischen den Bäumen davon. „Mit jedem Jahr werden sie frecher." Sarah schloss seufzend die Tür, drehte sich um und blinzelte Cathy an. „Also, nimm's leicht. Wir sind hier nicht in der Großstadt."

„Erinnere mich daran." Cathy griff nach einer Scheibe Bananenbrot und bestrich sie mit süßer Butter. „Weißt du, Sarah, ich glaube, Weihnachten mit dir wird viel netter sein, als es jemals mit dem guten Jack war."

„Ach ja, wenn wir schon von Exehemännern sprechen ..." Sarah trat an den Schrank. „Bringen wir uns in die richtige Geisteshaltung. Und dafür reicht Tee nicht aus." Breit lächelnd winkte sie mit einer Flasche Brandy.

„Sarah, du trinkst doch keinen Alkohol, oder?"

„Der ist nicht für mich." Sarah stellte die Flasche und ein Weinglas vor Cathy. „Aber du kannst auf jeden Fall einen tüchtigen Schluck gebrauchen. Immerhin war es eine kalte, traumatische Nacht. Und jetzt sitzen wir hier und reden über Truthähne und das männliche Geschlecht."

„Nur wenn du es so siehst ..." Cathy schenkte sich großzügig Brandy ein. „Auf die Truthähne dieser Welt!" erklärte sie und nahm einen Schluck. Er ging ihr gut hinunter.

„Wie geht es dem guten Jack?" fragte Sarah.

„Genau wie immer."

„Blondinen?"

„Er ist zu Brünetten übergewechselt."

„Hat er nur ein Jahr gebraucht, um den Weltvorrat an Blondinen durchzugehen?"

Cathy zuckte die Schultern. „Vielleicht hat er ein paar ausgelassen."

Daraufhin lachten sie beide unbekümmert, ein Zeichen, dass ihre Wunden heilten und Männer zu Wesen wurden, über die man ohne Schmerz, ohne Kummer sprechen konnte.

Cathy betrachtete ihr Brandyglas. „Glaubst du, dass es auf der Welt noch irgendwelche guten Männer gibt? Ich meine, sollte nicht wenigstens ein einziger noch irgendwo herumlaufen? Vielleicht eine Mutation oder so etwas? Ein einzelner anständiger Kerl?"

„Sicher. Irgendwo in Sibirien. Aber der ist schon hundertzwanzig Jahre alt."

„Ich hatte immer schon eine Vorliebe für ältere Männer."

Sie lachten wieder, aber diesmal klang es nicht mehr so unbeschwert. So viele Jahre waren vergangen seit ihrer gemeinsamen Collegezeit, in der sie nie daran gezweifelt hatten, dass es auf der Welt nur so von Märchenprinzen wimmelte.

Cathy leerte ihr Glas und stellte es ab. „Was bin ich doch für eine lausige Freundin. Ich halte eine schwangere Lady die ganze Nacht wach! Wie spät ist es überhaupt?"

„Erst halb drei."

„Oh, Sarah! Geh ins Bett!" Cathy trat an die Spüle und befeuchtete eine Hand voll Haushaltstücher.

„Und was machst du?" fragte Sarah.

„Ich möchte nur den Wagen sauber machen. Ich habe nicht das ganze Blut von dem Sitz bekommen."

„Das habe ich schon gemacht."

„Was? Wann?"

„Während du gebadet hast."

„Sarah, du Dummkopf!"

„Hey, ich hatte keine Fehlgeburt. Oh, das hätte ich fast vergessen.“ Sarah deutete auf einen kleinen Filmbehälter auf der Theke. „Das habe ich auf dem Boden deines Wagens gefunden.“

Cathy schüttelte seufzend den Kopf. „Der gehört Hickey.“

„Hickey! Na, das ist vielleicht eine Verschwendung an Mann!“

„Er ist auch ein guter Freund von mir.“

„Das ist auch alles, was Hickey leider jemals für eine Frau sein wird. Ein Freund! Was ist denn auf dieser Filmrolle? Nackte Frauen, wie üblich?“

„Ich will es nicht einmal wissen. Als ich ihn am Flughafen absetzte, gab er mir ein halbes Dutzend Filme und sagte, er würde sie abholen, wenn er zurückkommt. Vermutlich wollte er sie nicht nach Nairobi mitschleppen.“

„Ist er dorthin geflogen? Nairobi?“

„Er macht ‚Tolle Frauen Afrikas‘ oder so etwas in der Art.“ Cathy schob den Filmbehälter in die Tasche ihres Bademantels. „Der muss aus dem Handschuhfach gefallen sein. Himmel, hoffentlich ist das Zeug keine Pornografie.“

„Wie ich Hickey kenne, wahrscheinlich schon.“

Beide lachten über die Ironie der Sache. Hickman von Trapp, dessen Arbeit darin bestand, nackte Frauen in erotischen Posen zu fotografieren, hatte absolut kein Interesse am anderen Geschlecht, seine Mutter vielleicht ausgenommen.

„Ein Typ wie Hickey beweist nur meinen Standpunkt“, sagte Sarah über die Schulter, während sie durch den Korridor zu Bett ging.

„Und welchen Standpunkt?“

„Dass es auf der Welt wirklich keine guten Männer für Frauen mehr gibt.“

Es war das Licht, das Victor aus den Tiefen seiner Bewusstlosigkeit zerrte. Ein Licht, heller als ein Dutzend Sonnen, das gegen seine geschlossenen Lider schlug. Er wollte nicht aufwachen. Wenn er sich gegen dieses herrliche Vergessen stemmte, konnte er Schmerz fühlen und Übelkeit und etwas noch viel Schlimmeres: Entsetzen.

Wovor, daran konnte er sich nicht erinnern. Vor dem Tod? Nein, nein, dies hier war der Tod oder doch so nahe daran, wie man nur kommen konnte, und es war warm und schwarz und angenehm. Aber er musste etwas Wichtiges tun, etwas, das er nicht vergessen durfte. Er versuchte zu denken, erinnerte sich jedoch nur an eine Hand, die sanft und doch irgendwie kraftvoll über seine Stirn strich, und eine Stimme, die leise in der Dunkelheit nach ihm tastete.

„Mein Name ist Catherine ..."

Zusammen mit ihrer Berührung und ihrer Stimme tauchte auch die Angst in seiner Erinnerung auf. Keine Angst um ihn selbst ... er war ja tot, oder ...?, sondern um sie. Um die starke, sanfte Catherine. Er hatte ihr Gesicht nur kurz gesehen und konnte sich kaum daran erinnern, aber irgendwie wusste er, dass sie schön war. Und jetzt hatte er Angst um sie.

„Wo bist du?" wollte er rufen.

„Er kommt zu sich", sagte eine Frauenstimme, gefolgt von einer verwirrenden Vielfalt anderer Stimmen.

„Auf die Infusion achten!"

„Mr. Holland, halten Sie still. Alles kommt in Ordnung ..."

„Ich sagte, auf die Infusion achten!"

„Geben Sie mir die zweite Einheit Blut ..."

„Nicht bewegen, Mr. Holland ..."

Wo bist du, Catherine? Der Schrei explodierte in seinem Kopf. Er kämpfte gegen die Versuchung an, wieder in Bewusstlosigkeit zu versinken, und rang sich dazu durch, die Lider zu heben. Zuerst gab es nur verwischtes Licht und Farben, so scharf, dass ihm ein Stich von den Augen bis ins Gehirn fuhr. Allmählich schälten sich Gesichter heraus. Fremde in Blau, die auf ihn herabblickten. Er versuchte, sie klar zu erkennen, doch sein Magen rebellierte von der Anstrengung.

„Mr. Holland, ganz ruhig“, sagte eine ruhige, energische Stimme. „Sie sind im Krankenhaus, im Aufwachraum. Man hat gerade Ihre Schulter operiert. Ruhen Sie sich aus, schlafen Sie weiter ...“

„Nein, nein, ich kann nicht!“ versuchte er zu sagen.

„Fünf Milligramm Morphium verabreicht“, sagte jemand, und Victor fühlte, wie Wärme seinen Arm hochkroch und sich über seiner Brust ausbreitete.

„Das müsste helfen“, hörte er. „Schlafen Sie jetzt. Alles ist gut gegangen ...“

„Ihr versteht nicht!“ wollte er schreien. Ich muss sie warnen ... Es war der letzte bewusste Gedanke, bevor die Lichter erneut von der sanften Dunkelheit verschlungen wurden.

Sarah lag allein in ihrem von jeglichem Ehemann freien Bett und lächelte. Nein, lachte! Heute Nacht war ihr ganzer Körper von Lachen erfüllt. Sie wollte singen und tanzen, am offenen Fenster stehen und ihre Freude hinausschreien. Das war alles hormonell, hatte man ihr erklärt, dieses chemische Durcheinander der Schwangerschaft, das ihren Körper über eine Achterbahn der Gefühle zerrte. Sie wusste, dass sie sich ausruhen sollte, aber heute Nacht war sie überhaupt nicht müde. Die arme erschöpfte Cathy hatte sich die Treppe nach oben zu ihrem Bett geschleppt. Aber sie war noch immer hellwach.

Sie schloss die Augen und richtete ihre Gedanken auf das Kind in ihrem Leib. Wie geht es dir, mein Kleines? Schläfst du? Oder hörst du jetzt meine Gedanken?

Das Baby bewegte sich in ihrem Bauch und hielt wieder still. Es war eine geheime Antwort, die nur sie beide miteinander teilten. Sarah war fast froh, dass kein Ehemann sie von dieser stummen Unterhaltung ablenkte, während er hier eifersüchtig als Außenseiter lag. Es gab nur Mutter und Kind, das uralte Band, die mystische Verbindung.

Arme Cathy, dachte sie und machte die Achterbahnfahrt von Freude hin zur Traurigkeit für ihre Freundin mit. Sie wusste, wie tief Cathy sich nach einem Kind sehnte, aber irgendwann würde die Zeit ihr diese Chance entreißen. Cathy war zu sehr eine Romantikerin, um zu erkennen, dass sie vielleicht nie den richtigen Mann und die richtigen Umstände antreffen würde.

Hatte Cathy nicht zehn lange Jahre gebraucht, um endlich zu erkennen, dass ihre Ehe ein erbärmlicher Fehlschlag war?

Dabei hatte Cathy sich wirklich bemüht und eine gewaltige Blindheit für Jacks Fehler entwickelt, vorwiegend für seine Selbstsucht. Es war überraschend, wie eine so kluge, so intuitive Frau die Dinge so lange schleifen lassen konnte, wie sie das getan hatte. Aber so war Cathy. Selbst mit siebenunddreißig war sie offen und vertrauensvoll und loyal bis zur Idiotie.

Das Knirschen von Kies in der Einfahrt erregte Sarahs Aufmerksamkeit. Sie lag völlig still und lauschte und hörte einen Moment nur das vertraute Knarren der alten Bäume und das Rascheln der Zweige an dem Dach. Und dann kam es wieder. Steinchen rollten über die Straße, Metall quietschte leise. Wieder diese Waschbären! Wenn sie die Biester jetzt nicht verscheuchte, würden sie überall in der Einfahrt Müll verstreuen.

Seufzend setzte sie sich auf und fischte in der Dunkelheit nach ihren Pantoffeln. Leise ging sie aus ihrem Schlafzimmer, den Korridor entlang und in die Küche. Ihre Augen fanden die Nacht zu angenehm. Sie wollte ihnen kein Licht zumuten. Anstatt die Lampe am Autoabstellplatz einzuschalten, nahm sie die Taschenlampe von ihrem Platz auf dem Bord in der Küche und schloss die Tür auf.

Das Mondlicht schimmerte schwach durch die Wolken. Sarah richtete die Taschenlampe auf die Mülleimer, doch der Strahl traf auf keine Waschbärenaugen, auf keinen verräterisch verstreuten Müll, nur auf rostfreien Stahl. Verwirrt ging sie über den Abstellplatz und blieb neben dem Ford stehen, den Cathy in der Einfahrt geparkt hatte.

Erst jetzt bemerkte sie das Licht, das schwach in dem Wagen schimmerte. Das Handschuhfach stand offen. Ihr erster Gedanke war, dass es sich von selbst geöffnet habe oder dass sie oder Cathy vergessen hatten, es zu schließen. Dann entdeckte sie die Straßenkarten, die auf dem Vordersitz verstreut lagen.

Angst umkrallte sie plötzlich. Sie wich zurück, aber das Entsetzen machte ihre Beine langsam und steif, während sie spürte, dass jemand in der Nähe lauerte, in der Dunkelheit wartete. Sie fühlte seine Gegenwart wie einen eisigen Lufthauch in der Nacht.

Als sie herumwirbelte, beschrieb der Strahl ihrer Taschenlampe einen wilden Bogen und erstarrte auf dem Gesicht eines Mannes. Die Augen, die ihr entgegenstarrten, waren so glatt und schwarz wie Kieselsteine. Sie nahm kaum den Rest seines Gesichts wahr: die Adlernase, die dünnen, blutleeren Lippen. Sie sah nur seine Augen. Es waren die Augen eines Mannes ohne Seele.

„Hallo, Catherine", wisperte er, und sie hörte in seiner Stimme den Gruß des Todes.

Bitte! wollte sie schreien, als er ihre Haare nach hinten riss und ihren Hals freilegte. Lass mich leben!

Doch sie brachte keinen Laut hervor. Die Worte blieben zusammen mit seiner Messerklinge in ihrer Kehle stecken.

Cathy erwachte von Vogelgezwitscher. Es war ein gänzlich anderes Geräusch als das morgendliche Dröhnen von Bussen und Autos, an das sie gewöhnt war.

Sie warf einen Blick auf die Uhr auf ihrem Nachttisch. Schon halb zehn! Zögernd kletterte sie aus ihrem Bett und schlüpfte in einen Sweater und in Jeans. Erst danach fiel Cathy die Stille im Haus auf, eine Stille, die jeden ihrer Herzschläge, jeden ihrer Atemzüge verstärkte.

Cathy verließ ihr Zimmer, stieg die Treppe hinunter und fand sich in dem leeren Wohnzimmer wieder. Asche häufte sich in dem Kamin. Eine Silbergirlande hing vom Weihnachtsbaum. Ein Pappengel mit glitzernden Flügeln blinkte auf dem Kaminsims. Cathy folgte dem Korridor zu Sarahs Zimmer und runzelte bei dem zerwühlten Bett und der beiseite geschleuderten Decke die Stirn. „Sarah?"

Ihre Stimme wurde von der Stille verschluckt. Wie konnte ein Landhaus so riesig wirken? Sie durchquerte den Wohnraum und ging in die Küche. Die Teetassen vom Vorabend standen noch in der Spüle. Auf dem Fensterbrett zitterte ein Asparagus in dem Luftzug von der offenen Tür.

Cathy trat auf den Autoabstellplatz hinaus, auf dem Sarahs alter Dodge parkte. „Sarah?" rief sie.

Etwas strich über das Dach. Erschrocken blickte Cathy hoch und lächelte, als sie einen Eichelhäher entdeckte.

Sie wollte schon zurück zum Haus, als ihr Blick an einem Fleck auf dem Kies neben dem Hinterrad des Wagens vorbeistrich. Sekundenlang starrte sie auf die rostbraune Stelle, ohne ihre Bedeutung zu begreifen. Dann schob sie sich langsam an dem Wagen entlang und ließ den Blick über die von dem Fleck wegführende Spur gleiten.

Als sie das Heck des Wagens umrundete, kam die Einfahrt voll in Sicht. Aus dem trockenen braunen Bach wurde ein dunkelroter See, in dem eine einzelne Schwimmerin mit offenen Augen reglos lag.

Das Zwitschern der Vögel brach abrupt ab, als ein anderer Laut durch die Bäume hochstieg.

Cathys Schrei.

„Hey, Mister! Hey, Mister!"

Victor versuchte, den Laut zu ignorieren, aber er surrte weiter in seinem Ohr wie eine Fliege, die sich nicht verscheuchen ließ.

„Hey, Mister! Sind Sie wach?"

Victor öffnete die Augen und richtete seinen Blick schmerzhaft auf ein trockenes kleines Gesicht mit grauem Schnurrbart. Die Erscheinung grinste, und Dunkelheit klaffte, wo Zähne sein sollten. Victor starrte in dieses schwarze Loch von Mund und dachte: Ich bin gestorben und in die Hölle gekommen.

„Hey, Mister, haben Sie eine Zigarette?"

Victor schüttelte den Kopf und konnte gerade wispern: „Ich glaube nicht."

„Na, haben Sie dann einen Dollar, den ich mir leihen kann?"

„Geh weg", stöhnte Victor und schloss seine Augen gegen das Tageslicht. Er versuchte zu denken, versuchte sich zu erinnern, wo er war, aber sein Kopf schmerzte, und die Stimme des kleinen Mannes lenkte ihn weiterhin ab.

„Ich kriege hier keine Zigaretten. Ist hier wie im Gefängnis. Ich weiß nicht, warum ich nicht einfach verschwinde. Aber auf den Straßen ist es um diese Jahreszeit kalt, wissen Sie. Hat die ganze Nacht geregnet. Hier drinnen ist es wenigstens warm ..."

Die ganze Nacht geregnet ... Plötzlich erinnerte sich Victor. Der Regen. Durch den Regen laufen ...

Victor riss die Augen auf. „Wo bin ich? Wie spät ist es?"

„Weiß nicht. Vielleicht neun. Sie haben jedenfalls das Frühstück verpasst."

„Ich muss hier raus." Victor schwang seine Beine unter heftigen Schmerzen aus dem Bett und entdeckte, dass er abgesehen von einem dünnen Krankenhausnachthemd nackt war. „Wo sind meine Sachen? Meine Brieftasche?"

Der alte Mann zuckte die Schultern. „Das weiß die Schwester."

Victor fand den Rufknopf, drückte ihn ein paarmal und begann, das Klebeband zu lösen, das die Infusionsnadel in seinem Arm festhielt.

Die Tür öffnete sich zischend, und eine Frauenstimme rief: „Mr. Holland! Was machen Sie da?"

„Ich verschwinde von hier, das mache ich." Victor riss das letzte Klebeband ab. Bevor er die Nadel herausziehen konnte, stampfte die Schwester, so schnell ihre stämmigen Beine sie trugen, durch den Raum und drückte ein Stück Gaze auf den Katheter.

„Geben Sie nicht mir die Schuld, Miss Redfern!" kreischte der kleine Mann.

„Lenny, gehen Sie sofort in Ihr eigenes Bett zurück! Und Sie, Mr. Holland", sagte sie und richtete ihre stahlblauen Augen auf Victor, „Sie haben zu viel Blut verloren." Sie hielt seinen Arm an ihrem massigen Bizeps gefangen und klebte die Nadel wieder fest.

„Holen Sie mir nur meine Kleider."

„Widersprechen Sie nicht, Mr. Holland. Sie müssen hier bleiben."

„Warum?"

„Weil Sie eine Infusion bekommen, darum!" schnappte sie.

„Ich will meine Kleider!"

„Da müsste ich in der Notaufnahme nachfragen. Von Ihren Sachen ist nichts auf diese Etage gekommen."

„Dann rufen Sie in der Notaufnahme an, verdammt!" Bei Miss Redferns missbilligendem Stirnrunzeln fügte er mit erzwungener Höflichkeit hinzu: „Wenn es Ihnen nicht zu viel Mühe macht."

Es dauerte eine halbe Stunde, bis eine Frau aus dem Büro kam und erklärte, was mit Victors Sachen passiert war.

„Ich fürchte, wir ... also, wir haben Ihre Sachen verloren, Mr. Holland." Sie bewegte sich unbehaglich unter seinem erstaunten Blick.

„Was heißt verloren?"

„Sie wurden ..." Sie räusperte sich. „... gestohlen. Aus der Notaufnahme. Glauben Sie mir, das ist noch nie passiert. Es tut uns wirklich sehr Leid, Mr. Holland, und ich bin sicher, wir werden dafür sorgen, dass Sie sich Ersatz kaufen können ..."

Was war aus dem Film geworden? Während der endlosen Fahrt ins Krankenhaus hatte er sich in seiner Tasche befunden. Hatte er den Film verloren, seinen einzigen Beweis?

„... fehlt zwar das Geld, aber Ihre Kreditkarten sind wohl alle da. Wenigstens dafür kann man dankbar sein."

Er sah sie verständnislos an. „Was?"

„Ihre Wertsachen, Mr. Holland." Sie deutete auf die Brieftasche und die Uhr, die sie auf seinen Nachttisch gelegt hatte. „Der Sicherheitsmann hat sie in der Mülltonne vor dem Krankenhaus gefunden. Sieht so aus, als wollte der Dieb nur Bargeld."

„Und meine Kleidung."

Sobald die Frau gegangen war, drückte Victor den Knopf für Miss Redfern. Sie kam mit einem Frühstückstablett herein. „Essen Sie, Mr. Holland! Vielleicht kommt Ihr Verhalten nur von Überzuckerung des Blutes."

„Eine Frau hat mich in die Notaufnahme gebracht. Ihr Vorname war Catherine. Ich muss mich mit ihr in Verbindung setzen."

„Ach, sehen Sie doch! Eier und Rice Krispies! Hier ist Ihre Gabel ..."

„Miss Redfern, vergessen Sie die verdammten Rice Krispies!"

Miss Redfern knallte die Schachtel auf das Tablett. „Es besteht nicht der geringste Grund zum Fluchen!"

„Ich muss diese Frau finden!"

Wortlos wirbelte Miss Redfern herum und marschierte aus dem Raum. Ein paar Minuten später kam sie zurück und reichte ihm brüsk ein Blatt Papier. Darauf stand der Name Catherine Weaver, gefolgt von einer Adresse am Ort.

„Sie sollten lieber schnell essen", sagte sie. „Da ist ein Polizist, der mit Ihnen reden will."

„Fein", brummte er und stopfte sich einen Bissen von dem kalten, gummiartigen Rührei in den Mund.

„Und jemand vom FBI hat angerufen. Er ist auch unterwegs."

Victors Kopf ruckte hoch. „FBI? Wie hieß er?"

„Ach, du lieber Himmel, woher soll ich das wissen? Irgendwas Polnisches, glaube ich."

Victor legte langsam die Gabel weg. „Polowski", flüsterte er.

„Könnte sein, Polowski." Sie drehte sich um und ging zur Tür. „Tatsächlich das FBI", murmelte sie. „Möchte wissen, was er angestellt hat, dass die sich um ihn kümmern ..."

Noch bevor sich die Tür hinter ihr geschlossen hatte, war Victor aus dem Bett und zerrte an seiner Infusion. Er fühlte es kaum, als das Klebeband Härchen von seinem Arm riss. Er musste aus diesem Krankenhaus verschwinden, bevor Polowski auftauchte. Er war sicher, dass ihm der FBI-Agent diesen Hinterhalt gestern Abend gelegt hatte, und er wollte keinen weiteren Angriff abwarten.

Er drehte sich um und fauchte seinen Zimmergefährten an: „Lenny, wo sind Ihre Kleider?"

Lennys Blick wanderte zögernd zu einem Schrank neben dem Waschbecken. „Ich habe nur die Klamotten. Außerdem passen die Ihnen nicht, Mister ..."

Victor riss die Schranktür auf und holte ein ausgefranstes Hemd und eine weite Hose heraus. Seine behaarten Beine waren ungefähr zwanzig Zentimeter unterhalb der zu kurzen Hose zu sehen, aber er konnte den Gürtel schließen. In dem Schrank entdeckte er auch ein paar Sandalen. Seine Fersen standen zwar fast drei Zentimeter über die hintere Kante hinaus, aber wenigstens war er nicht barfuß.

„Die gehören mir!" protestierte Lenny.

„Hier, Sie können das haben." Victor warf dem alten Mann seine Armbanduhr zu. „Dafür sollten Sie neue Kleider bekommen."

Misstrauisch hielt Lenny die Uhr an sein Ohr. „Die ist Mist. Die tickt nicht."

„Das ist eine Quarzuhr."

„Ach ja, habe ich mir gleich gedacht."

Victor steckte seine Brieftasche ein, öffnete die Tür einen Spalt und spähte zu dem Schwesternzimmer. Die Luft war rein. Er blickte zu Lenny zurück. „Leben Sie wohl, Kumpel. Grüßen Sie Miss Redfern von mir."

Victor schlüpfte aus dem Raum und ging ruhig den Korridor entlang auf die Tür zu der Nottreppe am Ende des Korridors. Eine Aufschrift warnte: ALARM WIRD BEI ÖFFNEN AUSGELÖST. Er ging ruhig darauf zu, um keine Aufmerksamkeit zu erregen. Doch als er sich der Tür näherte, erklang eine vertraute Stimme.

„Mr. Holland! Sie kommen sofort zurück!"

Victor schnellte zu der Tür, warf sich gegen den Riegel und hetzte in das Treppenhaus.

Seine Schritte hallten vom Beton wider, während er die Treppe hinunterjagte. Als er Miss Redfern ebenfalls auf der Treppe hörte, hatte er bereits das Erdgeschoss erreicht und verschwand durch die letzte Tür in die Freiheit.

„Mr. Holland!" schrie Miss Redfern.

Noch während er über den Parkplatz lief, gellte Miss Redferns wütende Stimme in seinen Ohren.

Acht Querstraßen weiter betrat er einen Supermarkt, kaufte mit seiner Kreditkarte neue Kleider und warf anschließend Lennys alte Sachen in eine Mülltonne.

Bevor er ins Freie trat, spähte er durch das Schaufenster auf die Straße. Es schien ein absolut normaler Vormittag Mitte Dezember in einer Kleinstadt zu sein. Leute gingen unter buntem Weihnachtsschmuck einkaufen. Ein halbes Dutzend Autos wartete geduldig vor einer roten Ampel. Er wollte gerade durch die Tür treten, als er den Polizeiwagen entdeckte, der die Straße entlangkroch. Sofort tauchte er hinter eine unbekleidete Kleiderpuppe und beobachtete zwischen den nackten Plastikgliedern hindurch, wie der Streifenwagen langsam an dem Supermarkt vorbei in Richtung Krankenhaus fuhr. Offenbar suchten sie jemanden. War er derjenige?

Er konnte es sich nicht leisten, die Main Street entlangzuschlendern. Es ließ sich unmöglich feststellen, wer außer Polowski noch in das Doppelspiel verwickelt war.

Er brauchte eine Stunde zu Fuß, um den Stadtrand zu erreichen, und da war er bereits so schwach, dass er sich neben dem Highway auf einen Stein setzte und halbherzig den Daumen hob. Zu seiner grenzenlosen Erleichterung hielt das nächste Fahrzeug, ein Pick-up mit einer Ladung Brennholz. Victor kletterte hinein und sackte dankbar auf den Sitz.

Der Fahrer spuckte aus dem Fenster und musterte Victor. „Fahren Sie weit?"

„Nur ein paar Meilen. Oak Hill Road."

„Ja, da fahre ich vorbei." Der Mann zog wieder auf die Straße. Der Truck stieß eine schwarze Wolke aus seinem Auspuff, während er über den Highway donnerte und Country-Musik aus dem Radio plärrte.

Über dem Lärm hörte Victor einen Ton, bei dem er sich scharf aufsetzte. Eine Sirene. Er blickte zurück und bemerkte, dass ein Streifenwagen rasch aufholte. Er war so überzeugt, dass sie gleich angehalten würden, dass er nur erstaunt starren konnte, als der Polizeiwagen an ihnen vorbeijagte.

„Da muss was passiert sein", sagte der Fahrer.

Bis sie die Abzweigung der Oak Hill Road erreichten, war Victors Puls wieder normal. Er bedankte sich bei dem Fahrer, stieg aus und begann die Wanderung zu Catherine Weavers Haus. Die Straße wand sich durch einen Pinienwald. In Abständen kam er an Briefkästen neben der Straße vorbei, und wenn er durch die Bäume spähte, entdeckte er Häuser. Catherines Adresse rückte rasch näher.

Er bemerkte die Polizeiwagen erst, als er aus der scharfen Biegung des Weges herausgekommen war. Er erstarrte, als er drei Streifenwagen vor sich sah. Sie parkten vor einem rustikalen Zedernholzhaus. Etliche Nachbarn standen in der gekiesten Einfahrt und schüttelten ungläubig die Köpfe. Allgütiger, war etwas mit Catherine passiert?

Victor unterdrückte den Impuls zu fliehen und schob sich an den Streifenwagen vorbei und zwischen den Schaulustigen hindurch, wurde jedoch von einem uniformierten Polizisten angehalten.

„Tut mir Leid, Sir. Hier darf niemand weitergehen."

Benommen stellte Victor fest, dass die Polizei mit rotem Band eine Absperrung vorgenommen hatte. Langsam wanderte sein Blick hinter das Band zu dem alten Ford, der neben dem Abstellplatz parkte. War das Catherines Wagen? Er versuchte verzweifelt, sich daran zu erinnern, ob sie einen Ford gefahren hatte, aber er wusste nur, dass in dem Wagen kaum genug Platz für seine Beine gewesen war. Dann bemerkte er den Parkplatzaufkleber auf der hinteren Stoßstange: Parkerlaubnis, Studio A.

Ich arbeite für eine unabhängige Filmgesellschaft ... Das hatte sie ihm letzte Nacht gesagt.

Es war Catherines Wagen.

Widerstrebend richtete er den Blick auf die Flecken auf dem Kies gleich neben dem Ford, und obwohl sein Verstand erkannte, dass dieses besondere Rot nur getrocknetes Blut sein konnte, wollte er es ableugnen. Er wollte glauben, dass es irgendeine andere Erklärung für diesen Fleck gab, für diese unheilverkündende Ansammlung von Polizei.

Er versuchte zu sprechen. „Was ... ist passiert?"

Der Polizist schüttelte trübe den Kopf. „Eine Frau wurde hier letzte Nacht getötet. Unser erster Mord seit zehn Jahren."

„Mord?" Victors Blick hing entsetzt an dem blutigen Kies. „Aber ... warum?"

Der Polizist zuckte die Schultern. „Wissen wir noch nicht. Vielleicht Raub, aber ich glaube nicht, dass er viel gefunden hat." Er deutete mit einem Kopfnicken zu dem Ford. „Es ist nur in den Wagen eingebrochen worden."

Victor nahm kaum wahr, wie er zu der Straße zurückkehrte. Der Sonnenschein war so hell, dass seine Augen brannten, und er konnte kaum sehen, wohin er ging.

Ich habe sie umgebracht, dachte er. Sie hat mir das Leben gerettet und ich habe sie umgebracht ...

Wut erfüllte ihn. Der Killer hatte den Film gesucht und ihn möglicherweise in dem Ford gefunden. Was jetzt? Victor schrieb die Möglichkeit ab, dass sich sein Aktenkoffer mit dem größten Teil an Beweismitteln noch in seinem Autowrack befand. Das war der erste Ort, an dem der Killer gesucht hätte. Ohne den Film hatte Victor überhaupt keinen Beweis mehr. Jetzt stand nur noch sein Wort gegen das von Viratek. Die Zeitungen würden ihn als nichts weiter als einen zornigen Exangestellten abtun. Und nach Polowskis Betrug konnte er dem FBI nicht trauen.

Bei diesem letzten Gedanken beschleunigte er seinen Schritt. Je schneller er aus Garberville verschwand, desto besser. Auf dem Highway wollte er wieder einen Wagen anhalten. Erst wenn er die Stadt sicher verlassen hatte, konnte er seinen nächsten Schritt planen.

Er beschloss, sich nach Süden zu wenden, nach San Francisco.

3. KAPITEL

Archibald Black beobachtete, wie die Limousine die Zufahrt entlang glitt und vor dem Haupteingang hielt. Black schnaubte verächtlich. Der Cowboy war wieder in der Stadt. Zum Teufel mit ihm! Und nach dem ganzen Theater, das der Mann um die Bedeutung der Geheimhaltung gemacht hatte, um seinen kleinen Besuch, der ganz diskret ablaufen sollte, besaß der Idiot den Nerv und tauchte in einer Limousine auf – noch dazu mit einem uniformierten Fahrer!

Black wandte sich von dem Fenster ab und ging zu seinem Schreibtisch. Trotz seiner Verachtung für den Besucher musste er sich eingestehen, dass der Mann ihm Unbehagen bereitete wie alle so genannten Männer der Action. Nicht genug Gehirn hinter all diesen Muskeln. Zu viel Macht in den Händen von Dummköpfen. Ist das ein Beispiel dafür, wer unser Land führt? dachte er.

Die Sprechanlage summte. „Mr. Black“, sagte seine Sekretärin. „Ein Mr. Tyrone ist hier und möchte Sie sprechen.“

„Schicken Sie ihn bitte herein“, erwiderte Black und wischte den Zorn aus seiner Miene, als sich die Tür öffnete und Matthew Tyrone in das Büro kam.

Sie schüttelten einander die Hände. Tyrones Händedruck war unsinnig fest, als wollte er Black an ihre Machtverhältnisse erinnern. Sein ganzes Auftreten entsprach dem eines Exmarineangehörigen, der Tyrone war. Nur seine fülliger werdende Körpermitte verriet, dass Tyrones Tage als Marineoffizier schon lange zurücklagen.

„Wie war der Flug von Washington?“ fragte Black, als sie sich setzten.

„Schrecklicher Service. Ich sage Ihnen, Flüge in Zivilmaschinen sind nicht mehr, was sie einst waren. Man stelle sich vor, dass der Durchschnittsamerikaner gutes Geld dafür bezahlt!“

„Vermutlich kein Vergleich zu der Air Force One.“

Tyrone lächerte. „Kommen wir zum Geschäftlichen. Wie sieht es mit Ihrer kleinen Krise aus?"

„Wir haben die Dokumente zurückbekommen", antwortete Black. „Und die Filmrolle. Die Negative werden gerade entwickelt."

„Und Ihre beiden Angestellten?"

Black räusperte sich. „Es besteht kein Anlass, diese Sache weiterzutreiben."

„Die beiden sind ein Risiko für die nationale Sicherheit."

„Sie können die beiden doch nicht einfach umbringen!"

„Können wir nicht?" Tyrones Augen waren kalt, metallgrau. Eine passende Farbe für jemanden, der sich selbst „Cowboy" nannte. Man widersprach niemandem mit solchen Augen. Nicht, wenn man einen Selbsterhaltungstrieb besaß.

Black senkte den Kopf. „Ich bin nicht gewöhnt an solche ... Geschäfte. Und ich habe nicht gern mit Ihrem Mann Savitch zu tun."

„Mr. Savitch hat uns bisher gute Dienste geleistet."

„Er hat einen meiner langjährigen Wissenschaftler getötet!"

„Ich nehme an, das war nötig."

Black blickte unglücklich auf seinen Schreibtisch hinunter. Allein schon der Gedanke an dieses Ungeheuer Savitch ließ ihn schaudern.

„Warum genau ist Martinique aus der Reihe getanzt?"

Weil er ein Gewissen hatte, dachte Black. Er sah Tyrone an. „Das war unmöglich vorherzusehen. Er hat in der Forschungsabteilung seit zehn Jahren gearbeitet. Er stellte nie ein Sicherheitsproblem dar. Wir fanden erst letzte Woche heraus, dass er Geheimdokumente an sich genommen hatte. Und dann wurde Victor Holland in die Sache hineingezogen ..."

„Wie viel weiß Holland?"

„Holland hatte nichts mit dem Projekt zu tun. Aber er ist klug. Falls er sich diese Papiere angesehen hat, könnte er sich die Sache zusammengereimt haben."

Jetzt war Tyrone erregt. Seine Finger trommelten auf den Schreibtisch. „Erzählen Sie mir etwas über Holland. Was wissen Sie über ihn?"

„Ich habe mir seine Personalakte angesehen. Er ist einundvierzig Jahre alt, geboren und aufgewachsen in San Diego. Er trat in das Priesterseminar ein, schied jedoch nach einem Jahr aus. Studierte in Stanford, dann am Massachusetts Institute of Technology ... das M.I.T. Ist Doktor in Biochemie. Er war vier Jahre bei Viratek. Einer unserer viel versprechendsten Forscher."

„Was ist mit seinem Privatleben?"

„Seine Frau starb vor drei Jahren an Leukämie. Er hält sich sehr abgeschlossen. Ruhiger Typ, mag klassischen Jazz. Spielt Saxofon in einer Amateurgruppe."

Tyrone lachte. „Euer typisch langweiliger Wissenschaftler."

Die Beleidigung ärgerte Black. Bevor er vor Jahren Viratek Industries gegründet hatte, war Black ebenfalls Biochemiker in der Forschung gewesen.

„Er sollte einfach zu erledigen sein", sagte Tyrone. „Unerfahren. Und wahrscheinlich verängstigt." Er griff nach seinem Aktenkoffer. „Mr. Savitch ist ein Experte in diesen Dingen. Ich schlage vor, Sie lassen ihn dieses Problem erledigen."

„Natürlich." Black glaubte nicht, eine andere Wahl zu haben. Nicholas Savitch war eine teuflische, angsteinflößende Macht, die nicht mehr kontrolliert werden konnte, wenn sie erst einmal entfesselt war.

Die Sprechanlage summte. „Mr. Gregorian aus dem Fotolabor ist hier", meldete die Sekretärin.

„Schicken Sie ihn herein." Black sah Tyrone an. „Der Film ist entwickelt worden. Wollen wir uns doch ansehen, was Martinique fotografieren konnte."

Gregorian kam mit einem prall gefüllten Umschlag herein. „Hier sind die verlangten Kontaktabzüge." Er reichte Black den Packen über den Schreibtisch hinweg und hielt dann seine Hand vor seinen

Mund, um ein Geräusch zu unterdrücken, das verdächtig nach Lachen klang.

„Ja, Mr. Gregorian?“ fragte Black.

„Nichts, Sir.“

„Sehen wir uns die Bilder an“, warf Tyrone ein.

Black zog die fünf Blätter mit Kontaktabzügen heraus und legte sie auf den Schreibtisch. Die Männer erstarrten.

Lange Zeit sprach niemand. Dann sagte Tyrone: „Soll das ein Scherz sein?“

Gregorian lachte laut auf.

„Was, zum Teufel, ist das?“ fragte Black.

„Das ist der Film, den Sie mir gegeben haben, Sir“, behauptete Gregorian. „Ich habe ihn selbst entwickelt.“

„Das sind die Fotos, die Sie von Victor Holland zurückerhalten haben?“ Tyrones Stimme begann leise und steigerte sich langsam zu einem Brüllen. „Fünf Streifen Film mit nackten Frauen?“

„Das ist ein Fehler!“ versicherte Black. „Das ist der falsche Film ...“

Gregorian lachte lauter.

„Hören Sie auf!“ schrie Black. Er wandte sich an Tyrone. „Ich weiß nicht, wie das passieren konnte.“

„Dann existiert der Film, den wir haben wollen, noch irgendwo da draußen?“

Black nickte matt.

Tyrone griff nach dem Telefon. „Wir müssen die Sache bereinigen. Schnell!“

„Wen rufen Sie an?“ fragte Black.

„Den Mann, der diesen Job erledigen kann.“ Tyrone tippte die Nummer ein. „Savitch.“

In seinem Motelzimmer in der Lombard Street ging Victor auf dem avocadogrünen Teppich auf und ab und zermarterte sich den Kopf nach einem Plan. Irgendeinem Plan. Sein gut organisierter Verstand, der Verstand eines Wissenschaftlers, hatte die Situation bereits wie ein Forschungsprojekt auf den Punkt gebracht. Identifiziere das Problem: Jemand will mich töten. Erstelle deine Hypothese: Jerry Martinique hat etwas Gefährliches aufgedeckt und wurde deshalb ermordet. Jetzt denken diese Leute, ich hätte die Information – und den Beweis. Was nicht der Fall ist. Ziel: am Leben bleiben. Methode: jede nur erdenkliche Art!

In den letzten zwei Tagen hatte seine einzige Strategie daraus bestanden, sich in verschiedenen billigen Motelzimmern einzuschließen und wie ein Löwe in einem Käfig hin und her zu laufen. Er konnte sich nicht für immer verstecken. Wenn das FBI in die Sache verwickelt war, würden sie der Spur seiner Kreditkarte folgen und genau wissen, wo er zu finden war.

Ich brauche einen Angriffsplan.

Der Gang zum FBI fiel eindeutig weg. Sam Polowski war der Agent, mit dem Victor sich in Verbindung gesetzt und der das Zusammentreffen in Garberville arrangiert hatte. Niemand sonst sollte etwas von diesem Treffen erfahren. Doch Sam Polowski war nicht gekommen.

Dafür war ein anderer gekommen. Victors schmerzende Schulter erinnerte ihn ständig an dieses beinahe katastrophal verlaufene Rendezvous.

Er könnte zur Zeitung gehen ... Aber wie sollte er einen skeptischen Reporter überzeugen? Wer sollte seine Story von einem Projekt glauben, das so gefährlich war, dass es Millionen töten konnte? Alle würden glauben, diese Geschichte wäre einem paranoiden Gehirn entsprungen.

Aber ich bin nicht paranoid!

Er ging zum Fernseher und schaltete die Fünfuhrnachrichten ein. Eine perfekt frisierte Sprecherin lächelte von der Mattscheibe, während sie irgendein oberflächliches Zeug über den letzten

Schultag, glückliche Kinder und Weihnachtsferien verlas. Dann wurde ihre Miene ernst. Übergang. Victor starrte auf den Fernseher, als die nächste Story an die Reihe kam.

„In Garberville, Kalifornien, gab es keine neuen Spuren in der Ermordung einer Frau, die am Mittwochmorgen tot aufgefunden worden war. Eine Besucherin fand Sarah Boylan, neununddreißig, in der Einfahrt. Sie war an Stichwunden am Hals gestorben. Das Opfer war im fünften Monat schwanger. Die Polizei ist über das fehlende Motiv in dieser schrecklichen Tragödie verwirrt, und im Moment gibt es keine Verdächtigen. Wir kommen nun zu landesweiten Nachrichten ..."

Nein, nein, nein, dachte Victor. Sie war nicht schwanger. Ihr Name war nicht Sarah. Es war ein Fehler ...

Oder doch nicht?

Mein Name ist Catherine, hatte sie ihm gesagt.

Catherine Weaver. Ja, der Name stimmte. An den würde er sich bis an sein Lebensende erinnern.

Er setzte sich auf das Bett, während die Fakten in seinem Kopf herumwirbelten. Sarah. Cathy. Ein Mord in Garberville.

Dann sprang er geradezu in Panik auf, griff nach dem Telefonbuch und blätterte zum Buchstaben W. Er begriff jetzt. Der Killer hatte einen Fehler begangen. Falls Cathy Weaver noch lebte, konnte sie diesen Film haben ... oder wissen, wo er zu finden war. Victor musste sie erreichen.

Bevor es ein anderer tat.

Cathy hatte gedacht, in jener Nacht in dem Motel in Garberville, der Nacht nach Sarahs Tod, alle Tränen geweint zu haben. Aber jetzt war sie hier in ihrem Apartment in San Francisco und brach noch immer in Tränen aus. Wieso ausgerechnet Sarah?

Sie musste sich beschäftigen, war dankbar, dass ihr Kühlschrank praktisch leer war, und machte sich auf den Weg zu dem Lebensmittelladen in der Nachbarschaft. Mit einer schweren Einkaufstüte auf jedem Arm kehrte sie in der einbrechenden Dunkelheit zu ihrem Apartment zurück, schaffte es, ihre Schlüssel hervorzuholen und die Tür aufzuschließen. Gerade als sie eintreten wollte, hörte sie Schritte. Ein Schatten huschte an ihre Seite. Sie wurde durch die Tür in das Gebäude gefegt. Eine Einkaufstüte fiel ihr aus den Armen, Äpfel rollten über den Boden. Sie taumelte nach vorn und fing sich an dem hölzernen Geländer ab. Die Tür schlug hinter ihr zu.

Sie wirbelte kampfbereit zu ihrem Angreifer herum.

Es war Victor Holland.

„Sie!“ flüsterte sie erstaunt.

Er schien nicht so sicher zu sein, was ihre Identität anging. Hektisch betrachtete er ihr Gesicht, als wollte er sich vergewissern, dass er auch die richtige Frau gefunden hatte. „Cathy Weaver?“

„Was fällt Ihnen ein, hier so ...“

„Wo ist Ihr Apartment?“ fiel er ihr ins Wort.

„Was?“

„Wir können nicht hier draußen herumstehen.“

„Es ist ... oben ...“

„Gehen wir.“ Er griff nach ihrem Arm, aber sie riss sich los.

„Meine Einkäufe.“ Sie blickte auf die verstreuten Äpfel.

Rasch hob er das Obst auf, warf es in eine der Tüten und schob sie zu der Treppe. „Wir haben nicht viel Zeit.“

Cathy ließ sich die Treppe hinauf und halb durch den Korridor scheuchen, ehe sie abrupt stehen blieb. „Warten Sie einen Moment! Sie sagen mir, was das alles zu bedeuten hat, Mr. Holland, und zwar sagen Sie mir das sofort, sonst gehe ich keinen Schritt weiter!“

„Geben Sie mir Ihre Schlüssel.“

„Sie können nicht einfach ...“

„Geben Sie mir Ihre Schlüssel!“

Von dem Befehl geschockt, sah sie ihn an und erkannte plötzlich, dass in seinen Augen Panik stand. Es waren die Augen eines Gejagten.

Automatisch reichte sie ihm die Schlüssel.

„Warten Sie hier", sagte er. „Ich sehe zuerst in Ihrem Apartment nach."

Verwirrt sah sie zu, wie er die Tür aufschloss und sich vorsichtig hineinschob. Ein paar Momente hörte sie nichts. Sie stellte sich vor, wie er durch die Wohnung ging, und versuchte abzuschätzen, wie viele Sekunden er für die Überprüfung eines jeden Zimmers brauchte. Es war eine kleine Wohnung. Weshalb dauerte es dann so lang?

Langsam schob sie sich zur Tür. Gerade als sie die Hand danach ausstreckte, tauchte sein Kopf auf. Sie stieß einen kleinen überraschten Schrei aus. Er konnte gerade noch die Einkaufstüte auffangen, die ihrem Griff entglitt.

„Alles in Ordnung", sagte er. „Kommen Sie herein."

Kaum war sie über die Schwelle getreten, als er auch schon die Tür hinter ihr versperrte und verriegelte. Danach ging er rasch durch das Wohnzimmer, zog die Vorhänge zu und verschloss das Fenster.

„Was ist hier los?" fragte sie.

„Wir stecken in Schwierigkeiten."

„Sie meinen, Sie stecken in Schwierigkeiten."

„Nein. Ich meine ‚wir'. Wir beide." Er wandte sich ihr zu. Sein Blick war klar und fest. „Haben Sie den Film?"

„Wovon sprechen Sie?" fragte sie total verwirrt.

„Eine Filmrolle. Fünfunddreißig Millimeter. In einem schwarzen Plastikbehälter."

Sie antwortete nicht, aber in ihren Gedanken hatte bereits ein Bild des letzten Abends mit Sarah Form angenommen: eine Filmrolle auf der Küchentheke. Ein Film, von dem sie angenommen hatte, er gehöre ihrem Freund Hickey. Ein Film, den sie in die Tasche ihres Bademantels und später in ihre Handtasche gesteckt hatte. Aber das alles wollte sie nicht verraten, nicht bevor sie herausgefunden hatte, warum er den Film haben wollte.

Frustriert holte er tief Luft. „In der Nacht, in der Sie mich auf dem Highway gefunden haben, hatte ich den Film in meiner Tasche. Ich hatte ihn nicht mehr, als ich im Krankenhaus wach wurde. Vielleicht habe ich ihn in Ihrem Wagen fallen lassen."

„Warum wollen Sie diesen Film?"

„Ich brauche ihn. Als Beweis ..."

„Wofür?"

„Das zu erklären, würde zu lange dauern."

Sie zuckte die Schultern. „Ich habe im Moment nichts Besseres zu tun ..."

„Verdammt!" Er kam zu ihr, packte sie an den Schultern und zwang sie, ihn anzusehen. „Verstehen Sie denn nicht? Deshalb wurde Ihre Freundin getötet! Wer immer in den Wagen eingebrochen hat, hat den Film gesucht!"

Sie starrte ihn an. Verstehen und Entsetzen im Blick. „Sarah ..."

„... war zum falschen Zeitpunkt am falschen Ort. Der Mörder muss geglaubt haben, Sie wären das."

Cathy sank in einen Sessel und blieb benommen sitzen.

„Sie müssen weg von hier", drängte er. „Bevor man Sie findet. Bevor man dahinter kommt, dass Sie die gesuchte Cathy Weaver sind."

Sie bewegte sich nicht. Konnte sich nicht bewegen.

„Kommen Sie, Cathy! Es ist nicht viel Zeit."

„Was war auf diesem Film?" fragte sie leise.

Ich habe es Ihnen gesagt. Beweise. Gegen eine Firma namens Viratek."

Sie runzelte verwundert die Stirn. „Ist ... ist das nicht die Firma, für die Sie arbeiten?"

„Für die ich gearbeitet habe."

„Was haben die gemacht?"

„Die Firma ist in ein illegales Forschungsprojekt verwickelt. Ich kann Ihnen keine Details nennen."

„Warum nicht?"

„Weil ich sie nicht weiß. Ich bin nicht derjenige, der die Beweise gesammelt hat. Ein Kollege, ein Freund, hat sie mir übergeben, unmittelbar, bevor er getötet wurde."

„Wie meinen Sie das – getötet?"

„Die Polizei hat es einen Unfall genannt. Ich glaube an keinen Unfall."

„Sie wollen sagen, er ist wegen eines Forschungsprojekts ermordet worden?" Sie schüttelte den Kopf. „Da muss er an einer gefährlichen Sache gearbeitet haben."

„Ich weiß, dass es um biologische Waffen geht. Dadurch wird die Forschung illegal. Und unglaublich gefährlich."

„Waffen? Für welche Regierung?"

„Unsere."

„Ich verstehe nicht. Wenn das ein Regierungsprojekt ist, ist es doch legal, oder?"

„Absolut nicht. Leute an höchsten Stellen haben schon Gesetze gebrochen."

„Über wie hohe Stellen sprechen wir?"

„Ich weiß es nicht. Ich kann niemandem vertrauen. Nicht der Polizei, nicht dem Justizministerium. Nicht einmal dem FBI."

Sie zog die Augen schmal zusammen. Die Worte klangen nach Paranoia. Aber die Stimme und die Augen wirkten absolut vernünftig. Es waren meergrüne Augen. So ehrlich und offen, dass es sie hatte überzeugen sollen.

Was bei weitem nicht der Fall war.

„Sie wollen mir also wirklich klar machen, dass das FBI hinter Ihnen her ist. Stimmt das?"

Ärger flackerte kurz in seinen Augen auf, ehe er stöhnend auf die Couch sank. „Ich nehme es Ihnen nicht übel, dass Sie mich für verrückt halten. Aber ich dachte, wenn ich jemandem vertrauen kann, dann Ihnen ..."

„Warum mir?"

Er sah sie an. „Weil Sie mir das Leben gerettet haben. Weil Sie diejenige sind, die man als Nächste umbringen will."

Sie erstarrte. Nein, das war verrückt. Jetzt wollte er sie in seine Albtraumwelt von Mord und Verschwörung hineinziehen. Das ließ sie nicht zu! Sie stand auf und wollte weggehen, aber seine Stimme ließ sie erneut stocken.

„Cathy, denken Sie darüber nach. Warum wurde Ihre Freundin Sarah ermordet? Weil jemand glaubte, Sarah wäre Sie. Die Leute werden mittlerweile erkannt haben, dass sie die Falsche umgebracht haben, werden wiederkommen und ihren Fehler ausgleichen. Nur für den Fall, dass Sie etwas wissen oder Beweise haben ..."

„Das ist verrückt!" rief sie und hielt sich die Ohren zu. „Niemand wird ..."

„Es ist schon passiert!" Er holte einen Zeitungsausschnitt aus seiner Hemdtasche. „Auf meinem Weg hierher bin ich an einem Zeitungsstand vorbeigekommen. Das war auf der Titelseite." Er reichte ihr den Ausschnitt.

Verwirrt betrachtete sie das Foto einer mittelalterlichen Frau, einer völligen Fremden. „Frau in San Francisco vor ihrem Haus erschossen", lautete die Schlagzeile.

„Das hat nichts mit mir zu tun", sagte sie.

„Sehen Sie sich den Namen an."

Cathys Blick glitt zu dem dritten Absatz, in dem das Opfer beschrieben wurde.

Ihr Name war Catherine Weaver.

Der Zeitungsausschnitt entglitt ihren zitternden Fingern und flatterte zu Boden.

„Es gibt drei Catherine Weavers im Telefonbuch von San Francisco", sagte er. „Diese Frau wurde heute Morgen um neun Uhr erschossen. Ich weiß nicht, was mit der zweiten passiert ist. Sie könnte bereits tot sein. Womit Sie die Nächste auf der Liste wären. Der Mörder hatte genug Zeit, um Sie aufzuspüren."

„Ich war nicht in der Stadt ... bin erst vor einer Stunde zurückgekommen ..."

„Was erklärt, weshalb Sie noch leben. Vielleicht war der Mörder schon einmal früher hier. Vielleicht hat er beschlossen, zuerst die beiden anderen Frauen zu suchen."

Sie fing an sich zu bewegen. „Ich muss packen ..."

„Nein, verschwinden wir bloß von hier!"

Sie nickte, drehte sich um, wollte blindlings zur Tür, stockte auf halbem Weg.

„Wo ist sie?"

Sie lief zurück, vorbei an dem Fenster mit den zugezogenen Vorhängen. „Ich glaube, ich habe sie bei der ..."

Ihre Worte wurden von der Explosion berstenden Glases abgeschnitten. Nur die geschlossenen Vorhänge verhinderten, dass sich die Scherben in ihre Haut bohrten. Cathy warf sich aus reinem Instinkt zu Boden, gerade als der zweite Schuss fiel. Im nächsten Moment lag Victor Holland auf ihr und deckte sie mit seinem Körper, als die dritte Kugel in die hintere Wand einschlug und Holz und Verputz nach allen Seiten spritzten.

Sekundenlang war Cathy von Entsetzen und dem Gewicht von Victors Körper auf ihr bewegungsunfähig. Dann wurde sie von Panik gepackt. Sie kam frei und wollte aus dem Apartment fliehen.

„Unten bleiben!" fauchte Victor.

„Die wollen uns umbringen!"

„Machen Sie es ihnen nicht leicht!" Er zerrte sie wieder auf den Boden. „Wir kommen schon raus, aber nicht durch die Vordertür.

Wie ... wo ist Ihre Feuerleiter?"

„Schlafzimmerfenster."

„Führt sie auf das Dach?"

„Ich weiß nicht ... ich glaube ja ..."

„Dann nichts wie hin."

Auf Händen und Knien krochen sie durch den Korridor in Cathys dunkles Schlafzimmer. Unter dem Fenster verharrten sie und lauschten. Draußen in der Dunkelheit gab es keinen Laut. Dann klirrte unten im Hausflur zerbrechendes Glas.

„Er ist im Gebäude!" zischte Victor und riss das Fenster auf. „Raus, raus!"

Cathy brauchte nicht gedrängt zu werden. Ihre Hände zitterten, als sie hinauskletterte und sich auf die Feuerleiter sinken ließ. Victor war direkt hinter ihr.

„Nach oben", flüsterte er. „Auf das Dach."

Und was dann, fragte sie sich, während sie die Leiter zum zweiten Stock hinaufkletterte, vorbei an Mrs. Changs Wohnung. Mrs. Chang war in dieser Woche nicht in der Stadt, weil sie ihren Sohn in New Jersey besuchte. Das Apartment war dunkel, die Fenster fest verschlossen. Da kam niemand hinein.

„Weiter!" Victor stieß sie vorwärts.

Nur noch ein paar Sprossen.

Endlich zog sie sich über die Kante auf das asphaltierte Dach. Eine Sekunde später ließ Victor sich neben sie sinken. Topfpflanzen raschelten in der Dunkelheit. Das war Mrs. Changs Dachgarten, eine duftende Mischung von chinesischen Kräutern und Gemüsen.

Gemeinsam suchten Victor und Cathy sich ihren Weg zwischen den Pflanzen hindurch, kletterten auf das nächste Dach und liefen zu der anderen Seite, wo ein Meter leerer Raum sie von dem folgenden Gebäude trennte. Cathy stockte nicht und dachte nicht an die Gefahren des Sprungs, sondern schnellte sich einfach über den Abgrund und rannte weiter.

Auf dem Dach des vierten Gebäudes blieb Cathy endlich stehen und blickte über die Kante auf die Straße unter ihnen. Ende der Strecke. Plötzlich wurde ihr bewusst, was für ein tiefer Fall es bis zum Grund war. Die Feuerleiter wirkte so stabil wie Kinderspielzeug.

Sie schluckte. „Wahrscheinlich ist das kein guter Zeitpunkt, um Ihnen das zu sagen, aber ..."

„Um mir was zu sagen?"

„Ich leide unter Höhenangst."

Er kletterte über die Kante. „Dann sehen Sie nicht nach unten."

Richtig, dachte sie und glitt auf die Feuerleiter. Nicht nach unten sehen. Ihre Hände waren nass vor Schweiß. Sie fürchtete, ihre Finger würden die Sprossen nicht halten können. Von einem Anfall von Höhenangst gepackt, erstarrte sie und klammerte sich verzweifelt an dieses hauchdünne Stahlskelett.

„Nicht stehen bleiben!" flüsterte Victor hektisch zu ihr herauf. „Weiter!"

Sie bewegte sich noch immer nicht und presste ihr Gesicht gegen die Sprosse, sodass sie die raue Kante in ihre Haut beißen fühlte.

„Alles in Ordnung, Cathy", drängte er. „Kommen Sie weiter!"

Der Schmerz überwog und blockte das Schwindelgefühl und sogar die Angst ab. Als sie die Augen wieder öffnete, hatte die Welt sich stabilisiert. Mit weichen Knien stieg sie die Leiter hinunter und machte auf dem Absatz im zweiten Stock eine Pause, um ihre verschwitzten Hände an ihrer Jeans abzuwischen. Sie kletterte zum Absatz im ersten Stock. Es waren noch immer fast fünf Meter bis zum Boden. Schon hakte sie die Verlängerungsleiter aus und wollte sie nach unten schieben, erzeugte dabei jedoch ein solches Kreischen, dass Victor sie sofort stoppte.

„Zu laut. Wir müssen springen."

„Aber ..."

Zu ihrer Verblüffung kletterte er über das Geländer und ließ sich zu Boden fallen. „Kommen Sie!" zischte er von unten herauf. „Es ist nicht so tief. Ich fange Sie auf."

Mit einem gemurmelten Gebet ließ sie sich über die Seite gleiten und wurde tatsächlich von ihm aufgefangen. Aber er hielt sie nur eine Sekunde fest. Die Schussverletzung hatte seine Schulter zu sehr geschwächt. Gemeinsam taumelten sie zu Boden. Cathy landete auf Victor, ihre Beine über seinen Hüften gespreizt, ihre Gesichter nur Zentimeter voneinander entfernt. Sie sahen einander so benommen an, dass sie kaum atmen konnten.

Über ihnen glitt ein Fenster auf, und jemand schrie: „Hey, ihr Herumtreiber! Verschwindet, sonst rufe ich die Cops!"

Cathy rollte sofort von Victor herunter und prallte gegen einen Mülleimer. Der Deckel fiel herunter und knallte auf den Bürgersteig.

„So viel zu einer Rast", brummte Victor und raffte sich auf. „Vorwärts!"

Sie hetzten die Straße entlang, bogen in eine Seitenstraße und rannten weiter. Erst fünf Kreuzungen später hielten sie endlich an, um wieder zu Atem zu kommen. Sie blickten zurück.

Die Straße war verlassen.

Sie befanden sich in Sicherheit!

Nicholas Savitch stand neben dem ordentlich gemachten Bett und betrachtete den Raum. Es war jeder Zoll das Zimmer einer Frau, von den schlichten, aber eleganten Kleidern bis hin zum Schminktisch.

Im Wohnzimmer fand er einen Zeitungsausschnitt auf dem Boden. Nicholas Savitch hob ihn auf und betrachtete den Artikel. Das war nun interessant. Der Tod von Catherine Weaver war Catherine Weaver nicht entgangen.

Er steckte den Artikel ein. Dann sah er die Handtasche auf dem Fußboden neben der zerschmetterten Fensterscheibe.

Bingo!

Er leerte den Inhalt auf den Tisch. Brieftasche, Scheckbuch, Kugelschreiber, Münzen und ... ein Adressbuch. Er öffnete es bei B und fand den Namen, den er suchte: Sarah Boylan.

Das war also die Catherine Weaver, die er suchte. Ein Jammer, dass er seine Zeit damit verschwendet hatte, die beiden anderen aufzuspüren.

Er blätterte das Adressbuch durch und fand etwa ein halbes Dutzend Eintragungen in San Francisco. Die Frau mochte schlau genug sein, dass sie ihm diesmal entkommen war, aber sich weiterhin zu verbergen, war schon eine schwierigere Sache. Und dieses kleine Buch mit den Namen von Freunden und Verwandten und Kollegen konnte ihn direkt zu der Frau führen.

Irgendwo in der Ferne heulte eine Polizeisirene.

Es war Zeit zu verschwinden.

Savitch nahm das Adressbuch und die Brieftasche der Frau an sich und ging zur Tür hinaus. Im Freien erzeugte sein Atem Nebelwolken in der kalten Luft, während er lässig die Straße entlangschlenderte.

Er konnte es sich leisten, sich Zeit zu lassen.

Doch für Catherine Weaver und Victor Holland lief die Zeit ab.

4. KAPITEL

Es gab keine Zeit zum Ausruhen. Sie joggten die nächsten sechs Querstraßen weit, viele Meilen, wie es Cathy erschien. Victor bewegte sich unermüdlich, führte sie durch Seitenstraßen, vermied belebte Kreuzungen. Sie überließ ihm das Denken und die Führung. Ihr Entsetzen wich allmählich Betäubung und einem verwirrenden Gefühl von Unwirklichkeit. Die Stadt selbst wirkte wie eine Traumlandschaft ... Asphalt und Straßenlampen und endlose verschlungene Pfade auf Beton. Die einzige Realität war der Mann, der dicht neben ihr ging, die Augen hellwach, die Bewegungen schnell und sicher. Sie wusste, dass auch er Angst haben musste, aber sie konnte seine Angst nicht sehen.

Er griff nach ihrer Hand. Die Wärme und Kraft seiner Finger schien auf ihre kalten, erschöpften Glieder überzufließen.

Sie beschleunigte ihren Schritt. „Ich glaube, da vorne ist eine Polizeistation, noch ein oder zwei Straßen weiter ...“

„Wir gehen nicht zur Polizei.“

„Was?“ Sie erstarrte auf der Stelle.

„Noch nicht. Erst muss ich das alles durchdenken.“

„Victor“, sagte sie langsam. „Jemand versucht, uns umzubringen. Versucht, mich umzubringen. Was meinen Sie damit, Sie müssen das alles durchdenken?“

„Hören Sie, wir können nicht hier herumstehen und darüber reden. Wir müssen weg von der Straße.“ Er packte sie erneut an der Hand. „Kommen Sie!“

„Wohin?“

„Ich habe ein Zimmer. Es ist nur ein paar Straßen entfernt.“

Sie ließ sich ein paar Meter weiterziehen, bevor sie sich losriss. „Einen Moment! Warten Sie doch!“

Sein Gesicht spiegelte seine Frustration. „Worauf soll ich warten? Dass dieser Irre uns einholt? Dass wieder Kugeln fliegen?“

„Ich will eine Erklärung!"

„Ich werde alles erklären, sobald wir in Sicherheit sind."

Sie wich zurück. „Warum haben Sie Angst vor der Polizei?"

„Weil ich nicht sicher sein kann, dass sie ehrlich spielt."

„Was haben Sie denn getan?"

Mit zwei Schritten war er bei ihr und packte sie hart an den Schultern. „Ich habe Sie gerade aus einer Todesfalle herausgeholt, denken Sie daran! Diese Kugeln sind durch Ihr Fenster geflogen, nicht durch meines!"

„Vielleicht waren diese Kugeln auf Sie gezielt!"

„Also schön!" Er ließ sie los. „Sie wollen es auf eigene Faust versuchen? Tun Sie es. Vielleicht wird Ihnen die Polizei helfen. Vielleicht auch nicht. Ich kann das nicht riskieren. Nicht, solange ich nicht alle Mitspieler im Hintergrund kenne."

„Sie ... Sie lassen mich gehen?"

„Sie waren nie meine Gefangene."

„Nein." Sie holte tief Luft und blickte die Straße entlang zu der Polizeistation. „Es ist doch nur vernünftig", murmelte sie. „Dafür ist die Polizei ja da."

„Richtig."

Sie runzelte die Stirn. „Die werden eine Menge Fragen stellen."

„Was werden Sie erzählen?"

Sie sah ihn an, ohne mit der Wimper zu zucken. „Die Wahrheit."

„Die im besten Fall unvollständig, im schlimmsten Fall unglaubwürdig sein wird."

„Das zersplitterte Glas in meinem Apartment ist ein Beweis."

„Schüsse aus einem vorbeifahrenden Wagen, ganz wahllos."

„Es ist Aufgabe der Polizei, mich zu beschützen."

„Und wenn die Polizei nicht glaubt, dass Sie Schutz brauchen?"

„Dann werde ich von Ihnen erzählen! Von Sarah."

„Man könnte Sie ernst nehmen, aber auch nicht."

„Die Polizei muss mich ernst nehmen! Jemand versucht, mich

umzubringen!" Ihre vor Verzweiflung schrille Stimme schien durch das endlose Gewirr der Straßen zu hallen.

„Ich weiß das", sagte er ruhig.

Sie blickte wieder zu der Polizeistation. „Ich gehe."

Er sagte nichts.

„Wo werden Sie sein?" fragte sie.

„Allein. Vorerst."

Sie tat zwei Schritte und blieb stehen. „Victor?"

„Ich bin noch immer hier."

„Sie haben mir wirklich das Leben gerettet. Danke."

Er antwortete nicht. Sie hörte, wie sich seine Schritte langsam entfernten. Sie stand da und überlegte, ob sie das Richtige tat. Natürlich tat sie es.

Victors Schritte verklangen.

In diesem Moment erkannte sie, dass sie den einzigen Mann verloren hatte, der alle ihre Fragen beantworten konnte. Sie fühlte sich verlassen. In plötzlicher Panik wirbelte sie herum und rief: „Victor!"

Am Ende des Blocks blieb eine Silhouette stehen und drehte sich um. Er wirkte wie eine Insel der Zuflucht in dieser verrückten, gefährlichen Welt. Sie ging auf ihn zu, und ihre Beine bewegten sich schneller und schneller, bis sie lief. Sie sehnte sich nach der Sicherheit seiner Arme, der Arme eines Mannes, den sie kaum kannte. Doch die Arme, die sie an seine Brust zogen, fühlten sich nicht wie die eines Fremden an. Sie fühlte das Klopfen seines Herzens, den Druck seiner Finger an ihrem Rücken, und etwas sagte ihr, dass dies ein Mann war, auf den sie sich verlassen konnte, ein Mann, der nicht versagte, wenn sie ihn am meisten brauchte.

„Ich bin ja da", murmelte er, strich über ihr zerzaustes Haar. Sein Atem an ihrem Gesicht beschleunigte sich, und dann suchte sein Mund hungrig den ihren. Er küsste sie. Sie antwortete mit einem genauso verzweifelten Kuss. War er auch ein Fremder, so war er doch für sie da gewesen, war es noch, und seine Arme schützten sie vor den Schrecken der Nacht.

Sie vergrub ihr Gesicht an seiner Brust. „Ich weiß nicht, was ich machen soll! Ich habe solche Angst, Victor, und ich ..."

„Wir finden schon zusammen eine Lösung, in Ordnung?" Er legte seine Hände an ihr Gesicht. „Sie und ich, wir werden siegen."

Sie nickte und fand in seinem festen Blick alle Sicherheit, die sie brauchte.

Ein Windstoß fuhr durch die Straße. Cathy schauderte. „Was machen wir als Erstes?" flüsterte sie.

„Zuerst wärmen wir Sie auf." Er zog seine Windjacke aus und hängte sie ihr um die Schultern. „Ein heißes Bad, ein gutes Abendessen, und Sie funktionieren wieder wie neu."

Es waren noch einmal fünf Querstraßen bis zu dem Kon-Tiki Motel. Sie stiegen die Stufen zu Zimmer 214 mit Blick auf den halb leeren Parkplatz hinauf. Victor schloss die Tür auf.

Die Wärme an ihren Wangen war herrlich. Sie stand mitten in diesem absolut nüchternen Raum und staunte, wie gut es sich anfühlte, von vier Wänden umgeben zu sein.

„Nichts Besonderes", meinte Victor, „aber warm. Und bezahlt."

Er schaltete den Fernseher ein. „Achten wir auf die Nachrichten. Vielleicht gibt es etwas über diese Weaver."

Diese Weaver, dachte sie. Das hätte ich sein können.

Sie ließ sich auf das Bett sinken. Victor kam zu ihr, drehte ihre Hände herum. Sie blickte auf blutige Kratzer und Rostspuren hinunter, die sich in ihre Haut gefressen hatten.

„Ich sehe wahrscheinlich scheußlich aus", murmelte sie.

Er lächelte und streichelte ihr Gesicht. „Sie könnten eine Reinigung gebrauchen. Ich besorge unterdessen etwas zu essen."

Cathy verschwand im Bad, und als sie wieder herauskam, war Victor verschwunden.

Rasch sah sie sich in dem Raum um auf der Suche nach Anhaltspunkten über den Mann. Sie fand nichts außer seiner Nylontragetasche und blickte hinein. Ein paar frische Socken, ein ungeöffnetes Päckchen Unterwäsche, der San Francisco Chronicle von gestern. Ebenfalls gestern hatte er versucht, Geld am Automaten abzuheben. Der Automat hatte eine Nachricht ausgedruckt: Auszahlung kann nicht ausgeführt werden. Bitte setzen Sie sich mit Ihrer Bank in Verbindung.

Das Geräusch eines Schlüssels im Schloss überraschte sie. Sie blickte hoch, als die Tür aufschwang.

Unter Victors Blick wurde sie rot, stand langsam auf und konnte nicht auf seinen stummen Vorwurf antworten. Sie wusste nicht, wie er reagieren würde.

Die Tür fiel hinter ihm zu.

„Vermutlich ist es vernünftig, dass Sie so etwas tun ..."

„Es tut mir Leid. Ich habe nur ..." Sie schluckte. „Ich musste mehr über Sie erfahren."

„Und welche schrecklichen Dinge haben Sie ans Tageslicht gebracht?"

„Nichts!"

„Keine dunklen Geheimnisse? Haben Sie keine Angst. Sagen Sie es mir, Cathy."

„Nur ... nur, dass Sie Schwierigkeiten hatten, Bargeld von Ihrem Konto abzuheben."

Er nickte. „Ein frustrierender Zustand. Auch wenn ich ungefähr sechstausend Dollar auf dem Konto habe, komme ich nicht dran." Er setzte sich. „Was haben Sie noch herausgefunden?"

„Sie ... Sie lesen Zeitung."

„Das tun viele Menschen. Was noch?"

Sie zuckte die Schultern. „Sie tragen Boxershorts."

Seine Augen funkelten amüsiert. „Jetzt werden wir aber persönlich."

„Sie ..." Sie holte tief Luft. „Sie sind auf der Flucht."

Er sah sie eine Weile schweigend an.

„Deshalb wollen Sie nicht zur Polizei gehen, nicht wahr?"

Er wandte sich ab. „Es gibt Gründe."

„Nennen Sie mir einen, Victor. Ein einziger guter Grund ist alles, was ich brauche. Dann halte ich den Mund."

Er seufzte. „Das bezweifle ich."

„Stellen Sie mich auf die Probe. Ich habe jeden erdenklichen Grund, Ihnen zu glauben."

„Sie haben jeden erdenklichen Grund zu glauben, ich wäre paranoid." Er beugte sich vor. „Himmel, manchmal glaube ich sogar, ich müsste es sein."

Sie kniete sich neben seinen Sessel. „Victor, diese Leute, die mich umbringen wollen, wer sind sie?"

„Ich weiß es nicht."

„Sie sagten, Leute in hohen Positionen könnten verwickelt sein."

„Das ist eine Vermutung. Bundesgelder werden in illegale Forschung gesteckt. In tödliche Forschung."

„Und Bundesgelder müssen von jemandem mit Macht zugeteilt werden."

Er nickte. „Jemand hat die Regeln gebrochen. Dieser Jemand könnte durch einen politischen Skandal Schaden nehmen. Er könnte versuchen, sich zu schützen, indem er das FBI manipuliert. Oder die örtliche Polizei. Deshalb gehe ich nicht zur Polizei. Deshalb habe ich das Zimmer für meinen Anruf verlassen."

„Wann? Was für ein Anruf?"

„Während Sie im Bad waren. Ich habe die Polizei aus Vorsicht von einem Telefonautomaten angerufen, damit man den Anruf nicht zurückverfolgen kann."

„Sie haben gerade gesagt, dass Sie die Polizei nicht mit hineinziehen wollen."

„Diesen Anruf musste ich machen. Es gibt noch eine dritte Catherine Weaver im Telefonbuch."

Ein drittes Opfer auf der Liste. Schwach setzte sie sich auf das Bett. „Was haben Sie der Polizei gesagt?" fragte sie leise.

„Dass ich Grund habe anzunehmen, sie sei in Gefahr. Dass sie nicht ans Telefon geht."

„Sie haben es probiert?"

„Zweimal."

„Hat die Polizei auf Sie gehört?"

„Sie wollte sogar meinen Namen wissen. Das war der Moment, wo ich ahnte, dass ihr schon etwas zugestoßen ist. Ich habe aufgelegt und wie der Blitz die Telefonzelle verlassen."

„Damit sind wir drei", flüsterte sie. „Diese beiden anderen Frauen und ich."

„Es gibt keine Möglichkeit, Sie zu finden. Nicht, solange Sie sich von Ihrem Apartment fern halten. Bleiben Sie von ..."

Beide erstarrten in Panik.

Jemand klopfte an die Tür.

Sie blickten einander an. Angst spiegelte sich in ihren Augen. Nach kurzem Zögern fragte Victor: „Wer ist da?"

„Ich bin von Oomino's!" rief eine dünne Stimme.

Vorsichtig öffnete Victor die Tür ein wenig. Ein Junge stand draußen mit einer Tüte und einem flachen Karton.

„Hey" sagte der Junge. „Eine große Pizza mit allem Drum und Dran und zwei Colas und extra Servietten, richtig?"

„Richtig." Victor gab dem Jungen ein paar Scheine. „Stimmt so", sagte er, schloss die Tür und drehte sich um. „Na ja, manchmal klopft eben wirklich nur der Pizzabote."

Beide lachten, aber nicht aus Humor, sondern wegen ihrer mitgenommenen Nerven. Dachte man sich diese hageren Linien weg, konnte man ihn einen gut aussehenden Mann nennen.

„Denken wir nicht über diesen Schlamassel nach", schlug er vor. „Beschäftigen wir uns nur mit dem wirklich wichtigen Thema des Tages. Essen!"

Cathy griff nach dem Karton. „Geben Sie her, bevor ich diese verdammte Bettdecke esse."

Während die Zehnuhrnachrichten im Fernsehen liefen, stürzten sie sich wie ausgehungerte Tiere auf die Pizza.

Nur knapp dreißig Sekunden waren der Ermordung von Catherine Weaver an diesem Morgen gewidmet. Bisher waren noch keine Verdächtigen festgenommen worden. Ein zweites Opfer mit diesem Namen wurde nicht erwähnt.

Victor runzelte die Stirn. „Sieht so aus, als hätte es diese andere Frau nicht in die Nachrichten geschafft."

„Oder es ist ihr nichts passiert. Vielleicht haben Sie etwas falsch interpretiert. Die Polizei fragt bei einem Anruf natürlich nach dem Namen."

„Das war mehr als eine Frage. Die haben auf eine Möglichkeit gelauert, mich verhören zu können."

„Ich zweifle nicht an Ihren Worten. Ich spiele nur den Anwalt des Teufels und versuche, die Dinge ruhig und vernünftig in einer verrückten Situation zu halten."

Er sah sie lange eindringlich an. Endlich nickte er. „Die Stimme einer vernünftigen Frau." Er seufzte. „Genau das brauche ich jetzt, um nicht über meinen eigenen Schatten zu erschrecken."

„Und um Sie ans Essen zu erinnern." Sie hielt ihm noch ein Stück Pizza hin. „Sie haben dieses Riesending bestellt. Jetzt helfen Sie mir auch beim Aufessen."

Die Spannung zwischen ihnen schwand augenblicklich, als sie beide auf die Pizza schauten. Victor nahm das angebotene Stück entgegen. „Dieses mütterliche Aussehen steht Ihnen", bemerkte er trocken. „Die Pizzasoße auch."

„Was?" Sie wischte sich über ihr Kinn.

„Sie sehen wie eine Zweijährige aus, die ihr Gesicht mit Fingerfarben bemalt hat."

„Lieber Himmel. Geben Sie mir eine Serviette."

„Lassen Sie mich das machen." Er beugte sich vor und tupfte sanft die Soße weg. Während er das tat, betrachtete sie sein Gesicht, sah die Lachfältchen in seinen Augenwinkeln, die weißen Haare zwischen seinen braunen Haaren. Sie erinnerte sich an das Foto dieses Gesichts auf einem Viratek-Ausweis. Wie ernst er ausgesehen hatte. Das Bild eines Wissenschaftlers ohne Lächeln. Jetzt wirkte er jung und lebendig und beinahe glücklich.

Er wurde sich bewusst, dass sie ihn betrachtete, und begegnete ihrem Blick. Langsam schwand sein Lächeln. Sie hielten beide still, als würden sie in den Augen des anderen etwas sehen, das sie zuvor nicht bemerkt hatten. Die Stimmen aus dem Fernseher schienen in eine weit entrückte Dimension zu verschwinden. Cathy fühlte Victors Finger leicht über ihre Wange streichen. Es war nur eine Berührung, aber sie erschauerte.

Leise fragte sie: „Was passiert jetzt, Victor? Wohin gehen wir von hier aus?"

„Wir haben mehrere Möglichkeiten."

„Welche?"

„Ich habe Freunde in Palo Alto. Wir könnten uns an sie wenden."

„Oder?"

„Oder wir könnten hier bleiben. Für eine Weile."

Genau hier. In diesem Zimmer, auf diesem Bett. Es hätte ihr nichts ausgemacht. Überhaupt nichts.

Sie beugte sich ihm entgegen, von einer Kraft angezogen, der sie nicht widerstehen konnte. Seine Hände legten sich an ihr Gesicht, große Hände, aber unendlich sanft. Sie schloss die Augen und wusste, dass dieser Kuss ebenfalls sanft ausfallen würde.

Und so war es. Dieser Kuss wurde nicht von Angst oder Verzweiflung getrieben. Er war ein ruhiges Verschmelzen von Wärme. Von Seelen. Seine Arme zogen sie unentrinnbar an sich heran. Es war ein gefährlicher Moment. Sie neigte sich ihm zu, überschritt fast die Grenze zur totalen Hingabe an diesen Mann, den sie kaum kannte. Ihre Arme hatten sich wie von selbst um seinen Nacken gelegt. Er tupfte viele Küsse auf ihren Hals. Alles Verlangen, das in diesen letzten Jahren geschlummert hatte, regte sich in ihr und erwachte unter seiner Berührung.

Und dann schwand innerhalb eines Moments der Zauber. Zuerst begriff sie nicht, warum Victor sich plötzlich zurückzog und kerzengerade aufsetzte. Sein Gesicht drückte Staunen aus. Verwirrt folgte sie seinem Blick zum Fernseher.

Ein beunruhigend vertrautes Gesicht blickte ihr von dem Bildschirm entgegen. An der oberen Kante war das Viratek-Logo zu sehen, darunter Victor Hollands Gesicht.

„... wegen Industriespionage gesucht. Es gibt Beweise, die Dr. Holland mit dem Tod eines Forscherkollegen bei Viratek, Dr. Gerald Martinique, in Verbindung bringen. Die Ermittler befürchten, dass der Verdächtige bereits zahlreiche Forschungsdaten an einen europäischen Konkurrenten verkauft hat ..."

Der Sender wechselte zu Werbung, und Victor stand auf und schaltete den Apparat ab. Langsam drehte er sich zu Cathy um. Das Schweigen zwischen ihnen wurde fast unerträglich.

„Es ist nicht wahr", flüsterte er. „Nichts davon."

Sie versuchte, in diesen undurchdringlichen Augen zu lesen, wollte ihm verzweifelt glauben. Der Geschmack seiner Küsse war noch warm auf ihren Lippen. Küsse eines Meisterschwindlers?

Sie blickte zum Telefon auf dem Nachttisch. Es war so nahe. Ein Anruf bei der Polizei, mehr war nicht nötig, um diesen Albtraum zu beenden.

„Es ist eine Falle", sagte er. „Viratek hat falsche Informationen herausgegeben."

„Warum?"

„Um mich in die Ecke zu treiben. Die einfachste Methode, mich zu finden, ist, dass die Polizei ihnen dabei hilft."

Sie schob sich an das Telefon heran.

„Nicht, Cathy!"

Sie erstarrte bei der Drohung in seiner Stimme.

Er sah die Angst in ihren Augen und fügte sanft hinzu: „Bitte, ruf nicht an. Ich werde dir nichts tun. Ich verspreche dir, du kannst einfach zu dieser Tür hinausgehen, wenn du willst. Aber hör mir erst zu. Lass mich erzählen, was passiert ist. Gib mir eine Chance."

Sein Blick war absolut glaubwürdig. Sie nickte und lehnte sich wieder zurück.

Er begann auf und ab zu gehen. „Es ist alles eine unglaubliche Lüge. Die Vorstellung ist verrückt, ich hätte ihn getötet, Jerry Martinique und ich waren die besten Freunde. Wir haben beide für Viratek gearbeitet. Ich arbeitete an der Entwicklung von Impfstoffen, er war Mikrobiologe. Sein Spezialgebiet waren Viren, Erbmassenforschung."

„Du meinst ... wie Chromosomen?"

„Das Gegenstück bei Viren. Wie auch immer. Jerry und ich, wir haben einander in schlimmen Zeiten geholfen. Er hat eine schmerzliche Scheidung durchgemacht, und ich ..." Er stockte, und seine Stimme sank ab. „Ich habe meine Frau vor drei Jahren verloren. Leukämie."

Also war er verheiratet gewesen. Irgendwie überraschte es sie. Er wirkte auf sie viel zu unabhängig, um sich zu binden.

„Vor etwa zwei Monaten wurde Jerry in eine neue Forschungsabteilung versetzt. Viratek hatte einen Auftrag für irgendein Verteidigungsprojekt erhalten. Höchste Geheimhaltung. Jerry durfte nicht darüber sprechen. Aber ich merkte, dass ihn etwas in diesem Labor beunruhigte. Er sagte zu mir nur: Die verstehen die Gefahr nicht. Die wissen nicht, worauf sie sich einlassen. Jerrys Feld war die Veränderung von Virengenen. Daher nehme ich an, dass das Projekt etwas mit Viren als Waffen zu tun hatte. Jerry war absolut klar, dass diese Waffen aufgrund internationaler Vereinbarungen als illegal gelten."

„Wenn er wusste, dass die Sache illegal war, warum hat er dann mitgemacht?"

„Vielleicht begriff er nicht sofort, worauf das Projekt abzielte. Vielleicht hat man es anfangs als reine Verteidigungsforschung dargestellt. Jedenfalls war er so beunruhigt, dass er von dem Projekt zurücktrat. Er ging direkt zur Spitze – zum Gründer von Viratek. Er marschierte in Archibald Blacks Büro und drohte, sich an die Öffentlichkeit zu wenden, sollte dieses Projekt nicht abgebrochen werden. Vier Tage später hatte er einen Unfall." Zorn blitzte in Victors Augen auf.

„Was ist passiert?" fragte sie.

„Das Wrack seines Autos wurde neben der Straße gefunden. Jerry war noch im Wagen. Tot." Plötzlich wurde sein Zorn von Erschöpfung abgelöst. Er sank auf das Bett. „Die Cops haben sich bemüht, aber dann tauchte ein Bundesexperte auf und übernahm den Fall. Er behauptete, Jerry sei am Steuer eingeschlafen. Fall abgeschlossen. Da wurde mir klar, wie weit diese Sache geht. Ich wusste nicht, an wen ich mich wenden sollte. Also rief ich das FBI in San Francisco an, sagte, ich hätte Beweise."

„Du meinst den Film?" fragte Cathy.

Victor nickte. „Kurz bevor er getötet wurde, erzählte Jerry mir von Duplikaten von Unterlagen, die er in seinem Gartenschuppen versteckt habe. Nach dem ... Unfall ging ich zu seinem Haus. Alles war verwüstet, aber man hat den Gartenschuppen nicht durchsucht. So kam ich an die Beweise, einen einzelnen Aktenordner und eine Rolle Film. Ich arrangierte ein Zusammentreffen mit einem FBI-Agenten aus San Francisco, einem Typen namens Sam Polowski. Ich hatte mit ihm bereits ein paarmal telefoniert. Er bot an, sich mit mir in Garberville zu treffen. Wir haben uns auf eine Stelle außerhalb der Stadt geeinigt. Ich fuhr hin in der vollen Erwartung, dass er auftauchen würde. Nun, jemand ist tatsächlich aufgetaucht. Und zwar jemand, der mich im Auto von der Straße gedrängt hat." Er machte eine Pause. „Das war in der Nacht, in der du mich gefunden hast."

Die Nacht, in der sich mein ganzes Leben verändert hat, dachte sie.

„Du musst mir glauben", sagte er.

Ihr Instinkt kämpfte gegen ihre Logik. Die Geschichte war nur wenig glaubwürdig, auf halbem Weg zwischen Wahrheit und Fantasie angesiedelt. Aber der Mann wirkte solide wie Stein.

Ermattet nickte sie. „Ich glaube dir, Victor. Vielleicht bin ich verrückt oder nur leicht zu beeinflussen, aber ich glaube dir."

„Das ist alles, worauf es jetzt ankommt", versicherte er. „Dass du in deinem Herzen weißt, dass ich die Wahrheit sage."

„In meinem Herzen?" Sie schüttelte mit einem Auflachen den Kopf. „Mein Herz war immer ein erbärmlicher Menschenkenner. Nein, ich richte mich danach, dass du mich am Leben erhalten hast. Danach, dass es eine andere Cathy Weaver gibt, die jetzt tot ist."

Bei der Erinnerung an das Gesicht dieser anderen Frau, das Gesicht in der Zeitung, begann sie plötzlich zu zittern. Alles fügte sich zu der schrecklichen Wahrheit zusammen. Die Schüsse in ihrer Wohnung, die andere tote Cathy. Und Sarah ... die arme Sarah.

Sie rang bebend nach Luft, war den Tränen nahe.

Sie ließ sich von ihm in die Arme nehmen, ließ sich neben ihm auf das Bett ziehen. Er murmelte sanfte, tröstende Worte an ihrem Haar, schaltete das Licht aus. In der Dunkelheit hielten sie einander fest, zwei verängstigte Seelen, die sich gegen eine erschreckende Welt vereinigten. An seiner Brust fühlte sie sich sicher. Hier konnte ihr niemand etwas antun.

Sie bebte, als seine Lippen über ihre Stirn strichen. Er streichelte jetzt ihr Gesicht und ihren Hals und wärmte sie mit seiner Liebkosung. Als seine Hand unter ihre Bluse glitt, protestierte sie nicht. Irgendwie wirkte es so natürlich, dass diese Hand ihre Brust umschmiegte. Es war nicht die Berührung eines Mannes, der über sie herfallen wollte, sondern lediglich eine sanfte Erinnerung daran, dass er sich um sie kümmerte.

Und dennoch reagierte sie ...

Ihre Brustspitze prickelte und versteifte sich unter seiner Hand. Das Prickeln breitete sich aus, eine Wärme, die zu ihrem Gesicht hochstieg und ihre Wangen rötete. Sie tastete nach seinem Hemd und begann, es zu öffnen. In der Dunkelheit war sie langsam und unbeholfen. Als sie endlich ihre Hand unter das Hemd schob, atmeten sie beide bereits vor Vorfreude heftig und schnell.

Sie strich durch sein dichtes Haar, streichelte seine breite Brust. Er holte scharf Luft, als ihre Finger einen zarten Kreis um seine Brustwarze beschrieben.

Falls sie mit Feuer hatte spielen wollen, hatte sie soeben das Streichholz angerissen.

Sein Mund senkte sich auf den ihren, suchte, eroberte. Die Kraft seines Kusses presste sie auf ihren Rücken, nahm ihren Kopf auf dem Kopfkissen gefangen. Für eine Ewigkeit schwamm sie in Empfindungen, dem Duft männlicher Hitze, dem unnachgiebigen Griff seiner Hände. Als er sich endlich zurückzog, rangen sie beide nach Luft.

Er blickte auf sie herunter. „Das ist verrückt", flüsterte er.

„Ja. Ja, das ist es ..."

„Ich wollte das nicht ..."

„Ich auch nicht."

„Es ist nur, dass du Angst hast. Wir haben beide Angst. Und wir wissen einfach nicht, was wir tun."

„Nein." Sie schloss die Augen und verspürte unerwartete Tränen. „Wir wissen es nicht. Aber ich habe tatsächlich Angst. Und ich möchte einfach festgehalten werden. Bitte, Victor, halt mich fest. Halt mich ganz einfach fest."

Er murmelte ihren Namen, während er sie an sich zog. Diesmal war seine Umarmung sanft, ohne das Fieber des Verlangens. Sein

Hemd war noch immer aufgeknöpft, seine Brust entblößt. Genau dorthin legte sie ihren Kopf, auf diese krausen Haare. Ja, er hatte recht. Sie waren verrückt gewesen, sich jetzt zu lieben, wenn sie wussten, dass es nichts anderes als Angst war, was ihr Verlangen angeheizt hatte. Und jetzt war das Fieber gebrochen.

Friede senkte sich über sie. Selbst wenn sie es hätte versuchen wollen, hätte sie Arme und Beine nicht bewegen können. Sie trieb in einem warmen, schwarzen Meer dahin.

Vage nahm sie Licht wahr, das an ihren Augenlidern vorbeiglitt.

Die ihren Körper umhüllende Wärme schmolz. Nein, sie wollte die Wärme zurück, wollte Victor zurück! Im nächsten Moment fühlte sie, wie er sie schüttelte.

„Cathy! Komm, wach auf!“

Sie blickte mit schläfrigen Augen zu ihm hoch. „Victor?“

„Da draußen geht etwas vor sich.“

Sie taumelte aus dem Bett und folgte ihm an das Fenster. Durch einen Spalt in den Vorhängen erspähte sie, was ihn alarmiert hatte. Ein Streifenwagen stand mit leise laufendem Funkgerät vor der Anmeldung des Motels. Auf der Stelle war sie hellwach und ging in Gedanken die Fluchtwege aus ihrem Zimmer durch. Es gab nur einen einzigen.

„Sofort raus!“ befahl er. „Sonst sitzen wir in der Falle.“

Er drückte die Tür auf. Sie schoben sich auf die Balustrade hinaus. Die kalte Nachtluft war wie ein Schlag ins Gesicht. Cathy zitterte schon, mehr vor Angst als vor Kälte. Geduckt liefen sie die Balustrade entlang, weg von der Treppe.

Unter sich hörten sie, wie sich die Tür des Motelbüros öffnete und die Stimme des Managers sagen: „Ja, das ist gleich da oben. Meine Güte, er hat einen wirklich netten Eindruck gemacht ... Ich hätte das nie von ihm erwartet ...“

Reifen quietschten, als ein zweiter Streifenwagen mit zuckenden Lichtern hielt.

Victor versetzte Cathy einen Stoß. „Los!“

Sie schlüpften in einen offenen Laufgang zwischen zwei Gebäuden und hasteten auf die andere Seite des Gebäudes. Keine Treppe! Sie kletterten über das Geländer der Balustrade und ließen sich auf den Parkplatz fallen.

Schwach hörten sie Klopfen, dann den Befehl: „Aufmachen, Polizei!“

Sie hetzten instinktiv in die Dunkelheit. Niemand entdeckte sie, niemand verfolgte sie. Sie liefen weiter, bis sie das Kon-Tiki Motel viele Querstraßen hinter sich gelassen hatten und so müde waren, dass sie taumelten.

Endlich blieb Cathy stehen und lehnte sich gegen eine Tür. Ihr Atem bildete kleine kalte Wölkchen. „Wie haben sie uns gefunden?“

„Der Anruf kann es nicht gewesen sein ...“ Plötzlich stöhnte er. „Meine Kreditkarte! Ich musste damit die Rechnung im Motel bezahlen.“

„Wohin jetzt? Sollen wir es in einem anderen Motel versuchen?“

Er schüttelte den Kopf. „Ich habe nur noch vierzig Dollar. Und mit meiner Kreditkarte kann ich es nicht wieder versuchen.“

„Und ich habe meine Handtasche in meinem Apartment zurückgelassen. Ich ... weiß nicht, soll ich ...“

„Die Handtasche können wir vergessen. Die werden das Apartment überwachen.“

„Die.“ Damit waren die Mörder gemeint.

„Dann sind wir also pleite“, sagte sie schwach.

Er antwortete nicht. „Hast du Freunde, bei denen du unterschlüpfen kannst?“

„Ich denke schon ... äh, doch nicht. Meine Freundin ist bis Freitag nicht in der Stadt. Und was sollte ich ihr erzählen? Wie sollte ich dich erklären?“

„Das kannst du nicht. Und wir können im Moment keine Fragen gebrauchen.“ Victor sah die Straße entlang. „Dort drüben ist eine

Bushaltestelle." Er holte eine Hand voll Geld aus der Tasche. „Hier", sagte er. „Nimm das und verschwinde aus der Stadt. Besuche Freunde. Allein."

„Was ist mit dir?"

„Ich komme schon klar."

„Pleite? Und wo alle hinter dir her sind?" Sie schüttelte den Kopf.

„Ich erhöhe nur die Gefahren für dich." Er drückte ihr das Geld in die Hand.

Sie blickte auf das Bündel Banknoten hinunter und dachte: Das ist alles, was er hat, und er gibt es mir. „Ich kann nicht."

„Du musst."

„Aber ..."

„Widersprich mir nicht!" Sein Blick erlaubte keine Alternative.

Widerstrebend schloss sie die Finger um das Geld.

„Ich warte, bis du in den Bus gestiegen bist."

„Victor?"

Er brachte sie mit einem Blick zum Schweigen und legte beide Hände auf ihre Schultern. „Du kommst schon zurecht, da bin ich sicher." Er drückte einen Kuss auf ihre Stirn. „Sonst würde ich dich nicht verlassen."

Ein Bus dröhnte die Straße herunter und kam in ihre Richtung gefahren.

„Da kommt deine Limousine", flüsterte er. „Vorwärts." Er versetzte ihr einen Schubs. „Pass auf dich auf, Cathy."

Sie ging auf die Bushaltestelle zu. Drei Schritte, vier. Sie wurde langsamer und blieb stehen, drehte sich um und sah, dass er sich schon in die Dunkelheit weggeschlichen hatte.

„Steig ein!" rief er.

Sie blickte zu dem Bus, wandte sich wieder zu Victor. „Ich weiß, wo wir beide unterkommen können."

„Was?"

„Ich wollte die Möglichkeit nicht nutzen, aber ..."

Ihre Worte gingen unter, als der Bus fauchend hielt und wieder weiterdonnerte.

„Es ist ein ziemlicher Fußmarsch", erklärte sie. „Aber wir könnten dort schlafen und würden etwas zu essen bekommen. Und ich kann garantieren, dass niemand die Polizei ruft."

Er kam aus dem Schatten heraus. „Warum hast du nicht schon früher daran gedacht?"

„Ich habe daran gedacht, aber bis jetzt war die Lage nicht ... na ja ... verzweifelt genug."

„Nicht verzweifelt genug", wiederholte er langsam. Mit ungläubigem Gesichtsausdruck kam er auf sie zu. „Nicht verzweifelt genug? Verdammt, Lady! Jetzt möchte ich aber genau wissen, was für eine Krise für dich verzweifelt genug ist!"

„Das musst du verstehen. Das ist ein letzter Ausweg. Es ist nicht einfach für mich, mich dorthin zu wenden."

Seine Augen zogen sich misstrauisch zusammen. „Das klingt ja immer schlimmer. Wovon sprechen wir hier? Von einem Obdachlosenheim?"

„Nein. Es ist in Pacific Heights. Man könnte es sogar ein Herrenhaus nennen."

„Wer wohnt dort? Ein Freund?"

„Das genaue Gegenteil."

Seine Augenbrauen zuckten hoch. „Ein Feind?"

„Beinahe." Sie stieß einen tiefen resignierten Seufzer aus. „Mein Exmann."

5. KAPITEL

„Jack, mach auf! Jack!“ Cathy hämmerte immer wieder gegen die Tür des sagenhaften Hauses in Pacific Heights. Keine Antwort. Durch die Fenster sahen sie nur Dunkelheit. „Zum Teufel mit dir, Jack!“ Sie versetzte der Tür einen enttäuschten Tritt. „Warum bist du nie zu Hause, wenn ich dich brauche?“

Victor betrachtete die eleganten Häuser und säuberlich gestutzten Büsche in der Nachbarschaft. „Wir können nicht die ganze Nacht hier draußen herumstehen.“

„Das machen wir auch nicht“, murmelte sie, ließ sich auf die Knie sinken und begann, in einem Blumenbehälter aus roten Ziegeln herumzuwühlen.

„Was machst du da?“

„Etwas, wovon ich mir geschworen habe, es nie zu tun.“ Ihre Finger strichen durch klebrige Erde und suchten den Schlüssel, den Jack unter den Geranien vergraben hatte. Er war auch da, wo er sich immer befunden hatte. Sie stand auf und putzte die Erde von ihren Händen. „Aber es gibt Grenzen für meinen Stolz. Eine Todesdrohung ist eine solche Grenze.“ Sie führte den Schlüssel ein und verspürte für einen Moment Panik, als er sich nicht drehen ließ. Aber mit etwas Rucken gab das Schloss endlich nach. Die Tür schwang auf.

Sie winkte Victor nach drinnen. Der solide Schlag, mit dem sich die Tür hinter ihnen schloss, schien alle Gefahren der Nacht auszuschalten. In Dunkelheit gehüllt, seufzten sie beide erleichtert auf.

„In welcher Beziehung stehst du eigentlich zu deinem Exmann?“ fragte Victor, während er ihr blindlings durch die dunkle Diele folgte.

„Wir sprechen miteinander, wenn auch äußerst sparsam.“

„Es stört ihn nicht, wenn du in seinem Haus herumwanderst?“

„Warum sollte es?“ Sie gab einen verächtlichen Laut von sich. „Jack lässt die Hälfte der menschlichen Rasse durch sein Schlafzimmer wandern. Die einzige Voraussetzung sind XX-Chromosome.“

Sie tastete sich durch den pechschwarzen Wohnraum und drückte den Lichtschalter. Dann gefror sie und starrte auf die beiden nackten Körper, die verschlungen auf dem Eisbärenfell lagen.

„Jack!“ platzte sie heraus.

Der größere der beiden Körper löste sich und setzte sich auf. „Hallo, Cathy!“ Er fuhr sich mit den Fingern durch die dunklen Haare und grinste. „Wie in alten Zeiten.“

Die Frau neben ihm spuckte ein schockierendes Schimpfwort aus, raffte sich auf und stürmte in einem Wirbel aus roten Haaren und nacktem Hinterteil Richtung Schlafzimmer.

„Das ist Lulu.“ Jack gähnte bei der Vorstellung.

Cathy seufzte. „Wie ich sehe, hat sich dein Geschmack bei Frauen nicht verbessert.“

„Nein, Süße. Mein Geschmack bei Frauen hat einen Höhepunkt erreicht, als ich dich heiratete.“ Ohne sich an seiner Nacktheit zu stören, stand Jack auf und betrachtete Victor. Der Kontrast zwischen den beiden Männern wurde sofort sichtbar. Beide waren groß und schlank, aber Jack war derjenige, der das mitreißend gute Aussehen besaß, und er wusste es. Er hatte es immer gewusst. Eitelkeit war ein Etikett, das man dagegen Victor Holland nicht ankleben konnte.

„Ich sehe, du hast einen Vierten mitgebracht“, sagte Jack und musterte Victor vom Scheitel bis zur Sohle. „Was soll es denn sein, Leute? Bridge oder Poker?“

„Weder noch“, erwiderte Cathy.

„Das eröffnet alle erdenklichen Möglichkeiten.“

„Jack, ich brauche deine Hilfe.“

Er sah sie mit gespieltem Unglauben an. „Nein, wirklich?“

„Du weißt verdammt gut, dass ich nicht hier wäre, wenn ich es vermeiden könnte!"

Er blinzelte Victor zu. „Glauben Sie ihr nicht. Sie ist noch immer rasend in mich verliebt."

„Könnten wir ernst werden?"

„Liebling, du hast nie Humor gehabt."

„Zum Teufel mit dir, Jack!" Jedermann hatte einen Knackpunkt und Cathy hatte soeben den ihren erreicht. Sie konnte nicht anders. Ohne Vorwarnung brach sie in Tränen aus. „Wirst du mir nur ein einziges Mal in deinem Leben zuhören?"

Victor riss der Geduldsfaden. Dieser Jack war ein Kretin erster Klasse. Er zog Cathy in seine Arme und grollte über ihre Schulter hinweg einen Fluch, der nicht nur Jacks Namen beinhaltete, sondern auch Jacks Mutter erwähnte.

Jack störte sich nicht daran, wahrscheinlich, weil er ständig Schlimmeres geheißen wurde. Er verschränkte nur die Arme und betrachtete Victor mit einer hochgezogenen Augenbraue. „Wir entwickeln Beschützerinstinkte, nicht wahr?"

„Sie muss beschützt werden."

„Und wovor, wenn ich demütigst fragen darf?"

„Vielleicht haben Sie es nicht gehört. Vor drei Tagen hat jemand Cathys Freundin Sarah ermordet."

„Sarah ... Boylan?"

Victor nickte. „Und heute Abend hat jemand versucht, Cathy zu töten."

Jack starrte ihn an, blickte dann zu seiner Exfrau. „Ist das wahr, was er da sagt?"

Cathy wischte die Tränen weg und nickte.

„Warum hast du mir das nicht gleich erzählt?"

„Weil du dich gleich wie ein Esel aufgeführt hast!" schoss sie aufgebracht zurück.

Hohe Absätze klickten auf dem Korridor. „Sie hat absolut

recht!“ schrie eine Frauenstimme aus der Diele. „Du bist tatsächlich ein Esel, Jack Zuckerman!“ Die Haustür wurde geöffnet und krachte wieder zu. Der Knall hallte durch das Herrenhaus.

Es entstand eine lange Stille.

Plötzlich lachte Cathy unter Tränen. „Weißt du was, Jack? Ich mag diese Frau.“

Jack warf seiner Exfrau einen kritischen Blick zu. „Entweder werde ich senil oder du hast vergessen, mir etwas zu erzählen. Warum bist du nicht zur Polizei gegangen? Warum kommst du damit zu dem guten Jack?“

Cathy und Victor sahen einander an.

„Wir können die Polizei nicht einschalten“, sagte Cathy.

„Ich nehme an, das hat mit ihm zu tun.“ Er deutete mit dem Daumen auf Victor.

Cathy stieß den Atem aus. „Das ist eine komplizierte Geschichte ...“

„Das muss es schon sein, wenn du Angst hast, zur Polizei zu gehen.“

„Ich kann es erklären“, sagte Victor.

„Hm, na ja.“ Jack griff nach dem Bademantel, der in einem Haufen neben dem Eisbärenfell lag. „Ich habe schon immer gern Kreativität bei der Arbeit beobachtet. Wollen doch mal hören.“ Er setzte sich auf die Ledercouch und lächelte Victor an. „Ich warte. Es ist Showtime!“

Spezialagent Sam Polowski lag fröstelnd in seinem Bett und sah sich die Elf-Uhr-Nachrichten an. Jeder Muskel in seinem Körper schmerzte, in seinem Kopf hämmerte es, und das Thermometer auf seinem Nachttisch zeigte 39.3 Grad. Das kam davon, wenn man im strömenden Regen einen Radwechsel vornahm. Er wünschte sich, den Scherzbold in die Finger zu kriegen, der diesen Nagel in seinen Reifen geschlagen hatte, während er rasch eine Kleinigkeit in diesem

Café an der Straße aß. Der Schuldige hatte nicht nur Sam von seiner Verabredung in Garberville fern gehalten und damit den Viratek-Fall zu Konfetti zerschnipselt, sondern Sam hatte auch seine einzige Kontaktperson in dieser Affäre aus den Augen verloren: Victor Holland. Und jetzt auch noch die Grippe!

Sam griff nach dem Röhrchen mit den Tabletten. Er schluckte gerade die dritte Tablette, als die Neuigkeit über Victor Holland auf dem Bildschirm auftauchte.

„... neue Beweise, die den Verdächtigen mit der Ermordung eines Kollegen, eines Forschers bei Viratek, Dr. Gerald Martinique, in Verbindung bringen ..."

Sam setzte sich in dem Bett auf. „Was soll das denn?" grollte er dem Fernseher entgegen.

Dann schnappte er sich das Telefon.

Es klingelte sechsmal, ehe sein Vorgesetzter abhob. „Dafoe?" sagte Sam. „Hier ist Polowski."

„Wissen Sie, wie spät es ist?"

„Haben Sie die Spätnachrichten gesehen?"

„Ich liege im Bett."

„Da läuft eine Story über Viratek."

Pause. „Ja, ich weiß. Die habe ich freigegeben."

„Was soll der Unfug mit der Industriespionage? Dadurch wird Holland hingestellt, als wäre er ..."

„Polowski, lassen Sie die Sache ruhen."

„Seit wann ist er ein Mordverdächtiger?"

„Hören Sie, betrachten Sie das als Tarngeschichte. Ich möchte, dass er festgenommen wird. Zu seinem eigenen Besten."

„Und darum jagen Sie ihm einen Haufen schießwütiger Cops an den Hals?"

„Ich sagte, lassen Sie die Sache ruhen."

„Aber ..."

„Sie sind von dem Fall abgezogen." Dafoe legte auf.

Sam starrte ungläubig auf den Hörer, dann auf den Fernseher, danach wieder auf den Hörer.

Mich von dem Fall abziehen? Er knallte den Hörer so hart auf den Apparat, dass das Röhrchen mit den Tabletten herunterfiel.

Das möchtest du wohl gern!

„Ich glaube, ich habe genug gehört", sagte Jack und stand auf. „Ich will diesen Mann aus meinem Haus haben. Sofort."

„Jack, bitte!" flehte Cathy. „Gib ihm eine Chance ..."

„Du kaufst ihm diese lächerliche Geschichte ab?"

„Ich glaube ihm."

„Warum?"

Sie sah in Victors Augen das klare Feuer der Ehrlichkeit brennen. „Weil er mir das Leben gerettet hat."

„Du bist ein Dummkopf, Zuckerstück." Jack griff nach dem Telefon. „Du hast es im Fernsehen gesehen. Er wird wegen Mordes gesucht. Wenn du nicht die Polizei rufst, mache ich es."

Doch als Jack den Hörer abhob, packte Victor seinen Arm. „Nein", sagte er. Auch wenn seine Stimme leise war, klang sie befehlend.

Die beiden Männer starrten einander lange an. Keiner wollte weichen.

„Hier geht es um mehr als nur einen Mordfall", sagte Victor. „Es geht um eine tödliche Forschungsarbeit. Die Herstellung illegaler Waffen. Das könnte bis nach Washington reichen."

„Zu wem in Washington?"

„Zu jemandem, der die Kontrolle hat. Zu jemandem, der die Bundesmittel für diese Forschung bewilligt."

„Verstehe. Irgendein hochtrabender Staatsdiener bringt Wissenschaftler um. Mit Hilfe des FBI."

„Jerry war nicht einfach ein Wissenschaftler. Er hatte ein Gewissen. Er hätte Alarm geschlagen und wäre zur Presse gegangen, um diese Forschung zu stoppen. Die politische Katastrophe hätte die ganze Regierung getroffen."

„Warten Sie! Sprechen wir vom Weißen Haus?"

„Vielleicht."

Jack schnaubte verächtlich. „Holland, ich mache zweitklassige Horrorfilme! Ich erlebe sie nicht!"

„Das ist kein Film. Das ist Realität. Reale Kugeln, reale Leichen."

„Dann ist das um so mehr ein Grund, dass ich nichts damit zu tun haben will." Jack wandte sich an Cathy. „Tut mir Leid, Zuckerstück. Das ist nicht persönlich gemeint, aber ich verabscheue die Gesellschaft, in der du dich befindest."

„Jack", drängte sie. „Du musst uns helfen!"

„Dir werde ich helfen. Ihm – ausgeschlossen. Ich ziehe eine Grenze bei Irren und Verbrechern."

„Du hast gehört, was er gesagt hat. Sie haben ihm eine Falle gestellt."

„Du bist ja so leichtgläubig."

„Nur was dich betrifft."

„Cathy, ist schon in Ordnung", sagte Victor. „Ich gehe."

„Nein, das tust du nicht." Cathy schnellte hoch und ging zu ihrem Exmann. Sie starrte ihm direkt in die Augen – so vorwurfsvoll, dass er im Sessel zu schrumpfen schien. „Du schuldest es mir, Jack. Du schuldest es mir für all die Jahre, die wir verheiratet waren. All die Jahre, die ich in deine Karriere, deine Firma, deine idiotischen Filme gesteckt habe. Ich habe nichts verlangt. Du hast das Haus. Den Jaguar. Das Bankkonto. Ich habe nie etwas verlangt, weil ich aus dieser Ehe nichts mitnehmen wollte, außer meiner Seele. Aber jetzt verlange ich etwas. Dieser Mann hat mir das Leben gerettet. Wenn ich dir jemals etwas bedeutet habe, wenn du mich auch nur ein wenig geliebt hast, dann tust du mir diesen Gefallen."

„Einen Kriminellen beherbergen?"

„Nur, bis wir uns ausgedacht haben, was wir als Nächstes tun."

„Und wie lange wird das dauern? Wochen? Monate?"

„Ich weiß es nicht."

„Genau die Art von exakter Antwort, die ich liebe."

„Ich brauche Zeit", sagte Victor, „um herauszufinden, was Jerry beweisen wollte. Woran Viratek arbeitet ..."

„Sie hatten eine seiner Akten", sagte Jack. „Warum haben Sie nicht das verdammte Ding gelesen?"

„Ich bin kein Virologe. Ich könnte die Daten nicht interpretieren. Es war eine Art von RNA-Folge, möglicherweise eine Viren-Erbmasse. Viele Daten waren verschlüsselt. Ich kenne nur den Namen mit Sicherheit. Projekt Zerberus."

„Wo sind jetzt alle diese wichtigen Beweise?"

„Die Akte habe ich verloren. Sie war in meinem Wagen in der Nacht, in der ich angeschossen wurde. Die haben sie sich bestimmt wiedergeholt."

„Und der Film?"

Victor sank in einen Sessel. „Ich habe ihn nicht. Ich hatte gehofft, dass Cathy ..." Seufzend fuhr er sich durch die Haare. „Ich habe ihn auch verloren."

„Na ja", sagte Jack. „Falls nicht einige Wunder geschehen, würde ich behaupten, dass damit Ihre Chancen auf null gesunken sind. Und ich bin als Optimist bekannt."

„Ich weiß, wo der Film ist", sagte Cathy.

Es entstand eine lange Stille. Victor hob den Kopf und starrte sie an. „Was?"

„Ich war zuerst nicht sicher, was dich angeht. Ich wollte es dir nicht sagen ..."

Victor schnellte hoch. „Wo ist er?"

„Sarah hat ihn in meinem Wagen gefunden. Ich wusste nicht, dass er dir gehört. Ich dachte, er gehört Hickey."

„Wer ist Hickey?"

„Ein Fotograf. Ein Freund von mir. Er musste dringend zum Flughafen. In letzter Minute hat er mir ein paar Filme übergeben. Ich sollte sie verwahren, bis er aus Nairobi zurückkommt. Aber seine Filme wurden aus dem Wagen gestohlen."

„Und mein Film?" fragte Victor.

„Er war in der Tasche meines Bademantels in der Nacht, in der Sarah ... in der Nacht, in der sie ..." Sie stockte und schluckte. „Als ich hierher zurückkam, habe ich ihn an Hickeys Studio geschickt."

„Wo ist das?"

„Auf der Union Street. Ich habe den Film heute Nachmittag aufgegeben."

„Dann sollte er morgen da sein." Er begann, auf und ab zu gehen. „Wir brauchen nur darauf zu warten, dass die Post eintrifft."

„Ich habe keinen Schlüssel."

„Wir werden schon irgendwie hineinkommen."

„Großartig." Jack seufzte. „Jetzt macht er aus meiner Exfrau auch noch eine Diebin."

„Wir sind nur hinter dem Film her", erklärte Cathy.

„Trotzdem handelt es sich um einen Einbruch, Süße."

„Du hast nichts damit zu tun."

„Aber du verlangst von mir, dass ich die Einbrecher beherberge."

„Nur eine Nacht, Jack. Mehr verlange ich nicht."

„Das klingt nach einem meiner Sätze."

„Und deine Sätze wirken immer, nicht wahr?"

„Diesmal nicht."

„Dann habe ich noch einen Satz, an dem du kauen kannst. Deine Einkommensteuererklärung 1988."

Jack erstarrte, warf Victor und dann Cathy einen finsteren Blick zu. „Das geht unter die Gürtellinie."

„Deine verwundbarste Stelle. Und noch ein paar Worte, auf denen du kauen kannst. Steuerprüfung. Finanzamt, Gefängnis."

„Schon gut, schon gut!“ Jack hob die Arme. „Himmel, ich hasse dieses Wort!“

„Welches? Gefängnis?“

„Lach nicht, Zuckerstück. Dieses Wort könnte bald auf uns alle zutreffen.“ Er drehte sich um und ging zur Treppe.

„Was machst du?“ fragte Cathy.

„Die Gästebetten. Sieht so aus, als hätte ich heute Nacht Gäste ...“

„Können wir ihm vertrauen?“ fragte Victor, nachdem Jack nach oben verschwunden war.

Cathy sank erschöpft auf die Couch. „Wir müssen.“

Er setzte sich zu ihr. „Das war nicht leicht für dich.“

Sie lächelte. „Ich wollte schon immer mit Jack hart umspringen. Ich denke, Jack wird wenigstens heute Nacht mitmachen.“

„Das war Erpressung, nicht wahr? Die Sache mit der Steuer.“

„Ich habe ihn nur an etwas erinnert.“

Victor schüttelte den Kopf. „Du bist erstaunlich. In der einen Minute springst du von Hausdach zu Hausdach, in der nächsten erpresst du Exehemänner.“

„Sie haben ja so recht“, sagte Jack, der wieder am Fuß der Treppe erschienen war. „Sie ist eine erstaunliche Frau. Ich kann kaum erwarten, was sie als Nächstes tun wird.“

Cathy erhob sich erschöpft. „Ich werde alles tun, um am Leben zu bleiben.“ Sie schob sich an Jack vorbei und ging die Treppe hinauf.

Die beiden Männer lauschten ihren sich entfernenden Schritten. Dann betrachteten sie einander.

„Also“, sagte Jack mit erzwungener Heiterkeit. „Was kommt jetzt an die Reihe? Scrabble?“

„Versuchen Sie es mit einer Patience.“ Victor stemmte sich von der Couch hoch, durchquerte den Raum und drehte sich um. „Zuckerman, lieben Sie Ihre Frau noch?“

Jack wirkte bei der Frage leicht geschockt. „Ob ich sie noch liebe? Lassen Sie mich mal überlegen. Nein, nicht direkt. Aber ich habe wohl eine sentimentale Bindung, basierend auf zehn Jahren Ehe. Und ich respektiere sie."

„Sie respektieren Cathy? Sie?"

„Ja. Ihre Talente. Ihre technischen Fähigkeiten. Immerhin ist sie meine Nummer eins als Make-up-Künstlerin."

„Ich habe einen Vorschlag", sagte Victor.

Jack sah sofort misstrauisch drein. „Was mag das wohl sein?"

„Ich bin derjenige, hinter dem sie eigentlich her sind, nicht Cathy. Ich will die Gefahr für Cathy nicht noch größer machen, als sie ohnedies schon ist."

„Wie edel von Ihnen."

„Es ist wahrscheinlich besser, ich ziehe auf eigene Faust los. Wenn ich sie bei Ihnen zurücklasse, werden Sie dann auf sie aufpassen?"

Jack blickte auf seine Füße hinunter. „Ich schätze schon."

„Schätzen Sie nicht. Werden Sie es?"

„Sehen Sie, wir starten nächsten Monat Dreharbeiten in Mexiko. Dschungelszenen, schwarze Lagunen, solches Zeug. Da sollte es sicher genug sein."

„Das ist nächsten Monat. Was ist jetzt?"

„Ich lasse mir etwas einfallen. Aber verschwinden Sie zuerst von der Bildfläche, weil Sie der Grund sind, dass sie überhaupt in Gefahr ist."

Victor nickte. „Morgen bin ich weg."

„Gut."

„Passen Sie auf Cathy auf. Schaffen Sie sie aus der Stadt. Aus dem Land. Warten Sie nicht."

„Ja, sicher."

Bei der hastigen Art, in der Jack das sagte, kam in Victor die Frage auf, ob der Mann sich um irgendjemanden sorgte außer um sich selbst. Aber Victor hatte keine Wahl. Er musste Jack Zuckerman vertrauen.

Auf dem Korridor im ersten Stock blieb er vor Cathys Zimmer stehen und hörte, wie sie durch den Raum ging. Er klopfte.

Eine Pause. „Komm herein."

Eine schwache Lampe erleuchtete den Raum. Cathy saß auf dem Bett, mit einem lächerlich großen Herrenshirt bekleidet. Ihr Haar hing in dunklen Wellen auf ihre Schultern. Der Duft von Seife und Shampoo durchdrang die Schatten. Es erinnerte ihn an seine Frau, an die Düfte und die feminine Sanftheit. Er stand da und wurde von einem Verlangen gepackt, das er seit sehr langer Zeit nicht gefühlt hatte, von dem Verlangen nach Wärme und Liebe einer Frau. Nicht irgendeiner Frau. Er war nicht wie Jack, dem ein weicher Körper mit der richtigen Ausstattung genügte. Victor wollte Herz und Seele. Die Verpackung war nur von untergeordneter Bedeutung.

Seine Frau Lily war nicht schön gewesen, aber auch nicht unattraktiv. Selbst gegen Ende, als die Krankheit sie gezeichnet hatte, hatte in ihren Augen ein Leuchten gestanden, das Schimmern eines sanften Geistes.

Das gleiche Schimmern hatte er in Catherine Weavers Augen in der Nacht gesehen, in der sie ihm das Leben rettete. Das gleiche Schimmern sah er jetzt.

Sie saß mit dem Rücken gegen die Kissen gelehnt. Ihr Blick war stumm erwartungsvoll, vielleicht ein wenig ängstlich. In der Hand hielt sie ein paar Papiertaschentücher. Warum hatte sie geweint?

Er kam nicht näher, sondern blieb an der Tür stehen. Ihre Blicke trafen in der Dunkelheit aufeinander. „Ich habe gerade mit Jack gesprochen."

Sie nickte, sagte jedoch nichts.

„Wir sind uns einig. Es ist besser, ich gehe so bald wie möglich. Ich verschwinde morgen früh."

„Was ist mit dem Film?"

„Ich hole ihn. Ich brauche nur Hickeys Adresse."

„Ja, natürlich." Sie blickte auf die Papiertaschentücher in ihrer Faust.

Er erkannte, dass sie etwas sagen wollte. Er ging zu dem Bett und setzte sich. Diese süßen femininen Düfte wurden berauschend. Der Ausschnitt ihres übergroßen Shirts reichte tief genug, um einen verlockenden Schatten zu enthüllen. Er zwang sich, in ihr Gesicht zu sehen.

„Cathy, es wird dir gut gehen. Jack sagte, dass er auf dich aufpassen wird. Dass er dich aus der Stadt schaffen wird."

„Jack?" Ein Lachen entrang sich ihrer Kehle.

„Du wirst bei ihm sicherer sein. Ich weiß nicht einmal, wohin ich gehen werde, ich will dich nicht hineinziehen in ..."

„Aber das hast du schon. Bis über beide Ohren, Victor. Was soll ich jetzt machen? Ich kann nicht einfach ... einfach herumsitzen und warten, dass du alles in Ordnung bringst. Das schulde ich Sarah ..."

„Und ich schulde es dir, dass du nicht verletzt wirst."

„Du denkst, du kannst mich Jack übergeben, und alles ist wieder fein? Nun, nichts wird fein sein. Sarah ist tot. Ihr Baby ist tot. Und irgendwie ist es nicht nur deine Schuld. Es ist auch meine."

„Nein, das ist es nicht, Cathy ..."

„Es ist meine Schuld! Hast du gewusst, dass sie die ganze Nacht in der Einfahrt gelegen hat? In dem Regen. In der Kälte. Sie ist gestorben, und ich habe alles verschlafen ..." Sie verbarg ihr Gesicht in ihren Händen. Die Schuld, die sie seit Sarahs Tod gequält hatte, brach endlich durch. Sie begann zu weinen, stumm, verschämt, unfähig, die Tränen noch länger zurückzuhalten.

Victors Reaktion war instinktiv männlich. Er zog sie an sich und bot ihr einen warmen, sicheren Platz zum Weinen. Sobald er fühlte, wie sie sich in seine Arme schmiegte, wusste er, dass es ein Fehler war. Es war zu perfekt. Sie fühlte sich an, als würde sie dorthin gehören, als würde sie ein klaffendes Loch hinterlassen, wenn sie sich jemals zurückzog.

Er presste seine Lippen auf ihr feuchtes Haar und atmete den Duft von Seife und warmer Haut ein. Dieser sanfte Wohlgeruch reichte aus, um einen Mann in Sehnsucht ertrinken zu lassen. Ebenso die Sanftheit ihres Gesichts, der seidige Schimmer dieser Schulter, die unter dem Shirt hervorspähte. Und die ganze Zeit streichelte er ihr Haar, murmelte tröstende Worte und dachte: Ich muss sie verlassen. Um ihretwillen muss ich diese Frau verlassen. Sonst bringe ich noch uns beide um.

„Cathy." Er brauchte seine ganze Willenskraft, um sich zurückzuziehen. „Wir müssen über morgen reden."

Sie nickte und wischte Tränen von den Wangen.

„Ich will, dass du gleich morgen früh die Stadt verlässt. Geh mit Jack nach Mexiko. Irgendwohin."

„Was wirst du machen?"

„Ich werde mir den Film ansehen. Vielleicht bringe ich ihn zu einer Zeitung. Das FBI scheidet eindeutig aus."

„Woher soll ich wissen, wie es dir geht? Wie erreiche ich dich?"

„Ich werde jeden zweiten Sonntag eine Annonce unter ‚Persönliches' aufgeben. Los Angeles Times. An, sagen wir, Cora. Da wird alles stehen, was ich dir mitteilen muss."

„Cora." Sie nickte. „Ich denke daran."

Sie sahen einander an und akzeptierten stumm, dass die Trennung sein musste. Er drückte einen Kuss auf ihren Mund. Sie reagierte kaum, schien sich schon verabschiedet zu haben.

Im Hinausgehen warf er einen letzten Blick zurück. Einen Moment glaubte er, sie würde weinen. Dann hob sie den Kopf und begegnete seinem Blick. Was er in ihren Augen sah, waren keine Tränen. Es war etwas viel Bewegenderes, etwas Reines und Helles und Schönes.

Mut.

Im fahlen Licht der Morgendämmerung stand Savitch vor Jack Zuckermans Haus, betrachtete die Fenster, überlegte, in welchem Raum die Bewohner schliefen und ob Catherine Weaver unter ihnen war.

Er würde es bald herausfinden.

Er steckte das schwarze Adressbuch aus dem Apartment der Frau ein. Der Name C. Zuckerman und diese Adresse in Pacific Heights waren auf die Innenseite des Einbandes geschrieben worden. Dann war Zuckerman durchgestrichen und durch Weaver ersetzt worden. Sie war geschieden, schloss er. Unter Z hatte er eine Eintragung für einen Mann namens Jack mit mehreren Telefonnummern und Adressen gefunden, sowohl aus- als auch inländische. Ihr Exmann, wie er sich durch ein kurzes Gespräch mit einer anderen Person aus dem Buch überzeugt hatte. Informationen von Fremden zu erhalten, war einfach. Man brauchte nur autoritäres Auftreten und einen Ausweis als Cop. Genau diesen Ausweis wollte er jetzt benutzen.

Savitch überzeugte sich davon, dass sein Jackett das Schulterhalfter mit der Pistole verbarg. Dann überquerte er die Straße, betrat die Veranda und klingelte.

6. KAPITEL

Cathy erwachte beim ersten Licht des Morgens und zog sich hastig an. Sie suchte gerade ein paar Sachen für Victor zusammen, als es klingelte.

Es war erst sieben Uhr, zu früh für Besucher und Lieferanten. Plötzlich flog ihre Tür auf. Sie drehte sich um, sah Victor vor sich, das Gesicht von Spannung gezeichnet.

„Was sollen wir tun?“ fragte sie.

„Mach dich fertig. Schnell!“

„Es gibt einen Hinterausgang ...“

„Dann los!“

Sie hasteten durch den Korridor und hatten fast die Treppe erreicht, als Jack in der Halle auftauchte und die Tür öffnete. Sofort riss Victor Cathy zurück in den Korridor.

„Ja“, hörte sie Jack sagen. „Ich bin Jack Zuckerman. Und wer sind Sie?“

Die Stimme des Besuchers war leise. Die Stimme eines Mannes.

„Tatsächlich?“ Panik schwang in Jacks Stimme mit. „FBI? Was will das FBI von meiner Exfrau, um alles in der Welt?“

Cathys Blick zuckte zu Victor. Sie las die hektische Botschaft in seinen Augen: Wo geht es hinaus?

Sie deutete auf das Schlafzimmer am Ende des Korridors. Er nickte. Gemeinsam schlichen sie auf Zehenspitzen den Teppich entlang, voll bewusst, dass ein falscher Schritt, ein lautes Knarren den Agenten an der Tür alarmieren könnte.

„Wo ist Ihr Durchsuchungsbefehl?“ hörten sie Jack fragen. „Hey, einen Moment! Sie können nicht einfach ohne richterlichen Befehl hier hereinplatzen!“

Keine Zeit, dachte Cathy und schlüpfte in das letzte Zimmer. Sie schlossen die Tür hinter sich.

„Das Fenster!“ flüsterte sie.

„Springen?"

„Nein." Sie schob das Fenster auf. „Da ist ein Spalier."

Er blickte zweifelnd an den Glyzinienranken hinunter. „Wird uns das Spalier tragen?"

„Bestimmt!" Sie schwang ein Bein über das Fensterbrett. „Ich habe einmal eine von Jacks Blondinen erwischt, wie sie daran hing. Und das war ein sehr großes Mädchen." Sie blickte zum Erdboden hinunter und verspürte eine Woge von Übelkeit, als die alte Höhenangst in ihr hochstieg. „Himmel", stöhnte sie. „Warum müssen wir ständig aus Fenstern hängen?"

Irgendwo im Haus ertönte Jacks Wutschrei: „Sie können nicht da hinaufgehen! Sie haben mir noch nicht Ihren Durchsuchungsbefehl gezeigt!"

„Beweg dich!" fauchte Victor.

Cathy senkte sich auf das Spalier. Zweige kratzten über ihr Gesicht, während sie hinunterkletterte. Einen Moment, nachdem sie in dem taufeuchten Gras gelandet war, ließ Victor sich neben sie fallen.

Sofort hetzten sie zu den Büschen und rollten sich hinter eine Azalee, als im ersten Stock ein Fenster aufglitt. Jacks Stimme beschwerte sich lautstark. „Ich kenne meine Rechte! Das ist eine illegale Durchsuchung!" Das Fenster glitt zu.

Victor versetzte Cathy einen kleinen Stoß. „Zum Ende der Hecke! Von dort laufen wir los."

Auf Händen und Knien kroch sie hinter den Azaleen entlang. Ihre durchnässte Jeans war eisig, ihre Handflächen waren zerkratzt und blutig, aber sie war vor Entsetzen zu betäubt, um Schmerz zu fühlen. Sie erreichte den letzten Busch. „Zum nächsten Haus?"

„Vorwärts!"

Sie jagten wie ängstliche Kaninchen los, hetzten über die zwanzig Meter Rasen zwischen den Häusern. In der Deckung des nächsten Hauses blieben sie nicht stehen, sondern liefen weiter, vorbei an geparkten Autos und morgendlichen Fußgängern. Fünf Querstraßen weiter tauchten sie in einem Coffee Shop unter. Durch die Fenster betrachteten sie die Straße, sahen jedoch nur typischen Montagmorgenbetrieb: dichten Verkehr, Leute in Mänteln und Schals.

Auf dem Grill hinter ihnen zischte Schinkenspeck. Der Duft von frischem Kaffee zog von der Theke her. Verdammt, warum hatte sie nicht Geld von Jack erbettelt, geliehen oder gestohlen?

„Was jetzt?“ fragte sie und hoffte, Victor würde vorschlagen, dass sie ihr letztes Geld für Frühstück ausgaben.

Er suchte die Straße ab. „Gehen wir.“

„Wohin?“

„Hickeys Studio.“

„Oh.“ Sie seufzte. Wieder ein langer Marsch mit leerem Magen.

Draußen fuhr ein Wagen mit einem Aufkleber auf der Stoßstange vorbei: Heute ist der erste Tag vom Rest deines Lebens.

Himmel, hoffentlich wird das noch besser, dachte sie. Dann folgte sie Victor hinaus in die morgendliche Kälte.

Der Mann, der an Jacks Tür geklingelt hatte, sah aus wie ein Baumstumpf in einem braunen Anzug. Jack öffnete die Tür ganz und sagte: „Tut mir Leid, ich kaufe nichts.“

„Ich verkaufe nichts, Mr. Zuckerman“, sagte der Mann. „Ich bin vom FBI.“

Jack seufzte. „Nicht schon wieder.“

„Ich bin Spezialagent Sam Polowski. Ich suche eine Frau namens Catherine Weaver, ehemals Zuckerman. Ich glaube, sie ...“

„Wisst ihr Leute eigentlich nie, wann ihr aufhören müsst?“

„Womit aufhören?“

„Einer Ihrer Agenten war heute Morgen hier. Sprechen Sie mit ihm!“

Der Mann runzelte die Stirn. „Einer unserer Agenten?“

„Ja, und ich werde mich über ihn beschweren. Ist einfach ohne Durchsuchungsbefehl durch mein Haus getrampelt!“

„Wie hat er ausgesehen?“

„Oh, ich weiß nicht! Dunkle Haare, irre Figur.“

„Etwa meine Größe?“

„Größer. Hagerer. Viel mehr Haare.“

„Hat er Ihnen seinen Namen genannt? Das war nicht Mac Braden, oder?“

„Nein, er hat mir keinen Namen genannt.“

Polowski zog seine Dienstmarke hervor. Jack las die Worte: Federal Bureau of Investigation. „Hat er Ihnen so etwas gezeigt?“ fragte Polowski.

„Nein. Er hat nur nach Cathy und einem Typ namens Victor Holland gefragt. Ob ich weiß, wo sie zu finden sind.“

„Haben Sie es ihm gesagt?“

„Diesem Kretin?“ Jack lachte. „Kein Wort.“

„Ich finde, wir sollten miteinander reden, Mr. Zuckerman. Über ihre Exfrau. Sie ist in großen Schwierigkeiten.“

Jack seufzte. „Das weiß ich.“

„Ich kenne selbst noch nicht alle Fakten, aber eine Frau wurde schon umgebracht. Ihre Frau ...“

„Meine Exfrau.“

„Ihre Exfrau könnte die Nächste sein.“

Jack betrachtete ihn finster. „Na gut, Polowski, kommen Sie herein. Ich erzähle Ihnen, was ich weiß.“

Das Fenster splitterte. Cathy zuckte zusammen. „Tut mir Leid, Hickey“, murmelte sie.

Victor entfernte die restlichen Scherben. „Siehst du wen?“

Sie blickte in dem Durchgang nach beiden Seiten. „Alles klar.“

Er schob das Fenster hoch. Sie kletterte hindurch und landete zwischen Glasscherben. Sekunden später folgte Victor.

Sie waren in der Garderobe des Studios. Im Vorzimmer fanden sie unterhalb des Briefschlitzes die Post von einer Woche, Kataloge und Reklame. Die Filmrolle, die Cathy am Vortag aufgegeben hatte, war noch nicht dabei.

„Da müssen wir wohl auf den Postboten warten", sagte Cathy.

Victor nickte. „Scheint sicher zu sein. Hat dein Freund hier etwas Essbares?"

„Ich glaube, er hat nebenan einen Kühlschrank."

Sie führte ihn in das Atelier, drückte einen Schalter, und zahlreiche Scheinwerfer flammten auf. Victor betrachtete amüsiert die Ansammlung von Hilfsmitteln und Kulissen: eine echte englische Telefonzelle, eine Parkbank, ein Trainingsfahrrad. Auf einem Ehrenplatz stand ein Himmelbett. Die Rüschendecke war viktorianisch, die Handschellen an einem der Bettpfosten waren es nicht.

Victor tippte gegen die Handschellen. „Ein wie guter Freund ist denn dieser Hickey?"

„Dieses Zeug war nicht hier, als er mich vor einem Monat fotografiert hat."

„Er hat *dich* fotografiert?" Victor starrte sie an.

Sie wurde rot, als sie sich die Bilder vorstellte, die ihm durch den Kopf zogen. Bestimmt sah er sie auf diesem albernen Himmelbett nur mit Handschellen bekleidet.

„Ich habe es nur als Gefallen getan ..."

„Als ... Gefallen?"

„Ich war voll bekleidet! Mit einem Overall. Ich war als Klempner gedacht."

„Ein weiblicher Klempner?"

„Es war ein Notfall. Einer seiner Models kam an dem Tag nicht, und er brauchte jemanden mit einem durchschnittlichen Gesicht. Ich denke, das trifft auf mich zu. Durchschnittlich. Und es ging wirklich nur um mein Gesicht."

„Und deinen Overall."

„Richtig."

Sie sahen einander an und lachten auf.

„Ich kann erraten, was du gedacht hast", sagte sie.

„Ich will nicht einmal andeuten, was ich gedacht habe." Er sah sich um. „Hast du nicht etwas von Essen gesagt?"

Sie ging zum Kühlschrank, fand darin Filme, Pickles, gummiartige Möhren und eine halbe Salami. Im Tiefkühlfach entdeckten sie wahre Schätze: gemahlenen Kaffee und einen Laib Brot.

Lächelnd drehte sie sich um. „Ein Festmahl."

Sie saßen auf dem Himmelbett und knabberten an Salami und halb gefrorenem Brot und spülten alles mit Kaffee hinunter. Es war ein bizarres kleines Picknick mit Papptellern mit Pickles und Möhren auf ihrem Schoß, während Scheinwerfer wie ein halbes Dutzend heißer Sonnen von der Decke herunterstrahlten.

„Warum hast du das über dich gesagt?" fragte er und sah zu, wie sie an einer Möhre kaute.

„Was gesagt?"

„Dass du durchschnittlich bist."

„Weil ich durchschnittlich bin."

„Das glaube ich nicht, und ich bin ein guter Menschenkenner."

Sie betrachtete ein Wandposter eines von Hickeys Supermodels. „Also, daran komme ich bestimmt nicht heran."

„Das", sagte er, „ist pure Fantasie. Das ist keine echte Frau, sondern eine Mischung aus Make-up, Haarspray und falschen Wimpern."

„Oh, das weiß ich. Es ist mein Job, Schauspieler in das Fantasieprodukt von Kinogängern zu verwandeln. Nein, ich meinte unter all dem, tief drinnen, fühle ich mich durchschnittlich."

„Ich halte dich für ganz außergewöhnlich. Und nach der letzten Nacht sollte ich das wissen."

Sie blickte auf die schlaffe Möhre hinunter, die wie eine kleine Leiche auf dem Pappteller ausgestreckt lag. „Es gab eine Zeit ... ich nehme an, für jeden gibt es einmal diese Zeit, wenn man noch jung ist und sich als etwas Besonderes fühlt ... wenn man meint, die Welt sei nur für einen da. Das letzte Mal habe ich mich so gefühlt, als ich Jack heiratete." Sie seufzte. „Es hat nicht lange gedauert."

„Warum hast du ihn geheiratet?"

„Ich weiß es nicht. Vielleicht war ich beeindruckt. Ich war erst dreiundzwanzig, ein Lehrling auf dem Set. Er war der Regisseur." Sie machte eine Pause. „Er war der Traummann schlechthin."

„Er hat dich beeindruckt, nicht wahr?"

„Jack kann sehr beeindruckend sein. Dann gab es auch noch Champagner, Abendessen, Blumen. Ich glaube, ihn hat an mir gereizt, dass ich ihm nicht sofort verfallen bin. Ich war für ihn eine Herausforderung. Sobald er mich erobert hatte, wandte er sich größeren und besseren Dingen zu. Damals erkannte ich, dass ich nur eine absolut durchschnittliche Frau bin. Das ist kein schlechtes Gefühl. Ich gehe nicht durch das Leben und sehne mich danach, eine andere zu sein."

„Wen betrachtest du denn dann als etwas Besonderes?"

„Also, meine Großmutter, aber sie ist tot."

„Verehrungswürdige Großmütter kommen immer auf die Liste."

„Na schön, dann Mutter Teresa."

„Die steht auf jeder Liste."

„Kate Hepburn. Gloria Steinern. Meine Freundin Sarah ..." Ihre Stimme verklang. „Aber sie ist auch tot ..."

Er ergriff sanft ihre Hand. „Erzähl mir von Sarah."

Cathy schluckte. „Sie war wunderbar. Es war der Ausdruck in ihren Augen. Eine perfekte Ruhe. Als hätte sie genau gefunden, was sie wollte, während wir anderen noch nach dem verlorenen Schatz graben. Sie war so tapfer. Viel tapferer, als ich jemals sein könnte ..." Sie räusperte sich. „Sarah war etwas Besonderes. Manche Menschen sind es einfach."

„Ja", murmelte er. „Manche Menschen sind es."

Sie blickte zu ihm hoch. Er starrte unendlich traurig vor sich hin. Leise fragte sie: „Wie war deine Frau?"

Er antwortete erst nach einer Weile. „Sie war eine gütige Frau. Daran werde ich mich immer erinnern. An ihre Güte."

„Wie hieß sie?"

„Lily. Lillian Dorinda Cassidy. Ein gewaltiger Name für eine so kleine Frau." Er lächelte. „Sie war etwa einszweiundfünfzig, vielleicht neunzig Pfund. Es hat mir immer Angst gemacht, wie klein sie wirkte. Fast zerbrechlich. Besonders gegen Ende, als sie an Gewicht verloren hatte. Sie schien zu nichts weiter als einem großen braunen Augenpaar geschrumpft zu sein."

„Sie muss jung gestorben sein."

„Mit achtunddreißig. Es war so unfair. Ihr ganzes Leben hatte sie alles richtig gemacht. Nie geraucht, kaum ein Glas Wein angerührt. Sie aß nicht einmal Fleisch. Nachdem wir ihre Diagnose erfahren hatten, versuchten wir herauszufinden, wie das passieren konnte. Dann fiel es uns ein. Sie wuchs in einer Kleinstadt in Massachusetts auf. Direkt unterhalb eines Atomkraftwerks."

„Du meinst, das war es?"

„Man kann es nie wissen, aber wir haben uns umgehört. Und wir haben erfahren, dass in ihrer Nachbarschaft mindestens zwanzig Familien jemanden mit Leukämie hatten. Es dauerte vier Jahre, und wir mussten vor Gericht gehen, bis eine Ermittlung eingeleitet wurde. Das Ergebnis war, dass seit Eröffnung des Kraftwerks gegen alle Sicherheitsvorschriften verstoßen worden war."

Cathy schüttelte ungläubig den Kopf. „Und das Kraftwerk durfte die ganze Zeit betrieben werden?"

„Niemand wusste davon. Die Verstöße wurden verschwiegen."

„Das Kraftwerk wurde geschlossen?"

Er nickte. „Da lebte Lily nicht mehr. Alle diese anderen Familien ... nun, wir waren von dem Kampf erschöpft. Auch wenn wir manchmal das Gefühl gehabt hatten, mit dem Kopf gegen eine Wand zu rennen, wussten wir, dass wir es tun mussten. Für alle Lilys der Welt.“ Er blickte zu den Scheinwerfern hoch. „Und hier bin ich und renne noch immer mit dem Kopf gegen Wände. Nur dass es sich diesmal wie die Chinesische Mauer anfühlt. Und die Leben, die auf dem Spiel stehen, sind deines und meines.“

Ihre Blicke trafen sich. Cathy saß absolut still, während er leicht ihre Wange streichelte. Sie ergriff seine Hand, drückte sie an ihre Lippen. Seine Finger schlossen sich um die ihren, gaben ihre Hand nicht frei. Sanft zog er sie an sich. Ihre Lippen trafen zu einem zögernden Kuss aufeinander, der in Cathy das Verlangen nach mehr erzeugte.

„Tut mir Leid, dass du da hineingezogen worden bist“, murmelte er. „Du und Sarah und diese anderen Cathy Weavers.“

„Es war nicht deine Schuld. Du tust nicht, was Jack getan hätte und viele andere. Du stellst dich nicht blind gegenüber den Dingen, die bei Viratek vor sich gehen.“

„Ich bin nicht wie Jack. Ich muss an die Tausende von Menschen denken, die zu Schaden kommen könnten.“

„Glaubst du, so viele könnten sterben?“ fragte sie.

„Mein Freund Jerry muss das geglaubt haben. Niemand kann den Ausgang vorhersagen. Die Welt hat noch nie die Auswirkungen eines voll geführten biologischen Krieges gesehen.“

„Sind biologische Waffen denn so gefährlich?“

„Wenn du an Viren ein paar Gene veränderst, die Ansteckungsrate erhöhst, ebenso die Todesrate hinaufsetzt, ist das Ergebnis katastrophal. Sogar schon die Forschung ist riskant. Ein einziges Versehen bei den Sicherheitsmaßnahmen im Labor, und Millionen von Menschen könnten ungewollt infiziert werden. Und es gäbe keine Behandlungsmethoden. Das ist jene Art von weltweiter Katastrophe, an die ein Wissenschaftler nicht denken will.“

„Das Jüngste Gericht.“

Er nickte, und sein Blick war erschreckend vernünftig.

Sie schüttelte den Kopf. „Ich verstehe nicht, wieso das erlaubt ist."

„Das ist es ja nicht, aber es gibt immer einen Irren, der diese Waffe haben will, die sonst niemand besitzt."

Irgendwo in dem Gebäude erklang Pfeifen, dann klapperte es an Hickeys Tür. Etliche Magazine fielen auf den Fußboden.

Victor war direkt hinter Cathy, als sie in den Vorraum lief. Obenauf lag ein Umschlag mit ihrer Handschrift. Sie griff danach und riss ihn auf. Die Filmrolle rutschte heraus. Triumphierend lächelnd hielt sie den Behälter hoch. „Da hast du deinen Beweis!"

„Hoffentlich. Wollen sehen, was wir auf dem Film haben. Wo ist die Dunkelkammer?"

„Neben dem Ankleideraum." Sie reichte ihm den Film. „Kannst du ihn entwickeln?"

„Ich habe mich mit Amateurfotografie beschäftigt. Ich ..." Er stockte, als das Telefon auf dem Schreibtisch zu klingeln begann. „Ignoriere es!"

Als sie den Vorraum verließen, schaltete sich der Anrufbeantworter ein. Hickeys Stimme erklang. „Hier ist das Studio von Hickman von Trapp, spezialisiert auf geschmackvolle und künstlerische Abbildung des weiblichen Körpers ..."

Victor lachte. „Geschmackvoll?"

„Hängt von deinem Geschmack ab", meinte Cathy.

Sie hatten gerade die Dunkelkammer erreicht, als die Tonbanddurchsage endete und von dem Pfeifton gefolgt wurde. Dann dröhnte eine aufgeregte Stimme aus dem Lautsprecher. „Hallo! Hallo, Cathy! Wenn du da bist, melde dich! Ein FBI-Agent sucht dich ... ein gewisser Polowski ..."

Cathy erstarrte. „Das ist Jack!" Sie lief zurück.

In die Stimme aus dem Lautsprecher hatte sich Panik eingeschlichen. „Er hat mich dazu gebracht, ihm alles über Hickey zu erzählen. Verschwinde von dort!"

Es klickte, als Cathy nach dem Hörer griff. „Hallo, Jack!"

Sie hörte nur das Freizeichen. Er hatte bereits aufgelegt. Mit zitternden Fingern begann sie, Jacks Nummer einzutippen.

„Keine Zeit!" rief Victor.

„Ich muss mit ihm sprechen und ..."

Er packte den Hörer und legte auf. „Später! Wir müssen raus!"

Sie nickte, wollte zur Tür und stockte. „Warte, wir brauchen Geld!" In einer Schublade fand sie zweiundzwanzig Dollar. Sie steckte das Geld ein und nahm einen von Hickeys alten Regenmänteln vom Haken. „In Ordnung. Gehen wir."

Sie hielten nur einen Moment an, um den Korridor zu überprüfen, dann liefen sie aus dem Haus. Die Mittagssonne starrte wie ein anklagendes Auge auf sie herunter.

Victor beschleunigte seinen Schritt. Cathy musste laufen.

„Wohin jetzt?" flüsterte sie.

„Wir haben den Film. Ich würde sagen, wir gehen zur Bushaltestelle."

„Und dann?"

„Irgendwohin." Er hielt den Blick geradeaus gerichtet. „Hauptsache, es liegt außerhalb der Stadt."

7. KAPITEL

Seufzend öffnete Jack. „Bereits zurück?"

„Verdammt richtig, ich bin bereits zurück." Polowski stampfte ins Haus und schob die Tür hinter sich zu. „Ich will wissen, wo ich sie als Nächstes finden kann, Mr. Zuckermann, also bitte."

„Ich sagte Ihnen, Mr. Polowski, auf der Union Street gibt es ein Fotostudio eines gewissen Mr. Hickman ..."

„Ich war in dem Studio von diesem ‚von Sowieso'!"

Jack schluckte. „Sie haben die beiden nicht gefunden?"

„Das wussten Sie doch. Sie haben sie gewarnt, nicht wahr?"

„Also wirklich, ich weiß nicht, warum Sie mich so bedrängen müssen."

„Die zwei sind eiligst verschwunden. Die Tür stand weit offen. Essen lag noch herum. Eine leere Geldkassette stand auf dem Schreibtisch."

Jack reckte sich empört. „Nennen Sie meine Exfrau eine Diebin?"

„Ich nenne sie eine verzweifelte Frau. Und ich nenne Sie einen Dummkopf, weil Sie alles verdorben haben. Wo ist sie?"

„Ich weiß es nicht."

„An wen würde sie sich wenden?"

„An niemanden, den ich kenne."

„Denken Sie schärfer nach!"

Jack schüttelte den Kopf. „Ich weiß es ehrlich nicht."

Polowski wusste, dass es die Wahrheit war. „Dann können Sie mir vielleicht sagen, warum Sie sie gewarnt haben."

„Ich ..." Jack zuckte hilflos die Schultern. „Nachdem Sie gegangen waren, wusste ich nicht, ob ich das Richtige getan hatte. Er scheint Ihnen nicht zu vertrauen."

„Wer?"

„Victor Holland. Er glaubt, dass Sie bei einer Verschwörung mitmachen. Ehrlich, der Mann kam mir ein wenig paranoid vor."

„Er hat ein Recht dazu, wenn man bedenkt, was ihm bisher zugestoßen ist." Polowski wandte sich zur Tür.

„Was geschieht jetzt?"

„Ich suche die beiden."

„Wo?"

„Meinen Sie, das sage ich Ihnen?" Er stakste hinaus. „Verlassen Sie nicht die Stadt, Zuckerman. Wir sprechen uns noch."

„Das glaube ich nicht", murmelte Jack, während der Mann zu seinem Wagen ging. Keine Wolke stand am Himmel. Lächelnd schloss Jack die Tür.

In Mexiko war es bestimmt auch sonnig.

Jemand war hier eilig aufgebrochen.

Savitch ging durch die Räume des Fotostudios, die unverschlossen gewesen waren. Den Spuren nach waren es zwei Personen gewesen. Interessant, da Savitch nur eine Person herauskommen gesehen hatte, einen untersetzten kleinen Mann in einem braunen Anzug. Der Mann war nicht lange in dem Studio gewesen.

Savitch schaltete den Anrufbeantworter auf Wiedergabe. Die Reihe von Botschaften wirkte endlos. Savitch überprüfte die Post, während er zuhörte. Es war langweiliges Zeug, bis er ein loses Blatt Papier entdeckte. Es war eine Nachricht für Hickey.

„Tut mir schrecklich Leid, aber jemand hat alle Filmrollen aus meinem Wagen gestohlen. Nur dieser eine Film ist noch übrig. Ich wollte ihn Dir schicken, bevor er auch noch verloren geht. Cathy."

Savitch durchwühlte noch einmal die Post, fand jedoch nur einen aufgerissenen Umschlag mit Cathy Weavers Absender. Der Film war fort.

Plötzlich erstarrte er. Eine neue Botschaft ertönte.

„Hallo! Hallo, Cathy! Wenn du da bist, melde dich! Ein FBI-

Agent sucht dich ... ein gewisser Polowski ... Er hat mich dazu gebracht, ihm alles über Hickey zu erzählen. Verschwinde von dort!“

Savitch betrachtete den Anrufbeantworter. Kein Zweifel. Catherine Weaver war hier gewesen, und Victor Holland begleitete sie. Aber wer war dieser Agent Polowski, und warum suchte er Holland? Savitch hatte die Zusicherung erhalten, dass das FBI nichts mehr mit dem Fall zu tun habe. Er musste das überprüfen.

Savitch verließ das Haus und rief von einem Münztelefon eine Nummer in Washington, D.C., an. Er bat den Cowboy nicht gern um Hilfe, aber jetzt hatte er keine andere Wahl.

Victor telefonierte, während Cathy sich um Tickets anstellte. Sie sah, wie er auflegte und sich ermattet durch die Haare fuhr. Dann wählte er die nächste Nummer.

Jemand tippte Cathy auf die Schulter. „Vorwärts, Miss.“

Cathy trat an den Kartenschalter des Busbahnhofs.

„Ich brauche zwei Tickets nach ...“ Cathys Stimme verklang. Ihr Blick war auf einem Poster erstarrt, das gleich neben dem Schalter befestigt war. HABEN SIE DIESEN MANN GESEHEN? stand über einem Foto von Victor Holland. Darunter wurden die Anklagepunkte aufgeführt: Industriespionage und Mord. Setzen Sie sich mit der örtlichen Polizei oder dem FBI in Verbindung.

„Lady, wollen Sie wohin oder nicht?“

„Was?“ Cathys Blick zuckte zurück zu dem Angestellten, der sie sichtlich verärgert betrachtete. „Oh ... ja ... ich möchte zwei Tickets. Nach Palo Alto. Einfach.“

„Zwei nach Palo Alto. Um sieben Uhr, Bahnsteig 11.“

„Ja, danke ...“ Cathy wandte sich ab und entdeckte zwei Polizisten, die den Bahnhof absuchten. Ihr Blick zuckte zu der Telefonzelle. Sie war leer!

Sie konnte nicht einfach dastehen. Sie zog den Regenmantel

fest um ihre Schultern und zwang sich dazu, durch den Bahnhof zu gehen. Neben einem Sitz blieb sie stehen und griff nach einem zurückgelassenen San Francisco Chronicle. Sie blätterte die Anzeigen durch, während sie an den beiden Polizisten am Eingang vorbeischlenderte, die ihr nicht einmal einen Blick zuwarfen.

Was jetzt? Sie blieb mitten auf dem belebten Bürgersteig stehen. Automatisch ging sie weiter und hatte erst ein paar Schritte getan, als sie seitlich in einen Durchgang gezerrt wurde.

Sie wirbelte rückwärts gegen die Mülltonnen und schluchzte fast vor Erleichterung. „Victor!“

„Haben sie dich gesehen?“

„Nein. Ich meine, ja, aber sie haben sich nicht um mich gekümmert ... Ich habe die Tickets.“

„Wir können sie nicht benutzen.“

„Wie sollen wir aus der Stadt verschwinden? Per Anhalter? Victor, wir haben nur noch fünf Dollar!“

„Sie werden jeden abfahrenden Bus beobachten. Und sie haben mein Gesicht überall in dem verdammten Bahnhof ausgehängt!“ Er sackte gegen die Mauer zurück und stöhnte. „Ich sehe darauf wie ein mieser Verbrecher aus.“

„Es war nicht gerade das schmeichelhafteste Foto.“

Er schaffte ein Lachen. „Hast du jemals ein schmeichelhaftes Fahndungsfoto gesehen?“

Sie lehnte sich neben ihn. „Wir müssen aus der Stadt raus.“

„Korrektur. Du musst raus.“

„Was soll das heißen?“

„Die Polizei sucht dich nicht. Also nimmst du den Bus nach Palo Alto. Ich stelle für dich die Verbindung zu alten Freunden her. Sie werden dafür sorgen, dass du an einen sicheren Ort kommst.“

„Nein.“

„Cathy, die haben mein Foto wahrscheinlich in jedem Büro von

Fluglinien und Autovermietungen in der Stadt ausgehängt! Wir haben fast unser ganzes Geld für diese Bustickets ausgegeben. Du benutzt sie!"

„Ich fahre nicht ohne dich."

„Du hast keine andere Wahl."

„Doch! Ich wähle, an dir wie Klebstoff haften zu bleiben. Weil du der Einzige bist, bei dem ich mich sicher fühle. Der Einzige, auf den ich mich verlassen kann!"

„Ich komme allein schneller voran." Er blickte zur Straße. „Verdammt, ich will dich nicht einmal bei mir haben."

„Das glaube ich nicht."

„Warum sollte es mich interessieren, was du glaubst?"

„Sieh mich an! Sieh mich an und sag mir, dass du mich nicht bei dir haben willst!"

Er setzte zum Sprechen an. In dem Moment wusste sie, dass es eine Lüge war. Sie sah es in seinen Augen. Und sie sah noch etwas in seinem Blick, das ihr den Atem raubte.

„Ich ... ich will nicht ..."

Sie stand einfach da und wartete auf die Wahrheit.

Was sie nicht erwartete, war der Kuss. Er begann mehr aus Verzweiflung als aus Leidenschaft, aber sobald ihre Lippen aufeinander trafen, wurde er zu viel mehr. Das war eine Vereinigung von Seelen, eine Vereinigung, die auch nicht unterbrochen wurde, wenn die Umarmung endete, selbst wenn sie einander nie wieder berühren sollten.

Als sie sich endlich voneinander lösten, war Victors Geschmack noch frisch auf Cathys Lippen.

„Siehst du?" flüsterte sie. „Ich hatte recht. Du willst mich ja doch bei dir haben."

Er lächelte und berührte ihre Wange, „Ich bin kein guter Lügner."

„Und ich verlasse dich nicht. Du brauchst mich. Du kannst dein

Gesicht nicht herzeigen, aber ich kann es. Ich kann Bustickets kaufen und Besorgungen machen und ..."

„Was ich wirklich brauche, ist ein neues Gesicht." Er seufzte und sah sie verzweifelt an.

„Himmel, was bin ich für ein Idiot!" Sie stöhnte auf. „Ein neues Gesicht! Komm, wir haben nicht viel Zeit ..."

„Cathy?" Er folgte ihr durch den Durchgang. Sie blieben beide stehen und suchten die Straße nach Polizisten ab. Es waren keine in Sicht. „Wohin gehen wir?" flüsterte er.

„Wir suchen ein Telefon."

„Aha. Und wen rufen wir an?"

Sie warf ihm einen eindeutig schmerzlichen Blick zu. „Jemanden, den wir beide kennen und lieben."

Jack packte seinen Koffer, als das Telefon klingelte. Er griff nach dem Hörer und bereute es auf der Stelle.

„Jack?"

Er seufzte. „Sag mir, dass ich mir deine Stimme nur einbilde."

„Jack, ich werde schnell sprechen, weil dein Telefon vielleicht abgehört wird ..."

„Was du nicht sagst!"

„Ich brauche mein Köfferchen. Das ganze Drumherum. Und etwas Bargeld. Ich schwöre, ich zahle dir alles zurück. Hol es sofort für mich. Hinterlege das Zeug, wo wir die letzte Szene von ‚Cretinoid' gedreht haben. Du kennst die Stelle."

„Cathy, warte einen Moment! Ich stecke schon genug in Schwierigkeiten!"

„Eine Stunde. Länger kann ich nicht warten!"

„Es ist Stoßzeit! Ich kann nicht!"

„Es ist der letzte Gefallen, um den ich dich bitte." Es entstand eine Pause. Dann fügte sie leise hinzu: „Bitte."

Er stieß den Atem aus. „Das ist das absolut letzte Mal!"

„Eine Stunde, Jack, ich werde warten."

Ecke Fifth und Mission Street trafen sich die Obdachlosen. Niemand kümmerte sich dort um die zwei heruntergekommenen Gestalten, die in dem Eingang einer Pfandleihe kauerten.

„Es ist fünf nach sechs", murmelte Victor. „Die Stunde ist um."

„Lass ihm Zeit."

„Wir haben keine Zeit mehr."

„Wir schaffen noch immer den Bus." Cathy spähte die Straße entlang, als könne sie ihren Ehemann heraufbeschwören. Aber nur ein städtischer Bus tauchte auf.

„Nun seht euch mal das an!" ertönte ein gedämpftes Brummen, gefolgt von einem allgemeinen bewundernden Murmeln der Menge.

„Hey, Süßer!" rief jemand, als sich die Gruppe an der Ecke versammelte. „Was für einen Stoff hast du denn verkauft, dass du dir einen solchen Schlitten leisten kannst?"

Zwischen den Männern hindurch erspähte Cathy blitzendes Chrom und Burgunderrot. „Geht weg von meinem Wagen!" verlangte eine jammernde Stimme. „Ich habe ihn frisch wachsen lassen!"

„Der Süße hat sich bestimmt verfahren. Ist in die falsche Straße eingebogen, richtig?"

Cathy sprang auf. „Er ist da!"

Sie und Victor drängten sich durch die Menge zu Jack, der seinen schimmernden Jaguar bewachte.

„Nicht ... nicht anfassen!" fauchte er einen Mann an, der mit einem schmierigen Finger über die Motorhaube strich. „Warum könnt ihr Leute denn nicht losziehen und euch einen Job suchen?"

„Einen Job?" rief jemand. „Was ist das?"

„Jack!" rief Cathy.

Jack stieß einen Seufzer der Erleichterung aus, als er sie erspähte. „Das ist der letzte Gefallen. Der absolut letzte."

„Wo ist es?“ fragte sie.

Jack ging zu dem Kofferraum, wo er eine andere Hand beiseite schlug, die über die burgunderrote Flanke des Jaguars streichelte. „Hier! Der ganze Mist.“ Er holte den Make-up-Koffer heraus und reichte ihn ihr. „Abgeliefert wie versprochen. Jetzt muss ich aber los.“

„Wohin?“ rief sie.

„Ich weiß es nicht.“ Er kletterte in den Wagen. „Irgendwohin, ganz egal!“

„Hört sich an, als hätten wir dieselbe Richtung.“

„Gütiger Himmel, hoffentlich nicht!“ Er startete den Motor und ließ ihn ein paarmal aufheulen.

Jemand schrie: „Leb wohl, Süßer!“

Jack warf Cathy einen trockenen Blick zu. „Weißt du, du solltest wirklich etwas wegen der Gesellschaft tun, in der du dich aufhältst. Ciao, Zuckerstück!“

Der Jaguar fuhr mit kreischenden Reifen an.

Cathy drehte sich um und sah, dass alle Augen auf sie gerichtet waren. Automatisch schob Victor sich dicht an sie heran, ein müder und hungriger Mann, der einer müden und hungrigen Menge gegenüberstand.

Jemand rief: „Wer ist denn der Typ in dem Jaguar?“

„Mein Exmann“, antwortete Cathy.

„Der ist aber besser dran als du, Süße.“

„Was du nicht sagst.“ Sie hielt den Make-up-Koffer hoch und schaffte ein sorgloses Lachen. „Ich bitte den Kretin um meine Kleider, und er bringt mir frische Unterwäsche zum Wechseln.“

„Baby, läuft das nicht immer so?“

Die Männer verzogen sich wieder.

„Wir haben eine halbe Stunde, um den Bus zu erwischen“, sagte Victor und drängte sie voran. „Wir müssen los.“

Sie hasteten die Straße entlang, als Cathy plötzlich stockte. „Victor ...“

„Was ist los?"

„Sieh nur." Sie deutete aufgeregt auf einen Zeitungsstand. Ihre Hand zitterte dabei.

Die Schlagzeile des San Francisco Examiner lautete: „Zwei Opfer, identischer Name. Polizei untersucht Zusammenhänge." Daneben befand sich das Foto einer jungen blonden Frau. Die Bildunterschrift war durch den Knick verborgen, aber Cathy brauchte sie nicht zu lesen. Sie erriet den Namen der Frau.

„Zwei", flüsterte sie. „Victor, du hast Recht gehabt ..."

„Um so mehr für uns ein Grund, aus der Stadt zu verschwinden." Er zog an ihrer Hand. „Beeil dich!"

Sie ließ sich von ihm wegführen, doch während sie die Straße entlanghasteten, bewahrte sie das Bild einer blonden Frau in ihrer Erinnerung.

Das zweite Opfer.

Die zweite Catherine Weaver.

Streifenpolizist O'Hanley war eine hilfreiche Seele. Er passte nicht in die raue Polizeitruppe. Er wollte nichts weiter, als einem Kind den Kopf tätscheln und eine alte Oma vor einem Straßenräuber retten.

Deshalb fand er diesen Auftrag so frustrierend. Dieses Herumstehen im Busbahnhof und Ausschauhalten nach einem Mann, den ein Zeuge vielleicht vor ein paar Stunden gesehen hatte.

O'Hanley hatte so einen Typ nicht gesehen. Und er hatte jede Person betrachtet, die zur Tür hereingekommen war. Ein trauriger Haufen, da heutzutage jeder, der es sich gerade leisten konnte, ein Flugzeug nahm. Aber wie diese Leute aussahen, konnten sie sich gar nichts leisten.

Zum Beispiel dieses Paar da drüben. Vater und Tochter, schätzte er. Beide heruntergekommen. Die Tochter war in einen alten Regenmantel gehüllt, den Kragen hochgeschlagen, dass man nur windzerzauste Haare sah. Der Vater war ein noch traurigerer Anblick, hageres Gesicht, weißer Schnurrbart, alt wie Methusalem.

Über Lautsprecher wurde in diesem Moment Bus vierzehn nach Palo Alto ausgerufen.

Der alte Mann und seine Tochter standen auf.

O'Hanley sah besorgt zu, wie das Paar durch den Bahnhof schlurft. Die Frau trug nur einen kleinen Koffer, der jedoch schwer wirkte. Und sie hatte bereits alle Hände voll zu tun, den alten Mann in die richtige Richtung zu führen. Doch sie kamen voran, und O'Hanley nahm an, dass sie es bis zum Bus schafften.

Bis dieser Junge mit ihnen zusammenstieß.

Er war ungefähr sechs, die Art von Kind, von der keine Mutter zugeben will, dass sie es hervorgebracht hat. Während der letzten halben Stunde war der Junge durch den Bahnhof gewandert, hatte Sand aus Aschenbechern verstreut, Koffer umgeworfen und mit Türen von Gepäckschließfächern geklappert. Jetzt lief er. Dieser Junge lief allerdings rückwärts.

O'Hanley sah es kommen. Der alte Mann und seine Tochter näherten sich langsam dem Ausgang zu den Bussen. Der Junge lief auf die beiden zu. Unvermeidlicher Zusammenstoß. Der Junge knallte gegen die Knie der Frau, der Koffer flog aus ihrer Hand. Sie taumelte gegen ihren Begleiter. Der erstarrte O'Hanley erwartete, dass der alte Knacker umfiel. Zu seiner Überraschung fing der alte Mann die Frau einfach in seinen Armen auf und stellte sie wieder auf die Beine.

O'Hanley eilte ihnen zu Hilfe und erreichte die Frau, als sie gerade wieder ihr Gleichgewicht fand. „Alles in Ordnung, Leute?" fragte er.

Die Frau reagierte, als hätte er sie geschlagen. Sie starrte ihn mit den Augen eines verängstigten Tieres an. „Was?"

„Ob alles in Ordnung ist. War ein harter Zusammenstoß."

Sie nickte.

„Was ist mit Ihnen, Opa?"

„Es geht uns beiden gut“, sagte die Frau rasch. „Komm, Papa, sonst verpassen wir unseren Bus.“

„Kann ich Ihnen mit ihm helfen?“

„Das ist schrecklich nett von Ihnen, Officer, aber wir kommen gut zurecht.“ Die Frau lächelte O’Hanley an. Irgendetwas an diesem Lächeln stimmte nicht. Während das Paar langsam zu Bus Nummer vierzehn schlurfte, versuchte O’Hanley herauszufinden, was an diesen zwei nicht stimmte.

Er drehte sich um und fiel fast über den Koffer. Die Frau hatte ihn vergessen. Er packte ihn und lief zu dem Bus. Zu spät. Nummer vierzehn nach Palo Alto fuhr bereits an.

O’Hanley gab den Make-up-Koffer im Fundbüro ab. Dann stellte er sich wieder an den Eingang und hielt Ausschau nach Victor Holland.

Fünf Minuten außerhalb von San Francisco wandte sich im Bus Nummer vierzehn der alte Mann an die Frau im Regenmantel. „Dieser Bart bringt mich um.“

Lachend zog Cathy an dem falschen Schnurrbart. „Aber er hat gewirkt, nicht wahr?“

„Tatsächlich. Wir hatten praktisch eine Polizeieskorte zum Fluchtbus.“ Er kratzte sich wild am Kinn. „Himmel, wie halten Schauspieler dieses Zeug aus? Das Jucken treibt mich die Wände hoch.“

„Soll ich ihn abmachen?“

„Lieber nicht, bevor wir in Palo Alto sind.“

Noch eine Stunde, dachte sie. „Was dann?“

„Dann klopfe ich an ein paar Türen. Es ist lange her, aber ich glaube, ich habe noch ein paar Freunde in der Stadt.“

„Du hast dort einmal gewohnt?“

„Vor Jahren, als ich am College war.“

„Oh.“ Sie setzte sich gerade auf. „Ein Stanford-Mann.“

„Warum klingt das bei dir ein wenig anrüchig?"

„Ich selbst war für die Bears."

„Ich verbünde mich mit dem Erzfeind?"

Leise lachend drückte sie ihr Gesicht gegen seine Brust und atmete den warmen, vertrauten Duft seines Körpers ein. „Wirkt wie ein anderes Leben. Berkeley und Bluejeans."

„Football. Wilde Parties."

„Wilde Parties?" fragte sie. „Du?"

„Nun ja, Gerüchte von wilden Parties."

„Frisbee. Unterricht auf dem Rasen ..."

„Unschuld", sagte er leise.

Sie verstummten beide.

„Victor?" fragte sie. „Was ist, wenn deine Freunde nicht mehr da sind? Oder wenn sie uns nicht aufnehmen?"

„Ein Schritt nach dem anderen. So müssen wir es angehen. Sonst wird alles zu niederschmetternd."

„Das ist es bereits."

Er drückte sie fest an sich. „Hey, wir halten uns gut. Wir haben es aus der Stadt hinaus geschafft. Direkt vor der Nase eines Cops. Das ist doch recht beeindruckend."

Cathy lächelte bei der Erinnerung an den ernsten, jungen Streifenpolizisten. „Alle Cops sollten so hilfsbereit sein."

„Oder blind. Ich kann nicht glauben, dass er mich Opa genannt hat!"

„Wenn ich dein Gesicht schon verändere, dann richtig. Darin habe ich Erfahrung."

„Offenbar."

Sie hakte sich bei ihm unter und drückte einen Kuss auf seine Wange. „Kann ich dir ein Geheimnis verraten?"

„Und das wäre?"

„Ich bin verrückt nach älteren Männern."

Er lächelte zweifelnd. „Wie viel älter?"

Sie küsste ihn voll auf die Lippen. „Viel älter."

„Hm ... Vielleicht ist dieser Schnurrbart doch nicht so schlecht." Er nahm ihr Gesicht in seine Hände. Diesmal küsste er sie, lang und tief, ungeachtet dessen, wo sie waren.

„Gut gemacht, Opa", johlte jemand hinter ihnen.

Widerstrebend lösten sie sich voneinander. In den flackernden Schatten des Busses konnte Cathy das Funkeln in Victors Augen und sein trockenes Lächeln sehen.

Sie lächelte zurück und flüsterte: „Gut gemacht, Opa."

Die Plakate mit Victor Hollands Gesicht klebten überall in dem Busbahnhof.

Polowski schnaufte verärgert, als er das wenig schmeichelhafte Foto des Mannes betrachtete, von dem er gefühlsmäßig wusste, dass er unschuldig war. Eine verdammte Hexenjagd, das war es. Falls Holland nicht schon genug Angst hatte, würde ihn diese öffentliche Verfolgung sicher in Deckung schicken, wo ihn diejenigen nicht erreichen konnten, die ihm helfen wollten. Polowski hoffte nur, dass ihn auch diejenigen nicht erreichten, die weniger wohlwollende Absichten hatten.

Bei allen diesen Plakaten hätte Holland ein Narr sein müssen, wäre er durch diesen Busbahnhof gewandert. Andererseits hatte Polowski einen Instinkt in diesen Fällen, wie sich verzweifelte Menschen verhielten. Hätte er in Hollands Schuhen gesteckt, wäre er um jeden Preis aus San Francisco verschwunden. Ein Flugzeug war unwahrscheinlich. Laut Jack Zuckerman hatte Holland nur ein schmales Budget. Eine Kreditkarte kam jedenfalls nicht in Frage. Somit schied ein Leihwagen aus. Was blieb? Entweder per Anhalter fahren oder den Bus nehmen.

Polowski tippte auf den Bus.

Seine letzte Information bestätigte diese Ahnung. An Zuckermans abgehörtem Telefon hatte er einen Anruf von Cathy

Weaver belauscht. Sie hatte eine Übergabe an einer Stelle arrangiert, die er zuerst nicht identifizieren konnte. Er hatte eine frustrierende Stunde damit verbracht, sich im Büro umzuhören, bis er jemanden fand, der nicht nur Zuckermans vergessenswerten Film „Cretinoid" gesehen hatte, sondern auch wusste, wo die letzte Szene gedreht worden war. Im Mission District, hatte ihm endlich ein filmverrückter Mitarbeiter aus dem Archiv verraten. Das Ungeheuer kam durch den Kanaldeckel genau an der Ecke von Fifth und Mission Street und schlürfte ein oder zwei Obdachlose in sich hinein, ehe der Held es mit einem in einer Kiste verpackten Klavier zerquetschte, Polowski hatte sich den Rest nicht mehr angehört, sondern war zu seinem Wagen gerannt.

Doch da war es schon zu spät gewesen. Holland und die Frau waren weg, und Zuckerman war verschwunden. Polowski war die Mission Street entlanggefahren, die Fenster hochgekurbelt, die Türen verschlossen, und hatte sich gefragt, wann die örtliche Polizei endlich die verdammten Straßen säubern würde.

Dann hatte er sich an den Busbahnhof nur ein paar Querstraßen weiter erinnert.

Jetzt stand er im Bahnhof und kam zu dem Schluss, er habe seine Zeit verschwendet. Alle diese Steckbriefe starrten ihm entgegen. Und ein Cop stand am Kaffeeautomaten und trank heimlich aus einem Pappbecher.

Polowski schlenderte zu dem Cop. „FBI", sagte er und zeigte seine Dienstmarke.

Der Cop – kaum mehr als ein Junge – straffte sich sofort. „Streifenpolizist O'Hanley, Sir."

„War viel los?"

„Ah ... Sie meinen heute?"

„Ja. Hier."

„Nein, Sir." O'Hanley seufzte und deutete auf die Steckbriefe. „Überwachung. Soll ein Spion sein."

„Ach, tatsächlich?" Polowski blickte sich um. „Jemanden gesehen, der wie er aussieht?"

„Niemanden. Ich habe Minute für Minute aufgepasst."

Polowski zweifelte nicht daran. O'Hanley war einer von den Jungen, die auf Verlangen die Stiefel des Captains mit einer Zahnbürste putzen und gute Arbeit liefern würden.

Polowski holte ein Foto von Cathy Weaver hervor, das Jack Zuckerman nach langem Zureden dem FBI gespendet hatte. „Der Mann könnte mit dieser Frau unterwegs sein."

O'Hanley runzelte die Stirn. „Die sieht aus wie ... nein, das kann sie nicht sein."

„Wer?"

„Also, da war vor ungefähr einer Stunde eine Frau, ziemlich abgerissen. So ein Lausebengel ist gegen sie gerannt. Hat sie fast umgehauen. Sie sah wie dieses Mädchen hier aus, nur in viel schlechterer Verfassung."

„War sie allein?"

„Sie hatte einen alten Kerl bei sich. Schätze, ihr Vater."

Plötzlich war Polowski ganz Ohr. „Wie sah der alte Mann aus?"

„Richtig alt. Vielleicht siebzig. Buschiger Bart, viele weiße Haare."

„Wie groß?"

„Ziemlich groß. Über einsachtzig ..." O'Hanleys Stimme verklang, als sein Blick sich auf den Steckbrief richtete. Victor Holland war einsneunzig. O'Hanleys Gesicht wurde plötzlich weiß. „Oh, Himmel ..."

„War er das?"

„Ich ... ich bin nicht sicher ..."

„Kommen Sie schon!"

„Ich weiß es wirklich nicht. Warten Sie. Die Frau hat einen Make-up-Koffer fallen lassen. Ich habe ihn dort an dem Schalter abgegeben ..."

Ein kurzes Vorzeigen der FBI-Dienstmarke reichte, dass der Angestellte im Fundbüro den Koffer aushändigte. Sobald Polowski das Ding öffnete, wusste er, dass er einen Volltreffer gelandet hatte. Der Koffer war mit Theater-Make-up angefüllt. In den Deckel war eingraviert: Eigentum von Jack Zuckerman Productions.

Er knallte den Deckel zu. „Wohin sind sie gefahren?"

„Sie ... ah ... sie sind in einen Bus dort drüben gestiegen. Um sieben Uhr."

Polowski blickte auf den Fahrplan. Um sieben Uhr war Nummer vierzehn nach Palo Alto abgefahren.

Er brauchte zehn Minuten, um den Bahnhofsmanager von Palo Alto an den Apparat zu bekommen, weitere fünf Minuten, um den Mann zu überzeugen, dass es sich bei dem Anruf um keinen Scherz handelte.

„Die Nummer vierzehn aus San Francisco?" kam die Antwort. „Ist vor zwanzig Minuten angekommen."

„Was ist mit den Passagieren?" drängte Polowski. „Sind noch welche da?"

Der Manager lachte nur. „Hey, Mann, wenn Sie die Wahl hätten, würden Sie sich in einer stinkenden Busstation aufhalten?"

Mit einem gemurmelten Fluch legte Polowski auf.

„Sir?" Es war O'Hanley. Er wirkte krank. „Ich habe es verpatzt, nicht wahr? Ich habe ihn an mir vorbeigehen lassen."

„Vergessen Sie es."

„Aber ..."

Polowski strebte dem Ausgang zu. „Sie sind noch ein Neuling", rief er über die Schulter zurück. „Betrachten Sie es als eine Erfahrung."

„Soll ich das melden?"

„Ich kümmere mich darum. Ich fahre ohnedies hin."

„Wohin?"

Polowski drückte die Tür des Bahnhofs auf. „Palo Alto."

8. KAPITEL

Die Haustür wurde von einer älteren Asiatin geöffnet, deren Sprachkenntnisse begrenzt waren.

„Mrs. Lum! Erinnern Sie sich an mich? Victor Holland. Ich war mit Ihrem Sohn befreundet."

„Ja, ja!"

„Ist er hier?"

„Ja." Ihr Blick wanderte zu Cathy.

„Ich müsste ihn sehen", sagte Victor. „Ist Milo hier?"

„Milo?" Endlich gab es ein Wort, das sie zu kennen schien. Sie drehte sich um und rief etwas auf Chinesisch.

Eine Tür knarrte, Schritte kamen die Treppe herauf. Ein Asiate um die vierzig in Bluejeans kam an die Haustür. Er war klein und untersetzt und brachte den Geruch von Chemikalien mit sich. Er wischte sich die Hände an einem Lappen ab.

„Was kann ich für Sie tun?" fragte er.

Victor grinste. „Milo Lum! Versteckst du dich noch immer im Keller deiner Mutter?"

„Wie bitte?" fragte Milo höflich. „Sollte ich Sie kennen, Sir?"

„Erkennst du nicht einen alten Hornspieler von den ‚Falschspielern'?"

Milo starrte ihn ungläubig an. „Gershwin? Das kannst doch nicht du sein?"

„Ja, ich weiß", erwiderte Victor lachend. „Die Jahre waren nicht freundlich zu mir."

„Ich wollte nichts sagen, aber ..."

„Ich nehme es nicht persönlich, da ..." Victor zog den falschen Bart ab, „... dieses Gesicht nicht ganz das meine ist."

Milo blickte auf den falschen Bart in Victors Hand, dann auf Victors Kinn mit den Klebstoffflecken. „Das ist ein Streich, den ihr dem alten Milo spielt, richtig?" Er steckte den Kopf zur Tür heraus und guckte an Victor vorbei zum Bürgersteig. „Und die anderen verstecken sich hier irgendwo und rufen gleich ‚Überraschung'! Nicht wahr? Ein gewaltiger Streich."

„Ich wünschte, es wäre einer", sagte Victor.

Milo fing den drängenden Unterton in Victors Stimme auf. Er blickte zu Cathy, dann zurück zu Victor, nickte und trat beiseite. „Komm herein, Gersh. Hört sich an, als müsstest du eine Menge erzählen."

Bei einem verspäteten Abendessen aus Nudelsuppe mit Ente und Jasmintee hörte Milo sich die Story an. Er sagte wenig und schien ganz damit beschäftigt zu sein, auch die letzte seiner Nudeln zu schlürfen. Erst als die ständig lächelnde Mrs. Lum sich zur guten Nacht verbeugte und zu Bett gegangen war, gab Milo einen Kommentar ab.

„Wenn du schon in Schwierigkeiten gerätst, Mann, dann aber verdammt gründlich."

Victor seufzte. „Klug wie eh und je, unser Milo."

„Zu schade, dass wir nicht das Gleiche von den Cops behaupten können." Milo schnaubte. „Hätten die sich ein wenig umgehört, hätten sie erfahren, dass du harmlos bist. Soviel ich weiß, hast du dich nur eines ernsthaften Verbrechens schuldig gemacht."

Cathy blickte betroffen hoch. „Welches Verbrechens?"

„Misshandlung der Ohren von Opfern, die das Pech haben, sein Saxofon zu hören."

„Das sagt ein Flötist, der sich beim Üben die Ohren zustopft", bemerkte Victor.

„Nur, um Geräusche von außen auszuschließen."

„Ja, hauptsächlich deine eigenen."

Cathy lächelte. „Ich verstehe allmählich, warum ihr euch ‚Falschspieler' genannt habt."

„Nur gesunde Selbstironie", erklärte Milo. „Das brauchten wir. Nachdem wir es nicht in die Stanford-Band geschafft hatten." Milo stand vom Küchentisch auf. „Also kommt. Wollen doch sehen, was auf diesem mysteriösen Film ist."

Er führte sie eine wackelige Treppe in den Keller hinunter, der in eine riesige Dunkelkammer verwandelt war. An den Wänden waren Fotos befestigt. Hauptsächlich Gesichter, rund um die Welt geschossen. Hier und da entdeckte Cathy eine Aufnahme, die für die Nachrichten getaugt hätte: Soldaten, die einen Flughafen stürmten, Demonstranten, die ein Banner entrollten.

„Ist das Ihre Arbeit, Milo?" fragte sie.

„Ich wünschte, das wäre sie", antwortete er und schüttelte einen Behälter mit Entwickler. „Nein, ich arbeite in der alten Familienfirma."

„Und was ist das?"

„Schuhe. Italienische, brasilianische, was immer Sie wollen, wir importieren sie." Er deutete mit einem Kopfnicken auf die Fotos. „So komme ich an meine exotischen Gesichter. Reisen als Schuheinkäufer. Ich bin ein Experte des weiblichen Rists."

„Und dafür", sagte Victor, „hat er vier Jahre in Stanford verbracht."

„Warum nicht? Ein genauso geeigneter Ort zum Studium der feinen Füße des schwachen Geschlechts wie jeder andere." Ein Kurzzeitmesser klingelte. Milo goss die Fotochemikalien aus und hängte den Film zum Trocknen auf. „Genau genommen", sagte er und betrachtete blinzelnd die Negative, „war es der letzte Wunsch meines Vaters. Er wollte einen Sohn mit einem Abschluss von Stanford. Ich wollte eine vierjährige Non-Stop-Party. Unser beider Wünsche wurden erfüllt." Er betrachtete wehmütig seine Fotos. „Schade, dass ich nicht das Gleiche von den Jahren seit damals behaupten kann."

„Wie meinen Sie das?" fragte Cathy.

„Ich meine, dass die Party längst vorüber ist. Ich muss Umsatz und Gewinn hochhalten. Dachte nie, dass das Leben auf diesen Nenner sinken könnte. Was wurde denn aus diesem ganzen vor

Energie überkochenden Potenzial, Gersh? Irgendwie haben wir es verloren. Wir alle – Bach und Ollie und Roger. Die ‚Falschspieler' haben sich letztlich eingeordnet. Jetzt marschieren wir alle nach dem Schlag desselben langweiligen Trommlers." Er seufzte. „Erkennst du etwas auf diesen Negativen?"

Victor schüttelte den Kopf. „Wir brauchen Abzüge."

Milo ließ nur die rote Dunkelkammerlampe brennen. „Sofort."

Während Milo Fotopapier bereitlegte, fragte Victor: „Was ist aus den anderen Jungs geworden? Sind sie noch hier?"

Milo drückte einen Schalter. „Roger ist ein hohes Tier bei einer multinationalen Bank in Tokio – Seidenanzüge und Krawatten. Bach hat eine Elektronikfirma in San José."

„Und Ollie?"

„Was kann ich schon über Ollie sagen?" Milo schob den Abzug in das Bad. „Er hängt noch immer in diesem Labor an der medizinischen Fakultät von Stanford herum. Wahrscheinlich sieht er nie das Tageslicht. Vermutlich hat er im Keller eine geheime Kammer, in der er seinen Assistenten Igor an der Wand festgekettet hat."

„Diesen Typ muss ich kennen lernen", sagte Cathy.

„Oh, er würde dich lieben." Victor drückte lachend ihren Arm. „Wahrscheinlich hat er vergessen, wie das Weibchen unserer Gattungsart aussieht."

Milo schob den Abzug in die nächste Wanne. „Ja, Ollie hat sich nie geändert. Noch immer eine Nachteule. Spielt nach wie vor eine scharfe Klarinette." Er blickte zu Victor. „Was macht das Saxofon, Gersh? Machst du noch was damit?"

„Habe seit Monaten nicht mehr gespielt."

„Glückliche Nachbarn."

„Wie bist du an diesen Namen gekommen?" fragte Cathy. „Gersh?"

„Weil", antwortete Milo und schwang Pinzetten, während er die nächsten Abzüge von einer Wanne in die andere legte, „er fest an die

Macht von George Gershwin glaubt, wenn es darum geht, das Herz einer Lady zu gewinnen. ‚Someone to Watch Over Me', war das nicht das Lied, bei dem Lily gesagt hat ..." Milos Stimme verklang. Er sah seinen Freund bedauernd an.

„Du hast recht", antwortete Victor ruhig. „Das war das Lied. Und Lily sagte ja."

Milo schüttelte den Kopf. „Tut mir Leid. Es fällt mir einfach schwer, mich daran zu erinnern, dass sie nicht mehr ist." Milo hängte die ersten Abzüge zum Trocknen auf. „Also, Gersh, was ist auf diesem Film, wofür es sich lohnt zu töten?"

Milo schaltete die Lichter ein.

Victor stand schweigend da und betrachtete die ersten fünf tropfenden Abzüge. Für Cathy bedeuteten die Daten nichts weiter als eine Reihe von Ziffern und Codes in einer fast unleserlichen Handschrift.

„Na ja", brummte Milo vor sich hin. „Das sagt mir ja unheimlich viel."

Victor stockte bei Seite fünf. Eine Kolumne lief über die ganze Seite. Sie enthielt eine Serie von siebenundzwanzig Eintragungen, jede bestehend aus einem Datum, gefolgt von den gleichen drei Buchstaben: EXT.

„Victor?" fragte Cathy. „Was bedeutet das?"

„Wir müssen Ollie anrufen", sagte er ruhig.

„Du meinst, heute Abend?" fragte Milo. „Warum?"

„Das ist nicht einfach irgendein Experiment in Teströhrchen. Sie sind schon zur klinischen Erprobung übergegangen." Victor zeigte auf die letzte Seite. „Das hier sind Affen, die mit einem neuen Virus infiziert wurden. Mit einem von Menschen hergestellten Virus. Und in jedem Fall war das Ergebnis das Gleiche, schaut nur."

„Du meinst das hier?" Milo deutete auf die letzte Kolumne. „EXT?"

„Das steht für Exitus", sagte Victor. „Sie sind alle gestorben."

Sam Polowski saß auf einer Bank im Busbahnhof von Palo Alto, überlegte, wohin er gehen würde, falls er verschwinden wollte, und beobachtete die Passagiere, die sich hier drängten. Wahrscheinlich Standford-Studenten, die für die Weihnachtsferien wegfuhren. Weshalb konnten sich Studenten von einer so teuren Universität keine anständigen Jeans oder auch nur einen ordentlichen Haarschnitt leisten?

Endlich stand Polowski auf und rief Dafoes Anrufbeantworter an, um ihm mitzuteilen, dass Victor Holland nach Palo Alto weitergezogen sei. Danach schlenderte er die Straße entlang auf der Suche nach einer Erleuchtung, einem Hinweis.

Es war eine hübsche Stadt. Palo Alto hatte alte Häuser von Professoren, Buchläden und Kaffeehäuser, in denen die Unitypen mit Bärten und Nickelbrille herumsaßen und über die Bedeutung von Proust und Brecht und Goethe diskutierten. Polowski erinnerte sich an seine eigenen Universitätstage. Wenn er sich eine Stunde lang solchen Mist von den Studenten am nächsten Tisch hatte anhören müssen, war er endlich zu ihnen hinübergestürmt und hatte geschrien: „Vielleicht hat Brecht das so gemeint und vielleicht auch nicht! Aber wie könnt ihr das beantworten? Und, zum Teufel, was macht das schon für einen Unterschied?“

Überflüssig zu erwähnen, dass dadurch sein Ruf als ernsthafter Student nicht gestiegen war.

Wo verbarg sich Victor Holland? Die Universität lag gleich dort vorne. Vielleicht hatte der Mann noch Freunde in der Nachbarschaft, Leute, die ihn aufnahmen und sein Geheimnis wahrten.

Polowski beschloss, noch einen Blick in Hollands Akte zu werfen. Irgendwo in den Viratek-Unterlagen musste sich eine Empfehlung aus Stanford befinden. Von einem Freund, an den Holland sich wenden könnte.

Und früher oder später musste er sich an jemanden wenden.

Es war schon nach Mitternacht, als Dafoe und seine Frau nach Hause kamen. Er war in ausgezeichneter Stimmung. In seinem Kopf prickelte der Champagner, in seinen Ohren klangen noch die herzbewegenden Arien von „Samson und Delilah". Oper war seine Leidenschaft, eine brillante Inszenierung von Mut und Konflikten und Amore, die Vision eines Lebens, das so viel großartiger war als die mickerige Welt, in der er sich selbst befand. Oper schleuderte ihn auf eine so erregend intensive Ebene, dass sogar seine eigene Ehefrau erregend neue Aspekte bekam. Er beobachtete, wie sie ihren Mantel abstreifte und aus ihren Schuhen schlüpfte. Vierzig Pfund Übergewicht, Haare mit Grau durchzogen, aber sie besaß Anziehungskraft.

Es ist drei Wochen her. Sicher lässt sie mich heute Nacht ...

Doch seine Frau ignorierte seine amourösen Blicke und marschierte in die Küche.

Einen Moment später verkündete das Brummen der Geschirrspülmaschine einen ihrer Putzanfälle.

Frustriert schaltete Dafoe seinen Anrufbeantworter ein. Die Botschaft von Polowski zerstörte den Rest seiner erotischen Absichten.

„... Grund zu glauben, dass Holland in Palo Alto ist oder war. Folge Spur. Halte Sie auf dem Laufenden ..."

Polowski, du Vollidiot! Ist es so verdammt schwer, einen Befehl zu befolgen?

Es war in Washington drei Uhr morgens. Eine unchristliche Stunde, aber er rief an.

Die antwortende Stimme war rau vom Schlaf. „Hier Tyrone."

„Cowboy, hier ist Dafoe. Tut mir Leid, dich zu wecken."

Die Stimme klang sofort wach. „Was gibt es?"

„Neue Spur zu Holland. Ich habe keine Einzelheiten, aber er ist im Süden, in Palo Alto."

„Die Universität? Das könnte eine große Hilfe sein."

„Ich tue doch alles für einen alten Kameraden. Ich informiere dich auch weiterhin."

„Eine Sache, Dafoe. Ich kann keine Einmischung brauchen. Zieh alle deine Leute ab. Wir übernehmen jetzt."

Dafoe stockte. „Ich ... habe da ein Problem."

„Ein Problem?" Die leise Stimme wurde rasiermesserscharf.

„Es ist ... äh ... einer meiner Männer. Sam Polowski. Ihm ist der Holland-Fall unter die Haut gegangen. Er will dranbleiben."

„Es gibt so etwas wie einen direkten Befehl."

„Im Moment ist Polowski nicht zu erreichen. Er ist in Palo Alto und gräbt der Himmel weiß was aus. Aber ich ziehe ihn zurück, sobald ich kann."

„Tu das. Und Stillschweigen. Höchste Geheimhaltungsstufe."

Nachdem Dafoe aufgelegt hatte, wanderte sein Blick automatisch zu dem Foto auf dem Kaminsims. Es war ein Schnappschuss aus 1968 von ihm und dem Cowboy. Zwei junge Marines, grinsend, die Gewehre über die Schultern gehängt, während sie knöcheltief in einem Reisfeld standen. Es war eine verrückte Zeit gewesen, in der das Leben von der Loyalität von Kameraden abhing.

Matt Tyrone war damals ein Held gewesen, und er war jetzt ein Held. Dafoe starrte auf dieses lächelnde Gesicht auf dem Foto, und Neid mischte sich ungewollt in seine Bewunderung für den Mann. Obwohl Dafoe auf vieles stolz sein konnte – solide achtzehn Jahre beim FBI, vielleicht irgendwann einmal stellvertretender Direktor, konnte er nicht mit dem Schwindel erregenden Aufstieg Matt Tyrones im Nationalen Sicherheitsrat mithalten.

Auch wenn Dafoe nicht genau wusste, welche Position der Cowboy im Nationalen Sicherheitsrat innehatte, so hatte er doch gehört, dass Tyrone regelmäßig an Kabinettssitzungen teilnahm, das Vertrauen des Präsidenten besaß und mit Geheimnissen und Sicherheitsfragen zu tun hatte. Er war ein Mann, den das Land brauchte, ein Mann, für den Patriotismus mehr war als bloßes Fahnenschwenken und Redenhalten. Für ihn war es eine Lebensart. Matt Tyrone würde für sein Land mehr tun, als zu sterben. Er würde dafür leben.

Dafoe konnte einen solchen Mann, einen solchen Freund nicht im Stich lassen.

Er wählte Sam Polowskis Privatnummer und hinterließ eine Nachricht.

„Dies ist ein direkter Befehl. Sie haben sich sofort von dem Holland-Fall zurückzuziehen. Bis Sie weitere Nachricht erhalten, sind Sie suspendiert."

Er war versucht hinzuzufügen, „auf besonderes Ersuchen meiner Freunde in Washington", überlegte es sich jedoch. Hier war kein Platz für Eitelkeit. Der Cowboy hatte gesagt, die nationale Sicherheit stehe auf dem Spiel.

Dafoe zweifelte nicht daran. Er hatte es von Matt Tyrone gehört. Und Matt Tyrones Autorität kam direkt von dem Präsidenten der Vereinigten Staaten von Amerika.

„Das sieht nicht gut aus. Das sieht gar nicht gut aus."

Ollie Wozniak blinzelte durch seine Nickelbrille auf die vierundzwanzig Fotos, die auf Milos Esstisch verstreut lagen. Er hob eines hoch, um es genauer zu betrachten. Durch die dicken Linsen starrten hellblaue Augen riesengroß heraus. Man sah nur Ollies Augen. Alles andere, hohle Wangen, schmale Lippen und babydünnes Haar, trat in den Hintergrund.

„Du hast natürlich recht", sagte er. „Einiges davon kann ich nicht interpretieren. Das möchte ich später studieren. Aber das hier sind eindeutig Eintragungen von Todesfällen. Rhesusaffen, vermute ich." Er machte eine Pause und fügte leise hinzu: „Hoffe ich."

„Für so etwas werden sie aber doch keine Menschen benutzen", sagte Cathy.

„Nicht offiziell." Ollie legte das Foto weg und sah sie an. „Aber es ist bereits gemacht worden."

„Aber nur in Nazi-Deutschland."

„Hier auch", sagte Victor.

„Was?" Cathy sah ihn ungläubig an.

„Militärische Studien über bakterielle Kriegsführung. Man verstreute Kolonien von Serratia Marcescens über San Francisco und wartete ab, wie weit sich die Organismen verstreuen würden. Infizierte tauchten in etlichen Bay Area-Krankenhäusern auf. Einige Fälle endeten tödlich."

„Ich kann es nicht glauben", murmelte Cathy.

„Der Schaden entstand unabsichtlich, aber die Menschen starben trotzdem."

„Vergiss nicht Tuskegee", sagte Ollie. „Dort sind auch Menschen bei den Experimenten gestorben. Und dann war da dieser Fall in New York. Geistig behinderte Kinder in einem staatlichen Krankenhaus wurden bewusst mit Gelbsucht infiziert. Zwar starb da niemand, aber es war trotzdem ein Verbrechen. Es ist also bereits geschehen. Manchmal im Namen der Menschlichkeit."

„Und manchmal nicht", sagte Victor.

Ollie nickte. „Wie in diesem speziellen Fall."

„Wovon genau sprechen wir eigentlich?" fragte Cathy. „Ist das eine medizinische Forschung? Oder die Entwicklung einer Waffe?"

„Beides." Ollie zeigte auf eines der Fotos. „Viratek arbeitet an dem Projekt Zerberus, einem höchst ansteckenden Virus mit einer Todesrate von über achtzig Prozent." Er tippte auf eine der Seiten. „Auf der Haut der Infizierten entstehen Blasen. Ungefähr vierzehn Tage nach Infektion tritt der Tod ein."

„Blasen wie bei Windpocken?" fragte Cathy.

„Ja, aber nicht so harmlos. Es ist ein uraltes Virus, das man modifiziert hat. Ansteckender und tödlicher gemacht hat, womit eine wirklich gewaltige Waffe entsteht angesichts der Millionen Menschen, die das alte Virus bereits getötet hat."

„Millionen?" Cathy starrte ihn an.

„Pocken!"

„Das ist unmöglich!" rief Cathy. „Pocken sind ausgelöscht."

„Sie waren es", entgegnete Victor. „Durch weltweite Impfungen. Pocken sind seit Jahrzehnten nicht mehr gemeldet worden. Ich weiß nicht einmal, ob der Impfstoff noch hergestellt wird. Ollie?"

„Nicht mehr erhältlich. Kein Bedarf, da das Virus verschwunden ist."

„Wo kommt dann dieses Virus her?" fragte Cathy.

Ollie zuckte die Schultern. „Vermutlich aus dem Schrank von irgendjemandem."

„Ach, kommen Sie!"

„Ich meine es ernst. Nachdem die Pocken ausgelöscht worden waren, wurden ein paar Virenproben in Regierungslabors am Leben erhalten, nur für den Fall, dass jemand sie für zukünftige Forschung benötigt. Das ist sozusagen ein wissenschaftliches Skelett im Schrank. Diese Labors haben höchste Sicherheitsstufe, denn sollte eines der Viren entkommen, käme es zu einer gewaltigen Epidemie." Er betrachtete den Stapel Fotos. „Sieht so aus, als wäre die Sicherheit bereits durchbrochen worden. Jemand hat offenbar das Virus in die Finger bekommen."

„Oder es wurde ihm übergeben. Mit besten Grüßen von der US-Regierung."

„Ich finde das unglaublich, Gersh", sagte Ollie. „Dieses Experiment ist ein Pulverfass. Kein Komitee würde ein solches Experiment genehmigen."

„Richtig. Deshalb glaube ich, dass es die Aktion eines Einzelgängers ist. Es ist leicht, sich ein solches Szenarium vorzustellen. Eine Gruppe von Falken brütet das über den Nationalen Sicherheitsrat aus. Oder die Stabschefs untereinander. Oder sogar das Oval

Office. Jemand sagt: ‚Die Weltpolitik hat sich verändert. Wir können den Feind nicht mit Atomwaffen vernichten. Wir brauchen neue Waffen, die gut gegen eine Armee der dritten Welt wirken. Suchen wir welche.' Und irgendein Mann in diesem Raum, irgendein patriotischer Roboter, versteht das als Startsignal, ungeachtet internationaler Gesetze."

„Und da es inoffiziell ist", warf Cathy ein, „könnte man es total abstreiten."

„Richtig. Die Regierung könnte behaupten, von nichts gewusst zu haben."

„Klingt nach einer Wiederholung der Iran-Kontra-Affäre."

„Mit einem großen Unterschied", erwiderte Ollie. „Als die Iran-Kontra-Affäre aufflog, gab es nur ein paar zerstörte politische Karrieren. Falls bei dem Projekt Zerberus etwas schief läuft, gibt es ein paar Millionen toter Menschen."

„Aber, Ollie", sagte Milo. „Ich wurde als Kind gegen Pocken geimpft. Heißt das nicht, dass ich geschützt bin?"

„Wahrscheinlich, vorausgesetzt, das Virus wurde nicht zu sehr verändert. Wahrscheinlich ist sogar jedermann über fünfunddreißig geschützt. Aber denkt daran, eine ganze Generation nach uns wurde nie geimpft. Junge Erwachsene und Kinder. Bis man genug Impfstoff für sie alle hergestellt hätte, würde eine Epidemie wüten."

„Ich beginne die Logik dieser Waffe zu begreifen", sagte Victor. „Wer stellt in jedem Krieg die Hauptmasse an Soldaten? Junge Erwachsene."

Ollie nickte. „Die würden schwer getroffen werden. Genauso die Kinder."

„Eine ganze Generation", murmelte Cathy. „Nur die Alten würden verschont bleiben." Sie blickte zu Victor hinüber und sah in seinen Augen das Entsetzen gespiegelt, das sie verspürte.

„Die haben einen passenden Namen ausgesucht", sagte Milo.

Ollie runzelte die Stirn. „Wieso?"

„Zerberus. Der dreiköpfige Hund der Unterwelt." Milo blickte sichtlich erschüttert auf. „Der Wächter der Toten."

Nicholas Savitch brauchte nur zwei Stunden, um zu packen und nach Palo Alto zu fahren. Von Matt Tyrone hatte er gehört, dass Holland in Stanford war und vermutlich alte Freunde aufsuchte.

Es war zwei Uhr nachts, als Savitch in den Palm Drive bog. Er betrachtete die stillen Gebäude von Hollands Alma mater. Savitch trug in seinem Aktenkoffer eine Liste von Namen, die er aus der Akte des Mannes hatte. Am Morgen wollte er mit diesen Namen anfangen, an die Türen von Nachbarn klopfen, seine Dienstmarke vorzeigen und sich nach neuen Gesichtern in der Gegend erkundigen.

Die einzige mögliche Komplikation war Sam Polowski. Nach letzten Berichten hielt sich der FBI-Agent ebenfalls in der Stadt auf, ebenfalls auf Hollands Spur. Polowski war ein verbissener Arbeiter. Es würde unangenehm sein, einen Bundesagenten zu erledigen. Aber andererseits war Polowski nur ein winziges Rädchen in einem gewaltigen Getriebe, genau wie diese Weaver.

Niemand würde die beiden vermissen.

9. KAPITEL

In den kalten, klaren Stunden vor der Morgendämmerung erwachte Cathy zitternd aus einem Albtraum. Einen Moment lag sie in der Dunkelheit unter einer Daunendecke auf Milos Wohnzimmerfußboden. Sie erinnerte sich kaum daran, wie sie unter die Decke gekrochen war. Irgendwann nach drei Uhr musste sie eingeschlafen sein. Als Letztes erinnerte sie sich daran, dass Ollie und Victor noch immer über die Fotos diskutiert hatten. Jetzt herrschte nur Stille. Das Haus lag in Dunkelheit.

Sie drehte sich auf den Rücken und stieß mit der Schulter gegen etwas Warmes und Festes. Victor. Er bewegte sich, murmelte etwas, das sie nicht verstehen konnte.

„Bist du wach?“ flüsterte sie.

Er drehte sich zu ihr und schlang schläfrig die Arme um sie. Sie wusste, dass ihn nur Instinkt zu ihr zog, die Sehnsucht eines warmen Körpers nach einem anderen. Oder vielleicht war es die Erinnerung an seine Frau, die neben ihm geschlafen hatte.

Sie ließ zu, dass er sich an seinen Traum klammerte. Während er halb schläft, soll er glauben, dass ich Lily bin, dachte sie. Was kann es schon schaden? Er braucht die Erinnerung. Und ich brauche den Trost.

Sie schmiegte sich in seine Arme, an die sichere Stelle, die einst einer anderen Frau gehört hatte. Ohne die Folgen zu bedenken, ließ sie sich von der Fantasie packen, in diesem Moment die einzige Frau auf der Welt zu sein, die er liebte. Wie gut sie sich fühlte, wie beschützt und umsorgt. Er atmete warm in ihr Haar und flüsterte Worte, die für eine andere bestimmt waren, drückte einen Kuss auf ihren Scheitel. Dann nahm er ihr Gesicht in seine Hände und presste seine Lippen in einem so verlangenden Kuss auf ihren Mund, dass ihr eigener Hunger entzündet wurde. Ihre Reaktion kam instinktiv und war von der ganzen Sehnsucht einer Frau erfüllt, der Liebe zu lange fremd gewesen war.

Sie erwiderte seinen Kuss mit einem genauso tiefen, genauso sehnsüchtigen Kuss.

Sie war auf der Stelle verloren und wirbelte in einen gewaltigen und herrlichen Abgrund. Er streichelte ihr Gesicht, ihren Hals. Seine Hände wanderten zu den Knöpfen ihrer Bluse. Cathy bog sich ihm entgegen, und ihre Brüste sehnten sich plötzlich nach seiner Berührung. Es war so lange her, so lange ...

Sie wusste nicht, wann er die Bluse geöffnet hatte. Sie wusste nur, dass seine Finger in dem einen Moment über Stoff strichen und sich im nächsten Moment auf ihre Haut legten. Die süße Folter seiner Finger, die ihre Brustspitzen streichelten, ließ den allerletzten Widerstand schwinden. Wie viele Chancen blieben ihnen beiden noch? Wie viele gemeinsame Nächte? Sie sehnte sich nach so viel mehr, nach einer Ewigkeit, doch dies mochte alles sein, was sie hatten. Und sie begrüßte es, begrüßte ihn mit der Leidenschaft einer Frau, der eine letzte Kostprobe von Liebe zugestanden wurde.

Ihre Hände glitten über sein Hemd, öffneten Knöpfe, fanden ihren Weg durch die dichten Haare auf seiner Brust zu seinem Hosenbund. Sie stockte, als sie ihn scharf Atem holen hörte, und wusste, dass auch er nicht mehr zurückkonnte.

Gemeinsam zerrten sie an Knöpfen und Reißverschlüssen, beide in fiebriger Hast sich von allem zu befreien. Und als das letzte Kleidungsstück gefallen war, als nichts mehr zwischen ihnen war als die samtige Dunkelheit, tastete sie nach ihm und zog ihn über sich.

Freude erfüllte sie, als hatte dieser erste tiefe Stoß in ihr auch eine lange leere Stelle in ihrer Seele erreicht.

„Bitte“, murmelte sie, und ihre Stimme brach.

Er hielt sofort still. „Cathy?“ fragte er. „Was ...?“

„Bitte, hör nicht auf ...“

Sein leises Lachen reichte zu ihrer Beruhigung. „Ich habe nicht die Absicht aufzuhören“, flüsterte er. „Absolut nicht ...“

Und er hörte nicht auf. Nicht bevor er sie den ganzen Weg mit sich genommen hatte, höher und weiter, als je ein Mann es geschafft hatte, bis an einen Ort, der jenseits aller Vernunft lag. Erst als eine Woge der Erleichterung nach der anderen sie überflutete, erkannte Cathy, wie hoch und weit sie beide gestiegen waren.

Süße Erschöpfung packte sie.

Draußen im Grau der Dämmerung sang ein Vogel. Drinnen wurde die Stille nur von dem Geräusch ihres vereinten Atmens unterbrochen.

Cathy seufzte an der Wärme seiner Schulter. „Danke."

Er berührte ihr Gesicht. „Wofür?"

„Dafür, dass ich mich wieder ... begehrt fühle."

„Oh, Cathy."

„Es war so lange her ... Jack und ich, wir ... wir haben schon lange vor der Scheidung aufgehört, uns zu lieben. Genau genommen habe ich damals aufgehört. Ich habe es nicht ertragen, dass er mich ..." Sie schluckte. „Wenn man jemanden nicht mehr liebt, wenn der andere einen nicht mehr liebt, ist es schwer, sich ... berühren zu lassen."

Er strich mit seinen Fingern über ihre Wange. „Ist es noch immer schwer? Berührt zu werden?"

„Nicht bei dir. Von dir berührt zu werden, ist, wie ... ist, als würde ich zum ersten Mal berührt."

In dem blassen Licht von dem Fenster lächelte er. „Ich hoffe, dein erstes Mal war nicht zu schrecklich."

Jetzt lächelte sie. „Ich erinnere mich nicht besonders gut daran. Es war eine so hektische, lächerliche Sache auf dem Fußboden eines College-Schlafsaals."

Er klopfte auf den Teppich unter sich. „Wie ich sehe, hast du es weit gebracht."

„Nicht wahr?" Sie lachte. „Aber Fußböden können so schrecklich romantisch sein."

„Du liebe Güte, eine Teppichkennerin. Wie sind die Fußböden von Schlafsälen im Vergleich zu Wohnzimmern?"

„Kann ich dir nicht sagen. Es ist so lange her, dass ich achtzehn war." Sie machte eine Pause. „Es ist auch lange her, dass ich mit jemandem zusammen war."

„Dann war es für uns beide lang", flüsterte er.

„Nicht ... nicht mehr seit Lily?" fragte sie endlich.

„Nein." Ein einziges Wort, aber es enthüllte so viel.

„Sie muss eine ganz besondere Frau gewesen sein", murmelte Cathy.

Er ließ ihr Haar zwischen seinen Fingern hindurchgleiten. „Sie war sehr klug. Und sie war gütig. So etwas findet man nicht immer bei einem Menschen."

Sie ist noch immer ein Teil von dir, nicht wahr ...? Sie ist noch immer diejenige, die du liebst ... Cathy verkniff sich diese Fragen.

„Es ist die gleiche Art von Güte, die ich bei dir finde", sagte er.

Seine Finger waren an ihr Gesicht geglitten und streichelten jetzt ihre Wange. Sie schloss die Augen und genoss seine Berührung, seine Wärme. „Du kennst mich kaum", flüsterte sie.

„Doch. In jener Nacht nach dem Unfall habe ich nur durch den Klang deiner Stimme überlebt. Und durch die Berührung deiner Hand, ich würde beides überall wiedererkennen."

Sie öffnete die Augen und blickte ihn an. „Wirklich?"

Er drückte seine Lippen auf ihre Stirn. „Selbst im Schlaf."

„Aber ich bin nicht Lily, ich könnte nie Lily sein."

„Das ist wahr. Du kannst das nicht. Niemand kann das."

„Ich kann nicht ersetzen, was du verloren hast."

„Wieso denkst du, dass ich das will? Irgendeinen Ersatz? Sie war meine Frau. Ja, ich habe sie geliebt."

Irgendwo im Haus klingelte ein Telefon zweimal. Dann hörten sie gedämpft Milos Stimme im ersten Stock.

Cathy setzte sich auf und griff automatisch nach ihren Kleidern. Sie zog sich an, wobei sie Victor den Rücken zuwandte. Zwischen ihnen herrschte auf einmal die Befangenheit von Fremden.

„Cathy", sagte er. „Menschen entwickeln sich weiter."

„Ich weiß!"

„Du bist über Jack hinweggekommen."

Sie lachte müde. „Keine Frau kommt je völlig über Jack Zuckerman hinweg. Ja, ich habe das Schlimmste hinter mir. Aber jedes Mal, wenn eine Frau sich verliebt, wirklich verliebt, nimmt es ihr etwas weg. Etwas, das nie ersetzt werden kann."

„Es gibt ihr auch etwas."

„Das hängt davon ab, in wen man sich verliebt, nicht wahr?"

Schritte polterten die Treppe herunter. Ein hellwacher Milo erschien in der Tür. Seine ungekämmten Haare standen wie eine Bürste ab. „Hey, ihr zwei!" zischte er. „Steht auf! Schnell!"

Cathy raffte sich alarmiert auf. „Was ist los?"

„Das war Ollie am Telefon. Ein Kerl treibt sich in der Gegend herum und stellt Fragen über euch. Er war bereits in Bachs Nachbarschaft."

„Was?" Jetzt war Victor auf den Beinen und fuhr hastig in seine Hose.

„Ollie schätzt, dass der Typ hier als Nächstes anklopfen wird. Wahrscheinlich weiß er, wer deine Freunde sind."

„Und wer ist der Kerl?"

„Behauptet vom FBI zu sein."

„Polowski", murmelte Victor und zog sein Hemd an. „Das muss er sein."

„Du kennst ihn?"

„Das ist der Kerl, der mir eine Falle gestellt hat. Der Kerl, der uns seither ständig verfolgt."

„Woher wusste er, dass wir hier sind?" fragte Cathy. „Niemand könnte uns gefolgt sein ..."

„Nicht nötig. Sie haben meinen Lebenslauf. Sie wissen, dass ich hier Freunde habe." Victor sah zu Milo. „Tut mir Leid, Kamerad. Hoffentlich bringt dich das nicht in Schwierigkeiten."

Milos Lachen klang gepresst. „Hey, ich habe nichts Schlechtes getan. Ich habe nur einen Studienkollegen beherbergt." Sein Schneid schwand plötzlich. „Was für Schwierigkeiten muss ich denn erwarten?"

„Fragen." Victor knöpfte rasch sein Hemd zu. „Viele. Vielleicht sehen sie sich sogar um. Bleib ganz cool, sag ihnen, dass du nichts von mir gehört hast. Meinst du, du schaffst das?"

„Sicher, aber ich weiß nicht, wie Ma ..."

„Deine Ma ist kein Problem. Sag ihr, sie soll nur Chinesisch sprechen." Victor griff nach dem Umschlag mit den Fotos und sah zu Cathy. „Bereit?"

„Lass uns verschwinden."

„Hintertür", schlug Milo vor.

Sie folgten ihm durch die Küche. Ein prüfender Blick sagte ihnen, dass die Luft rein war.

Als sie die Tür öffneten, fügte Milo hinzu: „Ich hatte fast vergessen ... Ollie will dich heute Nachmittag sehen. Etwas wegen dieser Fotos."

„Wo?"

„Am See. Hinter dem Bootshaus. Du kennst die Stelle. Dort erwartet er dich."

Sie traten in die kalte Feuchtigkeit des Morgens hinaus. Nebelverhangene Stille empfing sie. Werden wir nie aufhören wegzulaufen, dachte Cathy. Werden wir nie aufhören, auf Schritte zu lauschen?

Victor klopfte seinem Freund auf die Schulter. „Danke, Milo. Ich schulde dir einen großen Gefallen."

„Den ich irgendwann einfordern werde!" zischte Milo, als sie davon eilten.

Victor hob eine Hand zum Abschied. „Auf Wiedersehen."

„Ja", murmelte Milo in den Nebel. „Hoffentlich nicht im Gefängnis."

Der Chinese log. Auch wenn der Mann sich nicht in seiner Stimme durch Zögern oder ein schuldiges Schwanken verriet, wusste Savitch dennoch, dass dieser Mr. Milo Lum etwas verbarg. Seine Augen gaben ihn preis.

Er saß auf der Wohnzimmercouch gegenüber von Savitch. Etwas seitlich saß Mrs. Lum in einem Sessel und lächelte verständnislos. Vielleicht konnte Savitch die alte Krähe benutzen. Aber im Moment interessierte ihn der Sohn.

„Ich verstehe nicht, warum Sie hinter ihm her sind“, sagte Milo. „Victor ist absolut sauber. Zumindest war er es, als ich ihn kannte. Aber das ist lange her.“

„Wie lange?“ fragte Savitch höflich.

„Oh, Jahre. Ja. Habe ihn seither nicht mehr gesehen.“

Savitch hob eine Augenbraue. „Sie und Ihre Mutter leben hier allein?“

„Seit mein Vater starb.“

„Keine Untermieter? Niemand sonst wohnt hier?“

„Nein. Warum?“

„Weil es in der Nachbarschaft Beschreibungen eines Mannes gab, die auf Holland zutreffen.“

„Glauben Sie mir, falls Victor von der Polizei gesucht wird, hält er sich bestimmt nicht hier auf. Meinen Sie, ich lasse einen Mordverdächtigen ins Haus? Wo nur ich und meine alte Ma hier sind?“

Savitch blickte zu Mrs. Lum, die bloß lächelte. Die alte Frau hatte scharfe Augen, die alles sahen. Die Augen einer Überlebenden.

Es wurde Zeit, dass Savitch seine Ahnung untermauerte. „Entschuldigen Sie“, sagte er und stand auf. „Ich habe eine lange Fahrt hinter mir. Darf ich Ihr Bad benutzen?“

„Ah, sicher. Den Korridor hinunter.“

Savitch ging ins Bad und schloss die Tür. Innerhalb von Sekunden hatte er den gesuchten Beweis gefunden. Er lag auf dem gekachelten Boden: eine lange braune Haarsträhne. Sehr seidig, sehr fein.

Der Farbton Catherine Weavers.

Der Beweis reichte aus, dass er den nächsten Schritt tat. Er griff unter sein Jackett nach seinem Schulterhalfter und holte die Halbautomatik hervor. Dann klopfte er bedauernd gegen sein gestärktes weißes Hemd. Schmutzige Tätigkeit, so eine Befragung. Er musste auf Blutflecke achten.

Er trat auf den Korridor und hielt die Pistole lässig an seiner Seite. Er wollte sich zuerst die alte Frau vornehmen, ihr die Mündung an den Kopf halten und drohen, den Abzug zu drücken. Zwischen dieser Mutter und diesem Sohn bestand ein ungewöhnlich starkes Band. Die beiden würden einander um jeden Preis beschützen.

Savitch hatte schon den halben Korridor hinter sich gebracht, als es an der Haustür klingelte. Er stockte. Die Haustür wurde geöffnet, und eine neue Stimme fragte: „Mr. Milo Lum?"

„Und wer, zum Teufel, sind Sie?" kam Milos müde Antwort.

„Mein Name ist Sam Polowski, FBI."

Jeder Muskel in Savitchs Körper spannte sich an. Jetzt hatte er keine andere Wahl. Er musste den Mann umlegen.

Er hob seine Pistole. Lautlos glitt er durch den Korridor Richtung Wohnzimmer.

„Noch einer?" kam Milos gereizte Stimme. „Hören Sie, einer von euch ist schon hier und ..."

„Was?"

„Ja, er ist drinnen im ..."

Savitch trat durch die Tür und schwenkte seine Pistole Richtung Haustür, als Mrs. Lum kreischte.

Milo erstarrte, Polowski nicht. Er rollte sich in dem Moment zur Seite, als die Kugel in den Türrahmen schlug und Holz splitterte.

Als Savitch den zweiten Schuss abfeuerte, kroch Polowski irgendwo hinter die Couch, und die Kugel schlug nutzlos in die Polsterung. Damit war die Chance verspielt. Polowski war bewaffnet.

Savitch fand es an der Zeit zu verschwinden.

Er fuhr herum und hetzte durch den Korridor zurück in das letzte Schlafzimmer. Es war der Raum der Mutter. Es roch nach Räucherstäbchen und dem Parfüm der alten Frau. Das Fenster glitt leicht auf. Savitch trat das Fliegengitter aus der Verankerung, kletterte über das Fensterbrett und versank knöcheltief in dem weichen Blumenbeet. Fluchend stampfte er dahin und hinterließ Lehmklumpen auf dem Rasen.

Gedämpft hörte er: „Halt! FBI!" Er lief weiter.

Den ganzen Weg zurück zu seinem Wagen hegte er seinen Zorn.

Milo starrte verstört auf die zertrampelten Stiefmütterchen. „Zum Teufel, was soll das denn sein?" fragte er. „Ein Scherz des FBI?"

Sam Polowski antwortete nicht. Er war zu sehr damit beschäftigt, die Fußspuren auf dem Gras zu verfolgen. Sie führten zu dem Bürgersteig und verschwanden auf dem Asphalt der Straße.

„Hey!" schrie Milo. „Was geht hier vor sich?"

Polowski drehte sich um. „Ich habe ihn nicht richtig gesehen. Wie hat er ausgesehen?"

Milo zuckte die Schultern. „Weiß nicht. So ein Typ Efrem Zimbalist."

„Was soll das heißen?"

„Groß, saubere Erscheinung, gute Figur. Typisch FBI."

Stille trat ein, während Milo genauer Polowskis Hängebauch betrachtete.

„Nun ja", verbesserte sich Milo, „vielleicht nicht so typisch ..."

„Was ist mit seinem Gesicht?"

„Lassen Sie mich nachdenken. Braune Haare. Vielleicht braune Augen?"

„Sie sind nicht sicher."

„Sie wissen, wie das ist. Ihr Weißen seht für mich alle gleich aus."

Bei dem Ausbruch von schnellem Chinesisch drehten sich beide um. Mrs. Lum war ihnen gefolgt und redete heftig gestikulierend.

„Was sagt sie?“ fragte Polowski.

„Sie sagt, der Mann war einsfünfundachtzig, hatte glatte dunkelbraune Haare, Scheitel auf der linken Seite, braune Augen, fast schwarz, eine hohe Stirn, eine schmale Nase, dünne Lippen und eine kleine Tätowierung auf der Innenseite seines linken Handgelenks.“

„Ah ... ist das alles?“

„Die Tätowierung lautete PJX.“

Polowski schüttelte erstaunt den Kopf. „Ist sie immer so aufmerksam?“

„Sie kann sich nicht richtig mit den Leuten unterhalten. Darum beobachtet sie sehr viel.“

„Offenbar.“ Polowski machte sich Notizen.

„Wer war denn der Kerl?“ drängte Milo.

„Nicht vom FBI.“

„Woher soll ich wissen, dass Sie vom FBI sind?“

„Sehe ich danach aus?“

„Nein.“

„Was meinen Standpunkt beweist.“

„Was?“

„Wollte ich vorgeben, ein Agent zu sein, würde ich dann nicht zumindest versuchen, wie einer auszusehen? Bin ich dagegen einer, gebe ich mir nicht die Mühe, wie einer auszusehen.“

„Oh.“

„Also.“ Polowski steckte sein Notizbuch ein. „Behaupten Sie noch immer, Sie hätten von Victor Holland nichts gesehen oder gehört?“

Milo straffte sich. „Das stimmt.“

„Und Sie wissen nicht, wie man mit ihm Kontakt aufnehmen könnte?“

„Ich habe keine Ahnung.“

„Zu schade, weil ich derjenige sein könnte, der ihm das Leben rettet. Ich habe bereits das Ihre gerettet.“

Milo sagte nichts.

„Was glauben Sie denn, warum der Kerl hier war, verdammt? Wegen eines höflichen Besuchs? Nein, er wollte Informationen." Polowski machte eine Pause und fügte düster hinzu: „Und glauben Sie mir, er hätte diese Informationen bekommen."

Milo schüttelte den Kopf. „Ich bin verwirrt."

„Ich auch. Deshalb brauche ich Holland. Er hat die Antworten. Aber ich brauche ihn lebend. Das heißt, ich muss ihn vor diesem anderen Kerl finden. Sagen Sie mir, wo er ist."

Polowski und Milo sahen einander lange und eindringlich an.

„Ich weiß nicht, was ich tun soll", entschied Milo.

Mrs. Lum redete wieder, deutete auf Polowski und nickte.

„Was sagt sie denn jetzt?" fragte Polowski.

„Sie sagt, dass Sie große Ohren haben."

„Das kann ich in einem Spiegel sehen."

„Sie meint, die Größe Ihrer Ohren deutet auf Klugheit hin."

„Wie bitte?"

„Sie sind ein kluger Bursche. Sie findet, ich sollte auf Sie hören."

Polowski drehte sich um und grinste Mrs. Lum an. „Ihre Mutter ist eine großartige Menschenkennerin." Er blickte wieder zu Milo. „Ich möchte nicht, dass ihr etwas zustößt. Oder Ihnen. Sie beide müssen raus aus der Stadt."

Milo nickte. „In diesem Punkt sind wir uns einig." Er wandte sich zum Haus.

„Was ist mit Holland?" rief Polowski. „Werden Sie mir helfen?"

Milo nahm seine Mutter am Arm und führte sie über den Rasen. Ohne zurückzublicken, antwortete er: „Ich denke darüber nach."

„Es waren diese zwei Fotos. Ich wurde einfach nicht schlau aus ihnen", sagte Ollie.

Sie standen auf dem Landungssteg des Bootshauses, der auf den Lake Lagunita hinausragte. Der See war jetzt trocken, wie in jedem

Winter war er bis zum Frühjahr in eine Schilflandschaft ausgetrocknet. Die drei waren allein und teilten den See nur mit ein paar Enten. Im Frühling würde es ein idyllischer Flecken sein, wenn das Wasser an die Ufer plätscherte und Liebende in Ruderbooten dahintrieben. Doch heute, unter schwarzen Wolken und mit einem kalten Nebel, der aus dem Schilf aufstieg, war es ein äußerst verlassener Ort.

„Ich wusste, dass es keine biologischen Daten waren", sagte Ollie. „Ich fand, dass es wie elektronisches Zeug aussieht. Also habe ich heute Morgen die Fotos zu Bach in San José gebracht. Habe ihn beim Frühstück erwischt."

„Bach?" fragte Cathy.

„Ein weiteres Mitglied der ‚Falschspieler'. Großartiger Fagottspieler. Hat vor ein paar Jahren eine Elektronikfirma gegründet und arbeitet jetzt mit den großen Tieren zusammen. Jedenfalls, als ich zu ihm komme, sagte er sofort ‚Hey, hat dich das FBI schon erwischt?' Und ich sage ‚Was?' Und er sagt ‚Sie haben gerade angerufen. Die suchen Gershwin. Wahrscheinlich kommen sie als Nächstes zu dir.' Und da wusste ich, dass ich euch zwei aus Milos Haus scheuchen musste."

„Und was hat er zu diesen Fotos gesagt?"

„Oh ja." Ollie zog die Fotos aus seinem Aktenkoffer. „Also, das hier ist das Diagramm eines Schaltkreises. Ein elektronisches Alarmsystem. Sehr raffiniert, sehr sicher. Wird mittels eines Codes geöffnet, der an dieser Stelle hier eingetippt wird. Wahrscheinlich an einem Eingang. Hast du so etwas bei Viratek gesehen?"

Victor nickte. „Gebäude C-2. Wo Jerry arbeitete. Die Tastatur befindet sich in der Eingangshalle, gleich bei der Tür zu den Spezialprojekten."

„Schon jemals innerhalb dieser Tür gewesen?"

„Nein. Nur Leute mit Sondererlaubnis dürfen passieren. Wie Jerry."

„Dann müssen wir uns vorstellen, wie es weitergeht. Nach diesem Diagramm gibt es hier noch einen Sicherheitspunkt, wahrscheinlich wieder eine Tastatur. Direkt innerhalb der ersten Tür haben sie ein Kamerasystem eingebaut."

„Sie meinen, wie eine Überwachungskamera in einer Bank?" fragte Cathy.

„Ähnlich, nur dass diese hier wahrscheinlich rund um die Uhr überwacht wird."

„Die haben sich für die erste Klasse entschieden", sagte Victor. „Zwei abgesicherte Türen plus Überprüfung durch einen Wächter. Ganz zu schweigen von dem Wächter am äußeren Tor."

„Nicht zu vergessen das Lasergitter."

„Was?"

„Dieser innere Raum hier." Ollie deutete auf das Zentrum des Diagramms. „Laserstrahlen in verschiedenen Winkeln. Sie entdecken Bewegungen von allem, das größer als eine Ratte ist."

„Wie werden die Laser ausgeschaltet?"

„Muss durch den Wächter erfolgen. Die Kontrollen befinden sich auf seiner Schalttafel."

„Das ersehen Sie alles aus dem Diagramm?" fragte Cathy. „Ich bin beeindruckt."

„Kein Problem." Ollie grinste. „Bachs Firma entwirft Sicherheitssysteme."

Victor schüttelte den Kopf. „Das sieht unmöglich aus. Wir können nicht das alles überwinden."

Cathy sah ihn stirnrunzelnd an. „Einen Moment! Wovon sprichst du? Du denkst doch nicht daran, in dieses Gebäude einzudringen?"

„Wir haben letzte Nacht darüber gesprochen", sagte Victor. „Es könnte die einzige Möglichkeit sein, um ..."

„Bist du verrückt? Viratek ist darauf aus, uns umzubringen, und du willst dort einbrechen?"

„Wir brauchen die Beweise“, sagte Ollie. „Gehen Sie zu den Zeitungen oder zum Justizministerium, und die verlangen Beweise. Wir können darauf wetten, dass Viratek alles abstreiten wird. Selbst wenn jemand eine Ermittlung in die Wege leitet, braucht Viratek lediglich das Virus zu vernichten, und puff! sind unsere Beweise weg. Niemand kann irgendetwas beweisen.“

„Ihr habt die Fotos ...“

„Sicher. Ein paar Seiten Daten über Tierversuche. Das Virus wird nicht identifiziert. Und dieser Beweis könnte manipuliert worden sein, sagen wir, von einem rachsüchtigen Exangestellten.“

„Und was ist dann ein Beweis? Braucht ihr noch eine Leiche? Zum Beispiel Victors Leiche?“

„Was wir brauchen, ist das Virus – ein Virus, der angeblich ausgerottet ist. Nur eine einzige Phiole, und der Fall ist narrensicher.“

„Ja, sicher, nur eine einzige Phiole.“ Cathy schüttelte den Kopf. „Ich weiß nicht, worüber ich mir Sorgen mache. Niemand kann durch diese Türen. Nicht ohne den Code für die Tastaturen.“

„Ach, den haben wir!“ Ollie zeigte das nächste Foto. „Die geheimnisvollen Zahlen. Seht ihr, endlich ergeben sie einen Sinn. Zweimal sieben Ziffern. Keine Telefonnummer. Jerry hat hier den Weg durch Virateks Top-Sicherheitssystem aufgezeichnet.“

„Was ist mit den Lasern?“ Cathys Erregung wuchs. Das konnten die beiden doch nicht ernst meinen! „Und dann sind da die Wächter! Kommt ihr an denen vorbei! Oder hat Jerry euch auch die Formel für Unsichtbarkeit hinterlassen?“

Ollie blickte unbehaglich zu Victor. „Ah ... vielleicht sollte ich euch zwei das zuerst ausdiskutieren lassen, bevor wir weitere Pläne machen.“

„Ich dachte, ich wäre an all dem beteiligt“, sagte Cathy. „Ich wäre an jeder Entscheidung beteiligt. Ich habe mich wohl geirrt.“ Das Schweigen der beiden heizte ihren Ärger an.

Ohne ein weiteres Wort drehte sie sich um und ging weg.

Sekunden später holte Victor sie ein. Sie fühlte seine Unsicherheit, seine Suche nach den richtigen Worten. Einen Moment stand er einfach neben ihr, ohne zu sprechen.

„Wir sollten fliehen“, sagte sie. „Ich möchte irgendwohin, wo es warm ist, wo ich an einem Strand liegen kann, ohne mich zu sorgen, wer mich aus den Büschen heraus beobachtet ...“

„Ich gebe dir Recht“, sagte Victor ruhig.

„Wirklich?“ Sie drehte sich erleichtert um. „Verschwinden wir, Victor! Vergessen wir diese verrückte Idee. Wir können den nächsten Bus nach Süden nehmen und ...“

„Schon heute Nachmittag wirst du unterwegs sein.“

„*Ich* werde unterwegs sein?“ Sie begriff die Bedeutung seiner Worte. „Du kommst nicht mit.“

Er schüttelte langsam den Kopf. „Ich kann nicht. Das musst du einfach verstehen.“

„Du meinst, du willst nicht.“

„Siehst du das denn nicht ein?“ Er ergriff sie an den Schultern. „Wir sind in eine Ecke gedrängt. Wenn wir nichts tun ... wenn ich nichts tue, werden wir immer davonlaufen.“

„Dann lass uns laufen!“ Sie krallte ihre Finger in seine Windjacke, wollte ihn anschreien, wollte seine kühle Maske der Vernunft wegreißen und zu den puren Emotionen darunter kommen. Sie mussten da sein, tief begraben in seinem logischen Gehirn. „Wir könnten nach Mexiko gehen. Ich kenne einen Ort an der Küste – in Baja. Ein kleines Hotel nahe dem Strand. Wir könnten ein paar Monate dableiben, warten, bis es sicherer wird ...“

„Es wird niemals sicher sein.“

„Doch, das wird es! Man wird uns vergessen ...“

„Du denkst nicht klar.“

„Doch. Ich denke, dass ich am Leben bleiben will.“

„Und genau deshalb muss ich das tun. Ich versuche, uns am Leben zu erhalten. Mit einer Zukunft vor uns. Und das geht nur, indem ich diese Geschichte auffliegen lasse, sodass die Welt darüber Bescheid weiß. Das bin ich dir schuldig. Und das bin ich Jerry schuldig."

Sie wollte ihm widersprechen, wollte ihn anflehen, mit ihr zu gehen, aber sie wusste, dass es sinnlos war. Was er sagte, stimmte. Weglaufen wäre nur eine vorübergehende Lösung gewesen.

„Es tut mir Leid, Cathy", flüsterte er. „Mir fällt keine andere Möglichkeit ein, als dich ..."

„... als mich loszuwerden", beendete sie für ihn.

Er ließ sie los. Sie trat zurück. Die plötzliche Kluft zwischen ihnen war schmerzhaft.

„Wie geht es jetzt weiter?" fragte sie dumpf. „Nehme ich das Flugzeug, den Zug oder das Auto?"

„Ollie wird dich zum Flughafen fahren. Ich habe ihn gebeten, dir ein Ticket unter seinem Namen zu kaufen – Mrs. Wozniak. Er muss dich an meiner Stelle begleiten. Wir halten es für sicherer, wenn ich nicht zum Flughafen komme."

„Natürlich."

„Damit kommst du nach Mexiko. Ollie gibt dir genug Geld, dass du eine Weile keine Sorgen hast. Genug, dass du von da unten überallhin weiterreisen kannst. Baja, Acapulco. Oder dass du einfach bei Jack bleibst, wenn du das für das beste hältst."

„Jack." Sie wandte sich ab, weil sie ihm ihre Tränen nicht zeigen wollte. „Genau."

„Cathy."

Sie fühlte seine Hand auf ihrer Schulter, doch sie drehte sich nicht um.

Schritte kamen näher. „Bereit?" fragte Ollie.

Es entstand langes Schweigen. Dann nickte Victor. „Sie ist bereit."

„Äh ... hört mal", murmelte Ollie, der plötzlich merkte, dass er zu einem schlechten Zeitpunkt aufgetaucht war. „Mein Wagen steht drüben bei dem Bootshaus. Wenn ihr wollt, kann ich ... äh ... dort warten ..."

Cathy wischte heftig ihre Tränen weg. „Nein", sagte sie entschlossen. „Ich komme."

Victor stand da und beobachtete sie. Sein Blick war von einem kalten, undurchdringlichen Nebel verschleiert.

„Leb wohl, Victor", sagte sie.

Er antwortete nicht. Er sah sie nur weiterhin durch diesen schrecklichen Nebel an.

„Wenn ich ... wenn ich dich nicht wiedersehe ..." Sie stockte und kämpfte darum, genauso tapfer, genauso unverletzbar zu sein. „Pass auf dich auf", endete sie. Dann drehte sie sich um und folgte Ollie den Weg entlang.

Durch das Wagenfenster sah sie Victor, der noch immer auf dem Weg zum See stand, die Hände tief in die Taschen gesteckt, die Schultern gegen den Wind vorgezogen. Er winkte nicht zum Abschied. Er sah bloß zu, wie sie wegfuhren.

Es war ein Bild, das sie für immer in sich tragen würde, dieser letzte verblassende Anblick des Mannes, den sie liebte. Des Mannes, der sie weggeschickt hatte.

Als Ollie auf die Straße einbog, saß Cathy stumm und steif da, die Hände im Schoß zu Fäusten geballt. Der Schmerz in ihrer Kehle war so schrecklich, dass sie kaum atmen konnte. Jetzt war Victor hinter ihnen. Sie konnte ihn nicht sehen, aber sie wusste, dass er noch immer dort stand, unbeweglich wie die Eichen, die ihn umgaben. Ich liebe dich, dachte sie. Und ich werde dich nie wiedersehen.

Sie drehte sich um. Er war jetzt eine ferne Gestalt, fast schon zwischen den Bäumen verschwunden. In einer Abschiedsgeste hob sie die Hand und berührte sanft das Fenster.

Das Glas war kalt.

„Ich muss am Labor halten", sagte Ollie und bog auf den Parkplatz des Krankenhauses. „Mir ist gerade eingefallen, dass ich das Scheckbuch in meinem Schreibtisch vergessen habe. Ich kann Ihnen ohne das Ding kein Flugticket kaufen."

Cathy nickte dumpf. Sie befand sich noch im Schockzustand und versuchte, die Tatsache zu akzeptieren, dass sie jetzt auf sich allein gestellt war. Dass Victor sie weggeschickt hatte.

Ollie zog auf einen Platz, der mit RESERVIERT WOZNIAK gekennzeichnet war. „Es dauert nur einen Moment."

„Soll ich mitkommen?"

„Warten Sie lieber im Wagen. Ich arbeite mit sehr neugierigen Leuten zusammen. Wenn die mich mit einer Frau sehen, wollen sie alles wissen." Er stieg aus und schloss die Tür. „Bin gleich wieder da."

Cathy sah ihm nach. Eine Minute verging. Ein Vogel schrie. Sie lehnte sich zurück und schloss die Augen. Erschöpfung packte sie so heftig, dass sie meinte, sich nie wieder bewegen zu können. Ein Strand, dachte sie sehnsüchtig. Warmer Sand. Wellen, die meine Füße umspülen ...

Sie öffnete die Augen. Ein Gesicht starrte sie durch die Scheibe an.

In Panik warf sie sich auf die Seite, um an den Knopf der Verriegelung heranzukommen. Bevor sie ihn drücken konnte, wurde die Tür aufgerissen. Eine Dienstmarke wurde ihr vor die Nase gehalten.

„FBI!" sagte der Mann im befehlenden Ton. „Bitte aussteigen!"

Langsam kam Cathy aus dem Wagen und lehnte sich schwach gegen die Tür. Ollie, dachte sie, wo bist du? Wenn er auftauchte, musste sie quer über den Parkplatz in die Wälder fliehen. Sie bezweifelte, dass der Mann mit der Dienstmarke mithalten konnte. Seine Stummelbeine und dicke Körpermitte gehörten keinem Starathleten.

„Denken Sie nicht einmal daran, Miss Weaver", sagte der Mann.

Er ergriff ihren Arm und schob sie zum Eingang des Krankenhauses. „Vorwärts, gehen Sie hinein."

„Aber ..."

„Dr. Wozniak wartet auf uns im Labor."

„Warten" beschrieb nicht genau Ollies Lage. „Gebündelt und verschnürt" wäre zutreffender gewesen. Sie fand Ollie vornübergebeugt in seinem Büro, mit Handschellen an das Fußteil seines Schreibtisches gefesselt, während drei seiner Laborkollegen ihn staunend und gaffend umringten.

„Wieder an die Arbeit, Leute!" Der Agent scheuchte die Zuschauer aus dem Büro. „Nur eine Routineangelegenheit." Er verschloss die Tür. Dann wandte er sich an Cathy und Ollie.

„Ich muss Victor Holland finden. Und ich muss ihn sehr schnell finden."

„Der Typ klingt wie eine stecken gebliebene Schallplatte", murmelte Ollie in seinen Bart.

„Wer sind Sie?" fragte Cathy.

„Sam Polowski. Ich arbeite für das Büro in San Francisco." Er zog seine Dienstmarke hervor und knallte sie auf den Schreibtisch. „Sehen Sie sich das Ding genauer an, wenn Sie wollen."

„Äh, entschuldigen Sie", rief Ollie. „Könnte ich vielleicht unter Umständen eine bequemere Haltung einnehmen?"

Polowski ignorierte ihn. Seine Aufmerksamkeit war auf Cathy gerichtet. „Ich brauche Ihnen wohl nicht zu erklären, Miss Weaver, dass Holland in Schwierigkeiten steckt."

„Und Sie sind eines seiner größten Probleme", erwiderte sie.

„Darin irren Sie sich." Polowski näherte sein Gesicht ihrem Gesicht. „Ich bin eine seiner Hoffnungen, vielleicht seine einzige Hoffnung."

„Sie versuchen, ihn umzubringen."

„Nicht ich, sondern ein anderer. Jemand, der auch Erfolg haben wird, falls ich ihn nicht aufhalten kann."

Sie schüttelte den Kopf. „Ich bin nicht dumm! Ich weiß über Sie Bescheid. Was Sie versucht haben ..."

„Nicht ich, der andere." Er griff nach dem Telefon auf dem Schreibtisch. „Hier." Er streckte ihr den Hörer hin. „Rufen Sie Milo Lum an. Fragen Sie ihn, was heute Morgen in seinem Haus passiert ist. Vielleicht wird er Sie überzeugen, dass ich auf Ihrer Seite bin."

Cathy starrte den Mann an und fragte sich, welches Spiel er spielte.

„Holland ist allein da draußen", sagte Polowski. „Ein Mann, der sich gegen die US-Regierung auflehnt. Er ist neu in dem Spiel. Früher oder später wird er etwas Dummes tun. Und das wird das Ende sein." Er wählte für sie. „Sprechen Sie mit Lum."

Sie hörte das Telefon dreimal klingeln, gefolgt von Milos „Hallo! Hallo!".

„Milo?"

„Sind Sie das, Cathy? Himmel, ich habe gehofft, dass Sie mich endlich anrufen ..."

„Hören Sie, Milo, ich muss Sie etwas fragen. Es geht um einen Mann namens Polowski."

„Ich habe ihn kennen gelernt."

„Wirklich?" Sie blickte hoch und sah Polowski nicken.

„Zu meinem Glück", sagte Milo. „Der Kerl hat den Charme eines alten Schuhs, aber er hat mir das Leben gerettet. Ich weiß nicht, wovon Gersh geredet hat. Ist Gersh da? Ich muss ..."

„Danke, Milo", murmelte sie. „Vielen Dank." Sie legte auf.

Polowski sah sie noch immer an.

„In Ordnung", sagte sie. „Ich möchte alles von Anfang an von Ihrer Seite aus hören."

„Werden Sie mir helfen?"

„Ich habe mich noch nicht entschlossen." Sie verschränkte die Arme. „Überzeugen Sie mich."

Polowski nickte. „Genau das habe ich vor."

10. KAPITEL

Für Victor war es ein langer und erbärmlicher Nachmittag. Er wanderte auf dem Campus herum, versuchte, seine Gedanken auf Viratek zu lenken, und beschäftigte sich doch andauernd mit Cathy, während er auf Ollies Rückkehr wartete.

Immer wieder zählte er die Stunden, die Ollie zum San Jose Airport und zurück brauchte. Drei Stunden mussten reichen. Cathy war jetzt schon in der Maschine, unterwegs in wärmere Gefilde.

Wo blieb Ollie?

Bei dem Klang von Schritten wirbelte er herum. Einen Moment traute er seinen Augen nicht, begriff nicht, wieso sie als Silhouette unter dem Torbogen aus Sandstein stand. „Cathy?"

Sie trat auf den Hof heraus. „Victor", sagte sie leise. Sie ging zuerst langsam auf ihn zu, rannte dann in seine wartenden Arme. Er riss sie hoch, schwenkte sie herum, küsste ihr Haar, ihr Gesicht. Er verstand nicht, warum sie hier war, aber er genoss es.

„Ich weiß nicht, ob ich das Richtige getan habe", murmelte sie. „Ich hoffe nur, dass es richtig war."

„Warum bist du zurückgekommen?"

„Ich war nicht sicher ... ich bin es noch immer nicht ..."

„Cathy, was machst du hier?"

„Du kannst das nicht allein durchfechten! Und er kann dir helfen ..."

„Wer kann das?"

Aus der Dunkelheit kam eine andere Stimme. „Ich kann es."

Victor erstarrte, sein Blick zuckte zurück zu dem Torbogen hinter Cathy. Ein Mann kam langsam auf ihn zu. Ein Mann mit einem Körper, der in einer Annonce für Abnehmen unter VORHER gezeigt worden wäre. Er kam zu Victor und pflanzte sich vor ihm auf.

„Hallo, Holland", sagte er. „Ich freue mich, dass wir uns endlich kennen lernen. Mein Name ist Sam Polowski."

Victor drehte sich um und sah Cathy ungläubig an. „Warum?" fragte er in leisem Zorn. „Sag mir nur das eine. Warum?"

Sie reagierte, als hätte er ihr einen Schlag versetzt. Zögernd griff sie nach seinem Arm. Er zuckte zurück.

„Er will helfen." In ihrer Stimme schwang Schmerz. „Hör ihn an!"

„Das hat kaum einen Sinn. Jetzt nicht mehr." Er fühlte, wie sein Körper unter der Niederlage erschlaffte. Er verstand es nicht, würde es nie verstehen. Es war vorbei, das Weglaufen, das Weitermachen in Angst und Hoffnung. Alles nur, weil Cathy ihn verraten hatte. Er wandte sich beiläufig an Polowski. „Ich nehme an, ich bin verhaftet."

„Wohl kaum." Polowski deutete mit einem Kopfnicken zu dem Torbogen. „Angesichts dessen, dass er meine Waffe hat."

„Was?"

„Hey, Gersh! Hier!" rief Ollie. „Siehst du, ich habe ihn im Visier!"

Polowski zuckte zusammen. „Himmel, müssen Sie mit dem verdammten Ding winken?"

„Tut mir Leid", sagte Ollie.

„Also, überzeugt Sie das, Holland?" fragte Polowski. „Glauben Sie, ich würde meine Kanone einem Idioten wie ihm übergeben, wenn ich nicht mit Ihnen sprechen wollte?"

„Er sagt die Wahrheit", behauptete Cathy. „Er hat Ollie die Waffe gegeben. Er war bereit das Risiko einzugehen, nur um mit dir zusammenzutreffen."

„Schlechter Schachzug, Polowski", sagte Victor bitter. „Ich werde wegen Mordes gesucht, erinnern Sie sich? Industriespionage. Woher wollen Sie wissen, dass ich Sie nicht einfach umlege?"

„Weil ich weiß, dass Sie unschuldig sind."

„Macht das einen Unterschied?"

„Für mich schon."

„Warum?"

„Sie sind in eine große Sache verstrickt, Holland. Etwas, das Sie bei lebendigem Leib auffressen wird. Etwas, bei dem mein Vorgesetzter sich überschlägt, um mich von dem Fall fern zu halten. Ich mag es nicht, wenn ich von einem Fall abgezogen werde. Es verletzt mein zartes Ego."

Die beiden Männer betrachteten einander in der hereinsinkenden Dunkelheit, schätzten einander ein.

Endlich nickte Victor. Er sah Cathy an, bat stumm um Verzeihung, weil er nicht an sie geglaubt hatte. Als sie dann in seine Arme kam, fühlte er, dass die Welt wieder in Ordnung war.

Er hörte ein Räuspern, wandte sich um und sah, wie Polowski die Hand ausstreckte. Victor akzeptierte den Handschlag, der sehr leicht sein Verderben sein konnte – oder seine Rettung.

„Sie haben mich auf eine lange, harte Jagd gelockt", sagte Polowski. „Ich finde, es ist Zeit, dass wir zusammenarbeiten."

„Grundsätzlich", sagte Ollie, „haben wir es hier lediglich mit unserer schlichten täglichen, unmöglichen Aufgabe zu tun."

Sie waren in Polowskis Hotelzimmer versammelt, ein fünfköpfiges Team, das Milo die „älteren, verrückteren Falschspieler" getauft hatte. Auf dem Tisch befanden sich Kartoffelchips, Bier und die Fotos des Viratek-Sicherheitssystems. Es war auch eine Karte des Viratek-Grundstücks vorhanden, vierzig Morgen Gebäude und bewaldetes Gelände, alles von einem elektrischen Zaun umgeben. Sie hatten die Fotos jetzt eine Stunde betrachtet, und die vor ihnen liegende Aufgabe wirkte hoffnungslos.

Ollie schüttelte nachdenklich den Kopf. „Selbst wenn diese Tastencodes noch gültig sind, habt ihr es mit dem menschlichen Element zu tun. Zwei Wächter, zwei Positionen. Keine Chance, dass die euch passieren lassen."

„Es muss eine Möglichkeit geben“, sagte Polowski. „Kommen Sie, Holland, Sie sind der Eierkopf. Benutzen Sie Ihr kreatives Gehirn.“

Cathy blickte zu Victor. Während die anderen Ideen gewälzt hatten, war er schweigsam geblieben. Und dabei brachte er den höchsten Einsatz – sein Leben. Es erforderte unglaublichen Mut, eine solche Verzweiflungstat überhaupt in Betracht zu ziehen. Doch er betrachtete die Karte so ruhig, als würde er nichts Gefährlicheres als einen Sonntagsausflug planen.

Er musste ihren Blick gefühlt haben, da er seinen Arm um sie schlang und sie an sich zog. Da sie jetzt wieder vereinigt waren, genoss sie jeden gemeinsamen Moment; vertraute jeden Blick, jede Zärtlichkeit ihrer Erinnerung an. Bald würde er ihr entrissen werden. Schon jetzt machte er Pläne, um in etwas einzudringen, das wie eine Todesfalle aussah.

Er drückte einen Kuss auf ihr Haar und wandte seine Aufmerksamkeit zögernd wieder der Karte zu.

„Wegen der Elektronik mache ich mir keine Sorgen“, sagte er. „Es ist das menschliche Element. Es sind die Wächter.“

Milo deutete mit einem Kopfnicken zu Polowski. „Ich sage, unser J. Edgar Hoover hier soll sich einen Durchsuchungsbefehl besorgen und die Firma durchwühlen.“

„Aber sicher“, schnaubte Polowski. „Bis dieser Befehl über den Richter und Dafoe und Ihre Tante Minnie gelaufen ist, hat Viratek dieses Labor in eine Fabrik für Babynahrung verwandelt. Nein, wir müssen auf eigene Faust hineinkommen. Ohne dass irgendjemand etwas erfährt.“ Er wandte sich an Ollie. „Und Sie sind sicher, dass dies der einzige Beweis ist, den wir brauchen?“

Olli nickte. „Eine Phiole sollte genügen. Dann bringen wir sie zu einem angesehenen Labor, lassen uns bestätigen, dass es Pockenviren sind, und Ihr Fall ist wasserdicht.“

„Dann gibt es keine Ausflüchte mehr?“

„Keine. Das Virus ist offiziell ausgerottet. Jede Firma, die erwischt wird, wie sie mit lebenden Exemplaren herumspielt, ist ipso facto totes Fleisch."

„Das gefällt mir", sagte Polowski. „Das ipso-facto-Zeug. Das kann kein noch so toller Viratek-Anwalt wegargumentieren."

„Aber zuerst müssen Sie eine Phiole in die Finger bekommen", sagte Ollie. „Und ich halte das für unmöglich, es sei denn, Sie wollen einen bewaffneten Raubüberfall versuchen."

Für einen erschreckenden Moment schien Polowski diesen Gedanken tatsächlich ernsthaft in Erwägung zu ziehen. „Nein", räumte er schließlich ein. „Das würde vor Gericht nicht gut aussehen."

„Außerdem", sagte Ollie, „weigere ich mich, auf ein anderes menschliches Wesen zu schießen. Das ist gegen meine Prinzipien."

„Auch gegen meine", sagte Milo.

„Aber ein Diebstahl ist akzeptabel", sagte Ollie.

Polowski sah Victor an. „Eine Gruppe mit hohem moralischen Standard."

Victor grinste. „Überbleibsel aus den Sechzigern."

„Aber", sagte Cathy. „Angenommen, ihr kommt durch das Haupttor. Dann müsst ihr noch immer durch zwei verschlossene Türen, vorbei an zwei separaten Wächtern und einem Lasergitter. Ich bitte euch!"

„Die Türen sind kein Problem", entgegnete Victor. „Es sind die beiden Wächter."

„Vielleicht eine Ablenkung?" schlug Milo vor. „Wie wäre es, wenn wir Feuer legten?"

„Und die städtische Feuerwehr ins Spiel bringen?" fragte Victor. „Keine gute Idee. Außerdem hatte ich schon mit diesem Nachtwächter am Haupttor zu tun. Ich kenne ihn. Er hält sich strikt an die Vorschriften. Verlässt nie sein Häuschen. Sobald er etwas Verdächtiges bemerkt, drückt er den Alarmknopf."

„Vielleicht könnte Milo einen falschen Sicherheitspass zusammenbauen“, schlug Ollie vor. „Ihr wisst schon, wie er uns früher diese Führerscheine gefälscht hat.“

„Er hat Ausweise gefälscht?“ fragte Polowski interessiert.

„Hey, ich habe nur das Alter auf einundzwanzig geändert!“ protestierte Milo.

„Er hat auch großartige Pässe gemacht“, berichtete Ollie. „Ich hatte einen vom Königreich Booga Booga. Damit bin ich direkt bei den Zöllnern in Athen vorbeigekommen.“

„Ja?“ Polowski wirkte beeindruckt. „Wie wäre das, Holland? Würde es klappen?“

„Ausgeschlossen. Der Wächter hat eine Hauptliste der Angestellten mit Sicherheitspässen der höchsten Stufe. Wenn er ein Gesicht nicht kennt, wird er doppelt genau prüfen.“

„Aber einige Leute lässt er automatisch durch?“

„Sicher. Die Großköpfe, die er vom ...“ Victor stockte und starrte Cathy an, ... „vom Sehen her erkennt. Himmel, das könnte klappen!“

Cathy warf einen Blick in sein Gesicht und las sofort seine Gedanken. „Nein“, sagte sie. „So einfach ist das nicht! Ich muss das Objekt sehen! Ich brauche Abdrücke von dem Gesicht, Detailfotos von jedem Winkel ...“

„Aber du könntest es machen! Du machst es doch ständig.“

„Im Film funktioniert das! Aber hier wäre es von Angesicht zu Angesicht.“

„Nachts durch ein Autofenster. Oder über eine Videokamera. Wenn du mich nur wie einen der Spitzenmanager herrichten könntest ...“

„Wovon sprechen wir hier?“ fragte Polowski.

„Cathy ist Make-up-Spezialistin. Horrorfilme, Spezialeffekte.“

„Das hier ist etwas anderes“, entgegnete Cathy. „Hier ginge es um Victors Leben! Es steht zu viel auf dem Spiel. Das ist nicht so einfach wie ... wie die Dreharbeiten zu ‚Herr des Schleims‘.“

„Sie haben ‚Herr des Schleims' gemacht?" fragte Milo. „Großartiger Film!"

„Außerdem brauche ich einen Gesichtsabdruck, ein Modell."

„Sie meinen den echten Typ?" fragte Polowski.

„Richtig, den echten Typ. Und ich glaube nicht, dass Sie einen Wale-Manager dazu bringen, sich von mir Gips ins Gesicht klatschen zu lassen."

Es entstand eine lange Stille.

„Das stellt ein Problem dar", sagte Milo.

„Nicht unbedingt."

Alle sahen Ollie an.

„Woran denkst du?" fragte Victor.

„An diesen Typ, der gelegentlich mit mir arbeitet. Im Labor ..." Ollies Grinsen fiel eindeutig genüsslich aus. „Er ist Tierarzt."

Von den Ereignissen bei Viratek tief belastet, fuhr Archibald Black abends nach Hause. Es war dunkel, als er in seine Einfahrt bog. Das Haus wirkte kalt und leer. Es verlangte nach einer Frau.

Er stieg aus und ging den Weg zu seiner Haustür entlang. Auf halber Strecke hörte er ein leises *ffft* und fühlte einen scharfen Stich im Nacken. Reflexartig schlug er danach. Etwas blieb in seiner Hand.

Verwundert starrte er auf den Pfeil und versuchte zu verstehen, wo er hergekommen war und wieso sich so ein Ding an seinem Hals hatte festsetzen können. Doch er entdeckte, dass er nicht klar denken konnte. Die Nacht wurde schwarz, und seine Beine gerieten in einen Sumpf. Sein Aktenkoffer entglitt seinem Griff und polterte auf den Boden.

Ich sterbe, dachte er. Wird mich hier jemand finden?

Es war sein letzter bewusster Gedanke, bevor er auf dem mit Papieren übersäten Pfad zusammenbrach.

„Ist er tot?"

Ollie beugte sich vor und lauschte auf Archibald Blacks Atem. „Er lebt eindeutig, ist aber total weggetreten." Er blickte zu Polowski und Victor auf. „In Ordnung, fangen wir an. Er wird nur ungefähr eine Stunde bewusstlos sein."

Victor packte die Beine, Ollie und Polowski die Arme. Zusammen trugen sie den Bewusstlosen ein Stück in den Wald bis zu der Lichtung, auf der sie den Kleinbus abgestellt hatten.

„Sind ... sind Sie sicher, dass wir eine Stunde haben?" keuchte Polowski.

„Mehr oder weniger", antwortete Ollie. „Das Beruhigungsmittel ist für große Tiere bestimmt, weshalb wir die Dosis nur geschätzt haben, und dieser Kerl ist schwerer, als ich erwartet habe." Ollie rang nach Luft. „Hey, Polowski, er kommt ins Rutschen, ziehen Sie Ihr Gewicht, ja?"

„Tue ich! Ich glaube, sein rechter Arm ist schwerer als sein linker."

Die Seitentür des Kleinbusses war bereits für sie geöffnet. Sie rollten Black hinein und schoben die Tür zu. Ein helles Licht flammte plötzlich auf, doch der Bewusstlose zuckte nicht einmal.

Cathy kniete sich an seine Seite und betrachtete kritisch das Gesicht des Mannes.

„Kannst du es machen?" fragte Victor und beobachtete Cathy, die ihre Aufgabe sehr ernst nahm.

„Oh, ich kann es machen", antwortete sie. „Die Frage ist, ob du für ihn durchgehen wirst." Sie schätzte die Länge des Mannes ab. „Ungefähr deine Größe und Figur. Wir müssen dein Haar dunkler färben und dir in der Mitte der Stirn einen spitzen Haaransatz geben. Ich glaube, du wirst gehen." Sie wandte sich an Milo, der bereits seine Kamera bereithielt. „Machen Sie Ihre Fotos. Ein paar Aufnahmen von jeder Seite. Ich brauche viele Details der Haare."

Während Milos Blitzgerät immer wieder aufflammte, zog Cathy Handschuhe und eine Schürze an und deutete auf ein Laken. „Wickelt ihn ein“, verlangte sie. „Alles, außer dem Gesicht. Ich möchte nicht, dass er mit Gips überall auf seinen Kleidern aufwacht.“

„Vorausgesetzt, er wacht überhaupt auf“, sagte Milo und betrachtete finster Blacks reglose Gestalt.

„Oh, er wird aufwachen“, beruhigte ihn Ollie. „Genau, wo wir ihn gefunden haben. Und wenn wir den Job richtig erledigen, wird Mr. Archibald Black nicht wissen, was ihn erwischt hat.“

Es war der Regen, der Black weckte. Die kalten Tropfen prasselten in sein Gesicht. Stöhnend drehte er sich herum und fand sich zu seiner Verwirrung in seiner Einfahrt. Sein Aktenkoffer lag direkt neben ihm.

Der Regen schwoll zu einem Wolkenbruch an. Er musste aus dem Unwetter heraus. Halb kriechend, halb gehend, schaffte Black es die Stufen zur Veranda hinauf und in das Haus.

Eine Stunde später saß er zusammengesunken in seiner Küche, eine Tasse Kaffee in der Hand, und versuchte zusammenzubekommen, was geschehen war. Er erinnerte sich daran, seinen Wagen geparkt zu haben. Er hatte seinen Aktenkoffer herausgenommen und es offenbar über den halben Weg geschafft. Und dann ... was?

Ein vager Schmerz schob sich in sein Bewusstsein. Er rieb sich den Hals. Jetzt erinnerte er sich, dass etwas Seltsames kurz vor seinem Black-out passiert war. Etwas, das mit dem Schmerz in seinem Hals zu tun hatte.

Er ging zum Spiegel und fand einen kleinen Einstich in der Haut. Ein absurder Gedanke schoss ihm durch den Kopf. Vampire! Aber sicher, Archibald! Verdammt, du bist Wissenschaftler! Finde gefälligst eine rationale Erklärung. Wie um alles in der Welt war es zu diesem Einstich gekommen?

Er ging an den Wäschekorb und fischte sein feuchtes Hemd heraus. Zu seinem Schrecken entdeckte er einen Blutstropfen am

Kragen. Dann sah er, was die Ursache war: eine ganz gewöhnliche Stecknadel. Sie steckte noch im Kragen, ohne Zweifel von der Reinigung vergessen. Da hatte er seine rationale Erklärung. Er war von einer Stecknadel gestochen worden, und von dem Schmerz war er ohnmächtig geworden.

Angewidert warf er sein Hemd zu Boden. Gleich morgen früh wollte er sich bei seiner Reinigung beschweren und verlangen, dass sie seinen Anzug gratis reinigten.

Von wegen Vampire!

„Selbst bei schlechter Beleuchtung hast du Glück, wenn du durchkommst", sagte Cathy.

Sie wich zurück und betrachtete Victor lange und kritisch. Langsam umrundete sie ihn und begutachtete seine dunkel gefärbten Haare, sein verändertes Gesicht, seine neue Augenfarbe. Es war gut geworden, aber es war nicht gut genug. Es würde nie gut genug sein, wenn Victors Leben auf dem Spiel stand.

„Ich finde, er ist ein perfektes Ebenbild", sagte Polowski. „Wo liegt jetzt das Problem?"

„Das Problem liegt darin, dass mir plötzlich klar wird, was für eine verrückte Idee das ist. Wir sollten die Sache abblasen."

„Sie haben den ganzen Nachmittag an ihm gearbeitet. Sie haben sogar die verdammten Sommersprossen auf seiner Nase gemacht. Was können Sie denn noch verbessern?"

„Ich weiß es nicht. Ich habe einfach kein gutes Gefühl!"

Ollie schüttelte den Kopf. „Weibliche Intuition. Es ist gefährlich, wenn man sie nicht beachtet."

„Nun, jetzt kommt meine Intuition", sagte Polowski. „Ich denke, es wird klappen. Und ich halte es für unsere beste Möglichkeit. Für unsere Chance, den Fall abzuschließen."

Cathy wandte sich an Victor. „Du bist derjenige, der zu Schaden kommen kann. Es ist deine Entscheidung." In Wahrheit wollte sie sagen: Bitte tu es nicht! Bleib bei mir! Bleib am Leben und in Sicherheit! Aber als sie in seine Augen blickte, erkannte sie, dass er seine Entscheidung bereits getroffen hatte.

„Cathy“, sagte er. „Es wird mit Sicherheit klappen. Das musst du glauben.“

„Ich glaube nur“, erwiderte sie, „dass sie dich umbringen werden. Und ich will nicht dabei sein und zusehen.“

Ohne ein weiteres Wort ging sie zur Tür hinaus.

Auf dem Parkplatz des Rockabye Motel blieb sie in der Dunkelheit stehen und schlang die Arme um ihren Oberkörper. Sie hörte, wie sich die Tür schloss, und dann kamen seine Schritte auf dem Asphalt auf sie zu.

„Du brauchst nicht zu bleiben“, sagte er. „Es gibt noch immer diesen Strand in Mexiko. Du könntest heute Abend hinfliegen und wärst aus dem Schlamassel heraus.“

„Willst du, dass ich gehe?“

Eine Pause, dann: „Ja.“

Sie zuckte in einem armseligen Versuch, nonchalant zu wirken, die Schultern. „In Ordnung, vermutlich ist das absolut sinnvoll. Ich habe meinen Teil geleistet.“

„Du hast mir das Leben gerettet. Dafür schulde ich dir zumindest etwas Sicherheit.“

Sie wandte sich ihm zu. „Ist das für dich das Wichtigste? Dass du mir etwas schuldest?“

„Das Wichtigste für mich ist die Überlegung, dass du in das Kreuzfeuer geraten könntest. Ich bin darauf vorbereitet, bei Viratek durch diese Türen zu gehen. Ich bin darauf vorbereitet, eine Menge dummer Dinge zu tun. Aber ich bin nicht darauf vorbereitet zuzusehen, wie dir etwas passiert.“ Er zog sie an sich. „Cathy, Cathy. Ich bin nicht verrückt. Ich will nicht sterben. Aber ich sehe keine Möglichkeit, wie ich das hier vermeiden könnte ...“

Sie presste ihr Gesicht gegen seine Brust, fühlte seinen Herzschlag, so fest und gleichmäßig. Sie fürchtete sich, daran zu denken, dieses Herz könnte nicht schlagen, diese Arme könnten nicht mehr lebendig sein und sie festhalten. Er war tapfer genug, um diesen verrückten Plan auszuführen. Konnte sie nicht irgendwie den gleichen Mut aufbringen?

Ich bin so weit mit dir gekommen, dachte sie. Wie könnte ich auch nur im Traum daran denken wegzugehen? Jetzt, da ich weiß, dass ich dich liebe?

Die Moteltür öffnete sich, und Licht fiel auf den Parkplatz. „Gersh?“ rief Ollie gedämpft. „Es ist schon spät. Wenn wir weitermachen wollen, müssen wir jetzt los.“

Victor sah sie noch immer an. „Also?“ fragte er. „Soll Ollie dich zum Flughafen bringen?“

„Nein.“ Sie strafftc dic Schultern. „Ich komme mit dir.“

„Bist du sicher, dass du das willst?“

„Ich bleibe bei dir.“ Sie schaffte ein Lächeln. „Außerdem könntest du mich auf dem Set brauchen. Falls dein Gesicht abbröckelt.“

„Ich brauche dich für verdammt viel mehr als das.“

„Gersh?“

Victor griff nach Cathys Hand. „Wir kommen“, rief er zurück. „Wir beide.“

„Ich nähere mich dem Haupteingang. Ein Wächter in dem Häuschen. Niemand sonst zu sehen. Verstanden?“

„Laut und deutlich“, sagte Polowski.

„In Ordnung. Es geht los. Wünschen Sie mir Glück.“

„Wir bleiben auf Empfang. Hals- und Beinbruch.“ Polowski schaltete das Mikrofon aus und sah die anderen an. „Also, Leute, er ist unterwegs.“

Wohin, fragte sich Cathy. Sie betrachtete die anderen Gesichter. Zu viert kauerten sie in dem Lieferwagen, der eine halbe Meile von dem Haupttor von Viratek entfernt parkte. Nahe genug, um

Victors Sender zu empfangen, aber zu weit entfernt, um ihm viel zu nützen. Durch die Funkverbindung konnten sie seinen Weg verfolgen.

Sie konnten auch seinen Tod verfolgen.

Schweigend warteten sie auf die erste Hürde.

„Guten Abend“, sagte Victor, als er an dem Portal hielt.

Der Wächter spähte durch das Fenster seines Häuschens. Er war in den Zwanzigern, Mütze gerade auf dem Kopf, Kragenknopf geschlossen. Das war Pete Zahn, Mr. Streng-nach-der-Vorschrift. Wenn irgendjemand die Operation lahm legen konnte, war er es. Victor lächelte tapfer und hoffte, dass seine Maske nicht bröckelte. Der Blickkontakt schien eine Ewigkeit zu dauern. Dann lächelte der Mann zu Victors Erleichterung zurück.

„Arbeiten Sie noch spät, Dr. Black?“

„Habe etwas im Labor vergessen.“

„Muss wichtig sein, dass Sie extra um Mitternacht kommen.“

„Diese Regierungsverträge. Müssen rechtzeitig erledigt werden.“

„Ja.“ Der Wächter winkte ihn durch. „Angenehme Nacht!“

Mit klopfendem Herzen fuhr Victor durch das Tor. Erst nachdem er auf den leeren Parkplatz gebogen war, schaffte er einen erleichterten Seufzer. „Erste Hürde“, sagte er in das Mikrofon. „Kommt, Leute. Sprecht mit mir!“

„Wir sind hier“, kam die Antwort. Es war Polowski.

„Ich betrete jetzt das Gebäude ... weiß nicht, ob das Signal die Wände durchdringt. Wenn ihr also nichts von mir hört ...“

„Wir bleiben auf Empfang.“

„Ich habe eine Botschaft für Cathy. Holen Sie sie ans Mikro.“

Nach einer Pause hörte er: „Ich bin hier, Victor.“

„Ich wollte dir nur sagen, ich komme zurück. Ich verspreche es. Verstanden?!“

Er war nicht sicher, ob es nicht bloß ein Schwanken des Signals war, aber er dachte, in ihrer Antwort aufsteigende Tränen zu hören. „Ich habe verstanden."

„Ich gehe jetzt hinein. Fahrt nicht ohne mich weg."

Pete Zahn brauchte nur eine Minute, um Archibald Blacks Kennzeichen nachzuschlagen. Er hatte eine Rollkartei in seiner Loge, auch wenn er sie selten benutzte, da er ein gutes Zahlengedächtnis hatte. Er kannte die Zulassungsnummer eines jeden leitenden Angestellten auswendig. Das war sein eigenes kleines Gedankenspiel, ein Test für seine Schlauheit. Und das Kennzeichen an Dr. Blacks Wagen kam ihm nicht richtig vor.

Er fand die Karteikarte. Das Auto passte: ein grauer viertüriger Lincoln 1991. Und er war ziemlich sicher, dass Dr. Black auf dem Fahrersitz gesessen hatte. Aber das Kennzeichen stimmte absolut nicht.

Er lehnte sich einen Moment zurück und versuchte, alle möglichen Erklärungen durchzugehen. Dass Black einfach ein anderes Auto fuhr. Dass Black ihm einen Streich spielte und ihn testete.

Pete griff nach dem Telefon. Um die Wahrheit herauszufinden, musste er bei Black zu Hause anrufen. Es war nach Mitternacht, aber es musste sein. Wenn Black sich nicht meldete, dann musste er das in dem Lincoln gewesen sein. Und wenn er antwortete, dann stimmte etwas nicht und Black wollte das garantiert wissen, da war Pete sich sicher.

Es klingelte zweimal. Dann meldete sich eine schläfrige Stimme. „Hallo!"

„Hier ist Pete Zahn, Nachtwächter bei Viratek. Ist dort ... ist dort Dr. Black?"

„Ja."

„Dr. Archibald Black?"

„Hören Sie, es ist spät! Was gibt es?"

„Ich weiß nicht, wie ich Ihnen das sagen soll, Dr. Black, aber ..." Pete räusperte sich. „Ihr Doppelgänger ist gerade durch das Tor gefahren ..."

„Ich bin durch den Vordereingang. Gehe durch den Korridor zum Sicherheitstrakt. Nur für den Fall, dass mich jemand hört." Victor erwartete keine Antwort und hörte auch keine. Das Gebäude war eine Monstrosität aus Beton, für die Ewigkeit entworfen. Er bezweifelte, dass ein Funksignal durch diese Wände drang. Obwohl er von dem Moment auf sich allein gestellt gewesen war, in dem er das Haupttor passiert hatte, war ihm wenigstens der Trost geblieben, dass seine Freunde seinen Weg verfolgten. Jetzt war er wirklich allein. Ganz gleich, was geschah, er musste sich ohne die Hilfe seiner Freunde behaupten.

Lässig ging er auf die Tür mit der Aufschrift ZUTRITT NUR FÜR AUTORISIERTE PERSONEN zu. Eine Kamera hing von der Decke. Das Objektiv war direkt auf ihn gerichtet. Er ignorierte sie bewusst und lenkte seine Aufmerksamkeit auf die Tastatur, die sich an der Wand befand. Die Ziffern, die Jerry ihm gegeben hatte, hatten ihn durch das Eingangstor gebracht. Würde die zweite Kombination ihn durch dieses Tor bringen? Seine Hände schwitzten, als er die sieben Ziffern eintippte. Panik zuckte in ihm hoch, als ein Piepton erklang und auf dem Schild eine Information aufblitzte: SICHERHEITSCODE UNKORREKT ZUTRITT VERWEIGERT.

Er fühlte, wie sich Schweiß unter seiner Maske sammelte. Waren die Ziffern falsch? Hatte er einfach zwei Ziffern vertauscht? Er wusste, dass ihn jemand durch die Kamera beobachtete und sich fragte, warum er so lange brauchte. Er holte tief Luft und versuchte es noch einmal, diesmal gab er die Ziffern langsam ein. Er wappnete sich gegen den warnenden Piepton. Zu seiner Erleichterung erklang er nicht.

Stattdessen erschien eine neue Information: SICHERHEITS-CODE AKZEPTIERT. BITTE EINTRETEN.

Er betrat den nächsten Raum. Dritte Hürde, dachte er erleichtert, als sich die Tür hinter ihm schloss. Jetzt direkt zum Ziel.

Eine weitere Kamera in einer Ecke war auf ihn gerichtet. Er war sich dessen voll bewusst, als er den Raum zu der inneren Labortür durchquerte. Er drehte den Türknauf, und eine Warnklingel schrillte.

Was jetzt, dachte er. Erst jetzt bemerkte er das rote Licht, das über der Tür leuchtete, und die Warnung LASERGITTER AKTIVIERT. Er brauchte einen Schlüssel, um es auszuschalten. Es gab keinen anderen Weg, um in den Raum dahinter zu gelangen.

Es war Zeit für verzweifelte Maßnahmen, Zeit für ein wenig Chuzpe. Er tastete seine Taschen ab, drehte sich um und blickte in die Kamera. „Hallo!“ Er winkte.

Eine Stimme antwortete über eine Sprechanlage. „Gibt es ein Problem, Dr. Black?“

„Ja, ich kann meine Schlüssel nicht finden. Muss sie zu Hause gelassen haben ...“

„Ich kann die Laser von hier aus abschalten.“

„Danke. Himmel, ich weiß nicht, wie das passieren konnte.“

„Kein Problem.“

Gleich darauf erlosch das rote Licht. Vorsichtig versuchte Victor die Tür. Sie schwang auf. Er winkte in die Kamera und betrat den letzten Raum.

Drinnen gab es zu seiner Erleichterung nirgendwo eine Kamera – zumindest keine, die er entdeckte. Er sah sich rasch um. Was er zu sehen bekam, war eine verwirrende Auswahl an Geräten des Raumfahrtzeitalters – nicht nur die erwarteten Zentrifugen und Mikroskope, sondern auch Instrumente, die er noch nie gesehen hatte, alle brandneu und schimmernd. Er eilte durch die Dekontaminationskammer, vorbei an der Laminarströmungseinheit, und ging direkt zu den Inkubatoren. Er öffnete die Tür.

Glasphiolen klirrten in ihren Halterungen. Er nahm eine heraus. Eine rosige Flüssigkeit schimmerte darin. Auf dem Etikett stand POSTEN Nr. 341, AKTIV.

Das muss es sein, dachte er. Danach sollte er suchen, hatte Ollie gesagt. Hier war der Stoff, aus dem die Albträume gemacht wurden, der Sensenmann, auf mikroskopische Größe destilliert.

Er entnahm zwei Phiolen, schob sie in ein speziell gepolstertes Zigarettenetui und steckte es in seine Tasche. Auftrag ausgeführt, dachte er triumphierend und ging durch das Labor zurück. Vor ihm lag jetzt nichts weiter als ein lässiger Spaziergang zu seinem Wagen. Dann der Champagner ...

Er war halb durch den Raum, als die Alarmklingel losschrillte.

Er erstarrte.

„Dr. Black?“ sagte die Stimme des Wächters über eine verborgene Sprechanlage. „Bitte, gehen Sie nicht. Bleiben Sie, wo Sie sind.“

Victor wirbelte herum und versuchte, den Lautsprecher zu lokalisieren. „Was geht hier vor sich?“

„Ich wurde soeben gebeten, Sie festzuhalten. Wenn Sie warten, werde ich herausfinden, was ...“

Victor wartete nicht, er schnellte sich zur Tür. Als er sie erreichte, hörte er das Surren der hochfahrenden Lasergeräte, fühlte, wie etwas seinen Arm traf. Er schob sich durch die erste Tür, hetzte durch den Vorraum und durch die Sicherheitstür in den Korridor.

Überall ging Alarm los. Das ganze verdammte Gebäude hatte sich in eine Echokammer schrillender Klingeln verwandelt. Sein Blick schoss direkt zum Vordereingang. Nein, nicht diesen Weg ... dort war der Wächter postiert.

Er rannte nach links zur Brandtür. Irgendwo hinter ihm schrie eine Stimme: „Halt!“ Er ignorierte den Befehl und lief weiter. Am Ende des Korridors warf er sich gegen den Türgriff und fand sich in einem Treppenhaus. Kein Ausgang, nur Stufen nach oben und unten.

Er wollte sich nicht wie eine Ratte im Keller fangen lassen, sondern jagte die Treppe hinauf.

Er hatte ein Stockwerk hinter sich gebracht, als er hörte, wie im Erdgeschoss die Tür zum Treppenhaus aufflog. Eine Stimme befahl: „Halt oder ich schieße!"

Ein Bluff, dachte er.

Ein Schuss krachte und hallte durch das Betontreppenhaus.

Kein Bluff! Verzweifelt preschte er durch die Tür in den Korridor des ersten Stocks. Eine Reihe geschlossener Türen erstreckte sich vor ihm. Welche? Welche? Es gab keine Zeit zum Überlegen. Er tauchte in den dritten Raum und schloss die Tür leise hinter sich.

In dem Halbdunkel erkannte er das Schimmern von Edelstahl und Glasbehältern. Noch ein Labor. Nur dass dieses ein großes Fenster hatte, in dem jetzt Mondlicht leuchtete.

Auf dem Korridor wurde eine Tür aufgetreten, und der Befehl des Wächters ertönte: „Keine Bewegung!"

Victor hatte noch einen einzigen Fluchtweg. Er packte einen Stuhl und schleuderte ihn gegen das Fenster. Das Glas splitterte, vom Mondlicht versilberte Scherben regneten in die Dunkelheit darunter. Er warf kaum einen Blick nach unten, bevor er sprang, wappnete sich gegen den Aufprall, sprang aus dem Fenster und landete in Büschen.

„Halt!" kam ein Ruf von oben.

Das reichte, um Victor wieder auf die Beine zu bringen. Er hetzte quer über den Rasen in die Deckung der Bäume, blickte zurück und sah keinen Schatten, der ihn verfolgte. Der Wächter riskierte nicht den halsbrecherischen Sprung aus dem Fenster.

Ich muss es durch das Tor hinaus schaffen ...

Victor umrundete das Gebäude, suchte sich seinen Weg durch Büsche und zwischen Bäumen hindurch zu einer Gruppe von Eichen. Von da aus konnte er das Haupttor in der Ferne sehen. Bei dem Anblick zog sich sein Herz zusammen.

Flutlichter erhellten das Tor, beleuchteten gleißend die vier Sicherheitswagen, die die Einfahrt blockierten. Ein Kleinbus hielt. Der Fahrer ging nach hinten und öffnete die Türen. Auf seinen Befehl sprangen zwei Schäferhunde heraus und umtänzelten ihn bellend.

Victor wich zurück, taumelte tiefer in die Baumgruppe. Kein Ausweg, dachte er mit einem Blick hinter sich zu dem Zaun, der mit Rollen von Stacheldraht gekrönt war. Das Bellen der Hunde kam bereits näher.

Wenn mir keine Flügel wachsen und ich fliegen kann, bin ich ein toter Mann ...

11. KAPITEL

„Da stimmt was nicht!" rief Cathy, als der erste Sicherheitswagen vorbeifuhr.

Polowski legte seine Hand auf ihren Arm. „Ganz ruhig. Es könnte eine routinemäßige Patrouille sein."

„Nein, sehen Sie!" Durch die Bäume hindurch entdeckten sie drei weitere Wagen, die alle mit Höchstgeschwindigkeit Richtung Viratek jagten.

Ollie murmelte einen überraschend derben Fluch und griff nach dem Mikrofon.

„Warten Sie!" Polowski packte seine Hand. „Wir können keinen Funkspruch riskieren. Er soll zuerst Kontakt mit uns aufnehmen."

„Wenn er in Schwierigkeiten ist ..."

„Dann weiß er das bereits. Geben Sie ihm eine Chance, es aus eigener Kraft zu schaffen."

„Und wenn er in einer Falle steckt?" fragte Cathy. „Sitzen wir nur hier herum?"

„Wir haben keine andere Wahl, sofern sie das Haupttor blockiert haben ..."

„Wir haben doch eine andere Wahl!" sagte Cathy und kletterte nach vorne auf den Fahrersitz.

„Verdammt, was machen Sie da?" fragte Polowski.

„Ich biete ihm eine Chance. Wenn wir es nicht tun ..."

Sie alle verstummten auf der Stelle, als plötzlich aus dem Empfänger ein Funkspruch zischte. „Sitze in der Falle, Leute. Sehe keinen Ausweg. Verstanden?"

Ollie schnappte sich das Mikrofon. „Verstanden, Gersh. Wie ist deine Lage?"

„Schlecht."

„Präzise!"

„Haupttor blockiert und beleuchtet wie ein Footballfeld. Superalarm. Sie haben gerade Hunde gebracht ..."

„Kannst du über den Zaun?"

„Negativ. Elektrisch geladen. Geringe Voltzahl, aber mehr, als ich einstecken kann. Ihr verschwindet besser ohne mich."

Polowski packte das Mikro und bellte: „Haben Sie das Zeug?"

„Vergessen Sie es!" fauchte Cathy. „Fragen Sie ihn, wo er ist! Fragen Sie ihn schon!"

„Holland!" rief Polowski. „Wo sind Sie?"

„Nordöstlicher Abschnitt. Zaun läuft rundherum. Hören Sie, verschwindet! Ich schaffe ..."

„Sagen Sie ihm, er soll zum östlichen Zaun laufen!" sagte Cathy. „Zur Mitte!"

„Was?"

„Sagen Sie es ihm einfach!"

„Begeben Sie sich zum östlichen Zaun", sagte Polowski in das Mikro. „Mittelpunkt."

„Verstanden."

Polowski sah Cathy verwirrt an. „Verdammt, woran denken Sie?"

„Das hier ist doch ein Fluchtwagen, richtig?" murmelte sie, während sie den Motor startete. „Ich würde sagen, wir verwenden ihn seiner Bestimmung entsprechend!" Sie rammte den Gang hinein und zog den Wagen auf die Straße.

„Hey, Sie fahren in die falsche Richtung!" schrie Milo und gestikulierte aufgeregt.

„Nein! Es gibt eine Zufahrtsstraße für die Feuerwehr, hier irgendwo links. Ich habe es auf dem Plan gesehen. Da!" Sie bog scharf auf eine Lehmstraße ein. Sie holperten dahin, brachen zwischen Ästen und Büschen hindurch und konnten alle bei dieser die Knochen durcheinander rüttelnden Fahrt nichts weiter tun, als sich festzuhalten.

„Ist das eine Aussichtsstraße, oder führt sie irgendwohin?" brachte Polowski hervor.

„Zum östlichen Zaun. Dort war die Zufahrt für die Baufahrzeuge. Ich hoffe, man kommt noch durch ..."

„Und was passiert dann?"

Ollie seufzte. „Fragen Sie nicht."

Cathy steuerte um einen Busch, der in ihrem Weg wuchs, und prallte frontal gegen einen jungen Baum. Ihre Passagiere rutschten auf den Boden. „Tut mir Leid", murmelte sie, legte den Rückwärtsgang ein und zog zurück auf die Straße. „Es sollte gleich da vorne sein ..."

Maschendraht versperrte plötzlich den Weg. Sofort schaltete sie die Scheinwerfer aus. Durch die Dunkelheit hörten sie Hunde bellen. Sie kamen näher. Wo war er?

Dann sahen sie ihn, wie er durch das Mondlicht huschte. Er rannte. Irgendwo seitlich rief ein Mann etwas. Kugeln schlugen in den Erdboden ein.

„Festhalten!" schrie Cathy, ließ ihren Sicherheitsgurt einschnappen und trat auf das Gas.

Der Lieferwagen ruckte vorwärts wie ein wilder Hengst, pflügte durch das Unterholz und rammte den Zaun. Der Maschendraht sackte durch. Elektrische Funken zischten in der Nacht. Cathy rammte den Rückwärtsgang hinein, rollte zurück und rammte erneut das Gaspedal durch.

Der Zaun kippte um. Stacheldraht kratzte über die Windschutzscheibe.

„Wir sind durch!" rief Ollie, riss die Schiebetür auf und schrie: „Vorwärts, Gersh! Komm schon!"

Die Gestalt lief im Zickzack durch das Gras. Ringsum krachten Schüsse. Victor schnellte sich über die Rolle Stacheldraht und taumelte.

„Vorwärts, Gersh!"

Kugeln schlugen in den Lieferwagen ein.

Victor kämpfte sich wieder auf die Beine. Sie hörten seine Kleider reißen, dann streckte er ihnen die Hände entgegen, wurde hineingezogen, war in Sicherheit.

Die Tür knallte zu. Cathy fuhr rückwärts, zog den Kleinbus herum und trat das Gas durch.

Der Wagen tat einen Satz vorwärts, holperte durch Büsche und über Bodenwellen. Eine weitere Salve schlug in den Lieferwagen. Cathy nahm es nicht wahr. Sie konzentrierte sich nur darauf, wieder die Hauptstraße zu erreichen. Das Geräusch der Schüsse blieb hinter ihnen zurück. Endlich wurden die Bäume von einem vertrauten Asphaltband abgelöst. Cathy bog nach links und ließ den Motor aufröhren, um so viele Meilen wie nur möglich zwischen sie und Viratek zu legen.

In der Ferne heulte eine Sirene.

„Wir bekommen Gesellschaft!“ sagte Polowski.

„Wohin jetzt?“ rief Cathy. Viratek lag hinter ihnen. Die Sirenen kamen ihnen entgegen.

„Ich weiß es nicht! Verschwinden Sie nur von hier! So schnell wie möglich weg!“

Noch konnte sie die Polizeiwagen wegen der Bäume nicht sehen, aber die Sirenen kamen rasch näher. Fast zu spät entdeckte Cathy seitlich eine Lichtung. Impulsiv verließ sie die Straße, und der Lieferwagen holperte auf ein Stoppelfeld.

„Sagen Sie nicht, dass das noch eine Feuerwehrzufahrt ist“, stöhnte Polowski.

„Halten Sie den Mund!“ fauchte Cathy und steuerte eine Buschgruppe an, zog das Lenkrad herum, fuhr hinter die Büsche und schaltete die Lichter aus.

Es geschah gerade noch rechtzeitig. Sekunden später jagten zwei Streifenwagen mit zuckenden Lichtern an den Büschen vorbei. Cathy saß wie erstarrt da, während die Sirenen in der Ferne verklangen.

Dann hörte sie in der Dunkelheit Milo leise sagen: „Ihr Name ist Bond. Jane Bond."

Halb lachend, halb weinend drehte Cathy sich um, als Victor neben ihr auf den Vordersitz kletterte. Augenblicklich war sie in seinen Armen. Ihre Tränen durchnässten sein Hemd, ihre Schluchzer wurden durch seine Umarmung gedämpft. Er küsste ihre feuchten Wangen, ihren Mund. Die Berührung seiner Lippen stillte ihr Zittern.

Von hinten ertönte höfliches Räuspern. „Äh ... Gersh", sagte Ollie. „Meinst du nicht, wir sollten verschwinden?"

Victors Lippen waren noch immer fest auf Cathys Mund gepresst. Nur zögernd unterbrach er den Kontakt, aber sein Blick wich nicht von ihrem Gesicht. „Sicher", murmelte er, bevor er sie für den nächsten Kuss an sich zog. „Aber könnte vielleicht jemand anderer fahren?"

„Jetzt wird es gefährlich", sagte Polowski, der seit zwei Stunden auf Nebenstraßen Richtung San Francisco fuhr. Cathy und Victor saßen vorne bei ihm. Milo und Ollie hatten sich hinten im Lieferwagen wie erschöpfte Welpen zusammengerollt. „Wir haben endlich den Beweis. Jetzt müssen wir ihn nur noch behalten. Die Gegenseite wird verzweifelt sein und zu allem bereit. Von jetzt an, Leute, ist es ein Katz-und-Maus-Spiel. Sobald wir die Stadt erreichen, bringen wir diese Phiolen in getrennte Labors. Unabhängige Bestätigung. Das sollte alle Zweifel auslöschen. Kennen Sie jemanden, dem wir vertrauen können, Holland?"

„Studienkollege in New Haven. Führt das Krankenhauslabor."

„Yale? Großartig. Das hat Gewicht."

„Ollie hat einen Freund an der University of California San Francisco. Der kann sich um die zweite Phiole kümmern."

„Und wenn wir die Berichte bekommen, kenne ich einen gewissen Journalisten, der es liebt, wenn ihm ein Vögelchen etwas ins Ohr zwitschert.“ Polowski klopfte zufrieden auf das Lenkrad. „Viratek, du bist ein toter Fisch.“

„Sie genießen das, nicht wahr?“ fragte Cathy.

„Für die richtige Seite des Gesetzes zu arbeiten? Das ist gut für die Seele. Dabei bleibt man jung.“

„Oder man stirbt jung“, sagte Cathy.

Sie passierten ein Schild: SAN FRANCISCO, 12 Meilen.

Vier Uhr morgens. In einer Imbissstube in North Beach hatten sich fünf müde Seelen bei Kaffee und Blätterteiggebäck versammelt. Nur ein anderer Tisch war von einem Mann mit blutunterlaufenen Augen und zitternden Händen belegt. Das Mädchen hinter der Theke steckte die Nase in ein Taschenbuch. Aus der Kaffeemaschine zischte frische Brühe.

„Auf die alten Falschspieler“, sagte Milo und hob seine Tasse. „Noch immer das beste Ensemble weit und breit.“

Alle hoben ihre Tassen. „Auf die alten Falschspieler.“

„Und auf unser jüngstes und bestes Mitglied“, sagte Milo. „Die schöne, die unerschrockene ...“

„Ach, bitte“, warf Cathy ein.

Victor legte den Arm um ihre Schultern. „Lass dich ehren. Nicht jeder kommt in diese höchst erlesene Gruppe.“

„Einzige Anforderung ist“, sagte Ollie, „Sie müssen ein Musikinstrument schlecht spielen.“

„Aber ich spiele gar keines.“

„Kein Problem.“ Ollie fischte ein Stück Butterbrotpapier von einem der Teller und wickelte es um seinen Taschenkamm.

„Sehr passend“, sagte Milo leise. „Das war auch Lilys Instrument.“

„Oh.“ Sie nahm den Kamm. Lilys Instrument. Plötzlich war die Feierstimmung verflogen. Sie blickte zu Victor. Er sah zum Fenster auf die hell erleuchtete Straße hinaus.

Was denkst du? Wünschst du dir, sie wäre hier? Dass nicht ich diesen albernen Kamm halte, sondern sie?

Sie drückte den Kamm an ihre Lippen und summte eine entsprechend falsche Version von „Yankee Doodle“. Alle lachten und klatschten, sogar Victor. Doch als der Beifall vorbei war, sah sie den traurigen und müden Blick in seinen Augen. Ruhig legte sie den Kamm auf den Tisch.

Draußen donnerte ein Lieferwagen vorbei. Es war fünf Uhr morgens. Die Stadt regte sich.

„Also“, sagte Polowski und legte einen Dollar Trinkgeld auf den Tisch. Er sah Victor an. „Wir müssen etwas abliefern. Wann fliegt die United nach New Haven?“

„Viertel nach zehn“, antwortete Victor.

„In Ordnung. Ich kaufe Ihnen das Flugticket. In der Zwischenzeit sehen Sie zu, ob Sie wieder an einen Schnurrbart kommen.“ Polowski sah zu Cathy. „Sie fliegen mit ihm?”

„Nein“, sagte sie und sah Victor an.

Sie hoffte auf eine Reaktion. Sie sah Erleichterung. Und Resignation.

Er fragte nur: „Wohin gehst du?“

Sie zuckte die Schultern. „Vielleicht halte ich mich an unseren ursprünglichen Plan. Nach Süden. Zu Jack.“

Wenn er sie wirklich liebte, würde er sie jetzt zurückhalten. Aber er nickte nur und sagte: „Das ist eine gute Idee.“

Sie hielt die Tränen zurück und lächelte Ollie zu. „Ich brauche jemanden, der mich mitnimmt. Sie und Milo fahren heim?“

„Jetzt gleich.“ Ollie sah verwirrt drein.

„Kann ich mitkommen? In Palo Alto nehme ich dann den Bus.“

„Kein Problem. Sie können vorne auf dem Ehrensitz sitzen.“

„Solange du sie nicht ans Steuer lässt“, brummte Milo.

Polowski stand auf. „Dann ist alles geregelt. Vorwärts!“

Auf der Straße verabschiedeten sich Cathy und Victor voneinander. Es war kein Ort für einen sentimentalen Abschied. Vielleicht war das am besten so. Zumindest konnte sie mit einer Spur von Würde weggehen. Zumindest brauchte sie nicht von seinen Lippen die brutale Wahrheit zu hören. Sie konnte weggehen und sich an die Fantasie klammern, er würde sie lieben.

„Wirst du zurechtkommen?" fragte er.

„Aber ja. Und du?"

„Ich schaffe es schon." Er schob die Hände in die Taschen. „Ich werde dich vermissen, aber es ergibt keinen Sinn, dass wir zusammen sind. Nicht unter diesen Umständen."

Ich würde unter allen Umständen bei dir bleiben, dachte sie. Wenn ich nur wüsste, dass du mich willst.

„Ich lasse dich wissen, wann alles sicher ist", sagte er seufzend. „Wann du wieder heimkommen kannst."

„Und dann?"

„Dann sehen wir weiter", flüsterte er.

Sie küssten sich. Es war ein unbeholfener, höflicher Kuss,

„Pass auf dich auf, Victor", sagte sie, drehte sich um und ging zu Ollie und Milo.

„Das war's?" fragte Ollie.

„Das war's." Sie wischte sich brüsk über die Augen. „Ich bin fahrbereit."

„Erzählen Sie mir von Lily", bat Cathy.

Im ersten Licht der Morgendämmerung fuhren sie an den Klippen entlang, an denen sich die Wellen brachen und Möwen kreisten.

Ollie hielt seinen Blick auf der Straße. „Was wollen Sie wissen?"

„Was für eine Frau war sie?"

„Ein netter Mensch", antwortete Ollie. „Und klug. Wahrscheinlich die Klügste von uns allen. Eindeutig schlauer als Milo."

„Und sie sah besser aus als Ollie", kam eine Stimme von hinten.

„Eine wirklich gütige, wirklich anständige Frau. Als sie und

Gersh heirateten, dachte ich, dass er eine Heilige bekommen hat." Er bemerkte Cathys Stille. „Natürlich will nicht jeder Mann eine Heilige. Ich wäre glücklicher mit einer Lady, die ein wenig irre sein kann. Die zum Beispiel mit einem Lieferwagen durch einen elektrischen Zaun bricht."

Es war süß, dass er das sagte, aber es milderte ihren Schmerz nicht.

Die Fahrt zu Milos Haus wirkte endlos. Als er endlich ausstieg, schien die Sonne.

„Also, Leute", sagte Milo durch das Wagenfenster. „Hier trennen sich unsere Wege." Er blickte zu Cathy. „Mexiko?"

Sie nickte. „Puerto Vallarta. Was ist mit Ihnen?"

„Ich sehe mir mit Ma Florida an. Vielleicht Disney World. Willst du mitkommen, Ollie?"

„Ein anderes Mal. Ich will erst ausschlafen."

„Du weißt nicht, was dir entgeht. Also, das war vielleicht ein Abenteuer. Fast schade, dass es vorüber ist." Milo drehte sich um und ging zum Haus. Auf der Veranda winkte er und rief: „Bis zum nächsten Mal!" Damit verschwand er im Haus.

Ollie lachte. „Milo und seine Ma zusammen? Disney World wird nie wieder sein, was es vorher war." Er tastete nach dem Zündschlüssel. „Jetzt zum Busbahnhof. Ich habe gerade genug ..."

Er hatte keine Chance, den Schlüssel zu drehen.

Ein Pistolenlauf tauchte in dem offenen Wagenfenster auf und drückte sich gegen Ollies Schläfe.

„Aussteigen, Dr. Wozniak", sagte eine Stimme.

Ollies Antwort war nur ein Krächzen. „Was ... wollen Sie?"

„Aussteigen!"

„Schon gut!" Ollie kletterte ins Freie und wich mit erhobenen Händen zurück.

Cathy wollte ebenfalls aussteigen, aber der Bewaffnete fauchte: „Sie nicht! Sie bleiben im Wagen!"

„Hören Sie", sagte Ollie. „Sie können den verdammten Wagen haben! Sie brauchen die Frau nicht ..."

„Doch, die brauche ich. Sagen Sie Mr. Holland, ich werde mich wegen Ms. Weavers Zukunft bei ihm melden." Er ging um den Wagen herum und öffnete die Beifahrertür. „Sie rutschen auf den Fahrersitz!" befahl er Cathy.

„Nein, bitte ..."

Der Pistolenlauf bohrte sich in ihren Hals. „Muss ich Sie noch einmal darum bitten?"

Zitternd rutschte sie hinter das Lenkrad. Der Mann glitt neben ihr herein. Seine Augen waren schwarz, unergründlich, ohne einen Funken Menschlichkeit.

„Starten Sie den Motor", sagte er.

„Wohin ... wohin fahren wir?"

„Spazieren. Dahin, wo es schön ist."

Ihre Gedanken jagten, aber es gab keinen Ausweg. Sie drehte den Zündschlüssel.

„Hey!" schrie Ollie und packte die Tür. „Das können Sie nicht machen!"

„Ollie, nein!" rief Cathy.

Der Bewaffnete zielte bereits durch das Fenster hinaus.

„Lassen Sie sie laufen!" schrie Ollie. „Lassen Sie ..." Die Pistole ging los.

Ollie taumelte rückwärts. Sein Gesicht war eine Maske des Erstaunens.

Cathy warf sich auf den Bewaffneten. Pure animalische Wut, angeheizt von Überlebenswillen, ließ sie mit den Fingernägeln nach seinen Augen zielen. Im letzten Moment zuckte er zurück. Ihre Nägel kratzten an seinem Hals herunter, ließen Blut fließen. Bevor er seine Waffe drehen konnte, packte sie sein Handgelenk und kämpfte verzweifelt um die Kontrolle über die Pistole, er hielt sie fest. Mit ihrer ganzen Kraft hätte Cathy die Waffe nicht fern halten, hätte sie nicht verhindern können, dass sich der Lauf nun doch wieder auf sie richtete.

Es war das letzte Bild, das sie aufnahm – dieses schwarze Loch, das sich langsam drehte, bis es direkt auf ihr Gesicht zeigte.

Etwas schlug seitlich gegen sie. Schmerz explodierte in ihrem Kopf und ließ die Welt in tausend Lichtblitze zerplatzen.

Einer nach dem anderen erlosch, bis Dunkelheit herrschte.

12. KAPITEL

„Victor ist hier“, sagte Milo.

Es schien ewig zu dauern, bis Ollie sie beide wahrnahm. Die Stille wurde nur durch das Zischen von Sauerstoff unterbrochen. Endlich blinzelte Ollie mit vor Schmerz glasigen Augen auf die drei Männer, die neben seinem Bett standen. „Gersh ... ich konnte nicht ...“ Er brach erschöpft ab.

„Ganz ruhig, Ollie“, sagte Milo.

... wollte ihn aufhalten ... hatte eine Waffe ...“

Victor wartete bange. Es war erst zwei Stunden her, dass er an Bord der Maschine nach New Haven gehen wollte. Dann war ihm am Gate der United eine Nachricht übergeben worden. Sie war an den Passagier Sam Polowski gerichtet. Dieser Name stand auf seinem Ticket. Sie hatte nur aus drei Wörtern bestanden: Sofort Milo anrufen!

Passagier „Sam Polowski“ ging nicht an Bord der Maschine.

Zwei Stunden, dachte Victor außer sich vor Sorge. Was haben sie mit ihr in diesen zwei langen Stunden gemacht?

„Dieser Mann – wie sah er aus?“ fragte Polowski.

„Habe ihn nicht deutlich gesehen. Dunkle Haare. Gesicht ... hager.“

„Groß? Klein?“

„Groß.“

„Er fuhr in Ihrem Wagen weg?“

Ollie nickte.

„Was ist mit Cathy?“ fragte Victor verzweifelt.

Ollies Blick richtete sich bekümmert auf Victor. „Weiß nicht ...“

Victor begann, erregt auf und ab zu gehen. „Ich weiß, was er will. Ich weiß, was ich ihm geben muss ...“

„Das kann nicht Ihr Ernst sein“, sagte Polowski. „Das ist unser Beweis! Sie können den nicht einfach übergeben ...“

„Genau das werde ich tun.“

„Sie wissen nicht einmal, wie Sie Kontakt zu ihm aufnehmen sollen!“

„Er wird Kontakt zu mir aufnehmen.“ Er wirbelte herum und sah Milo an. „Er muss die ganze Zeit dein Haus beobachtet haben. Dort wird er auch anrufen.“

„Falls er anruft“, sagte Polowski.

„Er wird.“ Victor berührte die Tasche seines Jacketts, in der noch die beiden Phiolen von Viratek steckten. „Ich habe, was er will. Er hat, was ich will. Wir sind beide bereit für einen Tauschhandel.“

„Aufwachen! Aufwachen!“

Eisiges Wasser klatschte Cathy ins Gesicht. Hustend wurde sie wach. Wasser floss aus ihren Haaren, während sie versuchte, das Gesicht auszumachen, das sich über sie beugte. Sie sah Augen schwarz wie Achat, einen schmalen Mund. Ein Schrei stieg in ihrer Kehle hoch und wurde sofort von dem kalten Lauf einer Waffe an ihrer Wange erstickt.

„Keinen Laut“, sagte er. „Kapiert?“

Sie nickte in stummem Entsetzen.

„Gut.“ Die Waffe glitt von ihrer Wange weg und verschwand unter seinem Jackett. „Aufsetzen.“

Sie gehorchte. Sofort drehte sich der Raum. Sie hielt ihren schmerzenden Kopf, und ihre Angst wurde zeitweise von Schmerz und Übelkeit überlagert. Als die Übelkeit schwand, wurde sie eines zweiten Mannes im Raum gewahr, eines großen, breitschulterigen Mannes, den sie noch nie gesehen hatte. Er saß in einer Ecke und beobachtete jede ihrer Bewegungen.

Der Raum selbst war klein und fensterlos. Ein Stuhl, ein Kartentisch, eine Pritsche, auf der sie jetzt saß. Betonboden. Wir sind in einem Keller, dachte sie.

Der Mann in dem Stuhl verschränkte die Arme und lächelte. Unter anderen Umständen hätte sie dieses Lächeln charmant gefunden.

Jetzt erschien es ihr erschreckend unmenschlich. „Sie scheint wach genug zu sein“, sagte er. „Machen Sie weiter, Mr. Savitch.“

Der Savitch genannte Mann ragte vor ihr auf. „Wo ist er?“

„Wer?“ fragte sie.

Eine Ohrfeige warf sie auf die Pritsche zurück.

„Noch einmal“, sagte er und zog sie in sitzende Haltung hoch. „Wo ist Victor Holland?“

„Ich weiß es nicht.“

„Sie waren mit ihm zusammen.“

„Wir ... wir haben uns getrennt.“

„Warum?“

Sie berührte ihren Mund. Der Anblick von Blut an ihren Fingern ließ sie vor Schock schweigen.

„Warum?“

„Er ...“ Sie senkte den Kopf. Leise sagte sie: „Er wollte mich nicht bei sich haben.“

Savitch schnaubte. „Er hat Sie ziemlich schnell Leid gehabt, scheint mir jedenfalls.“

„Ja“, flüsterte sie. „Offenbar.“

„Ich verstehe nicht, warum.“

Sie schauderte, als der Mann mit seinem Finger über ihre Wange und ihren Hals strich. Er verharrte am obersten Knopf ihrer Bluse. Nein, dachte sie. Nicht das!

Zu ihrer Erleichterung warf der Mann in dem Stuhl ein: „Das bringt uns nicht weiter.“

Savitch wandte sich an den anderen Mann. „Haben Sie einen Vorschlag, Mr. Tyrone?“

„Ja.“ Er ging an den Kartentisch und öffnete eine Tragetasche. „Da wir nicht zu ihm gehen können, muss Holland zu uns kommen.“ Er lächelte sie an. „Natürlich mit Ihrer Hilfe.“

Sie starrte auf das Funktelefon in seinen Händen. „Ich habe Ihnen gesagt, ich weiß nicht, wo er ist.“

„Ich bin sicher, einer seiner Freunde wird ihn aufspüren."

„Er ist nicht dumm. Er wird nicht meinetwegen ..."

„Sie haben Recht. Er ist nicht dumm." Tyrone tippte eine Telefonnummer ein. „Aber der Mann hat ein Gewissen. Und das ist ein absolut tödlicher Fehler." Er stockte, dann sagte er in das Telefon: „Hallo, Mr. Milo Lum? Ich möchte, dass Sie Victor Holland etwas von mir ausrichten. Sagen Sie ihm, ich habe etwas, das ihm gehört. Etwas, das nicht mehr lange existieren wird ..."

„Das ist er!" zischte Milo. „Er will einen Handel schließen."

Victor schnellte hoch. „Lass mich mit ihm sprechen ..."

„Warten Sie!" Polowski packte ihn am Arm. „Wir müssen ..."

Victor riss sich zusammen und griff nach dem Hörer. „Hier Holland! Wo ist sie?"

„Sie ist bei mir. Sie lebt."

„Woher soll ich das wissen?"

„Sie müssen sich auf mein Wort verlassen."

„Zum Teufel mit Ihrem Wort! Ich will einen Beweis!"

Stille. Es knackte in der Leitung, dann kam eine andere Stimme, so bebend, so ängstlich, dass es ihm fast das Herz brach. „Victor, ich bin es."

„Cathy?" Er schrie fast vor Erleichterung. „Geht es dir gut?"

„Ich ... es geht mir gut."

„Wo bist du?"

„Ich weiß es nicht ..."

„Hat er dir wehgetan?"

Pause. „Nein."

Sie sagt mir nicht die Wahrheit, dachte er.

„Cathy, ich verspreche dir, es wird dir nichts geschehen. Ich schwöre dir ..."

„Sprechen wir lieber endlich über das Geschäft." Der Mann war wieder in der Leitung.

Victor umspannte wütend den Hörer. „Wenn Sie sie verletzen, wenn Sie sie auch nur anfassen, schwöre ich ..."

„Sie sind kaum in der Position, etwas zu diktieren."

Victor fühlte, wie eine Hand seinen Arm packte. Er drehte sich um und begegnete Polowskis warnendem Blick. Er nickte. „Also gut, Sie wollen die Phiolen. Sie gehören Ihnen."

„Reicht nicht."

„Dann bringe ich mich selbst in das Geschäft ein. Akzeptabel?"

„Akzeptabel. Sie und die Phiolen im Austausch für ihr Leben."

Ein gepeinigter Aufschrei „Nein!" unterbrach das Gespräch. Cathy schrie irgendwo im Hintergrund: „Nein, Victor! Sie werden ..."

Durch den Hörer kam das dumpfe Geräusch eines Schlages, gefolgt von leisem Stöhnen. Seine Beherrschung brach zusammen. Er schrie, fluchte, flehte, damit der Mann aufhörte, ihr wehzutun. Die Worte ergaben keinen Sinn. Er konnte nicht klar denken.

Wieder packte Polowski ihn am Arm, schüttelte ihn. Victor atmete schwer, starrte ihn durch einen Tränenschleier an. Er schluckte und schloss die Augen und konnte fragen: „Wann führen wir den Austausch durch?"

„Heute Nacht. Zwei Uhr."

„Wo?"

„East Palo Alto. Das alte Saracen Theater."

„Aber das ist geschlossen."

„Es wird offen sein. Nur Sie, Holland. Sehe ich sonst jemanden, wird auf der ersten Kugel ihr Name stehen. Klar?"

„Ich will eine Garantie! Ich will, dass sie ..."

Stille antwortete ihm. Sekunden später hörte er den Freiton. Langsam legte er auf.

„Also, wie ist die Abmachung?" fragte Polowski.

„Zwei Uhr nachts. Saracen Theater."

„In einer halben Stunde. Die Zeit reicht kaum, dass wir ..."

„Ich gehe allein."

Milo und Polowski starrten ihn an. „Den Teufel werden Sie tun“, sagte Polowski.

Victor holte sein Jackett aus dem Schrank. Er klopfte kurz auf die Tasche. Das Zigarettenetui befand sich noch dort.

„Aber Gersh!“ sagte Milo. „Er wird dich umbringen.“

Victor blieb in der Tür stehen. „Wahrscheinlich“, sagte er leise. „Aber das ist Cathys einzige Chance.“

„Er wird nicht kommen“, sagte Cathy.

„Halten Sie den Mund!“ fauchte Matt Tyrone und schob sie vorwärts.

Während sie sich die mit Glasscherben übersäte Passage hinter dem Saracen Theater entlangbewegten, suchte Cathy hektisch nach einer Möglichkeit, dieses tödliche Treffen zu sabotieren. Es musste tödlich sein, nicht nur für Victor, sondern auch für sie. Im besten Fall konnte sie hoffen, dass Victor überlebte. Sie wollte alles tun, um seine Chancen zu verbessern.

Tyrone stieß sie die Stufen hinauf und in das Gebäude.

„Ich kann nichts sehen“, protestierte sie.

„Dann werde es Licht“, sagte eine neue Stimme.

Lichter blendeten sie. Ein dritter Mann stand vor ihr. Sie befanden sich auf einer Theaterbühne. Zerschlissene Vorhänge hingen wie Spinnweben von Balken. Alte Kulissen eines efeubewachsenen mittelalterlichen Schlosses lehnten an der Hinterwand.

„Irgendwelche Probleme, Dafoe?“ fragte Tyrone.

„Keine“, sagte der neue Mann. „Ich habe das Gebäude durchsucht.“

„Ich sehe, dass das FBI seinen guten Ruf verdient.“

Dafoe grinste. „Ich wusste, dass der Cowboy nur das Beste will.“

Savitch band Cathy mitten auf der Bühne an einem Stuhl fest.

„Die läuft uns nicht weg“, sagte er zufrieden und drückte ihr zuletzt Klebeband auf den Mund.

Tyrone sah auf seine Uhr. „Null minus fünfzehn. Auf die Plätze, Gentlemen.“

Die drei Männer verschwanden in der Dunkelheit. Der Scheinwerfer, der auf Cathys Gesicht herunterknallte, war heiß wie die Sonne.

Schweiß bildete sich auf ihrer Stirn. Nach den Stimmen erriet sie die Positionen der Männer, Tyrone war in ihrer Nähe. Savitch war im Hintergrund nahe dem Haupteingang. Dafoe hatte sich in einer der Logen stationiert.

Victor, dachte sie verzweifelt, bleib weg ...

Ein Schweißtropfen lief über ihre Schläfe.

Irgendwo in der Dunkelheit vor ihr öffnete und schloss sich eine Tür quietschend. Schritte näherten sich langsam. Cathy versuchte, gegen das Gleißen des Scheinwerfers etwas zu sehen, erkannte jedoch nur einen Schatten, der sich durch Schatten bewegte.

Die Bretter der Bühne knarrten hinter ihr, als Tyrone aus der Kulisse trat. „Stehen bleiben, Mr. Holland!“

13. KAPITEL

Ein zweiter Scheinwerfer flammte auf und fing Victor ein. Er stand auf halbem Weg im Mittelgang. Hätte Cathy ihn doch bloß wegen der beiden anderen Männer warnen können!

„Lassen Sie sie gehen“, sagte Victor.

„Sie haben etwas, das wir zuerst wollen.“

„Ich sagte, lassen Sie sie gehen!“

Cathy zuckte zusammen, als sich die eisige Pistolenmündung gegen ihre Schläfe presste. „Zeigen Sie her, Tyrone.“

„Binden Sie sie zuerst los.“

„Ich könnte euch beide erschießen.“

„Ist es schon so weit gekommen?“ schrie Victor. „Bundesgelder für die Ermordung von Bürgern?“

„Es ist nur eine Frage von Kosten und Nutzen. Ein paar Bürger müssen jetzt vielleicht sterben, aber wenn dieses Land Krieg führt, denken Sie an die Millionen von Amerikanern, die dann gerettet werden.“

„Ich denke an die Amerikaner, die Sie bereits getötet haben.“

„Notwendige Todesfälle. Aber das verstehen Sie nicht. Sie haben nie einen Kameraden im Kampf sterben gesehen, nicht wahr, Holland? Sie wissen nicht, was für ein hilfloses Gefühl das ist, wenn man zusieht, wie brave Jungs aus guten amerikanischen Städten in Stücke gerissen werden. Mit dieser Waffe wird das nicht geschehen. Dann wird der Feind sterben, nicht wir.“

„Wer hat Ihnen die Autorität gegeben?“

„Ich selbst.“

„Und wer, zum Teufel, sind Sie?“

„Ein Patriot, Mr. Holland.“ Die Pistole an Cathys Schläfe klickte.

„Woher wollen Sie wissen, dass ich die Phiolen mitgebracht

habe?“ fragte Victor ruhig. „Wenn ich sie nun irgendwo versteckt habe? Töten Sie sie, und Sie finden es nie heraus.“

Tyrone senkte die Pistole und griff in seine Tasche. Cathy hörte das Klicken eines Springmessers. „Diese Runde geht an Sie, Holland“, sagte er und schnitt ihre Fesseln durch. Er riss das Klebeband von ihrem Mund und zerrte sie aus dem Stuhl. „Sie gehört Ihnen!“

Cathy kletterte von der Bühne. Unsicher ging sie zu Victor. Er zog sie in seine Arme. Nur an dem Hämmern seines Herzens erkannte sie, wie nahe er einer Panik war.

„Sie sind dran, Holland!“ rief Tyrone.

„Lauf“, wisperte Victor ihr zu. „Raus hier.“

„Victor, er hat noch zwei Männer ...“

„Geben Sie das Zeug her!“ schrie Tyrone.

Victor zögerte, fasste dann in sein Jackett und zog ein Zigarettenetui heraus. „Sie werden auf mich achten“, flüsterte er Cathy zu. „Schieb dich zur Tür. Vorwärts!“

Sie stand da, gelähmt vor Unentschlossenheit. Sie konnte ihn nicht sterben lassen. Und sie wusste, dass die beiden anderen Bewaffneten irgendwo in der Dunkelheit waren und jede ihrer Bewegungen beobachteten.

„Sie bleibt, wo sie ist“, sagte Tyrone. „Los, Holland, die Phiolen!“

Victor machte einen Schritt auf ihn zu, dann noch einen.

„Nicht weiter!“ befahl Tyrone. „Legen Sie es auf den Boden.“

Langsam legte Victor das Zigarettenetui vor seine Füße.

„Jetzt schieben Sie es mir zu.“

Victor versetzte dem Etui einen Stoß. Es rutschte den Mittelgang entlang und blieb im Orchestergraben liegen.

Tyrone ließ sich von der Bühne fallen.

Victor schob sich zurück, ergriff Cathys Hand und näherte sich langsam durch den Mittelgang der Tür.

Wie auf Stichwort klickte der Hammer einer Pistole. Victor wirbelte herum und versuchte, die anderen Bewaffneten auszumachen. Es war unmöglich, gegen das Gleißen der Scheinwerfer etwas zu erkennen.

„Sie gehen noch nicht“, sagte Tyrone und griff nach dem Etui. Vorsichtig hob er den Deckel an. Schweigend starrte er auf den Inhalt.

Das war es, dachte Cathy. Er hat keinen Grund, uns noch leben zu lassen, nachdem er bekommen hat, was er wollte ...

Tyrones Kopf schnellte hoch. „Ein Trick“, sagte er. Dann brüllte er: „Ein Trick! Tötet sie!“

Seine Stimme hallte noch durch das Theater, als plötzlich die Lichter ausgingen. Schwärze senkte sich über den Raum, als Victor Cathy seitlich in eine Sitzreihe zog.

Schüsse schienen von überall gleichzeitig zu fallen, während Cathy und Victor auf Händen und Knien auf dem Boden dahinrutschten, hörten sie Kugeln in die samtbespannten Sitze schlagen.

„Feuer einstellen!“ schrie Tyrone. „Achtet auf Geräusche!“

Die Schüsse verstummten. Cathy und Victor erstarrten in der Dunkelheit aus Angst, ihre Position zu verraten. Abgesehen von ihrem eigenen hämmernden Puls hörte Cathy absolut nichts.

Sie wagte kaum zu atmen, während sie nach hinten tastete und ihren Schuh auszog, weit ausholte und ihn blindlings durch das Theater schleuderte. Das Poltern löste eine neue Salve aus. In dem Dröhnen des Lärms hasteten Victor und Cathy weiter und kamen auf den Seitengang.

Wieder verstummten die Schüsse.

„Es gibt keinen Ausweg, Holland!“ schrie Tyrone. „Beide Türen sind bewacht! Es ist nur eine Frage der Zeit ...“

Irgendwo über ihnen in einer Loge flackerte plötzlich ein Licht. Dafoe hielt ein Feuerzeug hoch. Die Flamme zischte hoch und warf ihr schreckliches Licht in die Dunkelheit. Victor schob Cathy auf dem Boden hinter einen Sitz.

„Ich weiß, dass sie hier sind!“ rief Tyrone. „Siehst du sie, Dafoe?“

Dafoe schwenkte die Flamme. „Ich werde sie gleich haben. Warte, ich glaube, ich sehe ...“

Dafoe zuckte plötzlich, als ein Schuss krachte. Das Licht der Flamme tanzte wild auf seinem Gesicht, während er einen Moment in der Loge schwankte. Er griff nach dem Geländer, aber das morsche Holz gab unter seinem Gewicht nach. Er kippte vornüber. Sein Körper krachte in eine Sitzreihe.

„Dafoe!“ schrie Tyrone. „Verdammt, wer ...“

Eine Flammenzunge jagte plötzlich vom Fußboden hoch. Dafoes Feuerzeug hatte die Vorhänge in Brand gesetzt. Die Flammen breiteten sich rasch aus, tanzten über den schweren Samt zur Decke. Als die Flammen auf Holz trafen, fauchte das Feuer weiter.

Das Licht des Infernos enthüllte alles. Victor und Cathy, die in dem Gang kauerten; Savitch, der mit schussbereiter Waffe am Ausgang stand. Und auf der Bühne Tyrone, dessen Gesicht im Feuerschein dämonisch glühte.

„Sie gehören Ihnen, Savitch!“ befahl Tyrone.

Savitch zielte. Diesmal konnten sie sich nirgendwo verstecken. Cathy fühlte, wie Victor sie ein letztes Mal schützend umarmte.

Bei dem Knall der Waffe zuckten sie beide zusammen. Noch ein Schuss. Dennoch fühlte Cathy keinen Schmerz. Sie blickte zu Victor. Er starrte sie an, als könnte er nicht glauben, dass sie beide lebten.

Sie blickten hoch. Blut breitete sich auf Savitchs Hemd aus, während er auf die Knie fiel.

„Das ist eure Chance!“ schrie eine Stimme. „Bewegung, Holland!“

Sie wirbelten herum und sahen eine vertraute Gestalt als Silhouette vor den Flammen. Sam Polowski war wie durch einen Zauber hinter den Vorhängen aufgetaucht. Jetzt wirbelte er mit der Pistole in beiden Händen zu Tyrone herum.

Er hatte keine Chance abzudrücken.

Tyrone schoss zuerst. Die Kugel schleuderte Polowski rückwärts gegen die Samtsitze.

„Raus hier!“ schrie Victor und versetzte Cathy einen Stoß zum Ausgang. „Ich hole ihn ...“

„Victor, das kannst du nicht!“

Aber er war schon unterwegs. Durch die wirbelnden Rauchwolken sah sie, wie er geduckt zwischen den Reihen hindurchlief.

Die Luft war bereits so heiß, dass sie in Cathys Kehle brannte. Hustend ließ sie sich zu Boden sinken und atmete die relativ rauchfreie Luft ein. Sie konnte noch fliehen. Sie brauchte nur den Gang hinauf und zur Tür hinauszukriechen, stattdessen folgte sie Victor hinein in das Inferno.

Sie konnte gerade noch seine Gestalt vor einer massiven Feuerwand ausmachen, hob ihren Arm und schirmte ihr Gesicht gegen die Hitze ab. Sie blinzelte in den Rauch, kroch vorwärts und schob sich noch näher an die Flammen heran. „Victor!“ schrie sie.

Nur das Brüllen des Feuers antwortete ihr ... und ein noch bedrohlicheres Geräusch – das Knacken von Holz. Sie blickte hoch. Zu ihrem Entsetzen sah sie, dass die Balken durchhingen und unmittelbar vor dem Einsturz standen.

Blindlings hastete sie zu der Stelle, an der sie Victor zuletzt gesehen hatte. Er war nicht mehr aufzufinden. An der Stelle befand sich ein Tornado aus Rauch und Flammen. War er bereits entkommen? War sie allein, gefangen in dieser glühenden Streichholzschachtel?

Etwas klatschte gegen ihre Wange. Sie starrte zuerst verständnislos auf die Hand, die vor ihrem Gesicht baumelte. Langsam folgte sie dem blutigen Arm hinauf zu Dafoes leblosen Augen. Ihr Schrei wurde von dem Feuersturm verschluckt.

„Cathy?“

Sie drehte sich bei Victors Ruf um. Jetzt sah sie ihn. Er kauerte im Mittelgang, nur einen oder zwei Meter entfernt. Er hielt Polowski unter den Armen und kämpfte darum, ihn mit sich zum Ausgang zu zerren. Doch Hitze und Rauch hatten ihren Tribut gefordert. Er stand am Rand eines Zusammenbruchs.

„Das Dach stürzt gleich ein!“ schrie sie.

„Du musst raus!“

„Nicht ohne dich.“ Sie kroch vorwärts und packte Polowskis Füße. Gemeinsam schleppten sie ihre Last den Mittelgang über einen Teppich hinauf, auf dem bereits Funken glühten, Schritt um Schritt näherten sie sich dem Ende des Ganges, nur noch ein paar Meter.

„Ich habe ihn“, keuchte Victor. „Mach die Tür auf ...“

Sie richtete sich halb auf und drehte sich um.

Matt Tyrone stand vor ihr.

„Victor!“ schluchzte sie.

Victors Gesicht war eine Maske aus Ruß und Schweiß, als er seinen Blick zu Tyrone lenkte. Keiner der Männer sagte ein Wort. Beide wussten, dass das Spiel ausgereizt war. Es war Zeit, zum Ende zu kommen.

Tyrone hob seine Waffe.

In diesem Moment hörten sie das laute Krachen von berstendem Holz. Tyrone blickte hoch, als einer der Balken durchsackte und einen Funkenschauer versprühte.

Die kurze Ablenkung reichte Cathy. In purer Verzweiflung warf sie sich gegen Tyrones Beine und schleuderte ihn rückwärts. Die Waffe flog aus seiner Hand und glitt unter eine Sitzreihe.

Sofort war Tyrone wieder auf den Füßen und trat heftig nach ihr. Der Treffer an ihren Rippen war so schmerzhaft, dass sie nicht einmal aufschreien konnte. Sie fiel einfach der Länge nach hin, zu hilflos, um weitere Treffer abzuwehren.

Durch die Schleier vor ihren Augen sah sie zwei kämpfende Gestalten: Victor und Tyrone. Vor einem Feuermeer rangen sie darum, dem anderen an die Kehle zu gehen. Tyrone landete einen Faustschlag. Victor taumelte ein paar Schritte zurück. Tyrone ging wie ein Stier auf ihn los. Im letzten Moment wich Victor zur Seite, und Tyrone traf nur auf leere Luft. Er stolperte und stürzte nach vorn auf den glimmenden Teppich. Wütend richtete er sich auf die Knie auf und wollte erneut angreifen.

Das Krachen von berstendem Holz ließ ihn wieder nach oben blicken.

Er starrte noch immer erstaunt, als der Balken auf seinen Kopf krachte.

Cathy wollte Victors Namen rufen, aber kein Laut kam aus ihrer Kehle. Sie raffte sich auf die Knie auf. Polowski lag stöhnend neben ihr. Flammen waren überall, schossen vom Boden hoch, kletterten die letzten unberührten Vorhänge hoch.

Dann sah sie ihn, wie er durch diese Vision des Höllenfeuers taumelte. Er packte ihren Arm und schob sie zum Ausgang.

Irgendwie schafften sie es, zur Tür hinauszustolpern und Polowski hinter sich herzuziehen. Hustend und keuchend zerrten sie ihn über die Straße. Dort brachen sie zusammen.

Der Nachthimmel wurde plötzlich erleuchtet, als eine Explosion durch das Theater tobte. Das Dach stürzte ein, Flammen schlugen hoch, als würden sie den Himmel erreichen. Victor warf sich über Cathy, als die Fenster in dem Gebäude über ihnen splitterten und Glasscherben auf den Bürgersteig regneten.

Einen Moment waren nur die prasselnden Flammen zu hören. Dann heulte in der Ferne eine Sirene.

Polowski bewegte sich und stöhnte.

„Sam!“ rief Victor. „Wie geht es, Kamerad?“

„Sticht ... teuflisch in meiner Seite.“

„Sie kommen wieder auf die Beine. Danke, Sam“, sagte Victor.

„Ich musste es tun. Sie ... waren zu dumm, um auf mich ... zu hören ...“

„Wir haben sie wieder."

Polowskis Blick wanderte zu Cathy. „Wir haben es geschafft."

Victor rieb sich über das Gesicht. „Ich habe den Beweis verloren. Da drinnen." Victor starrte auf die Flammen.

„Milo hat ihn", flüsterte Sam. „Ich habe ihn Milo gegeben."

Victor sah ihn verwirrt an. „Sie haben die Phiolen genommen?"

Polowski nickte.

„Sie ... Sie verdammter, elender..."

„Victor!" mahnte Cathy.

„Er hat mein Unterpfand gestohlen!"

„Er hat uns das Leben gerettet!"

Polowski grinste schmerzlich. „Die Lady hat Verstand", murmelte er. „Hören Sie auf sie."

Die Sirenen verstummten plötzlich. Rufe ertönten. Ein Feuerwehrmann kam auf Polowski zugerannt, rief nach einem Krankenwagen. Bis sie Polowski wegbrachten, war von dem Saracen Theater nicht viel mehr übrig als ein verglimmender Scheiterhaufen.

Victor zog Cathy in die Arme, hielt sie lange fest. Sie waren beide so erschöpft, dass keiner wusste, wer wen stützte.

„Du bist zu mir gekommen", murmelte sie. „Victor, ich hatte solche Angst, du würdest es nicht tun ... Du hattest deinen Beweis. Du hättest mich zurücklassen können ..."

„Nein, das konnte ich nicht." Er drückte einen Kuss auf ihre angesengten Haare.

Schritte erklangen. „Entschuldigen Sie. Sind Sie Victor Holland?" Ein Mann in einem zerknitterten Parka und mit einer Kamera streckte die Hand aus. „Ich bin Jay Wallace. San Francisco Chronicle. Sam Polowski hat mich angerufen. Vor ungefähr zwei Stunden. Mein Exschwager. Seit Tagen macht er schon Andeutungen."

„Er hat Ihnen von mir erzählt?"

„Er sagte, Sie hätten eine Story. Wo ist der Blödmann eigentlich?"

„Dieser Blödmann", antwortete Victor gereizt, „ist ein Held. Schreiben Sie das in Ihrem Artikel."

Zwei Polizisten kamen zu ihnen. „Wir haben erfahren", sagte der Ältere, „dass ein Mann mit einer Schussverletzung ins Krankenhaus gebracht wurde."

Victor nickte. „Wenn Sie dieses Gebäude durchsuchen, werden Sie noch drei Leichen finden."

„Drei Leichen?" Die Cops sahen einander an. „Wie ist Ihr Name?"

Victors Blick richtete sich auf Cathy. „Mein Name ist Victor Holland."

„Holland ... Victor Holland?" wiederholte der Polizist. „Ist das nicht ...?"

Und noch immer sah Victor Cathy an. Bis sie ihm Handschellen anlegten, bis sie ihn wegzogen zu einem wartenden Streifenwagen, blieb sein Blick mit dem ihren verschlungen.

„Ma'am, Sie müssen mit uns kommen."

Benommen sah sie den Polizisten an. „Was?"

Die Polizisten waren höflich, beinahe freundlich. Cathy beantwortete alle Fragen. Sie erzählte ihnen alles. In der Morgendämmerung wurde sie entlassen.

Jay Wallace wartete vor dem Eingang. „Ich muss mit Ihnen reden."

Dort auf der kalten, leeren Straße brach sie in Tränen aus. „Ich weiß nicht, was ich machen soll", schluchzte sie. „Ich weiß nicht, wie ich ihm helfen soll."

„Sie meinen Holland? Den haben sie schon nach San Francisco gebracht. Vor einer Stunde. Hohe Tiere vom Justizministerium sind mit einer Eskorte gekommen. Ich habe gehört, sie fliegen ihn direkt nach Washington. Behandlung erster Klasse."

Sie schüttelte verwirrt den Kopf. „Dann geht es ihm gut? Er ist nicht verhaftet ...?"

„Verdammt, Lady!“ Wallace lachte. „Der Mann ist jetzt ein echter Held!“

Sie holte tief Luft. „Haben Sie einen Wagen, Mr. Wallace?“ fragte sie.

„Er parkt gleich um die Ecke.“

„Dann können Sie mich mitnehmen?“ Wo würde Victor nach ihr suchen? Natürlich, bei Milo. „Zum Haus eines Freundes. Ich will da sein, wenn Victor anruft. Ich denke, er wird es sicher dort zuerst versuchen.“

Wallace zeigte ihr den Weg zu seinem Wagen. „Hoffentlich ist es eine lange Fahrt. Ich muss noch viel erfahren, bevor diese Story in die Zeitung kommt.“

Victor rief nicht an.

Vier Tage wartete Cathy in der Nähe des Telefons. Vier Tage versorgten Milo und seine Mutter sie mit Tee und Plätzchen, Lächeln und Mitgefühl.

Dann kehrte sie in ihre Wohnung nach San Francisco zurück, ließ ein neues Fenster einsetzen und die Wand neu tapezieren. Sie unternahm lange Spaziergänge und besuchte Ollie und Polowski oft im Krankenhaus. Alles, um von diesem stummen Telefon wegzukommen.

Sie erhielt einen Anruf von Jack. „Wir drehen nächste Woche“, jammerte er. „Und das Ungeheuer ist in grauenhaftem Zustand. Diese ganze Feuchtigkeit! Das Gesicht schmilzt ständig zu grünem Brei. Komm her und tu etwas dagegen!“

Sie sagte, sie würde es sich überlegen.

Eine Woche später entschied sie sich. Arbeit, grüner Brei und gereizte Schauspieler, das war besser, als auf einen Anruf zu warten, der nie kommen würde.

Doch bevor sie abreiste, wollte sie noch einmal nach Palo Alto fahren. Sie hatte Sam Polowski einen letzten Besuch versprochen.

14. KAPITEL

(AP) Washington.

Regierungssprecher Richard Jungkuntz wiederholte heute, dass weder der Präsident noch irgendein Mitglied seines Stabes etwas von der Erforschung biologischer Waffen bei Viratek Industries in Kalifornien wussten. Das Projekt Zerberus, bei dem es um die Entwicklung genetisch veränderter Viren ging, war eindeutig ein Verstoß gegen internationales Recht. Beweise, die von dem Reporter Jay Wallace vom San Francisco Chronicle gesammelt wurden, enthüllten, dass das Projekt mit Geldern finanziert wurde, die direkt von dem verstorbenen Matthew Tyrone bewilligt wurden, einem hochrangigen Berater des Verteidigungsministers.

In der heutigen Anhörung des Justizministeriums sagte der Präsident von Viratek, Archibald Black, zum ersten Mal aus und versprach, nach bestem Wissen die direkten Verbindungen zwischen der Regierung und dem Projekt Zerberus zu enthüllen. Die gestrige Aussage des ehemaligen Viratek-Angestellten Dr. Victor Holland hat bereits eine beunruhigende Geschichte von Betrug, Vertuschung und möglicherweise Mord umrissen.

Die Generalstaatsanwaltschaft weigert sich weiterhin, die Forderung des Kongressabgeordneten Leo D. Fanelli nach Einsetzung eines Sonderanklägers zu erfüllen ...

Cathy legte die Zeitung weg und lächelte im Wintergarten des Krankenhauses ihren drei Freunden zu. „Na, Leute, ihr habt Glück, dass ihr im sonnigen Kalifornien seid und euch nicht euren Ihr-wisst-schon-was in Washington abfriert."

„Machen Sie Scherze?" grollte Polowski. „Ich würde alles geben, um bei dieser Anhörung zu sein. Statt dessen ..." Er zog an seiner Infusionsleitung.

„Geduld, Sam“, sagte Milo. „Sie kommen nach Washington.“

Drei Wochen waren schon vergangen, seit Cathy zuletzt Victor gesehen hatte. Durch Jay Wallace in Washington hatte sie gehört, dass Victor ständig von Reportern und Bundesanwälten und Beamten des Justizministeriums umlagert wurde, wenn er sich in der Öffentlichkeit zeigte. Niemand kam an ihn heran.

Diese drei neuen Freunde waren ein Trost gewesen. Ollie hatte sich rasch erholt. Bei Polowski dauerte es länger. Noch eine Woche, sagten die Ärzte.

Das Schweigen von Victor wäre zu erwarten gewesen, hatte Polowski erklärt. Absonderung von Zeugen. Schutzhaft. Das Justizministerium wollte einen wasserdichten Fall. Deshalb wurde der Hauptzeuge abgeschottet.

„Sam, wir haben Ihnen etwas mitgebracht.“ Milo griff in seine Tasche. „Einen Kamm zum Blasen.“

„Den habe ich wirklich gebraucht.“

„Richtig.“ Ollie öffnete seinen Klarinettenkasten. „Da wir heute unsere Instrumente mitgebracht haben, wollten wir Sie nicht ausschließen.“

„Das meinen Sie nicht ernst.“

Milo streichelte seine Piccoloflöte. „Alle diese deprimierten Patienten müssen mit guter Musik aufgeheitert werden. Das ist jetzt unsere Aufgabe.“

„Die brauchen Frieden und Ruhe!“ Polowski sah Cathy flehend an. „Das meinen die beiden doch nicht ernst.“

Sie holte ihren Kamm hervor. „Todernst.“

„Los, Jungs“, sagte Ollie. „Fangt an!“

Nie zuvor hatte die Welt eine solche Version von „California, Here I Come!“ gehört, und wenn sie Glück hatte, würde sie auch nie wieder so etwas hören. Als die letzte Note verklang, hatten sich Patienten und Schwestern im Wintergarten versammelt, um die Quelle dieses schrecklichen Gekreisches aufzuspüren.

„Also“, sagte Cathy. „Ich habe mein Teil zu der Aufheiterung beigetragen. Ich mache mich auf den Weg nach Mexiko.“

„Was ist mit Victor?“ fragte Polowski. „Er wird Sie vermissen.“

„Das glaube ich nicht.“ Cathy wandte sich ab. Sie liebte Victor. Aber sie erinnerte sich daran, wie oft er versucht hatte, sie wegzuschicken. Sie hatte schon einmal geliebt, und sie wusste, dass das Schlimmste, was eine Frau bei einem Mann erkennen konnte, Gleichgültigkeit war.

Sie wollte diese Gleichgültigkeit nicht in Victors Augen sehen.

Sie griff nach ihrer Handtasche und drückte Polowski einen Kuss auf die Stirn. „Erholen Sie sich! Das Land braucht Sie!“

Polowski seufzte. „Wenigstens einer, der das einsieht.“

„Ich schreibe aus Mexiko.“ Sie kam einen Schritt weit.

Victor stand mit einem Koffer in der Hand in der Tür. „Was ist mit Mexiko?“

„Du kommst gerade rechtzeitig“, sagte Ollie. „Sie will weg.“

„Was?“ Der Koffer entglitt Victors Hand. Er sah sie betroffen an. „Du kannst nicht weg!“

Sie räusperte sich. „Jack braucht mich. Sie filmen, und sie kommen nicht klar. Ich rufe dich an ...“

„Er kann den Film ohne dich drehen.“

„Ja, aber ...“

Sanft, aber fest ergriff er ihre Hand. „Entschuldigt uns, Leute“, sagte er zu den anderen. „Die Lady und ich machen einen Spaziergang.“

Draußen trieben Blätter über den winterbraunen Rasen. Victor blieb plötzlich stehen und zog Cathy zu sich herum.

„Wie bist du auf diese verrückte Idee gekommen wegzugehen? Ich bin in diesem Hotelzimmer fast die Wände hochgegangen. Du hast keine Ahnung, welche Sorgen ich mir gemacht habe. Die Anwälte ließen mich nicht einmal telefonieren, bevor die Anhörung beendet war. Ich konnte nur daran denken, wie sehr ich dich vermisse!

Bei der ersten Gelegenheit bin ich abgehauen, und hier bin ich. Offenbar gerade noch rechtzeitig."

Sie schüttelte den Kopf. „Das kann nicht klappen."

Er ließ seine Hände sinken. „Die Nacht, in der wir uns geliebt haben", flüsterte er. „Hat dir das nichts bewiesen?"

„Aber das war nicht ich, die du geliebt hast. Du hast an Lily gedacht ..."

„Lily?" Er schüttelte verwirrt den Kopf.

„Du hast sie so sehr geliebt. Ganz gleich, wie sehr ich mich auch bemühe, ich werde nie an sie heranreichen. Ich werde nicht klug genug sein oder gütig genug oder ..."

„Cathy, hör auf."

„Ich werde nie sie sein."

„Ich will nicht, dass du sie bist! Ich will die Frau, die mit mir an Feuerleitern hängt, die mich von der Straße zieht. Ich will die Frau, die mir das Leben gerettet hat. Die Frau, die sich durchschnittlich nennt. Die Frau, die nicht weiß, wie außergewöhnlich sie ist." Er hob ihr Gesicht an. „Ja, Lily war eine wunderbare Frau, aber sie war nicht du. Als du und ich uns in jener Nacht geliebt haben, war es für mich, als wäre es das erste Mal. Nein, sogar besser, weil ich dich geliebt habe."

„Und ich habe dich geliebt", flüsterte sie.

Er zog sie in seine Arme und küsste sie. „Cathy, Cathy", murmelte er. „Wir waren so damit beschäftigt, am Leben zu bleiben, dass wir keine Zeit hatten, alles das zu sagen, was wir hätten sagen sollen ..."

Seine Arme verkrampften sich, als Applaus über ihnen ertönte. Drei grinsende Gesichter spähten von einem Krankenhausbalkon.

„Vorwärts, Jungs!" schrie Ollie. Eine Klarinette, ein Piccolo und ein Kamm kreischten nun los um die Wette. Dennoch glaubte Cathy, George Gershwin zu erkennen. „Someone to Watch Over Me."

Victor ergriff ihre Hand und zog sie zu einem Taxi am Straßenrand. „Nichts wie ab nach Mexiko!“

„Aber Victor! Was ist mit unserem Gepäck? Meine Kleider ...“

Er brachte sie mit einem Kuss zum Schweigen.

Sie stiegen in das Taxi. Die Band auf dem Hotelbalkon stimmte eine neue Melodie an, die Cathy zuerst nicht erkannte. Dann erhob sich aus den vermanschten Tönen der Kamm zu einem perfekten Solo. Sie spielten „Tannhäuser“. Hochzeitsmusik!

„Was ist das für ein scheußlicher Lärm?“ fragte der Taxifahrer.

„Musik“, antwortete Victor und lächelte Cathy zu. „Die schönste Musik der Welt.“

Sie fiel ihm in die Arme, und er hielt sie fest.

Das Taxi fuhr los. Doch obwohl sie das Krankenhaus weit hinter sich ließen, dachten sie, in der Ferne noch Sam Polowskis Kamm zu hören, der eine letzte verklingende Note zum Abschied spielte.

– ENDE –

Tess Gerritsen

Tödliche Spritzen

Roman

Aus dem Amerikanischen von
Margret Krätzig

PROLOG

Gütiger Himmel, wie einen die Vergangenheit belasten konnte!

Dr. Henry Tanaka starrte aus seinem Bürofenster auf den regengepeitschten Parkplatz und fragte sich, warum ihn nach all den Jahren der Tod einer Patientin noch vernichten sollte.

Draußen rannte eine Krankenschwester in regenfleckiger Uniform zum Auto. Noch jemand, den es ohne Regenschirm erwischt hat, dachte er. Der Morgen hatte, wie meistens in Honolulu, hell und sonnig begonnen. Gegen drei waren aus Richtung Koolau Wolken herangezogen, und als das letzte Klinikpersonal nach Hause fuhr, ging der Regen wolkenbruchartig nieder und überflutete die Straßen mit schmutzigem Wasser.

Dr. Tanaka drehte sich mit seinem Sessel um und blickte auf den Brief auf seinem Schreibtisch, der vor einer Woche bereits aufgegeben worden war, jedoch zwischen gynäkologischen Fachzeitschriften und Ausstattungskatalogen verloren gegangen war. Als seine Sekretärin ihn heute auf das Schreiben aufmerksam gemacht hatte, hatte er den Absender voller Unruhe gelesen: Joseph Kahanu, Anwalt bei Gericht. Daraufhin hatte er den Brief sofort geöffnet.

Dr. Tanaka sank in seinen Sessel zurück und las erneut.

Sehr geehrter Herr Dr. Tanaka,
als Anwalt von Mr. Charles Decker verlange ich Einsicht in alle gynäkologischen Unterlagen von Miss Jennifer Brook, die zum Zeitpunkt ihres Todes Ihre Patientin war.

Jennifer Brook. Er hatte gehofft, diesen Namen zu vergessen.

Bleierne Müdigkeit befiel ihn, die Erschöpfung eines Mannes, der erkennen muss, dass er seinem Schatten nicht entfliehen kann. Er konnte sich nicht dazu aufraffen, nach Hause zu gehen. Er konnte nur dasitzen und die Bürowände betrachten. Er ließ den Blick über gerahmte Diplome, medizinische Zertifikate und Fotos schweifen. Überall hingen Schnappschüsse von runzeligen Neugeborenen und strahlenden Müttern und Vätern. Wie vielen Babys hatte er auf die Welt geholfen? Er hatte schon vor Jahren aufgehört zu zählen ...

Ein Geräusch aus dem Vorzimmer, das Klicken einer zuschnappenden Tür, veranlasste ihn schließlich, sich aus dem Sessel zu erheben. Er ging hinaus und sah am Empfang nach. „Peggy, sind Sie noch hier?"

Der Warteraum war leer. Sein Blick glitt über die Couch, die Sessel und die säuberlich zum Stapel aufgeschichteten Magazine auf dem Kaffeetisch zur Außentür. Sie war unverschlossen.

„Peggy?" Dr. Tanaka ging den Flur hinunter und blickte in den ersten Raum. Er schaltete das Licht ein und sah das stählerne Spülbecken, den gynäkologischen Stuhl und den Vorratsschrank. Er löschte das Licht wieder und begab sich in den nächsten Raum. Auch hier war alles, wie es sein sollte.

Dr. Tanaka überquerte den Flur, um im dritten und letzten Raum nachzusehen. Doch als er nach dem Lichtschalter langte, ließ ihn ein Instinkt erstarren. Er spürte die Gegenwart eines anderen Menschen, und er spürte, dass in der Dunkelheit Gefahr lauerte.

Entsetzt wich er zurück. Doch als er sich umdrehte, um zu fliehen, erkannte er die Gefahr hinter sich.

Eine scharfe Klinge durchtrennte ihm die Halsschlagader.

Dr. Tanaka strauchelte rückwärts in den Untersuchungsraum und riss einen Instrumentenständer um. Im Fallen bemerkte er, dass der Boden bereits schlüpfrig war von seinem Blut. Doch obwohl er sein Lebenslicht verlöschen spürte, versuchte er, seine Verletzung und die Überlebenschancen nüchtern einzuschätzen: durchtrennte Halsschlagader, Verblutung innerhalb von Minuten. Er musste so schnell wie möglich die Blutung stoppen ... Taubheit kroch ihm bereits die Beine hinauf.

Es blieb ihm nur wenig Zeit. Auf Händen und Knien rutschte er zum Schrank mit der Gaze, in seinem halb bewusstlosen Zustand vom Glitzern der gläsernen Schranktüren geleitet.

Ein Schatten schob sich vor das Licht vom Flur. Dr. Tanaka wusste, dass der Eindringling auf der Türschwelle stand und ihn beobachtete. Trotzdem kroch er weiter. Er zog sich hoch und riss die Tür auf. Sterile Packungen regneten vom Bord. Blindlings riss er eine auf und presste den Packen Gaze auf die Ader.

Er sah nicht, wie die Klinge ein zweites Mal niedersauste. Als sie sich tief in seinen Rücken bohrte, versuchte er zu schreien, doch seiner Kehle entrang sich nur ein Seufzer. Dann glitt er ruhig zu Boden.

Charlie Decker lag nackt auf seinem schmalen harten Bett und hatte Angst. Durch das Fenster sah er eine grellrote Neonschrift: *The Victory Hotel.* Dass in dem Wort Hotel das t fehlte, zeigte, in welch erdrückend trostlosem Zustand es sich befand.

Er schloss die Augen, doch der Schein des Neonzeichens durchdrang seine Lider. Er drehte sich vom Fenster weg und legte sich das Kissen über das Gesicht. Der Geruch des stockigen Leinens war zum Ersticken. Er warf das Kissen beiseite, stand auf, ging zum Fenster und schaute auf die Straße hinunter. Eine Blondine mit strähnigem Haar und Minirock verhandelte gerade mit einem Mann in einem Chevy über den Preis. Irgendwo lachten Leute, und eine Musikbox spielte „It don't matter anymore“. Der Gestank von der Straße war eine sonderbare Mischung aus verrottendem Abfall und Frangipani: der Geruch der Hinterhöfe des Paradieses. Er verursachte ihm Übelkeit. Doch es war zu heiß, das Fenster zu schließen, zu heiß zum Schlafen und zu heiß zum Atmen.

Charlie Decker ging zum Kaffeetisch und schaltete das Licht ein. Die Schlagzeile der Zeitung sprang ihn geradezu an:

Arzt in Honolulu ermordet aufgefunden.

Er spürte Schweißperlen auf seiner Brust und warf die Zeitung zu Boden. Dann setzte er sich und ließ den Kopf in die Hände sinken.

Die Musikbox verstummte einen Moment, bevor das nächste Stück mit hämmernden Gitarren- und Schlagzeugrhythmen einsetzte. Ein Sänger heulte „I want it bad, oh yeah baby, so bad, so bad ...“

Charlie hob den Kopf und betrachtete Jennys Bild. Sie lächelte, wie sie es immer getan hatte. Er berührte das Bild und versuchte sich zu erinnern, wie sich ihr Gesicht anfühlte.

Schließlich öffnete er sein Notizbuch, blätterte eine leere Seite auf und begann zu schreiben:

Das haben sie mir gesagt ...
Es dauert Zeit ...
Das habe ich ihnen gesagt: Heilung kommt nicht durch Vergessen, sondern durch Erinnerung an dich.
Der Geruch der See auf deiner Haut.
Deine kleinen, perfekten Fußabdrücke im Sand.
In der Erinnerung gibt es kein Ende.
Und so liegst du jetzt und immer dort am Strand.
Du öffnest die Augen, du berührst mich.
Die Sonne ist in deinen Fingerspitzen.
Und ich bin geheilt.
Ich bin geheilt.

1. KAPITEL

Mit sicherer Hand injizierte Dr. Kate Chesne zweihundert Milligramm Natrium Pentothal in den Infusionsschlauch. Während die blassgelbe Flüssigkeit langsam durch den Schlauch rann, sagte Kate leise: „Du wirst dich bald schläfrig fühlen, Ellen. Schließ die Augen. Entspann dich."

„Ich fühle noch nichts."

„Es dauert eine Minute oder so." Kate drückte Ellen aufmunternd den Oberarm. Es waren die kleinen Dinge, die dem Patienten das Gefühl der Sicherheit gaben, eine Berührung, eine ruhige Stimme. „Lass dich treiben", flüsterte Kate. „Denk an den Himmel ... an die Wolken ..."

Ellen lächelte ihr ruhig und schläfrig zu. Im gleißenden OP-Licht sah man jede Sommersprosse und jeden Makel ihrer Haut. Niemand, nicht einmal Ellen O'Brien war auf dem OP-Tisch hübsch. „Seltsam", murmelte sie, „ich habe keine Angst. Nicht ein bisschen ..."

„Das brauchst du auch nicht. Ich kümmere mich um alles."

„Ich weiß, ich weiß." Ellen griff nach Kates Hand. Es war nur eine Berührung, ein kurzes ineinander Verschlingen der Finger. Doch Ellens Körperwärme machte Kate erneut bewusst, dass hier nicht nur ein Körper lag, sondern eine Frau, eine Freundin.

Die Tür schwang auf, und der Chirurg kam herein. Dr. Guy Santini war ein Mann wie ein Bär und wirkte leicht lächerlich mit seiner geblümten Papierkappe. „Wie weit sind wir hier, Kate?"

„Sie bekommt Pentothal."

Guy ging an den OP-Tisch und drückte der Patientin die Hand. „Immer noch bei uns, Ellen?"

Sie lächelte. „Im Guten wie im Bösen. Aber eigentlich wäre ich lieber in Philadelphia."

Guy lachte: „Das werden Sie bald sein, aber ohne Ihre Gallenblase."

„Ich weiß nicht ... ich habe mich ... an das Ding ... gewöhnt." Ellens Lider schlossen sich. „Denken Sie daran, Guy", flüsterte sie, „Sie haben mir versprochen, keine Narben ..."

„Habe ich das?"

„Allerdings ..."

Guy zwinkerte Kate zu. „Was ich immer sage: Schwestern sind die schlimmsten Patienten, verlangen dauernd Extrabehandlung."

„Sehen Sie sich vor, Doc!" entgegnete eine der OP-Schwestern. „Eines Tages legen wir Sie auf den Tisch da."

„Welch schrecklicher Gedanke", bemerkte er.

Kate sah, wie das Kinn ihrer Patientin sich entspannte, und rief leise: „Ellen?" Dann ließ sie die Finger über Ellens Augenlider fahren. Keine Reaktion. Kate nickte Guy zu. „Sie ist weg."

„Oh, Kate, Darling, du leistest hervorragende Arbeit für eine ..."

„Für eine Frau, ja, ja, ich weiß."

„Also, dann sollte die Show beginnen." Er ging hinaus, um sich die Hände zu schrubben. „Sind die Laborbefunde in Ordnung?"

„Die Blutwerte sind ideal."

„Und das EKG?"

„Habe ich gestern Abend gemacht, ist okay."

Guy salutierte bewundernd von der Türschwelle her. „Wenn du dabei bist, Kate, braucht man nicht einmal nachzudenken. Ach, Ladies", wandte er sich an die beiden OP-Schwestern, die die Instrumente auslegten. „Noch eine Warnung. Unser Assistenzarzt ist Linkshänder."

Eine der beiden blickte interessiert auf. „Ist er süß?"

Guy zwinkerte. „Ein Traummann, Cindy. Ich werde ihm sagen, dass Sie gefragt haben." Lachend verschwand er aus der Tür.

Cindy seufzte: „Wie hält seine Frau ihn nur aus?"

Die Vorbereitungen während der nächsten zehn Minuten liefen mit der Präzision eines Uhrwerks ab. Kate erledigte ihre Aufgaben mit der üblichen Zuverlässigkeit. Sie führte den Tubus in den Rachen der Patientin ein und schloss ihn an den Narkoseapparat an. Dann regelte sie die Zufuhr von Atem- und Narkosegasen. Dabei behielt sie den Monitor, der Ellens Herztätigkeit anzeigte, im Auge. Jeder Schritt, obwohl er automatisch erfolgte, musste zwei- und dreimal überprüft werden. Und wenn der Patient jemand war, den sie kannte und mochte, war sie noch gewissenhafter. Die Tätigkeit eines Anästhesisten wurde oft mit neunundneunzig Prozent Langeweile und einem Prozent Entsetzen beschrieben. Und genau diesem einen Prozent galt Kates ständige Sorge. Wenn Komplikationen auftraten, entwickelten sie sich in Sekundenbruchteilen.

Heute würde jedoch alles glatt laufen. Ellen O'Brien war erst einundvierzig, und abgesehen von einem Gallenstein war sie völlig gesund.

Guy kehrte mit noch feuchten Armen in den OP zurück. Ihm folgte der angebliche Traum von einem linkshändigen Assistenzarzt, der mit seinen hochhackigen Schuhen mal gerade ein Meter achtundsechzig groß sein mochte. Die beiden begannen mit dem Ritual des Anziehens von steriler Kleidung und Handschuhen, das mit dem Klatschen des Latex beendet wurde.

Während sich das Team um den OP-Tisch versammelte, wanderte Kates Blick über die maskierten Gesichter. Mit Ausnahme des Assistenzarztes waren sie ihr alle wohl vertraut. Da war Ann Richter mit dem aschblonden Haar, das sie sauber unter die blaue Chirurgenkappe gestopft hatte, eine äußerst professionell arbeitende Schwester, die niemals Arbeit und Vergnügen mischte. Machte jemand einen Scherz im OP, warf sie ihm höchstwahrscheinlich einen strafenden Blick zu.

Daneben Guy, gemütlich und freundlich, die braunen Augen hinter dicken Brillengläsern verborgen. Es war kaum zu glauben, dass ein so unbeholfen wirkender Mann Chirurg war. Doch mit einem Skalpell in der Hand vollbrachte er wahre Wunder.

Ihm gegenüber stand der Assistenzarzt mit dem bedauerlichen Handikap, als Linkshänder geboren zu sein.

Als Letztes Cindy, die OP-Schwester, die die Instrumente reichte, eine dunkelhaarige Nymphe mit ansteckendem Lachen. Heute hatte sie einen neuen Lidschatten aufgelegt. Die Farbe nannte sich Oriental Malachit und verlieh ihr eine gewisse Ähnlichkeit mit einem tropischen Fisch.

„Schöner Lidschatten, Cindy", bemerkte Guy, als er die Hand nach dem Skalpell ausstreckte.

„Oh, danke, Dr. Santini." Sie legte ihm das Instrument in die Hand.

„Gefällt mir viel besser als der ‚Spanische Schleim'."

„Spanisch Moos."

„Aber dieser ist wirklich umwerfend, finden Sie nicht?" fragte er den Assistenzarzt, der weise schwieg. „Ja", fuhr Guy fort, „er erinnert mich an meine Lieblingsfarbe. Gallegrün."

Der Assistenzarzt kicherte, und Cindy warf ihm einen vernichtenden Blick zu. Somit waren seine Chancen endgültig dahin.

Guy machte den ersten Einschnitt. Als sich eine dünne Blutlinie auf der Bauchdecke zeigte, tupfte der Assistenzarzt sie weg. Ihre Hände arbeiteten automatisch und völlig aufeinander eingespielt, wie zwei Pianisten bei einem Duett.

Von ihrer Position am Kopfende der Patientin beobachtete Kate den Vorgang und lauschte auf Ellens Herzrhythmus. Alles verlief gut, nirgends der Hauch einer Unregelmäßigkeit. So liebte Kate ihre Arbeit, wenn sie wusste, dass sie alles unter Kontrolle hatte. Inmitten dieser stählernen Ausrüstung fühlte sie sich wohl. Das leise Sausen des Ventilators und das Piepen des Herzmonitors waren Hintergrundmusik zu dem, was sich vor dem Team auf dem OP-Tisch abspielte.

Guy schnitt tiefer in eine Fettschicht. „Die Muskeln scheinen ein bisschen gespannt zu sein, Kate. Wir könnten Schwierigkeiten beim Zurückziehen bekommen."

„Ich sehe zu, was ich machen kann." Sie wandte sich dem Medikamentenwagen zu und zog eine kleine Schublade mit der Aufschrift Succinylcholin auf. Intravenös gespritzt entspannte es die Muskulatur und würde Guy leichteren Zugang zur Bauchhöhle gewähren. Kate blickte stirnrunzelnd in die Lade. „Ann, hier liegt nur noch eine Ampulle Succinylcholin. Besorgen Sie mir neue, ja?"

„Komisch", bemerkte Cindy. „Ich bin sicher, ich habe die Lade gestern Nachmittag aufgefüllt."

„Jedenfalls ist nur noch eine Ampulle hier." Kate zog fünf Kubikzentimeter der kristallklaren Lösung auf und injizierte sie in Ellens Infusionsschlauch. Es würde eine Minute dauern, bis es wirkte. Kate setzte sich zurück und wartete.

Guy hatte die Fettschicht durchtrennt und war dabei, die Bauchmuskeln freizulegen. „Die sind immer noch sehr gespannt, Kate."

Sie blickte auf die Wanduhr. „Es sind drei Minuten vergangen. Die Wirkung sollte inzwischen eingesetzt haben."

„Kein bisschen."

„Okay. Ich gebe ihr noch etwas." Kate zog wieder eine geringe Menge auf und injizierte sie. „Ich brauche bald eine neue Ampulle, Ann. Diese ist fast ..."

Der Warnton des Herzmonitors schaltete sich ein. Kate hob ruckartig den Kopf, und was sie sah, ließ sie entsetzt aufspringen.

Ellen O'Briens Herz schlug nicht mehr.

Im OP brach sofort die Hölle los. Anweisungen wurden geschrien, Instrumentenwagen schnell beiseite geschubst. Der Assistenzarzt stieg auf einen Hocker und presste sein ganzes Gewicht auf Ellens Brustkorb.

Das war das sprichwörtliche eine Prozent, der Augenblick blanken Entsetzens, der Albtraum jedes Anästhesisten.

Und es war der schlimmste Moment in Kate Chesnes Leben.

In der allgemeinen Panik hatte sie Mühe, nicht die Fassung zu verlieren. Sie injizierte eine Ampulle Adrenalin nach der anderen, zuerst in den Infusionsschlauch, dann direkt in Ellens Herz. Ich verliere sie! dachte Kate. Gütiger Himmel, ich verliere sie! Dann sah sie ein kurzes Aufflackern auf dem Monitor, das einzige Zeichen, dass noch ein Rest Leben vorhanden war.

„Elektroschock!" rief Kate und sah Ann an, die neben der Apparatur stand. „Zweihundert Watt Sekunden!"

Ann war erstarrt, ihr Gesicht weiß wie Alabaster.

„Ann!" schrie Kate. „Zweihundert Watt Sekunden!"

Es war Cindy, die zur Maschine preschte und den Knopf drückte. Die Nadel schoss auf zweihundert hoch. Guy schnappte sich die zwei Elektrodenkissen, klatschte sie auf Ellens Brustkorb und löste den Strom aus.

Ellens Körper zuckte zusammen wie der einer Marionette, deren Fäden alle gleichzeitig gezogen werden.

Ein kurzes Flimmern, dann zeigte der Monitor wieder das Muster eines absterbenden Herzens. In einem verzweifelten Versuch spritzte Kate noch eine Droge und noch eine. Nichts half. Durch einen Tränenschleier sah sie den geraden Strich auf dem Monitor.

„Das war's", sagte Guy leise. Er gab das Zeichen, die Herzmassage einzustellen. Der Assistenzarzt zog sich mit schweißnassem Gesicht vom OP-Tisch zurück.

„Nein!" beharrte Kate und presste beide Handballen auf Ellens Brustkorb. „Es ist noch nicht vorbei!" Heftig und verzweifelt setzte sie die Herzmassage fort. „Es ist noch nicht vorbei!" Mit ihrem ganzen Gewicht presste sie rhythmisch gegen das untere Brustbein. Das Herz musste massiert, das Gehirn ernährt werden. Sie musste Ellen am Leben erhalten. Wieder und wieder pumpte sie, bis ihre

Arme schwach wurden und zitterten. Lebe, Ellen! flehte sie stumm. Du musst leben!

„Kate." Guy berührte ihren Arm.

„Wir geben noch nicht auf. Noch nicht ..."

„Kate." Guy zog sie sacht vom Tisch fort. „Es ist vorbei", flüsterte er.

Jemand stellte den Warnton am Herzmonitor ab. Es folgte eine unheimliche Stille. Langsam drehte Kate sich um und sah, dass alle sie betrachteten. Sie blickte zum Monitor. Die Linie war flach.

Kate zuckte zusammen, als ein Helfer die Hülle um Ellen O'Briens Körper mit einem Reißverschluss zuzog. Der Klang hatte etwas grausam Endgültiges. Und es erschien ihr fast obszön, eine einst lebende, atmende Frau so zu verpacken. Als der Körper in die Leichenhalle gerollt wurde, wandte sie sich ab. Noch lange nachdem das Quietschen der Gummiräder auf dem Flur verklungen war, blieb sie allein im OP zurück. Den Tränen nahe blickte sie auf die blutverschmierte Gaze und die leeren Ampullen am Boden. Jeder Tod im OP hinterließ dasselbe Chaos. Bald würde alles zusammengekehrt und verbrannt werden, und es gab keine Spur mehr von der Tragödie, die sich hier abgespielt hatte.

Doch es blieben eine Leiche und viele Fragen. Es würde Fragen geben, von Ellens Eltern und vom Krankenhaus. Und Kate hatte keine Ahnung, wie sie die beantworten sollte.

Müde zog sie sich die Kappe vom Kopf und fühlte sich etwas erleichtert, als ihr das braune Haar offen auf die Schultern fiel. Sie musste jetzt allein sein, um nachzudenken und verstehen zu lernen. Sie wandte sich zum Gehen.

Guy stand auf der Türschwelle, und als sie sein Gesicht sah, wusste sie, dass etwas nicht stimmte.

Wortlos reichte er ihr Ellen O'Briens Patientenkarte. „Das EKG", begann er. „Du hast mir gesagt, es sei normal gewesen."

„Das war es."

„Dann sieh es dir noch einmal an."

Verwundert zog sie das EKG heraus und bemerkte als Erstes ihren Schriftzug, mit dem sie stets bestätigte, dass sie etwas kontrolliert hatte. Beim Betrachten des Streifens erstarrte sie geradezu. Das Muster der Herztätigkeit war eindeutig. Jeder Student im dritten Semester hätte die richtige Diagnose gestellt.

„Darum ist sie gestorben, Kate", sagte Guy.

„Aber ... das ist unmöglich!" brach es aus ihr hervor. „Ich kann keinen solchen Fehler begangen haben!"

Guy antwortete nicht, sondern wandte sich ab, was mehr sagte als Worte.

„Guy, du kennst mich. Du weißt, dass mir ein solcher Fehler nicht unterlaufen würde."

„Aber es steht da schwarz auf weiß. Um Himmels willen, deine Unterschrift ist auf dem verdammten Ding!"

Sie starrten einander an, beide erschrocken über seine barsche Stimme.

„Tut mir Leid", entschuldigte er sich. Aufgebracht wandte er sich ab und fuhr sich mit einer Hand durchs Haar. „Lieber Himmel, sie hatte einen Herzanfall. Einen Herzanfall! Und wir haben sie zur Operation zugelassen." Er sah Kate entsetzt an. „Damit haben wir sie praktisch umgebracht."

„Das ist ein offenkundiger Fall von ärztlichem Kunstfehler."

Anwalt David Ransom schloss die Akte mit der Aufschrift „O'Brien, Ellen" und blickte seine Klienten über den breiten Schreibtisch hinweg an. Wenn er Patrick und Mary O'Brien mit nur einem Wort beschreiben müsste, wäre das: grau. Graue Haare, graue Gesichter, graue Kleidung. Patrick trug ein farbloses Tweedjackett, das schon vor langer Zeit seine Form verloren haben musste. Und das kleine schwarz-weiße Muster in Marys

Kleid verschwamm ebenfalls zu einem undefinierbaren gräulichen Ton.

Patrick schüttelte immer noch den Kopf. „Sie war unser einziges Kind, Mr. Ransom. Sie war so lieb, beklagte sich nie. Schon als Baby lag sie in ihrer Wiege und lächelte immer wie ein kleiner Engel. Wie ein lieber kleiner ..." Er brach ab, von Gefühlen überwältigt.

„Mr. O'Brien", sagte David leise. „Ich weiß, es ist Ihnen kaum ein Trost, aber ich verspreche Ihnen, alles zu tun, was ich kann."

Patrick schüttelte wieder den Kopf. „Es ist nicht wegen des Geldes. Sicher, ich kann nicht mehr arbeiten, mein Rücken, wissen Sie? Aber Ellie hatte eine Lebensversicherung und ..."

„Wie hoch war die?"

„Fünfzigtausend", antwortete Mary. „So war unser Mädchen. Sie dachte immer an uns." Im Licht vom Fenster wirkte ihr Gesicht wie versteinert. Im Gegensatz zu ihrem Mann war Mary O'Brien über das Weinen hinaus. Sie saß sehr gerade, ihr ganzer starrer Körper drückte Trauer aus. David wusste genau, was sie fühlte. Er kannte den Schmerz und den Zorn. Und sie war zornig, das las er in ihren Augen.

Patrick schniefte.

David nahm eine Packung Papiertaschentücher aus seinem Schreibtisch und legte sie seinem Klienten hin. „Vielleicht sollten wir ein andermal über den Fall sprechen, wenn Sie beide in der Lage sind ..."

Marys Kinn kam ruckartig hoch. „Wir sind in der Lage, Mr. Ransom. Fragen Sie ..."

David blickte Patrick an, der schwach nickte. „Vielleicht kommt es Ihnen kaltblütig vor, was ich Sie alles fragen muss. Tut mir Leid."

„Fragen Sie", beharrte Mary.

„Ich werde sofort Klage einreichen. Aber ich brauche mehr Informationen, bevor wir die Schadenshöhe einschätzen können. Sie errechnet sich zum Teil aus verloren gegangenem Gehalt ... also, was

Ihre Tochter verdient hätte, wenn sie noch lebte. Sie sagten, sie war Krankenschwester?"

„Ja, in der Gynäkologie, Entbindungsstation."

„Wissen Sie, wie viel sie verdient hat?"

„Da müsste ich ihre Gehaltsabrechnungen nachsehen."

„Was ist mit Unterhaltspflichtigen? Gibt es da welche?"

„Keine."

„Sie war nicht verheiratet?"

Mary schüttelte seufzend den Kopf. „Sie war die ideale Tochter, Mr. Ransom, in fast jeder Hinsicht. Hübsch und gescheit. Aber in puncto Männer machte sie Fehler."

„Fehler?" wiederholte er stirnrunzelnd.

Mary zuckte die Schultern. „Oh, ich denke, so ist das heute eben. Und wenn eine Frau ein bestimmtes Alter erreicht hat, schätzt sie sich glücklich, wenn sie überhaupt einen Mann hat ..." Sie blickte auf ihre fest ineinander verschränkten Hände und schwieg.

David spürte, dass er sich auf ein heikles Terrain gewagt hatte. Er war an Ellen O'Briens Liebesleben ohnehin nicht interessiert, es war unbedeutend für den Fall.

„Wenden wir uns dem Gesundheitszustand Ihrer Tochter zu." Er öffnete die Krankenkartei. „Im Bericht steht, dass Ihre Tochter einundvierzig Jahre alt und kerngesund war. Hatte sie Ihres Wissens jemals Probleme mit dem Herzen?"

„Nie."

„Sie hat sich nie über Brustschmerzen und Atemnot beklagt?"

„Ellie war Langstreckenschwimmerin, Mr. Ransom. Sie konnte den ganzen Tag schwimmen und kam nicht ein bisschen außer Atem. Deshalb glaube ich diese Geschichte von der Herzattacke ja auch nicht."

„Aber das EKG ist da eindeutig in der Aussage, Mrs. O'Brien. Wenn es eine Autopsie gegeben hätte, hätten wir es beweisen können. Aber dafür ist es ja nun zu spät."

Mary blickte ihren Mann an. „Das geht auf Patricks Konto. Er ertrug die Vorstellung nicht ..."

„Haben die nicht schon genug an ihr herumgeschnitten?" begehrte er auf.

Es entstand ein längeres Schweigen, dann sagte Mary leise: „Wir bringen ihre Asche auf die See hinaus. Sie liebte die See, seit sie ein Baby war."

Es wurde ein ernster Abschied. Noch ein paar Worte des Mitgefühls, dann der Händedruck, der den Pakt besiegelte. Beim Hinausgehen blieb Mary in der Tür noch einmal stehen und drehte sich um.

„Sie sollen wissen, dass es nicht das Geld ist", erklärte sie an David Ransom gewandt. „Die Wahrheit ist, es ist mir völlig egal, ob wir je einen Penny bekommen. Aber man hat unser Leben zerstört, Mr. Ransom. Sie haben uns das einzige Kind genommen, und ich hoffe inständig, die Verantwortlichen werden es nie vergessen."

David nickte. „Dafür werde ich sorgen."

Nachdem seine Klienten fort waren, ging David zum Fenster und atmete langsam ein und aus, um ruhiger zu werden. Doch sein Magen hatte sich zu einem harten Klumpen zusammengezogen. Traurigkeit und Wut hinderten ihn am klaren Denken.

Vor sechs Tagen hatte ein Arzt einen schrecklichen Fehler gemacht, und jetzt war die einundvierzigjährige Ellen O'Brien tot.

Sie war nur drei Jahre älter als ich, dachte er.

Er setzte sich an den Schreibtisch und öffnete die O'Brien-Akte. Er überflog den Bericht des Krankenhauses und wandte sich dann den Lebensläufen der beiden Ärzte zu.

Dr. Guy Santinis Werdegang war hervorragend: achtundvierzig Jahre alt, in Harvard zum Chirurg ausgebildet. Er war auf dem Gipfel seiner Karriere. Die Liste seiner Veröffentlichungen umfasste fünf Seiten. Sein Hauptforschungsgebiet war die Physiologie der Leber. Vor acht Jahren wurde er einmal verklagt und gewann. Ein

Punkt für ihn. Doch Santini war sowieso nicht sein Ziel. David Ransom hatte die Anästhesistin im Fadenkreuz.

Er blätterte weiter zu den drei Seiten, die Dr. Katharina Chesnes Karriere zusammenfassten.

Auch ihre Laufbahn war beeindruckend. Nur beste Noten in Chemie von der Uni Berkeley, ihren Doktor der Medizin machte sie am Johns Hopkins Krankenhaus. Assistenzärztin in der Anästhesie und in der Intensivpflege am Universitätskrankenhaus von San Francisco. Jetzt, mit nur dreißig Jahren, hatte sie bereits eine ansehnliche Liste von Veröffentlichungen vorzuweisen. Vor einem knappen Jahr kam sie als Anästhesistin ans Mid Pac Hospital. Der Akte war kein Foto beigefügt, doch David hatte keine Schwierigkeiten, sich diesen Typ Ärztin vorzustellen: schlampige Frisur, keine Figur und ein Gesicht wie ein Pferd ... allerdings ein besonders intelligentes Pferd.

David lehnte sich versonnen zurück. Dieser Werdegang war zu gut. Er ergab nicht das Bild einer unfähigen Ärztin. Wie konnte ihr nur ein so elementarer Fehler unterlaufen?

Er schloss die Akte. Wie die Ärztin sich auch herausreden mochte, die Fakten waren unbestreitbar: Dr. Katharine Chesne hatte ihre Patientin dazu verdammt, unter dem Messer des Chirurgen zu sterben. Nun musste sie die Konsequenzen tragen. Dafür würde er sorgen.

George Bettencourt verachtete Ärzte. Diese Einstellung machte seinen Job als Verwaltungschef des Mid Pac Hospitals um so schwieriger, da er eng mit dem medizinischen Personal zusammenarbeiten musste. Er hatte ein Diplom in Betriebswirtschaft und eins in Staatlichem Gesundheitswesen. Und während seiner zehnjährigen Tätigkeit war ihm gelungen, was die frühere, von einem Arzt geleitete Verwaltung nicht zustande brachte: Er hatte das Mid Pac Hospital von einer komatösen Einrichtung in ein blühendes

Unternehmen verwandelt. Und trotzdem bekam er von diesen dummen kleinen Ersatzgöttern in weißen Kitteln nie etwas anderes als Kritik zu hören.

Sie rümpften die hochgehaltenen Nasen bei der Vorstellung, dass ihre geheiligte Arbeit an den Maßstäben von Gewinn und Verlust gemessen wurde. Die kalte Realität war jedoch, dass das Retten von Leben ein Geschäft war wie das Verkaufen von Linoleum. Bettencourt wusste das, die Ärzte nicht. Sie waren Narren, und Narren bereiteten ihm Kopfschmerzen.

Und die beiden, die ihm gegenübersaßen, bereiteten ihm sogar eine Migräne, wie er sie seit Jahren nicht gehabt hatte.

Dr. Clarence Avery, der weißhaarige Chef der Anästhesie, war nicht das Problem. Der alte Mann war zu verschüchtert, um gegen seinen eigenen Schatten aufzutrumpfen, erst recht, seinen Standpunkt in einer kontroversen Diskussion zu vertreten. Seit dem Schlaganfall seiner Frau versah Dr. Avery seinen Dienst wie ein Schlafwandler. Ja, er würde zur Kooperation überredet werden können, zumal der Ruf des Krankenhauses auf dem Spiel stand.

Doch die Ärztin bereitete Bettencourt Sorge. Sie war noch verhältnismäßig neu im Team, und er kannte sie nicht besonders gut. Als sie sein Büro betrat, hatte er jedoch bereits Probleme gewittert. Sie hatte so einen gewissen Ausdruck in den Augen, und dazu eine Miene, die die Entschlossenheit eines Kreuzritters verriet. Sie war recht hübsch, obwohl ihr Haar ziemlich wild aussah und sie vermutlich lange keinen Lippenstift mehr benutzt hatte. Doch diese ausdrucksvollen grünen Augen ließen jeden Mann etwaige Mängel ihres Gesichts vergessen. Ja, sie war sogar sehr attraktiv.

Schade, dass sie diesen Fehler begangen hatte. Jetzt war sie nur noch eine Last. Und er hoffte, dass sie die Dinge nicht dadurch komplizierte, dass sie sich auf die Hinterbeine stellte.

Kate zuckte zusammen, als George Bettencourt ein Papier vor sie auf den Schreibtisch warf. „Dieser Brief wurde heute Morgen im Büro unseres Anwalts per Boten abgeliefert, Dr. Chesne“, sagte er. „Sie sollten ihn lesen.“

Sie warf einen Blick auf den Briefkopf und erschrak. *Uehara und Ransom, Anwälte.*

„Eine der besten Kanzleien in der Stadt“, erklärte Bettencourt. Er bemerkte ihren verwunderten Gesichtsausdruck und fuhr ungeduldig fort: „Sie und das Krankenhaus werden verklagt, Dr. Chesne, wegen eines Kunstfehlers. Und David Ransom nimmt sich der Sache höchstpersönlich an.“

Ihre Kehle war trocken geworden. Sie blickte auf. „Aber ... wie können die ...“

„Dazu braucht man nur einen Anwalt und eine tote Patientin.“

„Ich habe erklärt, was geschehen ist.“ Sie wandte sich Dr. Avery zu. „Erinnern Sie sich? Letzte Woche habe ich Ihnen alles ...“

„Clarence ist die Angelegenheit mit mir durchgegangen“, unterbrach Bettencourt sie. „Das ist nicht der Diskussionspunkt.“

„Was dann?“

Ihre Direktheit schien ihn zu überraschen. Er atmete hörbar durch. „Die Sache ist die: Offenbar haben wir eine Klage im Streitwert von einer Million Dollar am Bein. Als Ihr Arbeitgeber sind wir für den Schaden verantwortlich. Doch es ist nicht nur das Geld, das uns Sorge bereitet.“ Er legte eine Pause ein. „Es ist unser Ruf.“

Sein Tonfall ließ sie Schlimmes befürchten. Sie ahnte, was jetzt kommen würde, und war entsetzt. Stumm saß sie mit zusammengefalteten Händen da und wartete auf den tödlichen Schlag.

„Diese Klage wirft ein schlechtes Licht auf das ganze Krankenhaus. Wenn es zur Gerichtsverhandlung kommt, gibt es eine Menge Publicity. Die Leute – potenzielle Patienten – werden die Zeitungen lesen und Angst bekommen.“ Er blickte auf seine Unterlagen. „Wie ich sehe, war Ihre Laufbahn bisher akzeptabel ...“

Kate hob verblüfft den Kopf. „Akzeptabel?" wiederholte sie ungläubig und blickte Dr. Avery an. Der Chef der Anästhesie kannte ihre Personalakte, sie war makellos.

Dr. Avery rückte unbehaglich in seinem Sessel hin und her und wich ihrem Blick aus. „Nun ja", begann er leise, „Dr. Chesnes Akte war – bisher jedenfalls – schon mehr als akzeptabel. Das heißt ..."

Um Himmels willen, Mann! hätte sie schreien mögen. Setz dich für mich ein!

„Es hat nie Klagen gegeben", fügte Dr. Avery lahm hinzu.

„Trotzdem haben Sie uns in eine heikle Lage gebracht, Dr. Chesne", erwiderte Bettencourt. „Deshalb denken wir, dass es besser wäre, wenn Ihr Name nicht mehr in Verbindung mit dem Krankenhaus genannt würde."

Das Schweigen, das nun entstand, wurde lediglich von Dr. Averys gelegentlichem nervösen Husten unterbrochen.

„Wir bitten Sie, die Kündigung einzureichen", erklärte Bettencourt.

Nun war es also heraus. Kate hatte das Gefühl, von einer riesigen Weite fortgerissen worden zu sein, die sie völlig ermattet zurückließ. Ruhig fragte sie: „Und wenn ich mich weigere?"

„Glauben Sie mir, Doktor, eine Kündigung Ihrerseits nimmt sich wesentlich besser aus als ein ..."

„Rausschmiss?"

Er neigte den Kopf zur Seite. „Wir verstehen einander."

„Nein!" Sie hob das Kinn. Die kühle Selbstsicherheit dieses Mannes machte sie wütend. Sie hatte Bettencourt nie gemocht und mochte ihn jetzt noch weniger. „Sie verstehen mich überhaupt nicht!"

„Sie sind eine kluge Frau und können Ihre Chancen einschätzen. Wir können Sie keinesfalls in den OP zurückkehren lassen."

„Das ist nicht richtig", wandte Dr. Avery ein.

„Wie bitte?" fragte Bettencourt den alten Mann stirnrunzelnd.

„Sie können sie nicht einfach feuern. Sie ist Ärztin. Es gibt Wege, die Sie einhalten müssen, Gremien, die ..."

„Die üblichen Wege sind mir wohl vertraut, Clarence! Ich hatte gehofft, Dr. Chesne würde die Situation verstehen und angemessen reagieren." Er wandte sich ihr zu. „Es wäre wirklich einfacher, wissen Sie, Ihre Akte würde makellos bleiben. Wir würden lediglich einen Vermerk machen, dass Sie gekündigt haben. Ich könnte innerhalb der nächsten Stunde einen entsprechenden Brief schreiben lassen. Den brauchen Sie dann nur ..." Er verstummte, als er ihren Blick auffing.

Kate wurde selten zornig. Für gewöhnlich hatte sie ihre Gefühle unter Kontrolle. Doch die Wut, die jetzt in ihr hochkam, war auch für sie etwas Neues und Erschreckendes. Mit eisiger Ruhe erwiderte sie: „Sparen Sie sich das Papier, Mr. Bettencourt."

„Wenn das Ihre Entscheidung ist ..." Er sah kurz zu Dr. Avery hin. „Wann tagt das Aufsichtsgremium für die Beurteilung von Ärzten das nächste Mal?"

„Am ... kommenden Dienstag, aber ..."

„Setzen Sie den O'Brien-Fall auf die Tagesordnung. Dr. Chesne soll dem Komitee ihren Bericht vortragen." Er sah Kate an. „Ein Urteil von dienstälteren Ärzten ist doch fair, oder?"

Sie schluckte ihre Antwort hinunter. Falls sie sich jetzt gehen ließ und George Bettencourt sagte, was sie von ihm hielt, bekam sie nie mehr eine Chance, am Mid Pac Hospital zu arbeiten ... und vermutlich auch nirgendwo sonst. Er musste ihr nur das Etikett einer Rebellin anheften, und ihre Aussichten auf eine neue Anstellung waren für immer dahin.

Sie trennten sich höflich. Obwohl ihre Karriere soeben zerstört worden war, hielt sie sich tapfer. Sie blickte Bettencourt ruhig an und schüttelte ihm kühl die Hand. Sie bewahrte auch noch Fassung, als sie den langen Korridor hinunterging. Erst auf der Fahrt im Lift nach unten schien etwas in ihr zu brechen. Und als sich die Türen wieder öffneten, zitterte sie heftig. Auf dem Weg durch die belebte Halle traf sie die Erkenntnis mit voller Wucht: Gütiger Himmel, ich werde verklagt! Kaum ein Jahr im Dienst, und ich werde verklagt!

Sie hatte immer unterstellt, dass solche Dinge, wie alle Lebenskatastrophen, nur anderen Menschen widerfuhren. Nie hätte sie sich träumen lassen, wegen Unfähigkeit verklagt zu werden.

Ihr wurde plötzlich übel, und sie musste sich gegen eine Telefonkabine in der Lobby lehnen. Während sie sich bemühte, ihren Magen zu beruhigen, fiel ihr Blick auf das örtliche Telefonbuch. Wenn diese Anwälte doch bloß die Fakten kennen würden, dachte sie. Wenn ich es ihnen doch nur erklären könnte ...

Sie brauchte nur Sekunden, die Eintragung zu finden: Uehara und Ransom, Anwälte. Die Kanzlei lag in der Bishop Street.

Sie riss die Seite heraus und eilte, von neuer, verzweifelter Hoffnung getrieben, davon.

2. KAPITEL

„Mr. Ransom ist nicht zu sprechen."

Die grauhaarige Empfangssekretärin mit dem harten Gesicht verschränkte abweisend die Arme vor der Brust.

„Aber ich muss ihn sehen", beharrte Kate. „Es geht um einen Fall ..."

„Natürlich", erwiderte die Frau trocken.

„Ich möchte ihm nur etwas erklären ..."

„Ich habe Ihnen gesagt, Doktor, er ist in einer Besprechung mit seinen Mitarbeitern und kann Sie nicht empfangen."

Kates Ungeduld näherte sich einem gefährlichen Punkt. Sie lehnte sich über den Schreibtisch und zischte. „Besprechungen dauern nicht ewig!"

Die Sekretärin lächelte. „Diese schon."

Kate lächelte zurück. „Dann warte ich ewig."

„Doktor, Sie verschwenden Ihre Zeit! Mr. Ransom bespricht sich nie mit Beklagten. Wenn Sie eine Begleitung brauchen, um den Weg hinaus zu finden, werde ich gern ..." Sie blickte sich ärgerlich um, als das Telefon läutete, nahm den Hörer auf und sagte unwirsch: „Uehara und Ransom. Ja? Oh ja, Mr. Matheson!" Sie drehte Kate bewusst den Rücken zu. „Ich sehe mal, ob ich die Akten hier habe."

Frustriert schaute Kate sich das Wartezimmer an: eine Ledercouch, ein Ikebana-Gesteck, ein Hiroshige-Druck an der Wand, alles sehr geschmackvoll und zweifellos teuer. Uehara und Ransom waren offenbar dick im Geschäft. Und all dies wurde mit dem Blut und Schweiß von Ärzten verdient, dachte sie angewidert.

Mehrere Stimmen erregten ihre Aufmerksamkeit. Eine Gruppe junger Männer und Frauen verließ das Konferenzzimmer. Welcher mochte David Ransom sein? Keiner der Männer schien alt genug, um hier einer der Chefs zu sein. Sie bemerkte, dass ihr die Sekretärin immer noch den Rücken zuwandte, und sah ihre Chance gekommen.

Sie ging zum Konferenzraum und blieb vom Licht geblendet auf der Türschwelle stehen. Um einen langen Teakholztisch waren zu beiden Seiten Lederstühle wie Wachsoldaten aufgereiht. Am Kopfende des Tisches saß im gleißenden Sonnenlicht ein blonder Mann. Er bemerkte sie nicht, sondern konzentrierte sich auf die Unterlagen, die er vor sich hatte. Abgesehen vom Papierrascheln, wenn er ein Blatt umdrehte, war es absolut still.

Kate schluckte trocken und straffte sich. „Mr. Ransom?“

Er blickte auf und betrachtete sie gleichmütig. „Ja? Wer sind Sie?“

„Ich bin ...“

„Tut mir Leid, Mr. Ransom“, fiel ihr die aufgebrachte Sekretärin ins Wort, packte Kate am Arm und presste hervor: „Ich habe Ihnen gesagt, er ist nicht zu sprechen. Kommen Sie jetzt mit mir ...“

„Ich will nur mit ihm reden!“

„Soll ich den Sicherheitsdienst rufen und Sie hinauswerfen lassen?“

Kate entriss ihr den Arm. „Nur zu!“

„Fordern Sie mich nicht heraus, Sie ...“

„Was geht hier eigentlich vor?“ David Ransoms Stimme hallte so laut durch den großen Raum, dass beide Frauen erschrocken verstummten. Er blickte Kate lange und durchdringend an. „Wer sind Sie überhaupt?“

„Kate ...“ Sie brach ab und sagte in, wie sie hoffte, würdevollerem Ton: „Dr. Kate Chesne.“

Eine Pause, dann: „Verstehe.“ Er widmete sich wieder seinen Unterlagen und erklärte schlicht: „Führen Sie sie hinaus, Mrs. Pierce.“

„Ich will Ihnen doch nur die Fakten erläutern!“ beharrte Kate. Sie versuchte sich zu behaupten, doch die Sekretärin trieb sie mit dem Geschick eines Hütehundes auf die Tür zu. „Oder wollen Sie die Fakten lieber gar nicht kennen? Ist das die Methode, nach der Anwälte vorgehen?“ Er ignorierte sie bewusst. „Sie pfeifen auf die Wahrheit, nicht wahr? Sie wollen gar nicht wissen, was wirklich mit Ellen O’Brien passiert ist!“

Das veranlasste ihn allerdings, scharf aufzublicken. Er starrte Kate geradezu ins Gesicht. „Warten Sie, Mrs. Pierce. Ich habe meine Meinung geändert. Lassen Sie Dr. Chesne bleiben.“

Mrs. Pierce war fassungslos. „Aber ... sie könnte gewalttätig sein!“

Sein Blick verweilte noch einen Moment auf Kates erhitztem Gesicht. „Ich denke, damit werde ich fertig. Sie können uns allein lassen.“

Mrs. Pierce murmelte noch etwas im Hinausgehen, dann schloss sich die Tür hinter ihr.

Eine Weile sprach keiner ein Wort.

„Nun, Dr. Chesne“, begann David, „wollen Sie jetzt einfach so dastehen, nachdem Ihnen das fast Unmögliche gelungen ist an Mrs. Pierce vorbeizukommen?“ Er deutete auf einen Stuhl. „Setzen Sie sich. Es sei denn, Sie wollen mich lieber quer durch den Raum anschreien.“

Seine kühle Ironie machte ihn noch unnahbarer. Kate zwang sich, zu ihm zu gehen, und merkte, wie er sie beobachtete. Für einen Anwalt seines Rufes war er jünger, als sie erwartet hatte, noch nicht einmal vierzig. Sein Aufzug im grauen Nadelstreifenanzug, dazu der Krawattenclip der Yale Universität, war konservativ. Das sonnengebleichte Haar und die gebräunte Haut passten jedoch nicht so ganz zum Typ des stockkonservativen Absolventen einer der altehrwürdigen Universitäten. Er ist nur ein erwachsen gewordener Surf-Boy, dachte sie verächtlich.

Den Körperbau eines Surfers hatte er zweifellos, mit den langen

Beinen und den Schultern, die gerade breit genug waren, um als beeindruckend zu gelten. Ein kleiner Knick in der Nase und ein kräftiges Kinn bewahrten ihn davor, hübsch zu sein. Doch vor allem seine Augen fielen auf, sie waren von einem klaren kühlen Blau. Augen, denen nichts entging. Und im Moment betrachteten sie sie so durchdringend, dass sie den Impuls unterdrückte, schützend die Arme vor der Brust zu verschränken. „Ich bin hier, um Ihnen die Fakten zu berichten, Mr. Ransom."

„So, wie Sie sie sehen."

„So, wie sie sind."

„Geben Sie sich keine Mühe." Er zog Ellen O'Briens Akte aus einer Mappe und legte sie auf den Tisch. „Ich habe alle Fakten hier drin, alles, was ich brauche." Und er meinte, alles, was ich brauche, um dich fertig zu machen.

„Nicht alles."

„Und Sie werden mir jetzt die fehlenden Informationen liefern, nicht wahr?" Er lächelte zwar, doch sie erkannte etwas Drohendes in seiner Mimik und hatte trotz seiner perfekten weißen Zähne das Gefühl, einen Hai anzusehen.

Sie beugte sich vor und stützte beide Hände auf den Tisch. „Was ich Ihnen erzähle, ist die Wahrheit."

„Ja, natürlich." Er lehnte sich zurück und wirkte unendlich gelangweilt. „Sagen Sie mir eines: Weiß Ihr Anwalt, dass Sie hier sind?"

„Anwalt? Ich ... ich habe noch mit keinem Anwalt gesprochen ..."

„Dann telefonieren Sie rasch mit einem, denn Sie werden ihn verdammt nötig haben, Doktor."

„Nicht unbedingt. Das alles ist ein schlimmes Missverständnis, Mr. Ransom. Wenn Sie die Tatsachen kennen, bin ich sicher ..."

„Warten Sie einen Moment." Er holte einen Kassettenrekorder aus seiner Aktentasche.

„Was soll das?"

Er schaltete das Gerät ein und schob es vor sie hin. „Ich möchte kein Detail überhören. Erzählen Sie Ihre Geschichte. Ich bin ganz Ohr."

Wütend drückte sie auf die Aus-Taste. „Dies ist keine eidesstattliche Erklärung. Stecken Sie das verdammte Ding weg!"

Ein paar Sekunden lang schätzten sie einander ab. Und Kate empfand einen kleinen Triumph, als er den Rekorder schließlich in die Aktentasche zurücklegte.

„Wo waren wir stehen geblieben?" fragte David Ransom betont höflich. „Oh ja. Sie wollten mir erzählen, was wirklich passiert ist." Er lehnte sich zurück und erwartete offenbar eine vergnügliche Unterhaltung.

Kate zögerte. Da sie seine volle Aufmerksamkeit hatte, wusste sie nicht genau, wie sie beginnen sollte.

„Ich bin ein ... sehr vorsichtiger Mensch, Mr. Ransom", sagte sie schließlich. „Ich lasse mir Zeit. Ich bin vielleicht nicht brillant, aber ich bin gewissenhaft, und ich mache keine dummen Fehler."

Seine hochgezogenen Brauen verrieten genau, was er von dieser Behauptung hielt. Kate ignorierte das und fuhr fort:

„An dem Abend, als Ellen O'Brien in die Klinik kam, machte Guy Santini die Aufnahme. Ich schrieb jedoch den Anästhesiebericht und überprüfte die Laborergebnisse. Und ich habe das EKG gelesen. Es war ein Sonntagabend, die MTA hatte irgendwo anders zu tun, also ließ ich den Streifen selbst durchlaufen. Ich war nicht in Eile. Und ich nahm mir die Zeit, die ich brauchte. Sogar mehr als das, weil Ellen zu unserem Team gehörte. Sie war eine von uns. Sie war eine Freundin. Ich weiß noch, wie ich in ihrem Raum saß und mit ihr die Tests durchging. Sie wollte wissen, ob alles normal sei."

„Und Sie sagten ihr, alles sei normal."

„Ja, das EKG eingeschlossen."

„Dann haben Sie offenbar einen Fehler begangen."

„Ich sagte Ihnen schon, Mr. Ransom. Ich mache keine dummen Fehler. Auch an jenem Abend nicht."

„Aber die Unterlagen zeigen ..."

„Die Unterlagen sind falsch."

„Ich habe den EKG-Streifen hier, der schwarz auf weiß eine Herzattacke aufweist."

„Dies ist nicht das EKG, das ich gemacht habe."

Er schaute sie an, als hätte er sie nicht verstanden.

„Das EKG, das ich in jener Nacht gesehen habe, war normal."

„Und wie ist dann dieses unnormale in die Kartei gelangt?"

„Jemand hat es hineingetan."

„Wer?"

„Das weiß ich nicht."

„Verstehe." Er wandte sich ab und sagte halblaut: „Ich bin gespannt, wie das im Gerichtssaal wirkt."

„Mr. Ransom, wenn ich einen Fehler gemacht hätte, wäre ich die Erste, es zuzugeben."

„Dann sind Sie erstaunlich ehrlich."

„Glauben Sie wirklich, ich würde mir eine derart ... dumme Geschichte ausdenken?"

Er lachte hellauf, und Kates Wangen begannen zu brennen. „Nein, ich bin sicher. Sie würden sich etwas Glaubhafteres einfallen lassen." Er nickte ihr aufmunternd zu und sagte sarkastisch: „Bitte, ich bin sehr gespannt, wie diese außergewöhnliche Verwechslung zustande gekommen ist. Wie kam das falsche EKG in die Kartei?"

„Woher soll ich das wissen?"

„Sie müssen doch eine Theorie haben?"

„Nein."

„Kommen Sie, Doktor. Enttäuschen Sie mich nicht."

„Ich sagte, ich habe keine Ahnung."

„Dann raten Sie!"

„Vielleicht hat es jemand von einem Raumschiff heruntergebeamt!" schrie sie ihn an.

„Nette Theorie", meinte er todernst. „Aber kommen wir zur Wirklichkeit zurück, in diesem Fall zu einem Blatt eines Holznebenproduktes, auch Papier genannt." Er blätterte die Akte bis zum EKG-Streifen durch. „Diskutieren Sie den weg!"

„Ich sagte schon, das kann ich nicht. Ich habe mir den Kopf zermartert, wie alles zusammenhängt. Wir machen jeden Tag Dutzende EKGs in Mid Pac. Es könnte eine falsche Etikettierung sein. So kam dann das falsche Blatt in die Akte."

„Aber Sie haben diesen EKG-Streifen abgezeichnet."

„Nein, das habe ich nicht."

„Gibt es noch jemanden mit den Initialen K.C. bei Ihnen?"

„Das sind meine Initialen, aber ich habe sie nicht geschrieben."

„Was sagen Sie da? Dann ist dies eine Fälschung?"

„Es ... es muss eine Fälschung sein. Ich meine, ja, ich vermute, es ist eine ..." Plötzlich verwirrt, schob sie sich eine widerspenstige Haarsträhne aus dem Gesicht. Seine vollkommene Ruhe brachte sie aus dem Gleichgewicht. Warum, zum Kuckuck, reagierte dieser Mann nicht? Warum saß er nur da und betrachtete sie mit ausdruckslosem Gesicht?

„Nun?" sagte David Ransom nach einer Weile.

„Was, nun?" fragte Kate zurück.

„Wie lange haben Sie das Problem schon, dass jemand Ihre Unterschrift fälscht?"

„Stellen Sie mich nicht als paranoid hin!"

„Das brauche ich nicht. Das können Sie selbst viel besser."

Er lachte sie insgeheim aus, und das Schlimme war, sie konnte es ihm nicht einmal verdenken. Die Geschichte klang wie das Fantasieprodukt eines Irren.

„Also schön, gehen wir für einen Moment davon aus, dass Sie die Wahrheit sagen."

„Das tue ich!“

„Dann habe ich nur zwei Erklärungen dafür, warum das EKG absichtlich vertauscht wurde. Entweder versucht jemand, Ihre Karriere zu zerstören ...“

„Das ist absurd, ich habe keine Feinde.“

„Oder jemand versucht, einen Mord zu verschleiern.“

Sie sah ihn verblüfft an, und er schenkte ihr ein ärgerlich überlegenes Lächeln. „Da uns beiden die zweite Theorie ebenso absurd vorkommt, bleibt mir keine Wahl, als anzunehmen, dass Sie lügen.“ Er beugte sich vor, und seine Stimme klang plötzlich sanft, fast einschmeichelnd. „Kommen Sie, Doktor. Sagen Sie mir, was wirklich im OP passiert ist. Ist jemandem das Messer ausgerutscht? Gab es einen Fehler bei der Anästhesie?“

„Nichts von alledem.“

„Zu viel Lachgas und zu wenig Sauerstoff?“

„Ich sagte schon, niemand beging einen Fehler.“

„Warum ist Ellen O'Brien dann tot?“

Sie schaute ihn wegen seiner Heftigkeit erschrocken an. Seine Augen waren wirklich auffallend blau. In diesem Moment schien völlig unerwartet ein Funke überzuspringen. Kate wurde plötzlich bewusst, dass sie einen attraktiven Mann vor sich hatte und dass er sie nicht kalt ließ.

„Keine Antwort?“ fragte er herausfordernd, lehnte sich zurück, und genoss offenbar seine momentane Überlegenheit. „Dann werde ich Ihnen erzählen, was passiert ist. Am 2. April, einem Sonntag, ging Ellen O'Brien abends ins Mid Pac Krankenhaus, um sich die Gallenblase entfernen zu lassen. Eine Routineoperation. Als ihre Anästhesistin ließen Sie die üblichen Tests vornehmen, einschließlich des EKGs, das Sie überprüften, bevor Sie das Krankenhaus verließen. Vielleicht waren Sie in Eile, vielleicht wartete ein Freund auf Sie, jedenfalls wurden Sie achtlos und begingen einen tödlichen Fehler, indem Sie die deutlichen Merkmale einer Herzattacke auf dem Streifen übersahen. Sie zeichneten den Streifen als normal ab und gingen, ohne zu bemerken, dass Ihre Patientin gerade einen Herzanfall hatte."

„Sie hatte keine Symptome. Nicht einmal die Brustschmerzen ..."

„Aber hier im Bericht der Schwester steht ... lassen Sie mich zitieren ..."Er blätterte die Akte durch. „Patientin klagt über Beschwerden im Oberbauch."

„Das waren die Gallensteine ..."

„Oder vielleicht doch das Herz? Wie auch immer, die nächsten Vorkommnisse sind unbestreitbar. Sie und Dr. Santini ließen Ellen O'Brien zur Operation zu. Die Narkose war zu viel für ihr Herz, es blieb stehen, und es gelang Ihnen nicht, es wieder in Gang zu bringen." Er machte eine Pause und blickte sie hart an. „Somit haben Sie Ihre Patientin verloren, Dr. Chesne."

„So war es nicht. Ich erinnere mich an das EKG. Es war normal!"

„Vielleicht sollten Sie sich noch einmal Ihre Lehrbücher über EKGs ansehen."

„Das brauche ich nicht! Ich weiß, was normal ist." Sie erkannte ihre eigene Stimme kaum, so schrill hallte sie durch den Raum.

David Ransom wirkte unbeeindruckt, sogar gelangweilt. „Wirklich", seufzte er nach einer Weile. „Wäre es nicht einfacher, zuzugeben, dass Sie einen Fehler gemacht haben?"

„Einfacher für wen?"

„Für alle Beteiligten. Erwägen Sie einen außergerichtlichen Vergleich. Er ginge schnell, einfach und relativ schmerzlos über die Bühne."

„Ein Vergleich? Aber das hieße, einen Fehler zuzugeben, den ich nicht gemacht habe!"

Seine Geduld war zu Ende. „Sie wollen also einen Prozess!" fuhr er sie an. „Fein. Aber Sie sollten meine Arbeitsweise kennen. Wenn ich mich einer Sache annehme, dann nicht halbherzig. Wenn ich Sie im Gerichtssaal auseinander nehmen muss, tue ich das. Und wenn ich mit Ihnen fertig bin, werden Sie sich wünschen, sich nie auf diesen lächerlichen Kampf um Ihre Ehre eingelassen zu haben. Denn seien wir ehrlich, Doktor, Sie haben weniger Chancen, die Sache heil zu überstehen, als ein Schneeball im Höllenfeuer."

Sie hätte ihn am liebsten bei seinen feinen Jackettaufschlägen gepackt und angeschrien, dass er bei seinem ganzen Gerede über Vergleiche und Prozesse ihren eigenen Kummer über Ellen O'Briens Tod völlig ignorierte. Doch ihre Kraft schien sie plötzlich zu verlassen. Erschöpft sank sie auf ihrem Stuhl zusammen.

„Ich wünschte, ich könnte einen Fehler zugeben", sagte sie ruhig. „Ich wünschte, ich könnte sagen: Ich weiß, dass ich schuldig bin, und werde dafür bezahlen. Die ganze letzte Woche habe ich mich gefragt, ob mit meinem Erinnerungsvermögen alles in Ordnung sei. Und ich habe mich gefragt, wie das alles geschehen konnte. Ellen vertraute mir, und ich habe sie sterben lassen. Ich habe schon bedauert, Arzt geworden zu sein. Ich liebe meine Arbeit. Sie können nicht wissen, was ich geopfert habe, um das zu werden, was ich heute bin. Und jetzt sieht es so aus, als würde ich meinen Job verlieren." Sie schluckte und ließ den Kopf hängen. „Und ich bezweifle, ob ich jemals wieder in der Lage bin zu arbeiten ..."

David betrachtete schweigend ihren gesenkten Kopf und kämpfte gegen das Mitgefühl an, das sich in ihm regte. Er war immer stolz auf seine Menschenkenntnis gewesen. Für gewöhnlich sah er jemandem an, ob er log. Er hatte Kate Chesne genau beobachtet, und nichts wies darauf hin, dass sie log. Sie hatte ihn ruhig angesehen mit diesen Augen, die so schön waren wie zwei Smaragde.

Der letzte Gedanke verwunderte ihn, zumal er die ganze Zeit versuchte, sich nicht einzugestehen, dass sie eine anziehende Frau war. Das grüne, in der Taille lose geschnürte Seidenkleid deutete ihre weiblichen Konturen nur an. Das mahagonifarbene wellige Haar wirkte ziemlich ungebärdig, und ihr Gesicht war mit dem leicht eckigen Kinn und der hohen Stirn nicht im klassischen Sinne schön. Aber makellos schöne Frauen hatten ihn noch nie interessiert.

Es machte ihn ärgerlich, dass sie als Frau Wirkung auf ihn hatte. Schließlich war er kein dummer Junge mehr und zu alt und zu erfahren, um sich von ihrer Attraktivität in seinem Urteil beeinflussen zu lassen.

In einer bewusst rüden Geste blickte er auf seine Uhr. Dann schnappte er sich die Aktentasche und stand auf. „Ich muss noch eine eidesstattliche Erklärung aufnehmen, und ich bin schon spät dran. Wenn Sie mich jetzt bitte entschuldigen würden ..."

Er hatte den Raum schon halb durchquert, als Kate leise rief: „Mr. Ransom?"

Ungehalten blickte er zurück. „Was?"

„Ich weiß, dass meine Geschichte verrückt klingt. Und vermutlich gibt es keinen Grund auf der Welt, warum Sie mir glauben sollten. Aber ich schwöre Ihnen, es ist die Wahrheit."

Er spürte, wie verzweifelt sie nach Bestätigung suchte. Sie wollte wenigstens ein Zeichen, dass sie seine Skepsis überwunden hatte. Tatsache war jedoch, dass er nicht wusste, ob er ihr glaubte. Und es beunruhigte ihn tief, dass zwei smaragdgrüne Augen sein Gespür für die Wahrheit ins Wanken gebracht hatten.

„Ob ich Ihnen glaube oder nicht, ist unwichtig", erwiderte er. „Also verschwenden Sie Ihre Zeit nicht mit mir, Doktor. Sparen Sie sich Ihre Überredungskünste für die Geschworenen auf."

Er sagte das kälter, als er beabsichtigt hatte, und sah an ihrem leichten Zusammenzucken, wie betroffen sie war. Wieder verspürte er leise Skepsis.

„Dann gibt es also wirklich nichts mehr, was ich tun oder sagen kann ..."

„Nichts."

„Ich dachte, Sie hätten mir zugehört. Ich dachte, ich könnte Ihre Meinung irgendwie ändern ...“

„Dann müssen Sie noch viel über Anwälte lernen. Guten Tag, Dr. Chesne.“ Er wandte sich ab und eilte zur Tür. „Wir sehen uns dann vor Gericht wieder.“

3. KAPITEL

Weniger Chancen als ein Schneeball im Höllenfeuer. Dieses Bild ging Kate nicht mehr aus dem Sinn, als sie in der Cafeteria der Klinik saß. Wie lange mochte es dauern, bis ein Schneeball schmolz, oder löste er sich in den Flammen einfach auf?

Wie viel würde sie ertragen, bevor sie im Zeugenstand zusammenbrach?

Wenn es um Leben oder Tod ging, wenn eine medizinische Krise eintrat, wusste sie immer, was zu tun war, und reagierte richtig. In den sterilen Wänden des OPs hatte sie alles unter Kontrolle.

Ein Gerichtssaal war jedoch eine völlig andere Welt. Das war David Ransoms Territorium. Er war dort der Platzhirsch, und sie würde so hilflos sein wie ein Patient auf dem OP-Tisch. Wie sollte sie die Angriffe eines Mannes abwehren, dessen Ruf sich auf die zerstörten Karrieren von Ärzten gründete?

Sie hatte sich noch nie durch Männer bedroht gefühlt. David Ransom hatte sie allerdings mühelos eingeschüchtert. Wenn er klein, dick und kahlköpfig gewesen wäre, hätte sie ihn sich vielleicht auch als menschlich und verwundbar vorstellen können. Doch schon bei dem Gedanken, im Gericht dem Blick aus diesen kühlen blauen Augen ausgesetzt zu sein, zog sich ihr der Magen zusammen.

„Es sieht so aus, als könntest du Gesellschaft vertragen", sagte eine vertraute Stimme.

Kate blickte auf und sah Guy Santini, unordentlich wie immer, der sie durch seine lächerlich dicken Brillengläser betrachtete.

Sie nickte lustlos. „Hallo."

Er zog sich laut einen Stuhl zurück und setzte sich. „Wie geht es dir jetzt, Kate?"

„Du meinst, abgesehen davon, dass ich arbeitslos bin?" Sie lachte säuerlich. „Einfach hervorragend."

„Wie ich hörte, hat dich der Alte aus dem OP verbannt. Tut mir Leid.“

„Ich kann es Dr. Avery nicht einmal verübeln. Er folgte nur seinen Anweisungen.“

„Denen von Bettencourt?“

„Wessen sonst? Er nannte mich eine finanzielle Bürde.“

Guy schnaubte: „So weit kommt es, wenn diese verdammten Betriebswirte den Laden übernehmen. Die reden nur über Gewinn und Verlust. Ich sage dir, wenn George Bettencourt aus dem Zahngold unserer Patienten Profit schlagen könnte, würde er mit Zangen in den Taschen die Stationen heimsuchen.“

„Und anschließend schickt er den armen Leuten dann noch eine Rechnung für einen kieferchirurgischen Eingriff“, fügte sie niedergeschlagen hinzu.

Keiner von beiden lachte. Der Scherz kam der Wahrheit zu nahe, um komisch zu sein.

„Falls es dich irgendwie tröstet, Kate, du bekommst Gesellschaft im Gerichtssaal. Ich bin auch dran.“

„Oh Guy, das tut mir sehr Leid.“

Er zuckte die Schultern. „Das ist keine große Sache. Ich bin schon einmal verklagt worden. Weh tut es nur beim ersten Mal.“

„Was war passiert?“

„Ein Schockpatient mit Milzriss wurde eingeliefert. Ich konnte ihn nicht retten. Als ich damals den Brief des Anwalts las, wollte ich aus dem Fenster springen, so niedergeschlagen war ich. Susan wollte mich schon in die Psychiatrie einweisen. Aber ich habe alles überstanden, und das wirst du auch, so lange du dir klar machst, dass man nicht dich als Person angreift, sondern deine Funktion als Arzt.“

„Da sehe ich keinen Unterschied.“

„Genau das ist dein Problem, Kate. Du hast es nicht gelernt, dich von deinem Job zu distanzieren. Wir wissen beide, wie viele Stunden du in der Klinik verbringst. Manchmal denke ich, du lebst hier. Ich behaupte nicht, dass Einsatz ein Charakterfehler ist, aber man kann es auch übertreiben."

Sie wusste, wie Recht er hatte, und das schmerzte. Sie arbeitete zu lange, aber vielleicht brauchte sie das, um sich nicht bewusst zu werden, wie öde ihr Privatleben war.

„Ich vergrabe mich nicht total in meine Arbeit. Ich habe wieder begonnen auszugehen."

„Das wurde aber auch Zeit. Wer ist der Mann?"

„Letzte Woche war ich mit Elliot aus."

„Dem Burschen aus der Datenverarbeitung?" Er seufzte. Elliot war nicht besonders groß und etwas schmächtig. „Ich wette, das war ein Riesenspaß."

„Nun, in gewisser Weise ja. Er hat mich gebeten, mit in sein Apartment zu kommen."

„Tatsächlich?"

„Also bin ich mitgegangen."

„Ah ja?"

„Er wollte mir seine neuesten elektronischen Anschaffungen zeigen."

Guy beugte sich eifrig vor. „Und was passierte dann? Hat er einen Annäherungsversuch gemacht?"

„Wir hörten uns seine neuesten CDs an und spielten ein paar Computerspiele."

„Und?"

„Nach acht Runden Zork bin ich getürmt."

Stöhnend sank Guy in seinen Sessel zurück. „Elliot Lafferty, der letzte der wirklich heißblütigen Liebhaber. Kate, dir hilft nur noch eine Kontaktanzeige. Ich setze den Text für dich auf. Gescheite, attraktive Frau sucht ..."

„Hallo Daddy!" Der fröhliche Ruf übertönte das Gemurmel in der Cafeteria.

Guy drehte sich um, als er laufende Kinderfüße näher kommen hörte. „Da ist ja mein Will!“ Lachend stand er auf und warf seinen zarten fünfjährigen Sohn in die Luft. Der landete sanft und sicher wieder in den Armen seines Vaters. „Ich habe auf dich gewartet, Kleiner“, sagte Guy. „Was hat dich so lange aufgehalten?“

„Mommy ist spät gekommen.“

„Schon wieder?“

Will beugte sich vor und flüsterte vertraulich: „Adele war richtig wütend. Ihr Freund wollte sie ins Kino ausführen.“

„Oh weh, wir wollen doch nicht, dass Adele böse wird auf uns, oder?“ Guy warf seiner herankommenden Frau Susan einen fragenden Blick zu. „He, Susan, strapazieren wir unser Kindermädchen schon wieder zu sehr?“

„Ich schwöre, es liegt am Vollmond. Alle meine Patienten sind verrückt geworden“, erwiderte Susan lachend und schob sich eine rote Haarsträhne aus dem Gesicht. „Ich konnte sie nicht rechtzeitig aus der Praxis schieben.“

Guy raunte Kate brummig zu: „Und sie hat geschworen, es würde eine Halbtagspraxis werden. Ha! Dreimal darfst du raten, wer praktisch jeden Abend zu Notfällen gerufen wird.“

„Du beklagst dich ja nur, weil deine Hemden nicht gebügelt sind.“ Susan tätschelte ihrem Mann liebevoll die Wange. Mütterliche Gesten dieser Art erwartete man von Susan Santini. Guy hatte sie einmal liebevoll seine Glucke genannt. Und der Name passte. Susans Schönheit lag weder in ihrem sommersprossigen, eher unauffälligen Gesicht noch in ihrer untersetzten, bäuerlich wirkenden Gestalt. Ihre Schönheit lag in ihrem ruhigen, geduldigen Lächeln, das sie jetzt ihrem Sohn schenkte.

„Daddy, lass mich noch einmal fliegen!“ bat William und hopste um die Beine seines Vaters herum.

„Bin ich denn eine Startrampe?“

„Einmal noch!“

„Später, Will“, sagte Susan. „Wir müssen erst Daddys Auto aus der Garage holen, bevor sie schließt.“

„Bitte!“

„Hast du das gehört“, japste Guy. „Er hat das Zauberwort gesprochen.“ Mit dem Gebrüll eines Löwen warf er den kreischenden Jungen noch einmal in die Luft.

Susan warf Kate einen nachsichtigen Blick zu. „Ich habe zwei Kinder, nur wiegt eines eben zweihundertvierzig Pfund.“

„Das habe ich gehört!“ Guy schlang besitzergreifend einen Arm um seine Frau. „Und dafür, Lady, musst du mich jetzt heimfahren.“

„Tyrann! Wie war es mit McDonald's?“

„Aha, dann hast du also keine Lust zum Kochen.“

Guy winkte Kate zu und schob seine Familie Richtung Ausgang. „Also, Kleiner, worauf hast du Lust?“ hörte Kate ihn William fragen. „Auf Cheeseburger?“

„Auf Eiscreme.“

„Eiscreme? An die Möglichkeit habe ich gar nicht gedacht.“

Wehmütig blickte Kate den Santinis nach. Sie konnte sich vorstellen, wie deren Abend heute weiter verlief: zuerst das Essen im Restaurant, und dann brachten sie zu Hause den Kleinen zu Bett, der mit seinen dünnen Ärmchen Mom und Daddy umschlang, um ihnen einen Gutenachtkuss zu geben.

Und was erwartet mich, wenn ich heimkomme? dachte sie.

Guy drehte sich noch einmal um und winkte ein letztes Mal, bevor er mit seiner Familie aus der Tür verschwand. Kate seufzte neidvoll.

Nachdem er an diesem Nachmittag sein Büro verlassen hatte, fuhr David Ransom die Nuuanu Avenue entlang und bog auf die Lehmpiste ein, die durch den alten Friedhof führte. Er stellte den Wagen im Schatten eines Baumes ab und ging über den frisch gemähten Rasen, vorbei an marmornen Grabsteinen mit grotesken

Engeln und den letzten Ruhestätten der Doles, Binghams und Cookes. Dann gelangte er in einen Bereich, in dem nur noch eingelassene Bronzeplatten die Gräber markierten, eine traurige Konzession an moderne Grabgestaltung. Unter einem Regenbaum blieb er stehen und blickte auf die Platte zu seinen Füßen.

Noah Ransom
Sieben Jahre

Es war ein schöner Platz, leicht abschüssig, mit Blick auf die Stadt. Der Wind kam manchmal von der See und manchmal vom Tal herauf. Wenn man die Augen schloss, ließ sich allein am Geruch feststellen, aus welcher Richtung der Wind wehte.

David hatte diesen Platz nicht ausgesucht. Er konnte sich nicht erinnern, wer es getan hatte. Vielleicht war es auch die einzig verfügbare Grabstelle gewesen. Wenn einem das einzige Kind stirbt, achtet man nicht auf Aussicht, Windrichtung oder Schatten spendende Bäume.

Er beugte sich nieder und wischte einige Blätter von der Grabplatte. Dann richtete er sich wieder auf und stand eine Weile ganz still. Er bemerkte kaum das Rascheln des Rockes oder das dumpfe Aufsetzen des Stockes auf dem Gras.

„Hier steckst du also, David“, sagte eine Stimme.

Er drehte sich um und sah die weißhaarige Frau auf sich zuhinken. „Du solltest nicht hier draußen sein, Mutter. Nicht mit dem verknacksten Knöchel.“

Sie deutete mit dem Stock auf das weiße Haus am Rande des Friedhofs. „Ich habe dich durch das Küchenfenster gesehen. Da dachte ich, ich komme besser her und sage hallo. Schließlich kann ich nicht ewig warten, bis du mich besuchst.“

Er küsste sie auf die Wange. „Tut mir Leid, ich hatte viel zu tun. Aber ich war wirklich auf dem Weg zu dir.“

„Ja, natürlich." Sie richtete ihre blauen Augen auf das Grab. Die Augenfarbe war eines der vielen Dinge, die Jinx Ransom mit ihrem Sohn gemeinsam hatte. Auch mit achtundsechzig war ihr Blick noch durchdringend. „Manche Gedenktage sollte man besser vergessen", meinte sie leise.

Er antwortete nicht.

„Weißt du, David, Noah wollte immer einen Bruder haben. Vielleicht ist es Zeit, dass du ihm einen schenkst."

David lächelte schwach. „Mutter, was redest du da?"

„Nur Dinge, die selbstverständlich sind."

„Vielleicht sollte ich vorher doch heiraten."

„Oh ja, natürlich." Nach einer Pause fragte sie hoffnungsvoll: „Hast du schon jemand Bestimmtes im Auge?"

„Nein."

Seufzend hakte sie sich bei ihrem Sohn unter. „Das habe ich mir gedacht. Da keine tolle Frau auf dich wartet, kannst du genauso gut eine Tasse Kaffee mit deiner alten Mutter trinken."

Sie gingen zusammen über den Rasen auf das Haus zu. Der Boden war uneben, und Jinx kam nur langsam voran, weigerte sich jedoch beharrlich, sich auf die Schulter ihres Sohnes zu stützen. Eigentlich sollte sie überhaupt nicht aufstehen, aber sie hatte sich noch nie an ärztliche Anweisungen gehalten. Eine Frau, die sich den Knöchel in einem wilden Tennismatch verstaucht, setzt sich nicht hin und dreht Däumchen.

David und seine Mutter traten durch eine Lücke in der Hecke aus falschen Jasminsträuchern und gingen die wenigen Stufen zur Küchenveranda hinauf. Gracie, Jinx Ransoms Gesellschafterin, eine Frau in mittleren Jahren, nahm sie an der Fliegendrahttür in Empfang.

„Da seid ihr ja!" Gracie seufzte und richtete ihre mausbraunen Augen auf David. „Ich habe absolut keine Kontrolle über diese Frau, nicht ein bisschen."

Er meinte schulterzuckend: „Wer hat die schon?“

Jinx und David nahmen am Esstisch Platz. Die Küche glich einem dichten Dschungel aus Hängepflanzen. Durch die Veranda wehte jetzt eine Brise vom Tal herein, und das große Fenster bot einen ungehinderten Ausblick auf den Friedhof.

„Schade, dass man den Regenbaum zurückgeschnitten hat“, bemerkte Jinx, als sie hinausblickte.

„Es war nötig“, erklärte Gracie, während sie Kaffee einschenkte. „In seinem Schatten wuchs kein Gras mehr.“

„Aber der Anblick ist nicht mehr derselbe.“

David schob einen vorwitzigen Farn beiseite. „Dieser Anblick hat mir nie behagt. Ich kann nicht verstehen, wie du den ganzen Tag auf einen Friedhof sehen kannst.“

„Mir gefällt das. Ich sehe meine alten Freunde. Mrs. Goto ist dort bei der Hecke beerdigt, Mr. Carvalho neben dem Baum da. Und am Hang dort liegt unser Noah. Für mich schlafen sie alle nur.“

„Gütiger Himmel, Mutter!“

„Dein Problem ist, David, dass du nie die Angst vor dem Tod überwunden hast. Ehe du das nicht tust, kommst du auch mit deinem Leben nicht klar.“

„Und was schlägst du vor?“

„Mach dich unsterblich, setze noch ein Kind in die Welt.“

„Ich heirate nicht wieder, Mutter. Also wechseln wir das Thema.“

Jinx reagierte, wie sie es immer tat, wenn ihr Sohn einen ihrer Meinung nach lächerlichen Vorschlag machte: Sie ignorierte ihn. „Da war doch diese junge Frau, die du letztes Jahr in Maui kennen gelernt hast. Was ist mit ihr geschehen?“

„Sie hat jemand anders geheiratet.“

„Wie bedauerlich.“

„Ja, der arme Mann.“

„Oh, David!“ empörte sie sich. „Wann wirst du endlich erwachsen?“

David lächelte und trank einen Schluck von Gracies teerschwarzem Kaffee, woraufhin er prompt hustete. Dies war ein Grund, warum er Besuche bei seiner Mutter mied. Sie weckte nicht nur schlimme Erinnerungen, sie zwang ihn auch, Gracies entsetzlichen Kaffee zu trinken.

„Also, wie war dein Tag, Mutter?“ fragte er höflich.

„Wurde mit jeder Minute schlimmer.“

„Noch etwas Kaffee, David?“ drängte Gracie und näherte sich bedrohlich mit der Kanne.

„Nein!“ Er hielt schützend eine Hand über die Tasse. Als er Gracies erstaunte Miene bemerkte, bekräftigte er freundlicher: „Nein, danke.“

„So nervös?“ meinte Jinx. „Ist etwas nicht in Ordnung, abgesehen von deinem Sexualleben?“

„Ich bin nur sehr beschäftigt. Hiro hat immer noch mit diesem Fall von organisiertem Verbrechen zu tun.“

„Du scheinst deinen Beruf nicht mehr so sehr zu mögen. Ich glaube, du warst viel glücklicher im Büro des Staatsanwaltes. Jetzt nimmst du deinen Job so verdammt ernst.“

„Es ist ein verdammt ernster Job.“

„Ärzte zu verklagen? Ha! Es ist nur eine weitere Abart, um schnelles Geld zu machen.“

„Mein Doktor wurde auch einmal verklagt“, erzählte Gracie. „Es war schrecklich, was sie alles über ihn sagten. Dabei war er fast ein Heiliger.“

„Niemand ist ein Heiliger, Gracie“, widersprach David finster. „Am wenigsten Ärzte.“ Während sein Blick aus dem Fenster wanderte, dachte David plötzlich an den Fall O’Brien, oder vielmehr an die grünäugige, energische Kate Chesne. Er hatte sich endlich entschieden zu glauben, dass sie log. Dieser Fall würde einfacher sein als vermutet. Dr. Chesne würde wie ein Lamm zur Schlachtbank geführt werden.

Und er wusste auch schon, wie er vorgehen musste. Erst die einfachen Fragen: Name, Ausbildung und so weiter. Er hatte die Gewohnheit, den Beklagten im Gerichtssaal zu umrunden. Je bohrender die Fragen, desto enger wurden die Kreise, die er zog. Und wenn er ihr schließlich den Todesstoß versetzte, würde er direkt vor ihr stehen. Doch unerwarteterweise graute ihm davor, sie bloßzustellen und zu vernichten. Aber er musste es tun, es war sein Job, und er war immer stolz darauf gewesen, seinen Job gut zu machen.

Er zwang sich, den letzten Schluck Kaffee zu trinken, und stand auf. „Ich muss gehen", erklärte er und duckte sich unter einem lebensbedrohend aufgehängten Farn hindurch. „Ich rufe dich an, Mutter."

Jinx schnaubte: „Wann? Nächstes Jahr?"

Er klopfte Gracie mitfühlend auf die Schulter und sagte leise: „Viel Glück, lassen Sie sich von ihr nicht verrückt machen."

„Ich und sie verrückt machen?" schimpfte Jinx. „Ha!"

Gracie brachte ihn zur Verandatür und winkte ihm zum Abschied. „Goodbye, David!" rief sie ihm leise nach.

Einen Moment beobachtete sie, wie er über den Friedhof zu seinem Wagen ging, dann drehte sie sich bedrückt zu Jinx um. „Er ist so unglücklich!" sagte sie. „Wenn er doch nur vergessen könnte."

„Er vergisst leider nichts", seufzte Jinx. „In dieser Hinsicht ähnelt er eher seinem Vater. Er wird seinen Kummer mit sich herumschleppen bis zu seinem eigenen Todestag."

4. KAPITEL

Der Wind blies mit zehn Knoten aus Nordosten, als die Barkasse mit Ellen O'Briens Überresten in See stach. Die Asche bei Sonnenuntergang ins Meer zu streuen, schien eine saubere, natürliche Beendigung des Lebens zu sein. Es war die Wiedervereinigung von Fleisch und Blut mit den Elementen. Der Prediger warf einen Kranz gelber Blüten vom alten Pier, und sie trieben mit der Strömung fort, ein langsames, symbolisches Abschiednehmen, das Patrick O'Brien in Tränen ausbrechen ließ.

Sein Weinen wehte über die Menschenmenge am Dock zu der entfernten Stelle hinüber, wo Kate ausharrte. Allein und unbeachtet stand sie bei den alten Fischerbooten und fragte sich, warum sie hier war. War dies eine grausame, selbst auferlegte Strafe? Ein schwacher Versuch, der Welt zu zeigen, wie Leid es ihr tat? Sie wusste nur, dass eine innere Stimme, die Vergebung erflehte, sie gezwungen hatte herzukommen.

Es war noch anderes Krankenhauspersonal hier: einige Schwestern, Ärzte, Clarence Avery und sogar George Bettencourt, der mit undurchdringlichem Gesichtsausdruck dastand. Für diese Menschen war die Klinik nicht nur ein Arbeitsplatz, sondern ein zweites Zuhause, eine zweite Familie. Man half sich gegenseitig bei der Geburt der Kinder, und man gab sich das letzte Geleit.

Kate entdeckte David Ransom am Ende des Piers, sein blonder Schopf überragte die Menge. Sie sah, wie er sich achtlos eine Haarsträhne aus dem Gesicht strich. Er trug Trauerkleidung, dunkler Anzug, dunkle Krawatte, doch in all der Trauer ringsum wirkte er wie versteinert. Sie fragte sich, ob er jemals Gefühle zeigte, lachte, weinte ... oder liebte. Vermutlich verlangte er auch in der Liebe totale Unterwerfung, genau wie im Gerichtssaal. Wie er so dastand im Licht der untergehenden Sonne, wirkte er wie eine uneinnehmbare Festung. Welche Chance hatte sie gegen einen solchen Mann?

Der Wind wurde stärker, schlug die Takelage der Segelboote gegen die Masten und verwehte die letzten Worte des Predigers.

Als die Trauergäste nach Beendigung der Zeremonie an ihr vorbeikamen, hatte Kate plötzlich nicht mehr die Kraft, sich zu bewegen. Clarence Avery hielt kurz an, als wolle er etwas sagen, ging dann jedoch befangen weiter. Mary und Patrick O'Brien würdigten sie keines Blickes. David Ransom kam näher, erkannte sie offensichtlich und ging weiter, ohne seinen Schritt zu verlangsamen, so als wäre sie Luft.

Als Kate endlich die Energie aufbrachte fortzugehen, war der Pier leer. Die Masten der Segelboote hoben sich wie kahle Bäume vom Abendhimmel ab, während sie über die Holzplanken ging, die ihre Schritte hohl klingen ließen. Am Auto angekommen, war sie so erschöpft, als wäre sie meilenweit gelaufen. Benommen suchte sie in ihrer Tasche nach den Autoschlüsseln und wunderte sich nicht einmal, dass die Tasche zu Boden glitt und ihren Inhalt verstreute. Gelähmt von ihrer Niedergeschlagenheit sah Kate nur zu, wie der Wind ihre Papiertaschentücher verwehte. Die absurde Vorstellung drängte sich ihr auf, dass sie nächtelang, vielleicht wochenlang hier verharren würde. Sie fragte sich, ob es jemand bemerken würde.

David Ransom hatte Kate bemerkt. Selbst während er seinen Klienten zum Abschied winkte, war er sich bewusst, dass Kate Chesne irgendwo hinter ihm auf dem Pier war. Es hatte ihn erstaunt, sie hier anzutreffen. Diese öffentliche Zurschaustellung von Reue war ein sehr kluger Schachzug und offenbar dazu bestimmt, die O'Briens zu beeindrucken. Als er sich jedoch umwandte und Kate allein mit hängenden Schultern und gesenktem Kopf den Pier entlanggehen sah, war ihm plötzlich klar, wie viel Mut es sie gekostet hatte, herzukommen.

Dann erinnerte er sich allerdings, dass manche Ärzte alles taten, um einem Prozess zu entgehen, und verlor das Interesse.

Er war auf dem Weg zu seinem Wagen, als er etwas zu Boden fallen hörte, und entdeckte, dass Kate Chesne die Handtasche entglitten war. Eine kleine Ewigkeit stand die Ärztin nur da, die Autoschlüssel in der Hand, und wirkte wie ein verstörtes Kind. Dann beugte sie sich langsam und müde hinunter und begann, ihre Habseligkeiten einzusammeln.

Geradezu gegen seinen Willen zog es ihn zu ihr hin. Sie bemerkte sein Näherkommen nicht. Er ging neben ihr in die Hocke, sammelte ein paar verstreute Münzen auf und reichte sie ihr. Sie blickte ihn plötzlich an und erschrak.

„Sieht so aus, als brauchten Sie Hilfe", sagte er. „Ich glaube, jetzt haben Sie alles."

Sie erhoben sich gleichzeitig. Er hielt ihr immer noch das Wechselgeld hin, doch sie schien es nicht wahrzunehmen. Erst nachdem er ihr die Münzen in die Hand gedrückt hatte, sagte sie ein schwaches „Danke."

Für einen Moment sahen sie sich in die Augen.

„Ich hatte nicht erwartet, Sie hier zu treffen", begann er. „Warum sind Sie gekommen?"

„Es war ..." Sie zuckte die Schultern, „... wohl ein Fehler."

„Hat Ihr Anwalt es Ihnen geraten?"

Sie fragte verwirrt: „Warum sollte er?"

„Um den O'Briens Ihr Mitgefühl zu zeigen."

Zornig fuhr sie ihn an: „Sie halten es für eine Art Strategie?"

„Das soll es schon gegeben haben."

„Warum sind Sie denn hier, Mr. Ransom? Gehört das auch zu Ihrer Strategie? Wollen Sie Ihren Klienten Ihr Mitgefühl zeigen?"

„Ich habe Mitgefühl."

„Und Sie denken, ich nicht?"

„Das habe ich nicht gesagt."

„Aber unterstellt."

„Nehmen Sie nicht alles, was ich sage, persönlich."

„Das tue ich aber."

„Das sollten Sie nicht. Ich tue nur meinen Job."

„Und was ist Ihr Job? Henker?"

„Ich greife nicht Menschen an, sondern deren Fehler. Und selbst den besten Ärzten unterlaufen Fehler."

„Das brauchen Sie mir nicht zu sagen!" Sie wandte sich ab und blickte auf die See hinaus, wo Ellen O'Briens Asche trieb. „Ich lebe im OP jeden Tag mit diesem Bewusstsein. Ich weiß, wenn ich die falsche Spritze aufziehe oder den falschen Hebel bediene, kostet es jemand das Leben. Oh ja, man wird damit fertig. Wir haben unsere bissigen Witze, unseren Galgenhumor. Es ist schrecklich, über was wir alles lachen und nur, um emotional zu überleben. Sie und Ihre ganze verdammte Zunft haben keine Vorstellung davon, wie es ist, wenn man einen Patienten verliert!"

„Aber ich weiß, wie es für die Hinterbliebenen ist. Jedes Mal wenn Sie einen Fehler machen, verursachen Sie Leid."

„Vermutlich machen Sie nie Fehler."

„Die macht wohl jeder. Der Unterschied ist, dass Sie Ihre begraben."

„Das werden Sie mich nie vergessen lassen, was?"

Sie wandte sich ihm zu. Das Licht des Sonnenuntergangs ließ ihre Haare feurig leuchten. David fragte sich plötzlich, wie es wohl wäre, seine Finger durch diesen Wust braunroter Haare gleiten zu lassen und Kate Chesne zu küssen? Der Gedanke war plötzlich da, und er wurde ihn nicht mehr los. Sicher war es in dieser Situation das Letzte, woran er denken sollte, aber sie standen so gefährlich nah beieinander, dass er entweder zurückweichen oder Kate Chesne küssen musste.

Mit Mühe gelang es ihm, beides zu vermeiden. „Wie gesagt, Dr. Chesne, ich tue nur meine Pflicht."

Sie schüttelte so wütend den Kopf, dass ihre Haare im Wind flatterten. „Nein, es ist mehr als das. Sie sind auf einer Art

Rachefeldzug, um die gesamte medizinische Zunft auszurotten, nicht wahr?“

David erschrak über ihren Angriff. Er wollte ihren Vorwurf bestreiten, wusste jedoch, dass er der Wahrheit sehr nahe kam. Sie hatte seine alte Wunde gefunden und wieder geöffnet. „Die ganze Zunft ausrotten?“ wiederholte er. „Dann lassen Sie mich Ihnen eines sagen, Doktor: Es sind die inkompetenten Leute wie Sie, die meinen Job so leicht machen.“

Kalte Wut blitzte in Kates Augen auf, und einen Moment fürchtete David, sie werde ihn ohrfeigen. Doch dann stieg sie rasch in ihren Wagen und setzte den Audi so heftig aus der Parklücke zurück, dass David beiseite springen musste.

David Ransom blickte dem Wagen nach und bedauerte seine unnötig brutalen Worte. Aus reinem Selbstschutz war er Dr. Chesne so schroff begegnet. Ihre Anziehung auf ihn war so übermächtig geworden, dass er sie ein für alle Mal unterbinden wollte.

Als er sich zum Gehen wandte, fiel sein Blick auf einen silbernen Füller. Er musste unter den Wagen gerollt sein, als Kate die Tasche fallen ließ. David hob ihn auf und las den eingravierten Namen: Dr. Katharine Chesne.

Einen Moment wog er den Füller in der Hand und dachte an dessen Besitzerin. Ob sie daheim von jemandem erwartet wurde? Während er allein auf dem windigen Pier stand, wurde ihm bewusst, wie leer er sich fühlte.

Es hatte eine Zeit gegeben, da war er dankbar gewesen für diese Leere, weil er so keinen Schmerz empfand. Doch inzwischen wünschte er, wieder etwas fühlen zu können – irgendetwas –, wenn auch nur, um sich zu vergewissern, dass er noch lebte. Er wusste, dass er Gefühle hatte, doch sie waren irgendwo in ihm verschüttet. Allerdings hatten sie sich beim Blick in Kate Chesnes Augen zart geregt.

Dieser Patient war nicht tot. Noch nicht.

Lächelnd warf er den Füller hoch und fing ihn geschickt auf. Dann steckte er ihn in die Brusttasche und ging zu seinem Wagen.

Das Quietschen der zuschwingenden Tür zum Aufenthaltsraum für Ärzte ließ Dr. Guy Santini zusammenzucken. Schritte näherten sich. Guy blickte auf und entdeckte Ann Richter jenseits des Tisches. Stumm sahen sie sich einen Moment an.

„Wie ich sehe, sind Sie auch nicht zu Ellens Trauerfeier gegangen“, sagte er.

„Ich wollte, aber ich hatte Angst.“

„Angst?“ wiederholte er stirnrunzelnd. „Wovor?“

„Tut mir Leid, Guy, ich habe keine Wahl mehr.“ Sie hielt ihm einen Brief hin. „Er ist von Charlie Deckers Anwalt. Sie stellen Fragen nach Jenny Brook.“

„Was?“ Er nahm den Brief. Was er las, machte ihn offenbar betroffen. „Sie werden nicht hingehen, oder? Sie können es denen nicht sagen.“

„Es ist eine Zwangsvorladung, Guy!“

„Dann lügen Sie, um Himmels willen!“

„Decker ist wieder frei, Guy. Das wussten Sie nicht, oder? Er wurde vor einem Monat aus dem Landeskrankenhaus entlassen. Er hat mich angerufen und einige Mitteilungen in meinem Apartment hinterlassen. Manchmal denke ich sogar, er verfolgt mich.“

„Er kann Ihnen nichts tun.“

„Nein?“ Sie deutete mit dem Kopf auf den Brief in seiner Hand. „Henry hat genauso einen Brief bekommen und Ellen auch, kurz bevor sie ...“ Ann brach ab, als fürchte sie, ihre schlimmsten Ahnungen könnten Wahrheit werden, wenn sie sie aussprach. Erst jetzt merkte Guy, wie mitgenommen sie aussah. Unter ihren Augen lagen dunkle Ringe, und ihr aschblondes Haar, sonst ihr ganzer Stolz, schien seit Tagen nicht gekämmt worden zu sein. „Es muss ein Ende haben,

Guy", sagte sie leise. „Ich kann nicht für den Rest meiner Tage in Angst vor Charlie Decker leben."

Er zerknüllte den Brief in seiner Hand. Aufgeregt, fast in Panik, begann er hin und her zu gehen. „Sie könnten die Insel verlassen ..."

„Wie lange, Guy? Einen Monat? Ein Jahr?"

„So lange, bis die Lage sich beruhigt hat. Ich gebe Ihnen das Geld." Er holte seine Brieftasche hervor und entnahm ihr fünfzig Dollar, alles, was er bei sich hatte. „Hier. Ich verspreche, ich schicke Ihnen mehr."

„Ich will kein Geld."

„Nehmen Sie es nur."

„Ich sagte schon, ich will kein ..."

„Um Himmels willen, nehmen Sie!" erwiderte er barsch vor Verzweiflung. „Bitte, Ann", flehte er ruhiger. „Ich bitte Sie als Freund."

Sie schaute auf das Geld in seiner Hand und nahm es zögernd. „Ich reise noch heute Nacht ab nach San Francisco. Ich habe dort einen Bruder ..."

„Rufen Sie mich an, wenn Sie dort sind. Ich schicke Ihnen alles Geld, was Sie brauchen." Sie schien ihn nicht zu hören. „Ann? Sie tun das für mich, nicht wahr?"

Sie starrte blicklos gegen die Wand. Er hätte ihr gern versichert, dass nichts schief gehen könnte, doch sie wussten beide, dass es eine Lüge war. Er sah ihr nach, wie sie langsam zur Tür ging. Bevor sie verschwand, sagte er: „Danke, Ann."

Sie drehte sich nicht um, sondern blieb nur kurz auf der Schwelle stehen und zuckte leicht die Schultern.

Auf dem Weg zur Bushaltestelle umklammerte Ann Richter immer noch das Geld, das Guy ihr gegeben hatte. Fünfzig Dollar! Als ob das genügen würde! Eine Million Dollar wären nicht genug.

Sie bestieg den Bus nach Waikiki und blickte aus dem Fenster auf die öden Blocks der City. In Kalakaua stieg sie aus und ging auf ihr

Apartmenthaus zu. Busse fuhren vorbei und erstickten sie fast mit ihren Abgasen. Ihre Hände wurden feucht in der Hitze, und die Betongebäude schienen sie einzukesseln. Während sie sich durch die Touristenmassen auf dem Gehweg drängte, fühlte sie sich immer unsicherer.

Ann beschleunigte ihre Schritte.

Zwei Häuserblocks nördlich von Kalakaua lichtete sich die Menge, und Ann wartete an einer Straßenkreuzung darauf, dass die Ampel auf Grün sprang. In diesem Moment, während sie allein dort stand, wusste sie, dass sie verfolgt wurde.

Sie drehte sich abrupt um und blickte die Straße entlang. Ein alter Mann schlurfte den Gehweg hinunter. Ein Ehepaar schob ein Baby im Kinderwagen. Und auf einem Kleiderständer vor einem Geschäft flatterten bunte Röcke. Da war nichts Ungewöhnliches ... zumindest hatte es den Anschein.

Die Ampel schaltete auf Grün. Ann lief wie von Hunden gehetzt über die Straße und verlangsamte ihr Tempo erst, als sie ihr Apartment erreichte.

Sie begann sofort zu packen. Noch während sie ihre Sachen in einen Koffer warf, überdachte sie die nächsten Schritte. Die Maschine nach San Francisco ging um Mitternacht. Ihr Bruder würde sie eine Weile aufnehmen, ohne Fragen zu stellen. Er wusste, dass jeder seine Geheimnisse hatte.

Das muss alles nicht sein! flüsterte eine innere Stimme. Du könntest zur Polizei gehen ...

Und was soll ich denen sagen? Die Wahrheit über Jenny Brook? Damit zerstöre ich ein unschuldiges Leben.

Bedrückt und fieberhaft nachdenkend ging sie in ihrem Apartment auf und ab. Als sie am Spiegel vorbeikam, erkannte sie sich kaum. Ihr Haar war unordentlich, und unter ihren Augen hatte sich Wimperntusche verschmiert. Angst machte ihr das eigene Gesicht fremd.

Du musst nur anrufen und ein Geständnis ablegen, riet die innere Stimme, ein offenbartes Geheimnis stellt keine Gefahr mehr dar.

Ann griff nach dem Telefonhörer. Mit zitternden Händen wählte sie Kate Chesnes Privatnummer. Niedergeschlagen hörte sie die Ansage des Anrufbeantworters.

Sie räusperte sich und sagte. „Hier spricht Ann Richter. Bitte, ich muss mit Ihnen reden. Es geht um Ellen. Ich weiß, warum sie sterben musste."

Dann hängte sie auf und wartete auf Antwort.

Es vergingen Stunden, bevor Kate Chesne die Nachricht abhörte. Nachdem sie den Pier am Spätnachmittag verlassen hatte, war sie eine Weile ziellos herumgefahren, um nicht in ihr leeres Haus zurückzumüssen. Doch das Abendessen in einem kleinen Restaurant sagte ihr ebenso wenig zu wie die Kinovorstellung, die sie nach der Hälfte des Films verließ.

Sie kam gegen zehn Uhr heim, zog sich halb aus und saß lustlos auf dem Bett, als sie das Licht am Anrufbeantworter blinken sah. Sie ließ das Band zurücklaufen und ging zum Schrank.

„Hallo, Dr. Chesne, hier spricht vier Ost. Wir wollten Ihnen mitteilen, dass Mr. Bergs Blutzucker 98 ist ... Hallo, hier spricht June aus Dr. Averys Büro. Vergessen Sie die Sitzung des Ärztegremiums am Dienstag um vier nicht ... Hallo, hier ist Windward Immobilien. Bitte, rufen Sie uns zurück. Wir haben eine Auflistung, die Sie interessieren könnte ..."

Kate hängte gerade ihren Rock auf, als die letzte Mitteilung ablief.

„Hier spricht Ann Richter. Bitte, ich muss mit Ihnen reden. Es geht um Ellen. Ich weiß, warum sie sterben musste ..."

Sie hörte noch das Klicken, als der Hörer aufgelegt wurde, dann spulte das Band automatisch zurück. Kate eilte zum Rekorder und drückte den Wiedergabeknopf.

„... Es geht um Ellen. Ich weiß, warum sie sterben musste."

Eilig suchte sie Anns Adresse und Telefonnummer heraus und wählte. Doch die Leitung war ständig besetzt. Kate wusste, was zu tun war, und zog sich schnell wieder an.

Der Verkehr schob sich Stoßstange an Stoßstange nach Waikiki hinein.

Wie immer waren die Gehwege voll von einer bizarren Mischung aus Touristen, Soldaten auf Urlaub und Menschen von der Straße. Sie alle bewegten sich unter den unwirklichen Lichtern der abendlichen Stadt. Palmen warfen ihre dürren Schatten gegen die Gebäude. Ein ansonsten würdevoll aussehender Gentleman stellte in Bermudashorts seine weißen Beine zur Schau. Nach Waikiki kam man, um das Lächerliche, das Ungewöhnliche zu sehen. Doch heute Abend erschien Kate der Blick aus dem Fenster nur beängstigend: farblose Gesichter im Schein der Straßenlampen, angetrunkene Soldaten, die in den Eingängen der Nachtklubs herumlungerten, und an der Straßenkreuzung verkündete ein Evangelist mit glühendem Blick das Ende der Welt.

Zehn Minuten später stieg Kate die Treppe zu Anns Apartmenthaus hoch. An der Tür kam ihr ein junges Paar entgegen, sodass sie ohne weiteres in die Halle gelangte.

Es dauerte einen Moment, bis der Lift kam. Kate lehnte sich gegen die Wand, atmete tief durch und hoffte, die Stille des Gebäudes würde ihre Nerven beruhigen. Als sie schließlich den Fahrstuhl betrat, hatte ihr Herz tatsächlich aufgehört, wild zu pochen. Leise quietschend fuhr der Lift hinauf. Sonderbar entrückt beobachtete Kate, wie die Lichter 3, 4, 5 aufleuchteten.

In der siebenten Etage öffneten sich die Türen wieder.

Der Korridor war leer. Während Kate über einen dunkelgrünen Teppich auf die Nummer 710 am Ende des Flurs zuging, hatte sie das seltsame Gefühl, sich wie in einem Traum zu bewegen. Als sie direkt davor stand, bemerkte sie, dass die Tür nur angelehnt war. „Ann?“ rief sie leise.

Keine Antwort.

Sie schob die Tür leicht auf und erschrak. Obwohl sie die gespenstische Szene sah, begriff sie sie nicht gleich: ein umgeworfener Stuhl, verstreute Zeitungen, rote Spritzer an der Wand. Ihr Blick folgte der roten Zickzackspur auf dem beigen Teppich, die unweigerlich zu ihrem Ursprung führte. Anns Körper lag, Gesicht nach unten, in einer riesigen Blutlache.

Die elektronischen Piepser aus dem Telefonhörer, der an seiner Strippe vom Tisch herabhing, waren wie ein Alarmsignal für Kate, endlich aktiv zu werden. Doch sie war für Augenblicke wie gelähmt. Ihr wurde schwindelig, sie ging in die Hocke und stützte sich am Türrahmen ab. Auch jahrelanges, medizinisches Training konnte diese Reaktion nicht verhindern. Sie brauchte einige Minuten, um sich zu beruhigen.

Doch das Hämmern ihres Herzens wurde von einem anderen unregelmäßigen Klang begleitet, einem Atmen, das nicht ihr eigenes war.

Noch jemand befand sich im Raum.

Eine Bewegung lenkte ihren Blick auf den Wohnzimmerspiegel. Dann entdeckte sie den Mann. Er hockte hinter einer Kommode, keine drei Schritte entfernt.

Sie bemerkten einander im selben Moment. Und in den Bruchteilen einer Sekunde, in denen sie seine Augen sah, glaubte sie in diesen dunklen Höhlen etwas Böses zu entdecken, vor dem es kein Entrinnen gab.

Er öffnete den Mund, als wollte er sprechen. Doch es kamen keine Worte heraus, sondern nur ein unheimliches Zischen, wie das einer Viper, die droht, bevor sie beißt.

Kate sprang auf, drehte sich – wie ihr schien – albtraumhaft langsam um und floh. Der Korridor war schier endlos. Sie hörte ihren

Schrei von den Wänden zurückhallen, und der Klang war so unwirklich wie die Eindrücke des vorbeifliegenden Flurs.

Das Treppenhaus am Ende des Ganges war der einzig mögliche Fluchtweg, da sie keine Zeit hatte, auf den Lift zu warten.

Eilig öffnete sie den Hebel der Tür, die nach außen aufschwang. Kate war bereits eine Treppe hinabgeeilt, als sie die Tür über sich wieder aufgehen und gegen die Wand prallen hörte. Dann ertönte erneut das Zischen, so schrecklich wie das Fauchen eines Dämons.

Kate hastete zur sechsten Etage und versuchte die Flurtür aufzureißen. Sie war verschlossen. Schreiend trommelte sie mit den Fäusten dagegen. Vergeblich.

Seine Schritte kamen gnadenlos hinter ihr die Treppe herunter. Kate konnte nicht warten, sie musste weiter. Sie rannte die nächste Treppenflucht hinab, sprang die letzten Stufen und landete hart. Ein heftiger Schmerz schoss durch ihren Knöchel. Mit Tränen in den Augen riss sie an der Tür und schlug dagegen. Auch sie war verschlossen.

Er war schon bedrohlich nahe.

Kate rannte noch eine Treppe hinunter und noch eine. Die Tasche flog ihr von der Schulter, doch sie konnte sie nicht wieder aufheben. Der Schmerz im Knöchel war fast unerträglich, als sie die dritte Etage erreichte. Würde auch diese Tür verschlossen sein? Ihre Fantasie eilte voraus zum Erdgeschoss. Was lag dort? Ein Parkplatz? Eine Gasse? Würde man dort morgen ihre Leiche finden?

Aus schierer Panik riss Kate mit übermenschlicher Kraft an der Tür. Sie war unverschlossen. Kate taumelte hinaus und befand sich auf einem Parkdeck. Sie hatte keine Zeit, lange nachzudenken, sondern ging blindlings in Deckung. Als die Tür zum Treppenhaus wieder aufflog, duckte sie sich hinter einen Lieferwagen.

Dort hockte sie hinter den Vorderrädern und lauschte auf Schritte. Bis auf das Rauschen ihres Blutes in den Ohren hörte sie jedoch nichts. Sekunden verstrichen, dann Minuten. Wo war er?

Hatte er die Jagd aufgegeben? Sie presste sich so dicht an den Wagen, dass der Stahl in ihre Schenkel schnitt. Doch sie spürte keinen Schmerz, so sehr waren ihre Sinne aufs Überleben gerichtet.

Ein Kieselstein kullerte über den Boden und verursachte Lärm wie ein Pistolenschuss. Kate versuchte vergeblich, die Richtung des Geräusches auszumachen. Geh weg! flehte sie im Stillen, da sie spürte, dass er näher kam. Sie musste wissen, wo er war.

Vorsichtig duckte sie sich und blickte unter dem Lieferwagen hindurch. Blankes Entsetzen erfasste sie, als sie ihn auf der anderen Seite vom Heck des Wagens auf sich zugehen sah.

Kate sprang auf und rannte los. Die geparkten Autos verschwammen am Rande ihres Blickfeldes zu einer undeutlichen Masse. Sie hastete auf die Abfahrtsrampe zu. Ihre Beine, noch steif vom Hocken, bewegten sich nicht schnell genug. Sie hörte den Mann hinter sich. Die Rampe wand sich endlos hinab, und in jeder Kurve lief sie Gefahr auszugleiten, der Mann kam näher. Kate atmete so heftig, dass ihre Kehle zu schmerzen begann.

In einem verzweifelten Spurt bog sie um die letzte Ecke. Zu spät erkannte sie die Scheinwerfer des Wagens, der die Rampe hinauffuhr. Kate sah noch flüchtig zwei Gesichter hinter der Windschutzscheibe, die die Münder aufrissen, dann krachte sie auf den Kühler. Es gab einen grellen Blitz, als explodierten Sterne in ihren Augen. Danach schwand das Licht, und sie sah nichts mehr, nicht einmal Dunkelheit.

5. KAPITEL

„Mangoblüte“, erklärte Sergeant Brophy und schnauzte sich in sein feuchtes Taschentuch. „Das ist die schlimmste Jahreszeit für meine Allergie.“ Er atmete vorsichtig Luft ein, als suchte er nach einem neuen, bisher unentdeckten Hindernis in seinen Nasengängen. Die grauenvolle Szenerie ringsum schien ihn völlig kalt zu lassen, als seien Leichen, blutbespritzte Wände und eine Armee kriminaltechnischer Mitarbeiter etwas Alltägliches. Wenn Sergeant Brophy einen seiner Niesanfälle bekam, vergaß er alles bis auf den traurigen Zustand seiner Nasenschleimhäute.

Leutnant Francis Ah Ching – genannt Pokie – hatte sich an das Schniefen seines Assistenten gewöhnt. Manchmal war dessen Allergie sogar nützlich, denn er wusste immer, in welchem Raum sich Brophy gerade aufhielt, und brauchte nur dem Geräusch zu folgen.

Sergeant Brophy verschwand samt im Taschentuch steckender Triefnase soeben im Schlafzimmer der Toten. Pokie blickte wieder auf seinen Notizblock, auf dem er die Fakten festhielt. Er schrieb rasch, in einer besonderen Kurzschrift, die er sich in seiner sechsundzwanzigjährigen Dienstzeit als Polizist – davon siebzehn im Morddezernat – angeeignet hatte. Acht Seiten waren mit Skizzen der verschiedenen Räume gefüllt, vier allein mit denen vom Wohnraum. Seine Skizzen waren grob, die Fakten stimmten jedoch genau. Leiche hier, umgeworfene Möbel dort, Blut überall.

Die Leichenbeschauerin, eine jungenhaft wirkende, sommersprossige Frau, die jeder nur M.J. nannte, ging herum, bevor sie die Leiche untersuchte. Wie üblich trug sie Jeans und Turnschuhe – ein lässiger Aufzug für eine Ärztin, aber in ihrem besonderen Fall beklagten sich die Patienten nicht. Während sie durch den Raum schritt, diktierte sie in einen Kassettenrekorder:

„Arterielles Blut an drei Wänden in 1,30 bis 1,60 m Höhe ... große

Blutlache an der Ostseite des Wohnzimmers, wo Leiche liegt ... Opfer ist blond, weiblich, zwischen dreißig und vierzig, in Bauchlage gefunden, rechter Arm gebeugt unter dem Kopf, linker Arm ausgestreckt ... Keine Fleischwunden an Händen oder Armen bemerkt." M.J. ging in die Hocke. „Auffallende Leichenflecken. Hm." Stirnrunzelnd berührte sie den nackten Arm der Toten. „Bedeutende Auskühlung des Körpers. Es ist jetzt null Uhr fünfzehn." Sie schaltete den Rekorder ab und blieb einen Moment stumm.

„Stimmt etwas nicht, M.J.?" fragte Pokie.

„Was?" Sie blickte auf. „Oh, ich habe nur nachgedacht."

„Und wie ist Ihr erster Eindruck?"

„Sieht nach einem einzigen tiefen Einschnitt in die linke Halsschlagader aus mit einer sehr scharfen Klinge. Rasche Arbeit. Das Opfer hatte keine Möglichkeit, zur Verteidigung einen Arm zu heben. Ich sehe mehr, wenn wir sie im Leichenschauhaus gewaschen haben." Sie erhob sich, und Pokie sah, dass ihre Tennisschuhe blutverschmiert waren. Durch wie viele Blutspuren diese Schuhe wohl schon getrampelt waren?

Nicht durch so viele, wie ich gesehen habe, dachte er.

„Durchschnittene Schlagader", bemerkte er versonnen. „Erinnert Sie das an etwas?"

„Allerdings. Wie war noch der Name des Mannes vor einigen Wochen?"

„Tanaka. Auch er hatte eine durchtrennte Schlagader."

„Den meine ich. Der Tatort war genauso blutig wie der hier."

Pokie dachte nach. „Tanaka war Arzt. Und sie hier ..." Er blickte auf die Leiche. „Sie ist Krankenschwester."

„War Krankenschwester."

„Das gibt einem zu denken."

M.J. schloss ihr Köfferchen. „Es gibt viele Ärzte und Krankenschwestern in der Stadt. Nur weil diese beiden auf meinem Obduktionstisch landen, müssen sie sich nicht gekannt haben."

Lautes Niesen kündigte Sergeant Brophy an, der aus dem Schlafzimmer kam. „Ich habe ein einfaches Flugticket nach San Francisco auf ihrem Nachttisch gefunden, für den Mitternachtsflug." Er blickte auf seine Uhr. „Den hat sie gerade verpasst."

Ein Flugticket, gepackte Koffer. Ann Richter hatte also die Stadt verlassen wollen. Warum?

Während ihn dieser Gedanke noch beschäftigte, ging Pokie ein zweites Mal durch alle Räume des Apartments. Im Bad sah er einen Kriminaltechniker mit einer Lupe das Waschbecken inspizieren.

„Spuren von Blut hier, Sir. Sieht aus, als hätte sich der Killer die Hände gewaschen."

„Ziemlich kaltblütig. Irgendwelche Fingerabdrücke?"

„Ein paar, aber die meisten wohl vom Opfer. Ein paar neue Abdrücke sind am Knauf der Eingangstür, die könnten Ihrer Zeugin gehören."

Pokie nickte und ging in den Wohnraum zurück. Dass sie eine Zeugin hatten, war ihr Trumpf. Trotz ihrer Verletzung hatte sie noch die Polizei ins Apartment 710 schicken können und hatte ihn damit um den Schlaf gebracht.

Er blickte Brophy an. „Haben Sie Dr. Chesnes Tasche gefunden?"

„Sie ist nicht im Treppenhaus, wo sie sie verloren hat. Jemand muss sie aufgehoben haben."

Pokie schwieg einen Moment. Er dachte an all die Dinge, die Frauen in der Tasche bei sich trugen: Brieftasche, Führerschein, Hausschlüssel. Er klappte sein Notizbuch zu. „Sergeant?"

„Sir?"

„Ich möchte, dass eine Wache rund um die Uhr vor Dr. Chesnes Krankenzimmer steht. Und ich will einen Mann in der Lobby. Sofort. Und gehen Sie jedem Anruf nach, der für sie ankommt."

Brophy schien verblüfft. „Der ganze Aufwand? Wie lange?"

„Solange sie im Krankenhaus ist. Im Moment sitzt sie wie ein Köder in der Falle."

„Sie glauben wirklich, der Täter würde ihr im Krankenhaus etwas antun?"

„Ich weiß es nicht", seufzte Pokie. „Ich weiß nicht, womit wir es hier zu tun haben. Aber ich habe zwei identische Morde." Grimmig schob er das Notizbuch in die Tasche. „Und sie ist unsere einzige Zeugin."

Phil Glickman war wieder einmal die reine Pest.

Es war Samstagmorgen, und Samstag war der einzige Tag, an dem David Ransom den in der Woche liegen gebliebenen Papierkram aufarbeiten konnte. Doch heute war er im Büro auf Phil Glickman gestoßen, anstatt Ruhe zu finden. Der junge Assessor war zweifellos ein kluger, gerissener, notfalls aggressiver Anwalt, doch leider völlig unfähig, den Mund zu halten. David vermutete, dass er noch im Schlaf redete.

Nachdem er ihm gerade von seinem neuesten Erfolg vor Gericht erzählt hatte und über Davids gedämpften Beifall einigermaßen enttäuscht war, fragte Phil: „Und wie steht es mit dem O'Brien-Fall? Winseln die schon um Gnade?"

David schüttelte den Kopf. „Nicht, wenn ich Kate Chesne richtig einschätze."

„Was? Ist die blöd?"

„Halsstarrig und selbstgerecht."

„So ist das mit den Ärzten."

David fuhr sich müde mit einer Hand durchs Haar. „Ich hoffe, es kommt nicht zum Prozess."

„Aber den zu gewinnen wäre ein Kinderspiel, für Sie auf jeden Fall sehr einfach."

„Zu einfach."

Glickman wandte sich lachend ab. „Das hat Sie doch früher nicht gestört."

Warum dann jetzt? dachte David. Der O'Brien-Fall fiel ihm sozusagen in den Schoß. Er brauchte lediglich ein paar Schriftsätze auszufertigen, einige drohende Erklärungen abzugeben und die Hand für den Scheck aufzuhalten. Er sollte eine Flasche Champagner öffnen. Stattdessen bereitete ihm die ganze Sache Unbehagen und drückte gehörig auf seine Stimmung.

Gähnend lehnte er sich zurück und rieb sich die Augen. Er hatte eine schreckliche, fast schlaflose Nacht hinter sich. Ein Traum hatte ihn geplagt und geweckt.

Da war eine Frau gewesen in einem abgedunkelten Zimmer. Lediglich ihre Silhouette hatte er im schwachen Gegenlicht vom Fenster gesehen. Zuerst dachte er, es sei seine Exfrau Linda. Doch vieles an ihr war fremd. Er hatte versucht, sie zu entkleiden, und ihr dabei einen Knopf von der Bluse abgerissen. Sie lachte, und es war ein angenehmes, sinnliches Lachen. Er wusste nun, dass sie nicht Linda war, und blickte plötzlich in Kate Chesnes grüne Augen. Sie sprachen kein Wort, sahen sich nur an, und seine Finger glitten zart über ihr Gesicht.

Schweißgebadet vor Sehnsucht war er aufgewacht. Er hatte versucht weiterzuschlafen, doch der Traum kehrte jedes Mal zurück. Und auch jetzt sah er Kates Gesicht, sobald er die Augen schloss.

David bemühte sich, seine Gedanken auf die Gegenwart zu konzentrieren, und ging zum Fenster. Er war zu alt für unsinnige Träumereien, und er war zu klug, um an eine Affäre mit der Gegenseite auch nur zu denken.

Attraktive Frauen kamen oft in sein Büro. Und gar nicht selten sandte eine jene provozierenden Signale aus, die jeder Mann erkannte. Er war stets amüsiert, aber nie versucht gewesen, darauf einzugehen. Es gehörte nun mal nicht zu seinen Gepflogenheiten, mit Klientinnen zu schlafen.

Kate Chesne hatte allerdings keine solchen Signale ausgesandt. Tatsache war, dass sie Anwälte ebenso zu verachten schien wie er

Ärzte. Warum um alles in der Welt ging ihm dann ausgerechnet diese Frau nicht mehr aus dem Sinn?

Er griff in seine Brusttasche und holte den silbernen Füller heraus. Er fragte sich plötzlich, ob dieser vielleicht das Geschenk eines Freundes gewesen war, und wunderte sich über einen Anflug von Eifersucht.

Er sollte den Füller zurückgeben.

Das Mid Pac Hospital war nur ein paar Blocks entfernt. Er konnte den Füller auf dem Heimweg dort abgeben. Die meisten Ärzte machten am Samstagmorgen noch einmal Visite. Es bestand also eine gute Chance, dass Kate Chesne dort sein würde. Bei dem Gedanken, sie wiederzusehen, empfand er Vorfreude und Angst zu gleichen Teilen. Und sein Magen zog sich so unangenehm zusammen wie in seiner Teenagerzeit, wenn er seinen ganzen Mut zusammengenommen hatte, um sich mit einem Mädchen zu verabreden. Das war ein sehr schlechtes Zeichen.

Trotzdem wollte er sein Vorhaben ausführen. Der Füller in seiner Hand war wie eine Verbindung zu ihr. Er schob ihn wieder in die Brusttasche und verstaute seine Papiere im Aktenkoffer.

David betrat die Lobby des Hospitals und ging an einen Hausapparat. Die Telefonistin meldete sich.

„Ich versuche, Dr. Kate Chesne zu finden“, erklärte David. „Ist sie im Haus?“

„Dr. Chesne?“ Es entstand eine Pause. „Ja, ich glaube, sie ist im Haus. Wer spricht bitte?“

Er wollte schon seinen Namen nennen, überlegte es sich jedoch. Falls Kate erfuhr, dass er sie sprechen wollte, meldete sie sich vermutlich nicht. „Ich bin ein Freund“, sagte er lahm.

„Bitte bleiben Sie am Apparat.“

Es erklang irgendeine schauderhafte Musik, wahrscheinlich dieselbe wie im Fahrstuhl zur Hölle. David ertappte sich dabei, wie er ungeduldig mit den Fingern gegen die Telefonzelle trommelte. Ihm wurde bewusst, wie eilig er es hatte, Kate wiederzusehen. Ich muss verrückt sein, dachte er und hängte plötzlich auf. Entweder verrückt oder ausgehungert nach weiblicher Gesellschaft. Vielleicht beides.

Ärgerlich wandte er sich ab und sah sich zwei beeindruckenden Polizisten gegenüber.

„Hätten Sie etwas dagegen, uns zu begleiten?“ fragte einer der beiden.

„Allerdings“, erwiderte David.

„Dann lassen Sie es mich anders ausdrücken“, entgegnete der Polizist, und die Bedeutung seiner Worte war unzweideutig.

David lachte ungläubig. „Was habe ich getan, Jungs? Die Parkdauer überschritten? Eure Mutter beleidigt?“

Man packte ihn fest an beiden Armen und bugsierte ihn quer durch die Halle zum Verwaltungsflügel.

„Ist das eine Festnahme oder was?“ fragte David. Sie antworteten nicht. „He, ich denke, ihr müsst mich über meine Rechte aufklären!“ Das taten sie nicht. „Okay, dann werde ich euch über meine Rechte aufklären!“ Immer noch keine Antwort. Er verschoss sein letztes Pulver. „Ich bin Anwalt.“

„Gut für Sie“, kam die trockene Erwiderung, als er auf den Konferenzraum zugeführt wurde.

„Ihr wisst verdammt gut, dass ihr mich nicht ohne Anklage festnehmen dürft.“

Sie öffneten die Tür. „Wir folgen nur Anweisungen.“

„Wessen?“

Eine vertraute Stimme rief. „Meinen.“

David drehte sich um und sah sich jemandem gegenüber, dem er seit seiner Zeit im Büro des Staatsanwaltes nicht mehr begegnet war. Leutnant Francis ‚Pokie‘ Ah Ching von der Mordkommission war ein Produkt der für die Insel typischen Vermischung verschiedener

Völker. Seine Augen waren eine Spur chinesisch, das energische Kinn portugiesisch, und hinzu kam eine kräftige Dosis dunkler polynesischer Haut. Abgesehen von einer beträchtlichen Zunahme des Gürtelumfangs hatte er sich in den acht Jahren seit ihrer letzten Zusammenarbeit nicht verändert. Er trug sogar noch denselben alten Polyesteranzug von der Stange, obwohl sich das Jackett wohl schon seit langem nicht mehr schließen ließ.

„Wenn das nicht Davy Ransom ist“, raunzte Pokie. „Ich werfe meine Netze aus, und wer schwimmt hinein?“

Pokie nickte den beiden Beamten zu. „Der ist okay.“

Die zwei zogen sich zurück. Sobald die Tür geschlossen war, fuhr David ihn an: „Was geht hier vor?“

Pokie trat vor und betrachtete ihn abschätzend. „Eine private Kanzlei scheint ihren Mann zu ernähren. Neuer Anzug, neue teure Schuhe. Ihnen geht es gut, was, Davy?“

„Ich kann mich nicht beklagen.“

Pokie setzte sich auf die Tischkante und verschränkte die Arme. „Einen Monat, nachdem Sie gingen, wurde ich Leutnant, aber ich trage immer noch denselben alten Anzug, dieselben alten Schuhe und fahre denselben alten Wagen.“

Davids Geduld wurde auf eine harte Probe gestellt. „Wollen Sie mir nun sagen, was los ist? Oder soll ich raten?“

Pokie holte sich eine Zigarette aus dem Jackett und zündete sie an. „Sie sind ein Freund von Kate Chesne?“

Der plötzliche Themenwechsel überraschte David. „Ich kenne sie.“

„Wie gut?“

„Wir haben ein paarmal miteinander gesprochen. Ich bin gekommen, um ihr ihren Füller zurückzubringen.“

„Dann wussten Sie nicht, dass sie gestern Abend als Notfall eingeliefert wurde? Schockverdacht.“

„Was?“

„Nichts Ernstes“, sagte Pokie rasch. „Schwache Gehirnerschütterung, ein paar Prellungen. Sie wird heute entlassen.“

David war für Augenblicke sprachlos und betrachtete Pokie, der genüsslich an seiner Zigarette sog.

„Komisch“, meinte Pokie, „manchmal kommt man in einem Fall kein Stück weiter, und plötzlich, Peng, hat man Glück.“

„Was ist Kate passiert?“ fragte David mit rauer Stimme.

„Sie war zur falschen Zeit am falschen Ort.“ Er blies eine Lunge voll Rauch aus. „Gestern Abend platzte sie in eine sehr üble Szene hinein.“

„Soll das heißen ... sie ist eine Zeugin? Für was?“

Pokies Gesicht blieb reglos, als er durch den Rauch, der zwischen ihnen trieb, sagte: „Mord.“

Durch die geschlossene Tür hörte Kate die Geräusche eines emsigen Krankenhausbetriebes: das statische Knacken der Sprechanlage, das Klingeln der Telefone. Die ganze Nacht über hatte sie bewusst auf diese Geräusche gelauscht, die ihr sagten, dass sie nicht allein war. Erst jetzt, da die Sonne ins Zimmer schien und Erschöpfung sie befiel, schlummerte sie allmählich ein. Sie hörte das erste Klopfen nicht und auch nicht die Stimme, die leise ihren Namen rief. Erst der Luftzug über ihrem Gesicht warnte sie, dass jemand die Tür geöffnet hatte. Sie nahm am Rande wahr, dass irgendwer an ihr Bett kam, und es kostete sie Mühe, die Augen zu öffnen. Wie durch einen Schleier erkannte sie David Ransom.

Sie ärgerte sich ein bisschen. Er hatte kein Recht, sie aufzusuchen, solange sie so schwach war. Sie wusste genau, was sie ihm sagen sollte, doch sie war zu müde dazu.

Und auch David sagte kein Wort. Sie schienen beide die Stimme verloren zu haben.

„Das ist nicht fair, Mr. Ransom“, flüsterte sie schließlich, „jemanden zu treten, der schon am Boden liegt.“ Sie wandte das

Gesicht ab. „Sie scheinen Ihren praktischen Rekorder vergessen zu haben. Oder ist er vielleicht versteckt in ...“

„Hören Sie auf damit, Kate.“

Sie war sofort still. Er hatte sie beim Vornamen genannt, eine unsichtbare Schranke war soeben zwischen ihnen gefallen, ohne dass Kate wusste, wieso. Er stand so nah, dass sie sein Aftershave roch und fast die Wärme seiner Haut spürte.

„Ich bin nicht hier, um Sie zu treten ...“ Seufzend fuhr er fort: „Vielleicht sollte ich gar nicht hier sein. Aber als ich hörte, was geschehen ist, dachte ich ...“

Sie wandte ihm das Gesicht zu und sah, dass er sie stumm betrachtete. Zum ersten Mal wirkte er so wenig Ehrfurcht gebietend, dass sie sich bewusst machen musste: Er ist mein Gegner. Doch welchen Grund sein Besuch auch haben mochte, er änderte nichts an ihrem Verhältnis zueinander. Im Moment fühlte sie sich allerdings nicht bedroht, sondern beschützt. Wohl nicht nur wegen seiner offenkundigen Körperkraft. David Ransom verströmte Kompetenz und eine ruhige Autorität. Sie wünschte, er wäre ihr Verteidiger und nicht ihr Ankläger. Sie konnte sich nicht vorstellen, dass man mit David Ransom an seiner Seite einen Kampf verlor.

„Woran haben Sie gedacht?“ fragte sie leise.

Er wandte sich zum Gehen. „Tut mir Leid, ich sollte Sie schlafen lassen.“

„Warum sind Sie gekommen?“

Er blieb stehen und lachte scheu. „Ach ja, fast hätte ich es vergessen. Ich wollte Ihnen das hier zurückgeben. Sie haben es am Pier fallen lassen.“ Er legte ihr den Füller in die Hand.

„Danke“, flüsterte sie.

„Ein sentimentales Erinnerungsstück?“

„Das Geschenk eines Mannes, den ich ...“ sie räusperte sich, senkte den Blick und wiederholte: „Danke.“

David wusste, dass dies sein Stichwort war, zu gehen. Er hatte seine gute Tat für heute erledigt. Jede weitere Unterhaltung, die sich entspinnen könnte, sollte er im Keim ersticken. Stattdessen zog er sich jedoch einen Stuhl heran und nahm Platz.

Ihr Haar lag auf dem Kissen ausgebreitet, und auf ihrer Wange war ein violetter Bluterguss. Erstaunlicherweise empfand er heftigen Zorn auf den Mann, der sie verletzt hatte.

„Wie fühlen Sie sich?"

Kate zuckte schwach die Schultern. „Müde und lädiert." Nach einer Pause fügte sie mit der Andeutung eines Lächelns hinzu: „Und glücklich, am Leben zu sein." In einer – wie ihm schien – traurigen Geste berührte sie den Bluterguss auf ihrer Wange. „Ich bin wohl nicht gerade umwerfend schön heute."

„Sie sehen gut aus, Kate. Wirklich." Das war keine besonders intelligente Bemerkung, aber er meinte es ehrlich. Sie sah gut aus, und sie lebte. „Der Bluterguss vergeht. Wichtig ist nur, dass Sie in Sicherheit sind."

„Bin ich das?" Sie blickte zur Tür. „Die ganze Nacht saß eine Wache da draußen. Ich habe ihn mit den Schwestern scherzen hören. Und ich frage mich, warum man ihn hierher abkommandiert hat."

„Bestimmt ist das nur eine Vorsichtsmaßnahme, damit Sie nicht gestört werden."

Stirnrunzelnd fragte sie: „Und wie sind Sie an ihm vorbeigekommen?"

„Ich kenne Leutnant Ah Ching. Wir haben vor Jahren zusammengearbeitet, als ich noch im Büro des Staatsanwaltes war."

„Sie?"

Er lächelte. „Ja, ich habe meine Bürgerpflicht erfüllt. Ich habe die Niederungen menschlichen Lebens kennen gelernt, und das zu einem Hungerlohn."

„Sie haben also mit Ah Ching über den Vorfall gesprochen?"

„Er sagte, Sie seien eine Zeugin. Und dass Ihre Aussage wichtig sei für den Fall."

„Hat er Ihnen gesagt, dass Ann Richter mich angerufen hat? Sie hinterließ eine Nachricht auf meinem Anrufbeantworter, bevor sie getötet wurde."

„Worüber?"

„Ellen O'Brien."

David erwiderte nachdenklich: „Das ist mir neu."

„Ann wusste etwas, Mr. Ransom, etwas über Ellens Tod. Leider hatte sie keine Gelegenheit mehr, es mir zu sagen."

„Wie genau lautete die Nachricht?"

„Ich weiß, warum sie sterben musste. Das waren genau ihre Worte."

David Ransom hatte das Gefühl, dass diese grünen Augen ihn wie magisch anzogen. „Das bedeutet vielleicht nicht viel. Möglicherweise hat sie nur herausgefunden, was während der Operation schief ging."

„Sie benutzte das Wort *warum.* Ich weiß, *warum* sie sterben musste. Das bedeutet, es gibt einen Grund für Ellens Tod."

„Mord auf dem Operationstisch?" Er schüttelte den Kopf. „Also kommen Sie ..."

Kate wandte sich ab. „Ich hätte wissen sollen, dass Sie skeptisch bleiben. Herauszufinden, dass die Patientin ermordet wurde, würde Ihren wertvollen Prozess in Frage stellen."

„Und was glaubt die Polizei?"

„Woher soll ich das wissen?" entgegnete sie brüsk und fuhr mit müder Stimme fort: „Ihr Freund Ah Ching ist nicht sehr mitteilsam. Er kritzelt immer nur in sein Notizbuch. Vielleicht will er keine verwirrenden Fakten hören." Ihr Blick wanderte zur Tür. „Aber die Wache dort macht mich stutzig. Vielleicht geht da doch etwas vor, von dem ich nichts weiß."

Es klopfte, und eine Schwester trat mit den Entlassungspapieren ein. David beobachtete, wie Kate sich gehorsam hinsetzte und jedes Blatt unterzeichnete. Der Füller zitterte in ihrer Hand. David konnte kaum glauben, dass dies dieselbe Frau war, die in sein Büro gestürmt war. An jenem Tag hatten ihr eiserner Wille und ihre Entschlossenheit ihn sehr beeindruckt.

Und jetzt war er nicht minder beeindruckt von ihrer Verletzbarkeit.

Die Schwester ging, und Kate ließ sich wieder zurück in die Kissen sinken.

„Können Sie irgendwo unterkommen, wenn Sie hier entlassen werden?"

„Freunde von mir haben ein kleines Cottage am Strand, das sie kaum benutzen." Sie seufzte und schaute traurig aus dem Fenster. „Der Strand wäre mir jetzt gerade recht."

„Sind Sie allein in dem Haus? Ist das sicher?"

Kate antwortete nicht, sondern blickte nur weiter aus dem Fenster. Die Vorstellung, dass sie allein und ohne Schutz in dem Haus sein würde, machte ihm Sorgen. Er musste sich in Erinnerung rufen, dass Kate Chesne ihn nichts anging. Er musste verrückt sein, sich für sie verantwortlich zu fühlen. Sollte die Polizei sich um sie kümmern, schließlich war es deren Aufgabe, für ihren Schutz zu sorgen.

David stand auf, um zu gehen. Kate saß zusammengekauert da, die Arme in einer mitleiderweckenden Geste des Selbstschutzes vor der Brust verschränkt. Im Hinausgehen hörte er sie leise sagen: „Ich glaube nicht, dass ich mich je wieder sicher fühlen werde."

6. KAPITEL

„Es ist nur ein kleines Haus“, erklärte Susan Santini, während sie mit Kate den gewundenen North Shore Highway entlangfuhr. „Nichts Mondänes, nur ein paar Schlafzimmer und eine altmodische, geradezu prähistorische Küche. Aber es ist gemütlich. Und es ist schön, den Wellen zu lauschen.“ Sie bog vom Highway ab auf eine Schotterpiste, die durch dichtes Halekoa-Buschwerk führte. Die Räder wirbelten roten Staub auf, während sie auf die See zuholperten. „In letzter Zeit nutzen wir das Haus kaum noch, weil einer von uns meist Bereitschaftsdienst hat. Guy meinte schon, wir sollten es verkaufen, aber ich will nicht. Man findet solche kleinen Paradiese heute einfach nicht mehr.“

Die Räder knirschten auf der Kieszufahrt. Das kleine Cottage aus der Plantagenzeit wirkte unter der Gruppe riesiger Hartholzbäume wie ein vernachlässigtes Puppenhaus. Die jahrelange Einwirkung von Sonne und Wind hatte die Holzplanken zu einem verwitterten Grün verfärbt. Und das Dach schien unter der Last brauner Baumnadeln förmlich einzusinken.

Kate stieg aus, blieb einen Moment unter den Bäumen stehen und lauschte, wie die Wellen zischend auf dem Sand ausrollten. Unter der Mittagssonne strahlte das Meer in einem hellen Blau.

„Da sind sie“, sagte Susan und deutete den Strand hinunter auf ihren Sohn William, der im Sand einen kleinen Indianertanz aufführte. Er bewegte sich lachend wie ein Elf, und die etwas zu große Badehose hielt kaum auf seinen schmalen Hüften. Er wirkte so zart, als würde er sich jeden Moment wie ein mythisches Wesen in nichts auflösen. In seiner Nähe saß eine schmalgesichtige Frau auf einem Handtuch und blätterte lustlos ein Magazin durch.

„Das ist Adele“, flüsterte Susan. „Wir haben ein halbes Dutzend Anzeigen aufgegeben und einundzwanzig Gespräche geführt, bis wir sie fanden. Aber ich fürchte, sie wird nicht bei uns bleiben. Sorgen macht mir, dass William bereits an ihr hängt."

William entdeckte sie plötzlich, hielt inne und winkte: „Hi, Mommy."

„Hallo, Darling", rief Susan zurück. Dann berührte sie Kate am Arm.

„Wir haben das Cottage gelüftet, und es sollte auch eine Kanne Kaffee bereitstehen."

Im Haus roch es trotzdem leicht dumpf nach Alter. Die Sonne beschien ein paar Topfpflanzen und vor allem etliche Kinderzeichnungen an der Wand, die alle von William signiert waren.

„Das Telefon ist angeschlossen", erklärte Susan und deutete auf den Wandapparat. „Im Kühlschrank sind ein paar Lebensmittel, nur das Nötigste. Guy sagt, wir können morgen deinen Wagen holen. Dann kannst du selbst einkaufen fahren."

Sie zeigte Kate rasch alles Wissenswerte in der Küche und winkte sie dann ins Schlafzimmer, wo sie die Gardinen zurückzog. „Schau, Kate, das ist der Ausblick, den ich dir versprochen habe. Ich denke, Psychiater würden glatt überflüssig, wenn alle Menschen jeden Tag diesen Ausblick hätten, in der Sonne liegen und den Vögeln lauschen könnten." Sie wandte sich Kate lächelnd zu. „Was denkst du?"

Kate betrachtete den polierten Holzboden, die duftigen Gardinen, das goldene Licht, das hereinfiel. „Ich denke, ich will nie wieder hier weg", erwiderte sie lächelnd.

Schritte kamen patschend über die Veranda. Susan blickte sich um, als die Fliegendrahttür zuschlug. „Und damit enden Ruhe und Frieden", seufzte sie.

Als sie in die Küche zurückkehrten, sang William tonlos ein Lied und legte Zweige auf den Tisch. Adele, deren nackte Schultern von Sonnenöl glänzten, schenkte ihm ein Glas Apfelsaft ein.

„Schau, Mommy!" William deutete stolz auf seine Schätze.

„Lieber Himmel, was für eine Sammlung“, erklärte Susan gebührend beeindruckt. „Was willst du mit all den Stöcken machen?“

„Das sind keine Stöcke, das sind Schwerter, um Monster zu töten.“

„Monster? Aber Darling, ich habe dir doch gesagt, dass es keine Monster gibt!“

„Gibt es doch!“

„Daddy hat sie alle ins Gefängnis gesteckt, weißt du noch?“

„Nicht alle.“ Sorgfältig legte er noch einen Stock auf den Tisch. „Sie verstecken sich im Gebüsch. Ich habe gestern Nacht eines gehört.“

Susan lächelte Kate wissend zu. „Deshalb kam er heute Morgen um zwei in unser Bett.“

Adele stellte dem Jungen das Glas Saft hin. „Hier, William.“ Sie zog die Stirn kraus. „Was hast du da in der Tasche?“

„Nichts.“ William ignorierte sie und schlürfte seinen Saft. Seine Hosentasche bewegte sich wieder.

„William Santini, gib es mir!“ Adele streckte die Hand aus.

William blickte flehentlich die oberste Berufungsinstanz an: seine Mutter. Doch die schüttelte traurig den Kopf, und er griff seufzend in die Tasche, holte den Verursacher der Bewegung heraus und legte ihn Adele in die Hand.

Adeles Schrei erschreckte alle, am meisten jedoch die Eidechse, die prompt den Schwanz abwarf und das Weite suchte.

„Sie entwischt!“ jammerte William.

Es folgte eine wilde Jagd aller Anwesenden auf Händen und Knien. Aber die Eidechse entwischte, und alle waren außer Atem und erschöpft vom Lachen.

Susan saß mit ausgestreckten Beinen auf dem Boden und japste: „Ich kann es nicht glauben: drei erwachsene Frauen gegen eine Eidechse.“ Sie lehnte sich erschöpft gegen den Kühlschrank. „Sind wir Tölpel oder was?“

William ging zu seiner Mutter und strich ihr bewundernd über das zerzauste rote Haar. „Meine Mommy“, flüsterte er.

Sie nahm sein Gesicht zwischen beide Hände und küsste ihn zart auf den Mund. „Mein Baby.“

„Sie haben nicht alles gesagt“, beschwerte sich David Ransom. „Jetzt will ich den Rest erfahren.“

Pokie Ah Ching biss herzhaft in seinen Big Mac und kaute mit der entschlossenen Konzentration eines Mannes, dem man die Nahrung zu lange verweigert hatte. Er wischte sich etwas Sauce vom Kinn und fragte: „Wieso denken Sie, ich hätte etwas ausgelassen?“

„Weil Sie ein paar von Ihren Leuten abgestellt haben: die Wache vor dem Krankenzimmer, der Beamte in der Lobby. Sie sind auf einen großen Fang aus.“

„Ja, auf einen Mörder.“ Pokie zog eine Gurkenscheibe von seinem Big Mac und warf sie in eine Serviette. „Was sollen diese Fragen? Ich dachte, Sie wären nicht mehr im Büro des Staatsanwaltes.“

„Aber meine Neugier habe ich dort nicht zurückgelassen, falls Sie das gedacht haben sollten.“

„Neugier? Ist das alles?“

„Kate ist zufällig eine Freundin ...“

„Blödsinn!“ Pokie warf ihm einen vorwurfsvollen Blick zu. „Denken Sie, ich frage nicht nach? Ich bin Detective, Davy. Und ich weiß zufällig, dass sie keine Freundin von Ihnen ist. Sie ist die Beklagte in einem Ihrer Prozesse.“ Er schnaubte: „Seit wann haben Sie Mitleid mit der Gegenseite?“

„Seit ich anfange, ihre Geschichte über Ellen O'Brien zu glauben. Vor zwei Tagen kam sie mit einer absurden Theorie in mein Büro, und ich lachte sie aus. Dann wird dieser Krankenschwester, Ann Richter, die Kehle durchgeschnitten, und allmählich beginne ich mich zu fragen, ob Ellen O'Briens Tod wirklich ein Kunstfehler war oder vielleicht doch Mord.“

„Mord?“ Pokie zuckte mit den Schultern und nahm noch einen Bissen. „Damit wäre es meine Angelegenheit, nicht Ihre.“

„Hören Sie, ich habe Klage wegen eines ärztlichen Kunstfehlers eingereicht. Es wäre verdammt peinlich – und eine ziemliche Zeitverschwendung –, wenn sich herausstellen sollte, dass es Mord war. Also, bevor ich in den Gerichtssaal gehe und einen Narren aus mir mache, möchte ich die Fakten kennen. Sagen Sie mir alles, Pokie, um der alten Zeiten willen.“

„Hören Sie mit diesem sentimentalen Quatsch auf, Davy. Sie haben den Staatsdienst verlassen. Vermutlich konnten Sie den Verlockungen des Geldes nicht widerstehen. Ich bin immer noch hier.“

„Lassen Sie uns eines klarstellen: Dass ich den Job aufgegeben habe, hatte nichts mit Geld zu tun.“

„Sondern?“

„Mit persönlichen Gründen.“

„Ja, ja, damit reden Sie sich immer heraus. Und dabei bleiben Sie verschlossen wie eine Auster.“

„Wir sprachen über den Fall.“

Pokie lehnte sich zurück und betrachtete ihn einen Moment. Durch die offene Bürotür drangen Telefonklingeln, laute Stimmen und das Klappern der Schreibmaschinen. Es war ein normaler Nachmittag in der City-Polizeistation. Ungeduldig stand Pokie auf und schloss die Tür. „Okay“, seufzte er und kehrte zu seinem Sessel zurück. „Was wollen Sie wissen?“

„Einzelheiten.“

„Welche?“

„Was ist so Besonderes an Ann Richters Mord?“

Pokie schnappte sich eine Akte von dem chaotischen Haufen Unterlagen auf seinem Schreibtisch und schob sie David hin. „M.J.s vorläufiger Autopsiebericht. Sehen Sie ihn sich an.“

Der Bericht war drei Seiten lang, kühl und sachlich. Obwohl David fünf Jahre als Assistent des Staatsanwaltes gearbeitet und viele solcher Berichte gelesen hatte, schauderte er bei den klinischen Details.

> ... linke Halsschlagader sauber durchtrennt ... rasiermesserscharfes Instrument ... Hautverletzung an rechter Schläfe, vermutlich durch Sturz gegen den Kaffeetisch ... Muster der Blutspritzer an der Wand in Übereinstimmung mit dem Spritzen des arteriellen Blutes."

„Wie ich sehe, wird einem bei M.J.s Berichten immer noch schlecht", sagte David und blätterte um. Was er auf der zweiten Seite las, ließ ihn stutzen. „Diese Feststellung ergibt keinen Sinn. Ist sich M.J. wegen der Todeszeit ganz sicher?"

„Wie Sie wissen, ist M.J. immer sicher. Sie stützt ihre Aussage auf die Leichenflecken und die Kerntemperatur des Körpers."

„Aber warum sollte der Mörder der Frau die Kehle durchschneiden und dann drei Stunden am Tatort bleiben? Um die Szene zu genießen?"

„Um sauber zu machen. Um die Wohnung zu durchsuchen."

„Fehlt denn irgendetwas?"

Pokie seufzte: „Nein. Das ist das Problem. Geld und Schmuck lagen greifbar. Der Killer hat nichts angefasst."

„Sexuelle Motive?"

„Keine Anzeichen dafür. Die Kleidung des Opfers war intakt. Außerdem war die Tötungsmethode zu wirkungsvoll. Ein Sexualmörder hätte sich mehr Zeit gelassen."

„Wir haben also einen brutalen Mörder und kein Motiv. Was gibt es sonst noch?"

„Sehen Sie sich den Autopsiebericht noch einmal an. Lesen Sie mir vor, was M.J. über die Wunde geschrieben hat."

„Durchtrennte linke Halsschlagader. Rasiermesserscharfes Instrument." Er blickte auf. „Na und?"

„Die gleichen Worte hat sie vor zwei Wochen in einem anderen Autopsiebericht benutzt. Das Opfer war ein Mann – der Gynäkologe Dr. Henry Tanaka."

„Ann Richter war Krankenschwester."

„Richtig. Und hier wird es interessant. Bevor sie zum OP-Team kam, versah sie Nachtdienst in der Gynäkologie. Vermutlich kannte sie Dr. Tanaka."

David wurde sehr nachdenklich. Er musste an eine andere Krankenschwester denken, die auch in der Gynäkologie Dienst getan hatte und jetzt ebenfalls tot war. „Erzählen Sie mir mehr über diesen Gynäkologen."

Pokie zog eine Packung Zigaretten heraus und fischte sich einen Aschenbecher. „Haben Sie etwas dagegen, wenn ich rauche?"

„Nicht, wenn Sie weitererzählen."

„Ich lechze schon den ganzen Morgen nach einer Zigarette", brummte Pokie. „Wenn Brophy hier ist, kann ich nicht rauchen, wegen seiner Allergie." Er zündete die Zigarette an und stieß dankbar eine Rauchwolke aus. „Also, Dr. Tanaka hatte seine Praxis drüben in Liliha, in diesem schrecklichen Betonkasten. Vor zwei Wochen blieb er noch länger in seinem Büro, angeblich um Papierkram aufzuarbeiten. Seine Angestellten waren schon fort. Seine Frau sagte, dass er häufiger spät heimkam. Aber sie unterstellte, dass es keine Büroarbeit war, die ihn aufhielt."

„Eine Freundin?"

„Was sonst?"

„Kannte die Frau den Namen?"

„Nein. Sie vermutete, dass es eine der Schwestern drüben aus dem Hospital war. Jedenfalls wurde er gegen sieben an dem Abend von zwei Pförtnern tot in einem der Untersuchungszimmer gefunden. Zuerst dachten wir, der Täter wäre ein Junkie, der Drogen gesucht hatte. Es fehlten tatsächlich ein paar Sachen aus dem Schrank, aber eigentlich wertloses Zeug, das man nicht auf der Straße verkaufen konnte. Wir dachten, der Täter wäre entweder blöd gewesen oder hätte schon unter Drogen gestanden. Aber immerhin war er klug genug, keine Fingerabdrücke zu hinterlassen. Es gab keine weiteren Spuren, und wir landeten in einer Sackgasse."

Nach einer kurzen Pause fuhr Pokie fort: „Lediglich einem der Pförtner war etwas aufgefallen. Als er ins Gebäude kam, sah er eine Frau, die quer über den Parkplatz lief. Es nieselte, und es war fast dunkel, sodass er sie nicht richtig erkennen konnte. Aber es war bestimmt eine Blondine."

„War er sicher, dass es eine Frau war?"

„Sie meinen, oder ein Mann mit Perücke?" lachte Pokie. „Daran habe ich noch nicht gedacht. Aber es wäre möglich."

„Wohin führte diese Spur?"

„Nicht weit. Wir hörten uns um, fanden jedoch nichts heraus. Dann wurde Ann Richter getötet, sie war blond." Er drückte die Zigarette aus. „Kate Chesne ist unser erster Zeuge. Jetzt wissen wir zumindest, wie der Mann aussah. Am Montag erscheint seine Skizze in der Zeitung. Vielleicht erfahren wir dann Namen."

„Wie beschützen Sie Kate?"

„Sie ist am North Shore versteckt, eine Patrouille fährt alle paar Stunden dort vorbei."

„Ist das alles?"

„Da oben findet sie keiner."

„Ein Profi schon."

„Was soll ich tun? Ihr eine Leibwache stellen?" Er deutete auf den Stapel Unterlagen auf seinem Tisch. „Sehen Sie sich die Akten an, Davy. Ich stecke bis zum Hals in Arbeit. Ich bin schon froh, wenn mal eine Nacht ohne Leichenfund vergeht."

„Profikiller hinterlassen keine Zeugen."

„Ich bin nicht überzeugt, dass es das Werk eines Profis war. Außerdem wissen Sie, wie knapp unser Budget ist. Sehen Sie sich diesen Mist an." Er trat gegen den Tisch. „Zwanzig Jahre alt und voller Termiten. Gar nicht zu reden von dem alten Computer. Ich muss Fingerabdrücke nach Kalifornien schicken, wenn ich sie schnell identifiziert haben will." Frustriert wippte er in dem zwanzig Jahre alten Sessel zurück. „Schauen Sie, Davy, ich bin einigermaßen überzeugt, dass sie in Sicherheit ist. Ich würde es Ihnen gerne garantieren, aber Sie wissen, wie das ist."

Ja, dachte David, ich weiß, wie das ist. Manches in der Polizeiarbeit ändert sich nicht. Zu viele Anforderungen und zu wenig Geld. Er wollte sich gern einreden, dass er rein berufliches Interesse an Kate hatte, doch er musste immer daran denken, wie verletzlich sie in ihrem Krankenbett gesessen hatte.

David hatte lange genug mit Pokie Ah Ching gearbeitet, um zu wissen, dass er ein kompetenter Polizist war. Doch auch den besten unterliefen Fehler. Und Polizisten hatten mit Ärzten eines gemein: Sie begruben ihre Fehler.

Die Sonne beschien Kates Rücken und machte sie schläfrig. Sie lag im Sand, das Gesicht auf den angewinkelten Arm gelegt. Wellen umspülten ihre Füße, während der Wind die Seiten ihres Taschenbuches umblätterte. An diesem einsamen Stück Strand, an dem man nur die Vögel zwitschern und die Bäume in der Brise rascheln hörte, konnte man sich erholen.

Kate wurde immer wacher, da der Wind an ihren Haaren zerrte. Außerdem regte sich ein Hungergefühl. Sie hatte seit dem Frühstück nichts gegessen, und es war fast Abend. Sie freute sich auf ein ruhiges Abendessen.

Die Ahnung, nicht mehr allein zu sein, ließ sie plötzlich hellwach werden. Kate richtete sich auf und entdeckte David Ransom. Er stand in Jeans und Baumwollhemd, dessen Ärmel er hochgekrempelt hatte, neben ihr und betrachtete sie.

„Sie sind schwer zu finden", meinte er.

„Das ist Absicht, wenn man sich versteckt."

Er sah sich um. „Aber es ist wohl keine gute Idee, sich hier ins Freie zu legen."

„Sie haben recht." Kate stand auf. Obwohl ihr Badeanzug nicht aufreizend war, schlang sie sich das Badetuch um den Körper. „Man weiß nie, wer sich hier herumtreibt: Diebe, Mörder, sogar Anwälte."

„Ich muss mit Ihnen reden, Kate."

„Ich habe einen Anwalt. Reden Sie mit dem."

„Es geht um den O'Brien-Fall."

„Sparen Sie sich das für die Verhandlung auf." Sie ging davon und ließ ihn einfach stehen.

„Wir sehen uns vielleicht nicht bei der Verhandlung!" rief er ihr nach.

„Wie schade!"

Am Cottage hatte er sie eingeholt, doch sie schlug ihm die Verandatür vor der Nase zu.

„Haben Sie gehört, was ich gesagt habe?" rief er von draußen herein.

Mitten in der Küche ging Kate plötzlich die Bedeutung seiner Worte auf. Sie kam an die Tür zurück.

„Ich bin vielleicht nicht bei der Verhandlung", wiederholte David.

„Was soll das heißen?"

„Ich habe vor auszusteigen."

„Warum?"

„Lassen Sie mich herein, und ich sage es Ihnen."

Kate drückte die Tür auf. „Kommen Sie herein, Mr. Ransom. Vielleicht ist die Zeit gekommen, dass wir miteinander reden."

Er folgte ihr schweigend in die Küche, blieb am Tisch stehen und beobachtete sie. Da sie keine Schuhe trug, fiel ihm auf, wie viel kleiner sie war als er. Kate wurde sich bewusst, dass sie ihn zum ersten Mal in Freizeitkleidung sah, und entschied, dass er ihr in Jeans besser gefiel als im Anzug. Sie fühlte sich leicht befangen unter seinem Blick und sagte: „Ich möchte mich anziehen. Entschuldigen Sie mich einen Moment."

Als Kate in einem dünnen Baumwollkleid in die Küche zurückkehrte, stand David am Tisch und blätterte ihr Buch durch.

„Ein Kriegsroman", erklärte sie, „nicht sehr gut, aber er vertreibt die Zeit." Sie deutete auf einen Stuhl. „Setzen Sie sich, Mr. Ransom. Ich mache uns Kaffee."

Während sie den Kessel aufsetzte, spürte sie, dass David Ransom sie wieder beobachtete. Zu ihrer Verwunderung machte es sie leicht nervös, und sie verschüttete sogar etwas Kaffeemehl.

„Lassen Sie mich das machen." David schob sie freundlich beiseite.

In seiner Nähe empfand sie wieder, dass sie sich gegen ihren Willen ungemein zu ihm hingezogen fühlte. Sie verfolgte einen Moment stumm, wie er den Schaden behob, und setzte sich dann an den Tisch.

„Übrigens", sagte er über die Schulter hinweg. „Können wir die Förmlichkeiten beiseite lassen? Ich heiße David."

„Ja, ich weiß." Es ärgerte sie, wie atemlos ihre Stimme klang. Er setzte sich ihr gegenüber, und sie fragte: „Gestern wollten Sie mich noch hängen, was ist passiert?"

Er zog die Fotokopie eines Zeitungsartikels aus der Tasche. „Diese Geschichte stand vor zwei Wochen im Star-Bulletin."

Kate las versonnen die Schlagzeile: Arzt aus Honolulu erstochen. „Was hat das mit mir zu tun?"

„Kannten Sie das Opfer, Dr. Henry Tanaka?"

„Er gehörte zur Gynäkologie, aber ich habe nie mit ihm zusammengearbeitet."

„Lesen Sie, wie die Wunden beschrieben werden."

Kate konzentrierte sich wieder auf den Artikel. „Hier steht, er starb an Wunden in Hals und Rücken."

„Richtig. Wunden, die von einem sehr scharfen Instrument herrührten. Die linke Halsschlagader wurde mit einem Schnitt durchtrennt, sehr wirkungsvoll und absolut tödlich."

Kate schluckte trocken. „Genauso wurde Ann ..."

Er nickte. „Dieselbe Methode, dasselbe Resultat."

„Woher wissen Sie das?"

„Leutnant Ah Ching erkannte die Parallelen sofort. Deshalb stellte er Ihnen eine Wache vor das Krankenzimmer. Falls diese Morde miteinander zu tun haben, steckt hinter alledem ein System, eine Logik ..."

„Logik? Einen Arzt und eine Krankenschwester zu töten, das klingt für mich nach der Tat eines Psychopathen."

„Manchen Morden wohnt eine eigene Logik inne."

„Es gibt keinen logischen Grund, einen Menschen umzubringen."

„Natürlich nicht, und trotzdem begehen scheinbar normale Menschen Morde und das aus den niedrigsten Beweggründen." Nach einer Pause fügte er hinzu: „Und dann gibt es da noch die Morde aus Leidenschaft. Offenbar hatte Dr. Tanaka eine Affäre mit einer Krankenschwester."

„Das haben viele Ärzte."

„Und viele Krankenschwestern."

„Von welcher reden wir hier?"

„Ich dachte, das könnten Sie mir sagen."

„Tut mir Leid, aber der neueste Krankenhausklatsch ist mir nicht vertraut."

„Auch nicht, wenn es eine Patientin betrifft?"

„Sie meinen Ellen? Ich kümmere mich nicht um das Privatleben meiner Patienten, es sei denn, ich habe den Eindruck, es sei wichtig für deren Gesundheit."

„In diesem Fall war es das vielleicht."

„Nun ja, sie war hübsch. Sicher gab es Männer in ihrem Leben."

Kate blickte wieder auf den Artikel. „Aber was hat das mit Ann Richter zu tun?"

„Vielleicht nichts, vielleicht alles. In den letzten zwei Wochen sind drei Menschen aus dem Team des Mid Pac Hospitals ums Leben gekommen. Zwei wurden ermordet. Und bei einer blieb aus unbekannten Gründen auf dem OP-Tisch das Herz stehen. Zufall?"

„Es ist ein großes Krankenhaus und ein umfangreiches Team."

„Aber diese drei Menschen kannten einander und arbeiteten sogar zusammen."

„Ann war aber OP-Schwester."

„Und arbeitete früher in der Gynäkologie."

„Was?"

„Nach einer komplizierten Scheidung vor acht Jahren blieb Ann Richter auf einem Berg Schulden sitzen. Sie brauchte rasch Geld und übernahm Nachtschichten in der Gynäkologie, in der auch Ellen O'Brien arbeitete. Tanaka, O'Brien und Richter kannten sich und sind tot."

Das Pfeifen des Wasserkessels ließ Kate aus ihrer Versunkenheit hochfahren. David stand auf und nahm den Kessel vom Herd. Sie hörte, wie er das Wasser eingoss und Tassen aufstellte. Kaffeeduft erfüllte den Raum.

„Seltsam", sagte Kate, „ich habe Ann fast jeden Tag gesehen. Wir sprachen über Bücher und Filme, aber nie über uns selbst. Sie war sehr verschlossen, fast unnahbar."

„Wie hat sie auf Ellens Tod reagiert?"

Kate dachte einen Moment nach. In jenen entscheidenden Augenblicken hatte Ann mit weißem Gesicht, völlig versteinert dagestanden. „Sie schien gelähmt zu sein. Aber wir waren alle entsetzt. Danach meldete sie sich krank und ging heim. Sie kam nicht zurück zur Arbeit. Das war das letzte Mal, dass ich sie gesehen habe ...

lebend, meine ich." Gedankenverloren senkte sie den Blick, als er ihr eine Tasse Kaffee hinschob.

„Sie sagten es vorhin schon: Sie muss etwas gewusst haben, etwas Gefährliches. Vielleicht wussten alle drei davon."

„Aber David, es waren gewöhnliche Menschen, die in einem Krankenhaus arbeiteten."

„In einem Krankenhaus kann alles Mögliche passieren: Diebstahl von Narkotika, Versicherungsbetrug, geheime Liebesaffären, sogar Mord."

„Wenn Ann etwas Gefährliches gewusst hat, wieso ist sie dann nicht zur Polizei gegangen?"

„Vielleicht konnte sie nicht. Vielleicht hatte sie Angst, sich selbst zu belasten. Oder sie schützte jemanden."

„Dann nehmen Sie also an, Ellen wurde ermordet?"

„Deshalb bin ich hier. Ich möchte von Ihnen erfahren, ob das sein kann?"

„Woher soll ich das wissen?"

„Sie waren dabei. Sie haben die medizinischen Kenntnisse. Wie könnte man so etwas anstellen?"

„Ich bin das Ganze schon tausendmal durchgegangen und habe nichts herausgefunden."

„Dann tun Sie es noch einmal. Kommen Sie, Kate. Denken Sie ganz genau nach. Überzeugen Sie mich, dass es Mord war, und ich den Fall aufgeben soll."

Kate ließ die Ereignisse im OP noch einmal Revue passieren. Alles war problemlos gegangen.

„Nun?" fragte David nach einer Weile.

„Mir fällt nichts Besonderes ein. Es war ein Routinefall."

„Und der Eingriff selbst?"

„Fehlerlos. Guy ist der beste Chirurg im Team. Außerdem hatte er gerade erst mit der Operation begonnen. Er war kaum durch die Fettschicht durch, als ..."

„Was?“

„Er beklagte sich, dass die Bauchmuskeln zu straff seien. Er würde Schwierigkeiten haben beim Zurückziehen. Also spritzte ich Succinylcholin.“

„Auch das ist Routine, oder?“

Sie nickte. „Man gibt es oft. Aber bei Ellen wirkte es nicht. Ich musste eine zweite Spritze aufziehen. Ich erinnere mich, dass ich Ann bat, mir neue Ampullen zu besorgen.“

„Sie hatten nur eine Ampulle?“

„Für gewöhnlich liegen mehrere im Schubfach, aber an diesem Morgen war es nur eine.“

„Was geschah nach der zweiten Spritze?“

Kate blickte auf. „Nach ein paar Sekunden, zehn oder fünfzehn, blieb ihr Herz stehen.“

Sie starrten sich an. Durch die Fenster fiel scharf ein letzter Strahl der Sonne. David beugte sich vor, offenbar hatten sie beide dieselbe Ahnung. „Wenn Sie das beweisen könnten, Kate, das wäre sehr wichtig.“

„Aber das kann ich nicht! Die leere Ampulle kam mit dem restlichen Abfall sofort in die Verbrennungsanlage, und wir haben nicht einmal mehr eine Leiche für die Obduktion.“ Sie wandte den Blick ab. „Oh, er war gerissen, David. Wer der Killer auch war, er wusste genau, was er tat.“

„Vielleicht ist er sogar zu gerissen.“

„Was meinen Sie damit?“

„Er ist offenbar medizinisch gebildet. Er wusste genau, welche Droge Sie im OP spritzen würden. Also hat er etwas Tödliches in eine dieser Ampullen gegeben. Wer hat Zugang zu den Anästhesiedrogen?“

„Sie sind im OP, jeder vom Personal kann an sie heran, Ärzte, Schwestern, vermutlich sogar der Pförtner. Aber es sind immer Leute anwesend.“

„Und was ist abends und an den Wochenenden?“

„Wenn keine Operationen anliegen, wird die Abteilung einfach geschlossen. Aber es ist immer eine OP-Schwester da für Notfälle.“

„Bleibt sie in der Abteilung?“

„Keine Ahnung. Ich bin ja nur dort, wenn operiert wird. Ich weiß nicht, was sich da in einer ruhigen Nacht tut.“

„Wenn die Abteilung unbewacht bliebe, könnte jeder aus dem Team in die OPs.“

„Es ist keiner vom Personal, David. Ich habe den Mann doch gesehen. Der Mann in Anns Apartment war ein Fremder.“

„Der im Krankenhaus einen Komplizen haben könnte. Vielleicht sogar jemanden, den Sie kennen.“

„Eine Verschwörung?“

„Sehen Sie doch nur, wie systematisch die Morde ausgeführt wurden, als hätte der Killer eine Liste. Ich frage mich, wer als Nächstes dran ist.“

Das Klappern der Tasse gegen die Untertasse ließ Kate zusammenzucken. Sie blickte auf ihre Hände und merkte, dass sie zitterten. Ich habe sein Gesicht gesehen, dachte sie. Wenn er eine Liste hat, bin ich die Nächste.

Kate erhob sich und ging zur offenen Tür. Die Abenddämmerung war angebrochen. Kate blieb stehen und blickte nervös aufs Meer hinaus. Der Wind war völlig abgeflaut, die Luft war so still, als hielte die Natur den Atem an.

„Er ist dort draußen und sucht mich“, flüsterte sie. „Und ich kenne nicht einmal seinen Namen.“ David legte ihr eine Hand auf die Schulter. Kate zitterte. Er stand so nah bei ihr, dass sie seinen Atem ihren Nacken streicheln spürte. „Ich sehe immer noch, wie mich seine Augen im Spiegel angestarrt haben ... wie die eines verhungernden Kindes ...“

„Er kann Ihnen nichts tun, Kate, nicht hier.“ Das Streicheln seines Atems ließ sie erschauern. Sie wusste absolut sicher, dass David sich ebenso zu ihr hingezogen fühlte wie sie sich zu ihm.

Plötzlich spürte sie nicht nur seinen Atem im Nacken, sondern seine Lippen. Er presste das Gesicht in ihr dichtes Haar und legte ihr beide Hände auf die Schultern, als fürchtete er, sie könnte sich ihm entziehen. Doch das tat sie nicht.

Seine Lippen strichen vom Nacken zur Schulter, und sein raues Kinn rieb ihre Haut. David drehte Kate zu sich her und küsste sie auf den Mund. Sie erwiderte den Kuss voller Hingabe. Eine Weile überließen sie sich völlig ihren Gefühlen, sodass Kate das Klingeln des Telefons kaum wahrnahm. Erst als das Geräusch wieder und wieder ertönte, wurde sie sich bewusst, was es war.

Es erforderte ihre ganze Willenskraft, ihre leidenschaftlichen Empfindungen zu dämpfen. Sie schob David sacht von sich. „Das Telefon ..."

„Lass es klingeln." Er küsste ihre Halsbeuge.

Doch das Läuten schien immer eindringlicher zu werden.

„David ... bitte ..."

Seufzend ließ er sie los. Sie bemerkte seine Verwunderung. Einen Moment schauten sie sich in die Augen, und keiner von beiden schien fassen zu können, was sich soeben zwischen ihnen ereignet hatte. Erneutes Telefonklingeln veranlasste Kate zum Handeln. Sie ging zum Wandapparat, räusperte sich und sagte heiser: „Hallo?" Da sich niemand meldete, wiederholte sie: „Hallo?"

„Dr. Chesne?" flüsterte eine kaum hörbare Stimme.

„Ja?"

„Sind Sie allein?"

„Nein, ich ... wer spricht da?" Entsetzt umfasste sie den Hörer fester.

Es entstand eine Pause, in der Kate ihr Herzklopfen spürte. „Hallo?" rief sie. „Wer spricht dort?"

„Sei vorsichtig, Kate Chesne. Der Tod lauert überall!"

7. KAPITEL

Der Hörer glitt Kate aus der Hand und fiel zu Boden. Von Panik ergriffen ließ sie sich gegen die Küchenspüle sinken. „Der Killer“, flüsterte sie. Am Rande der Hysterie wiederholte sie: „Der Killer!“

David schnappte sich den Hörer. „Wer spricht dort? Hallo? Hallo!“ Fluchend hängte er ein und wandte sich Kate zu. „Was hat er gesagt?“ Er packte sie bei den Schultern und schüttelte sie leicht.

„Er ... er sagte, ich solle vorsichtig sein ... der Tod lauere überall ...“

„Wo sind deine Koffer?“

„Im Schlafzimmerschrank.“

Er eilte hinüber. Kate folgte ihm automatisch und sah zu, wie er den Samsonite vom Bord zog. „Hol deine Sachen, Kate. Du kannst nicht hier bleiben.“

Sie fragte nicht einmal, wohin sie gehen würden. Sie wusste nur, dass jede Minute, die sie länger hier verbrachte, Gefahr bedeutete. Eilig packte sie ihre Sachen und hastete dann die Verandastufen hinunter zum Wagen.

Der BMW sprang sofort an, und David fuhr rasant los. Äste schlugen gegen die Windschutzscheibe, als sie über den Schotterweg zur Hauptstraße holperten. Kaum auf dem Highway, gab David Gas, und der Wagen preschte davon.

„Wie hat er mich gefunden?“ schluchzte Kate.

„Das frage ich mich auch.“

„Niemand wusste, dass ich hier bin ... nur die Polizei.“

„Dann gibt es vielleicht dort ein Leck. Oder ...“ Er blickte besorgt in den Rückspiegel. „Oder jemand ist dir gefolgt.“

„Gefolgt?“ Kate drehte sich ruckartig um. Doch die Straße hinter ihnen war leer.

„Wer hat dich zum Cottage gefahren?“

Sie wandte sich ihm zu und betrachtete sein Profil in der Dunkelheit. „Meine Freundin Susan."

„Habt ihr bei dir zu Hause gehalten?"

„Nein, wir sind gleich zum Strand gefahren."

„Wie hast du deine Sachen bekommen?"

„Meine Wirtin hat einen Koffer gepackt und mir ins Krankenhaus gebracht."

„Dann hat er vielleicht den Eingang beobachtet und auf euch gewartet."

„Aber wir haben niemanden bemerkt, der uns gefolgt sein könnte."

„Natürlich nicht. Wir konzentrieren uns meistens auf das, was vor uns ist. Die Telefonnummer hat er vielleicht aus dem Telefonbuch. Der Name der Santinis steht immerhin auf dem Briefkasten."

„Aber das ergibt doch keinen Sinn. Wenn er mich umbringen will, warum tut er es dann nicht einfach? Warum bedroht er mich vorher mit Anrufen?"

„Wer weiß, was in ihm vorgeht? Vielleicht gibt es ihm etwas, seine Opfer in Panik zu versetzen. Vielleicht will er dich auch nur daran hindern, mit der Polizei zusammenzuarbeiten."

„Ich war allein. Er hätte mich gleich dort am Strand erledigen können ..." Kate versuchte verzweifelt, sich nicht vorzustellen, was hätte geschehen können, doch das Bild, wie ihr Blut in den Sand sickerte, drängte sich ihr auf.

Auf den fernen Hügeln blinkten die Lichter von Häusern und versprachen Sicherheit. Kate bezweifelte jedoch, dass es für sie einen sicheren Ort gab. Sie schloss die Augen und versuchte, sich ausschließlich auf das gleichmäßige Summen des BMW-Motors zu konzentrieren.

„... und es ist genügend Platz. Du kannst dort so lange bleiben, wie es nötig ist."

„Was?" Verwundert sah sie zu ihm hinüber. Sein Profil wirkte wie ein Scherenschnitt vor dem Hintergrund der Straßenbeleuchtung.

„Ich sagte, du kannst so lange bleiben, wie es nötig ist. Es ist nicht das Ritz, aber sicherer als ein Hotel."

„Ich verstehe nicht. Wohin fahren wir?"

Er streifte sie mit einem Seitenblick und erwiderte mit seltsam ausdrucksloser Stimme: „Zu mir nach Hause."

„Da wären wir", sagte David und drückte die Eingangstür auf. Im Haus war es dunkel, doch durch die großen Wohnzimmerfenster fiel Mondlicht herein. David geleitete Kate zu einer Couch, auf die er sie sacht niederdrückte. Dann machte er überall Licht. Kate hörte, dass er mit einer Flasche und Gläsern hantierte, und kurz darauf reichte er ihr ein Glas.

„Trink das, Kate."

„Was ist das?"

„Whisky. Trink, du kannst jetzt etwas Stärkendes gebrauchen."

Sie nahm automatisch einen Schluck, und das feurige Brennen in der Kehle ließ ihr Tränen in die Augen steigen. „Wunderbares Zeug", keuchte sie.

David wandte sich ab, um kurz hinauszugehen. Da sie wie in Panik seinen Namen rief, kam er zurück und beruhigte sie: „Ist schon gut, Kate. Ich wollte nur nach nebenan in die Küche." Lächelnd berührte er ihr Gesicht. „Trink dein Glas leer."

Ängstlich sah sie ihn durch die Tür verschwinden. Dann hörte sie seine Stimme von nebenan, er telefonierte offenbar mit der Polizei. Aber was konnte die jetzt noch tun? Kate hielt das Glas mit beiden Händen und zwang sich, noch einen Schluck Whisky zu trinken. Sie blinzelte die wieder aufsteigenden Tränen fort und sah sich um.

Das Haus war typisch männlich eingerichtet mit schlichten, praktischen Möbeln. Auf dem Eichenboden lag nicht ein einziger

Teppich. Die großen Fenster wurden von schlichten weißen Gardinen gerahmt. Und von draußen drang das Rauschen der Wellen herauf. Die Naturgewalten konnten beängstigend sein, aber nicht annähernd so beängstigend wie die Gewalt, die von Menschen ausging.

Nachdem David den Hörer aufgelegt hatte, blieb er noch einen Moment in der Küche, um seine Fassung zurückzugewinnen. Kate war schon verängstigt genug, sie musste nicht auch noch seine Nervosität bemerken. Schließlich öffnete er die Tür und ging in den Wohnraum.

Kate saß immer noch zusammengekauert auf der Couch, die Hände um das halb leere Glas geklammert. Zumindest zeigten ihre bleichen Wangen wieder eine Andeutung von Farbe. Sie brauchte noch ein bisschen Whisky. Er nahm ihr das Glas ab, füllte es an der Bar auf und gab es ihr zurück. Ihre Finger waren eisig. Er hätte Kate gern in den Armen gewärmt, doch er fürchtete, eine solche Geste würde zu weit mehr führen.

Als er sich an der Hausbar Whisky nachschenkte, überlegte er, dass Kate Schutz und Ermutigung brauchte. Er musste ihr klar machen, dass ihre Welt noch in Ordnung war – auch wenn das nicht stimmte. Er trank einen Schluck, stellte das Glas jedoch wieder ab. Vor allem brauchte Kate einen nüchternen Gastgeber. „Ich habe die Polizei angerufen“, sagte er über die Schulter hinweg.

„Und was haben die gesagt?“ fragte sie fast tonlos.

„Was schon? Du sollst bleiben, wo du bist, und nicht allein ausgehen.“ Er schaute sein Glas stirnrunzelnd an, dachte: Ach zum Teufel! und kippte den Rest Whisky hinunter. Dann ging er zum Kaffeetisch, stellte die Flasche darauf und nahm neben Kate auf dem Sofa Platz.

Kate blickte unsicher zur Küche. „Meine Freunde wissen nicht, wo ich bin. Ich sollte sie anrufen.“

„Nicht nötig, das macht Pokie." Er sah, wie schlaff sie wieder gegen die Sofalehne sank. „Du solltest etwas essen."

„Ich bin nicht hungrig."

„Meine Haushälterin, Mrs. Feldman, erbarmt sich einmal die Woche eines armen, verhungernden Junggesellen und kocht einen großen Topf herrliche Spaghettisauce mit viel Knoblauch, frischem Basilikum und einem guten Schuss Wein."

Keine Antwort.

„Jede Frau, der ich sie serviert habe, schwört darauf, dass es ein starkes Aphrodisiakum ist."

Die Andeutung eines Lächelns huschte über Kates Gesicht. „Wie hilfreich von Mrs. Feldman."

Die Uhr auf dem Kaminsims tickte laut. Plötzlich schrak Kate zusammen, da die Fensterläden rappelten.

„Das ist nur der Wind", erklärte David. „Man gewöhnt sich daran. Bei Sturm schüttelt sich das ganze Haus, als würde das Dach wegfliegen." Er blickte liebevoll zu den Deckenbalken hinauf. „Es ist schon dreißig Jahre alt. Vielleicht hätte es bereits vor Jahren abgerissen werden sollen. Aber als wir es kauften, sahen wir viele Möglichkeiten."

„Wir?" fragte sie trübe.

„Ich war damals verheiratet."

„Ach so." Sie schien gelinde interessiert. „Dann bist du geschieden?"

Er nickte. „Die Ehe dauerte etwas über sieben Jahre. Was heutzutage schon beinah eine Leistung ist. Die Beziehung verlief einfach irgendwie im Sande. Linda und ich sind aber immer noch befreundet. Ich mag sogar ihren neuen Mann, ein netter Kerl, sehr hingebungsvoll, sehr fürsorglich. Etwas, das ich wohl nicht war." Das Thema war ihm unbehaglich, und er wandte den Blick ab. Er sprach nicht gern über sich, er fühlte sich dann entblößt. Allerdings war es ihm gelungen, Kate von ihren Ängsten abzulenken. „Linda ist jetzt in Portland, und wie ich vor kurzem hörte, erwarten sie ein Baby."

„Ihr hattet keine Kinder?" Es war eine normale Frage, trotzdem wünschte er, sie hätte sie nicht gestellt.

„Doch, einen Sohn."

„Wie alt ist er?"

„Er ist tot." Wie teilnahmslos er das sagte, als spräche er übers Wetter. Er sah, welche Fragen sich ihr aufdrängten und dass sie ihm Worte des Trostes sagen wollte. Doch davon hatte er genug gehört, die reichten bis ans Ende seiner Tage. „Wie auch immer", wechselte er das Thema, „ich bin wieder Junggeselle, und es gefällt mir. Manche Männer eignen sich wohl nicht zur Ehe. Jetzt stört nichts mehr meine Arbeit in der Kanzlei." Als er sah, dass ihr immer noch Fragen auf der Zunge lagen, erkundigte er sich rasch: „Warst du je verheiratet?"

„Nein. Ich lebte mit einem Mann zusammen. Er war der Grund, weshalb ich nach Honolulu kam. Ich wollte mit ihm zusammen sein. Dabei lernte ich meine Lektion."

„Welche?"

„Nicht hinter einem Mann herzulaufen."

„Klingt nach einem unschönen Ende der Beziehung."

„Nein, es ging alles sehr zivil zu, trotzdem tat es weh. Ich konnte ihm wohl nicht geben, was er brauchte: das Essen, das abends auf dem Tisch stand, und meine ungeteilte Aufmerksamkeit."

„Hat er das erwartet?"

„Erwarten das nicht alle Männer?" schnaubte sie ärgerlich. „Nun ja, ich war nicht bereit, mich diesen Anforderungen zu unterwerfen. Schließlich erfordert mein Beruf, dass ich immer auf Abruf bereit bin. Das verstand er nicht."

Nach einer Weile fragte David: „Hat es sich gelohnt, die Liebe für die Karriere zu opfern?"

Kate ließ den Kopf sinken und dachte nach. „Ich glaubte, dass es sich lohnt. Doch wenn ich jetzt daran denke, wie viele Abende und Wochenenden ich mir ruiniert habe, weil ich mich für unersetzlich hielt, war es wohl ein Irrtum. Wie sich zeigt, bin ich leicht zu ersetzen. So ein drohender Prozess öffnet einem die Augen." Sie prostete ihm bitter zu. „Danke für die Offenbarung, Herr Anwalt."

„Warum gibst du mir die Schuld? Ich habe nur meinen Job getan."

„Für ein hübsches, fettes Honorar vermutlich."

„Honorar bekomme ich nur bei Erfolg. Ich sehe also keinen Penny."

„Du hast all das schöne Geld sausen lassen, nur weil du mir glaubst?" Sie schüttelte erstaunt den Kopf. „Es wundert mich, dass dir die Wahrheit so viel bedeutet."

„Du hast eine nette Art, mich wie einen Halunken hinzustellen. Ja, die Wahrheit bedeutet mir sogar sehr viel."

„Ein Anwalt mit Prinzipien. Ich wusste nicht, dass es so etwas gibt."

„Wir sind eine anerkannte Abart." Sein Blick glitt unabsichtlich über ihr Dekolleté, und plötzlich erinnerte er sich so deutlich, wie zart sich ihre Haut angefühlt hatte, dass er verwirrt zum Whisky griff. Da er kein Glas hatte, trank er gleich aus der Flasche. Richtig so! dachte er. Betrink dich nur! Mal sehen, wie viel dummes Zeug du bis zum Morgen reden kannst!

Er fand, sie waren beide schon ein bisschen angesäuselt, aber Kate half der Alkohol offenbar, sich zu entkrampfen. Es war ihr sogar gerade gelungen, ihn zu beleidigen. Das musste ein gutes Zeichen sein.

Sie starrte in ihr Glas und sagte: „Ich hasse Whisky." Dann kippte sie den Rest hinunter.

„Scheint so. Aber ich habe noch welchen."

Sie betrachtete ihn argwöhnisch. „Du willst mich wohl betrunken machen, was?"

„Wie kommst du denn darauf?" Lachend schob er ihr die Flasche hin.

Kate füllte sich angewidert das Glas auf. „Guter alter Jack Daniels. Er war Dads Lieblingsmarke." Seufzend verschloss sie die Flasche mit zittriger Hand. „Dad schwor, das Zeug sei reine Medizin. Er hasste meine Ermahnungen übers Trinken. Meine Güte, er würde sich kranklachen, wenn er mich jetzt sehen könnte." Sie trank einen Schluck und schauderte. „Vielleicht hatte Dad recht, alles, was so scheußlich schmeckt, muss Medizin sein."

„Ich entnehme daraus, dass dein Vater kein Arzt war."

„Er wäre es gern geworden." Sie schaute trübsinnig in ihr Glas. „Sein Traum war, Landarzt zu sein. Einer, der Geburtshilfe leistet und als Lohn zwei Dutzend Eier bekommt. Aber es entwickelte sich nicht so. Ich kam auf die Welt, und sie brauchten Geld. Er hatte einen Reparaturladen in Sacramento. Er war sehr geschickt. Er konnte alles reparieren, vom Fernseher bis zur Waschmaschine. Siebzehn Patente hat er angemeldet, die ihm keinen Penny einbrachten. Mit Ausnahme vielleicht des Handy Dandy-Apfelschneiders." Sie blickte hoffnungsvoll auf. „Hast du je davon gehört?"

„Tut mir Leid, nein."

Kate zuckte die Schultern. „Sonst auch niemand."

„Und was macht man damit?"

„Zack, und im Handumdrehen hast du sechs gleiche Apfelstücke." Da er schwieg, fuhr sie wehmütig lächelnd fort: „Ich sehe, du bist schrecklich beeindruckt."

„Das bin ich wirklich. Ich bin beeindruckt, dass dein Vater dich erfunden hat. Er muss sehr glücklich gewesen sein, als du Ärztin wurdest."

„Ja, nach meinem Examen sagte er mir, es sei der glücklichste Tag seines Lebens." Sie räusperte sich und fügte hinzu: „Nach Dads Tod verkaufte Mom den Laden. Sie heiratete einen angesehenen Bankier in San Francisco, einen hochnäsigen Kerl. Wir können uns nicht ausstehen." Sie blickte wieder in ihr Glas. „Ich denke oft an den Laden. Mir fehlt der kleine verkramte Keller mit all den nutzlosen Sachen und mir fehlt ..."

David merkte, dass sie den Tränen nahe war, und er flehte, sie möge nicht zu weinen anfangen, denn er wusste nicht, was er dann tun sollte. Dies war nicht seine Kanzlei, dies war sein Wohnzimmer. Und Kate war nicht irgendeine Klientin, sondern eine Frau, die er zufälligerweise sehr mochte.

Doch sie fing sich wieder, und er nahm ihr das Glas ab und stellte es auf den Tisch. „Ich denke, du hast genug für heute. Komm, Frau Doktor, Zeit, ins Bett zu gehen. Ich zeige dir den Weg." Er wollte ihre Hand ergreifen, doch sie zog sie zurück. „Stimmt etwas nicht? Bist du besorgt um deinen Ruf, wenn du hier übernachtest?"

„Ein bisschen. Nein, eigentlich nicht. Angst lähmt den Sinn für gesellschaftliche Konventionen."

„Ganz zu schweigen vom Sinn für Berufsethos." Auf ihren erstaunten Blick hin fuhr er fort: „Ich habe mich noch nie privat mit einer Klientin abgegeben und schon gar nicht mit der Gegenseite. Ich umarme nicht jede Frau, die in mein Büro kommt."

Ein Lächeln huschte über ihr Gesicht. „Und welche umarmst du dann?"

Er beugte sich zu ihr vor. „Die Grünäugigen." Er berührte sacht ihre Wange. „Die hier und dort einen blauen Fleck haben", raunte er.

„Das klingt ein bisschen schrullig", flüsterte Kate, während seine Hand sanft über ihre Wange glitt. Die Situation war wirklich absurd. Hier saß sie mit dem Mann, der sie ruinieren wollte, den sie verachtet hatte, auf der Couch und sehnte sich danach, von ihm umarmt und geküsst zu werden.

David küsste sie, aber nur sehr zart. Doch es genügte, dass es sie heiß durchströmte. „Und was wird der Anwaltsverein dazu sagen?“ flüsterte sie.

„Er wird es empörend finden.“

„Und unehrenhaft.“

„Und absolut verrückt. Was es auch ist.“ Er zog sich zurück und betrachtete sie einen Moment. Es war ihm anzusehen, wie sehr er um Selbstbeherrschung rang. Und zu ihrer Enttäuschung gewann die Vernunft. David stand auf und zog sie ebenfalls hoch. „Wenn du dich bei Gericht über mich beschwerst, vergiss bitte nicht zu erwähnen, wie reuig ich war.“

„Wird dir das helfen?“

„Nicht bei denen, aber ich hoffe bei dir.“

Sie standen vor dem Fenster und sahen einander unsicher an. David räusperte sich. „Ich denke, es ist besser zu Bett zu gehen ... du in deines, ich in meines.“

„Ja, vermutlich.“

Er wandte sich ab und fuhr sich mit einer Hand durchs Haar.

„David?“

Er blickte über die Schulter zurück. „Ja?“

„Verstößt es wirklich gegen dein Berufsethos, wenn ich hier übernachte?“

Er zuckte mit den Schultern. „Unter diesen Umständen kaum. Solange nichts zwischen uns geschieht.“ Er nahm die Whiskyflasche und verstaute sie im Schrank. „Und das wird es nicht.“

„Natürlich nicht“, versicherte sie rasch. „Ich meine, ich kann diese Art von Komplikation nicht gebrauchen. Schon gar nicht jetzt.“

„Ich auch nicht. Aber gegenwärtig scheinen wir einander zu brauchen. Ich biete dir eine sichere Zuflucht, und du hilfst mir aufzuklären, was sich im OP abgespielt hat. Das ist ein akzeptables Arrangement. Ich bitte dich nur darum, dass wir dies hier für uns behalten, auch später. Wir könnten uns sonst sehr schaden.“

„Das verstehe ich."

Sie atmeten beide tief durch.

„Dann sage ich jetzt wohl besser gute Nacht." Kate wandte sich ab und durchquerte den Raum. Ihre Knie fühlten sich so weich an, dass sie fürchtete, hinzufallen.

„Kate?"

„Ja?" Ihr Herz begann heftiger zu schlagen, und sie drehte sich zu David um.

„Die zweite Tür auf der rechten Seite ist dein Zimmer."

„Oh, danke." Sie war geradezu enttäuscht, als sie hinausging. Ihr einziger Trost war, dass David genauso elend aussah, wie sie sich fühlte.

Kate war längst in ihrem Zimmer, als David immer noch versonnen im Wohnraum saß. Er musste ständig an die Umarmung denken und fragte sich, wie er in diese Lage hatte geraten können. Es war schon schlimm genug, Kate unter seinem Dach schlafen zu lassen, aber dass er sie am liebsten auf seiner Couch verführt hätte, das grenzte an Idiotie.

Und wie bereitwillig sie auf seine Zärtlichkeiten einging, das konnte nur bedeuten, dass sie sie seit langem entbehrt hatte. Na fabelhaft! Zwei normale, gesunde, liebesentwöhnte Erwachsene schliefen nur wenige Schritte voneinander entfernt im selben Haus. Eine explosivere Situation ließ sich kaum vorstellen.

Er mochte gar nicht daran denken, was sein alter Professor dazu sagen würde. Denn genau genommen war er vom Fall der O'Briens noch nicht entbunden. Solange er die Akten nicht einer anderen Kanzlei übergeben hatte, musste er sich als ihr Anwalt betrachten und war gesetzlich gehalten, ihre Interessen zu wahren. Bis heute hatte er stets penibel darauf geachtet, Beruf und Privatleben zu trennen.

Wenn er noch ganz bei Verstand wäre, hätte er Kate in einem

Hotel oder bei Freunden untergebracht. Leider schien sein Verstand seit dem Moment, als Kate in sein Büro gestürmt war, gelitten zu haben. Und nach dem Anruf heute Abend hatte er nur noch daran denken können, wie er sie möglichst rasch in Sicherheit brachte. Da hatte sich ein heftiger Schutzinstinkt geregt, den er nicht kontrollieren konnte, und das missfiel ihm. Ebenso wenig behagte ihm, dass sie all diese unbequemen männlichen Reaktionen in ihm auslöste.

Verärgert über sich selbst stand er schließlich auf, ging im Zimmer herum und löschte überall das Licht. Er hatte wirklich kein Interesse daran, für irgendeine Frau den Helden zu spielen. Außerdem war Kate Chesne nicht die Art Frau, die einen Helden brauchte ... oder überhaupt einen Mann.

Nicht dass er unabhängige Frauen nicht gemocht hätte, im Gegenteil. Unabhängige Frauen hatten ihn schon immer angezogen. Und er mochte Kate. Vielleicht sogar zu sehr.

Kate lag zusammengerollt im Bett und lauschte auf Davids unruhiges Rumoren im Wohnraum. Sie hielt sogar den Atem an, als er über den Flur an ihrer Tür vorbeiging. Dann hörte sie von nebenan, wie Kommodenschubladen geöffnet und geschlossen wurden, ebenso Schranktüren. Als sie das Duschwasser laufen hörte, stellte sie sich unwillkürlich vor, wie er unter der Dusche stand.

Es war seltsam, noch nie hatte sie einen Mann so begehrt wie ihn, schon gar nicht Eric. Die Beziehung zu ihm war im Grunde entsetzlich oberflächlich gewesen. Sie konnte kaum noch nachvollziehen, dass sie sich über deren Ende gegrämt hatte. Vermutlich war lediglich ihr Stolz verletzt gewesen.

Doch ausgerechnet der Mann, zu dem sie sich so sehr hingezogen fühlte, hatte es in der Hand, sie beruflich zu ruinieren. Sie musste den Verstand verloren haben. Zumal es im Moment für sie Wichtigeres zu bedenken gab. Es ging buchstäblich um Leben und

Tod: Ihre Existenz stand auf dem Spiel, ein Killer war hinter ihr her ... und sie fragte sich, ob David Ransom Haare auf der Brust hatte.

Kate rannte endlose Stufen hinab in einen schwarzen Abgrund. Etwas verfolgte sie lautlos und versetzte sie in panischen Schrecken. Wenn sie jetzt schrie, würde niemand sie hören.

Schluchzend wachte Kate auf und starrte irritiert auf eine fremde Zimmerdecke. Irgendwo klingelte ein Telefon, Tageslicht drang durch die Vorhänge, und sie hörte Wellen rauschen.

Hier bin ich in Sicherheit, dachte Kate. Niemand kann mir etwas tun, nicht hier in diesem Haus.

Als jemand anklopfte, setzte sie sich ruckartig auf.

„Kate?“ rief David durch die geschlossene Tür.

„Ja?“

„Zieh dich an. Pokie hat eben angerufen. Er möchte, dass wir sofort ins Präsidium kommen.“

Besorgt sprang sie aus dem Bett und öffnete die Tür. „Warum? Was ist los?“

Sein Blick glitt nur flüchtig über ihr Nachthemd. „Sie wissen, wer der Killer ist.“

8. KAPITEL

okie schob Kate das Album mit Verbrecherfotos hin. „Schauen Sie mal, ob Sie jemanden erkennen, Dr. Chesne.“

Kate überflog die Aufnahmen, und ihr Blick heftete sich sofort an ein Gesicht. Der Mann, der mit starren, weit aufgerissenen Augen in die Kamera schaute, sah aus wie eine verlorene Seele. „Das ist er“, sagte sie leise.

„Sind Sie sicher?“

„Ich ... ich erinnere mich an diese Augen.“Sie schluckte trocken und wandte sich ab. Die beiden Männer beobachteten sie besorgt. Offenbar befürchteten sie irgendeine hysterische Reaktion. Doch Kate blieb ruhig. Sie fühlte sich eher der Realität entrückt, als wäre sie Zuschauer eines Films.

„Das ist unser Mann“, bestätigte Pokie zufrieden.

Ein Sergeant in Zivil brachte ihr eine Tasse Kaffee. Er schien eine Erkältung zu haben, jedenfalls schniefte er. Als er an seinen Schreibtisch zurückkehrte, sah sie durch die Glastrennwand, dass er ein Nasenspray benutzte.

Sie blickte das Foto noch einmal an. „Wer ist er?“

„Ein Geistesgestörter“, erklärte Pokie. „Sein Name ist Charles Decker. Das Foto wurde vor fünf Jahren aufgenommen, nach seiner Verhaftung.“

„Wie lautete die Anklage?“

„Tätlicher Angriff und Sachbeschädigung. Er trat die Tür einer Arztpraxis ein und versuchte den Doktor vor allen Anwesenden zu erwürgen.“

„Einen Arzt?“ David sah Pokie an. „Welchen?“

Pokie lehnte sich zurück, dass der Stuhl quietschte. „Raten Sie.“

„Henry Tanaka.“

„Richtig. Wir hätten eher darauf kommen sollen, doch es ist uns bei der ersten Untersuchung irgendwie entgangen. Wir fragten Mrs. Tanaka, ob ihr Mann Feinde gehabt habe. Sie nannte uns einige Namen, und wir überprüften sie, allerdings ergebnislos. Dann erwähnte sie noch, dass vor fünf Jahren ein Irrer versucht habe, ihren Mann umzubringen. Sie konnte sich an den Namen nicht mehr erinnern, und soweit sie wisse, sei der Mann noch in der Nervenklinik. Wir besorgten uns die Akte, es war Charlie Decker. Und heute Morgen erhielten wir den Bericht vom Labor. Die Fingerabdrücke auf dem Türknauf der Wohnung von Ann Richter sind von Charlie Decker." Pokie blickte Kate an. „Und jetzt hat unsere Zeugin ihn auch noch identifiziert. Ich würde sagen, wir haben unseren Mann."

„Was für ein Motiv hat er?"

„Ich sagte schon, er ist verrückt."

„Das sind Tausende anderer auch, ohne dass sie töten. Warum wurde er zum Killer?"

„Ich bin nicht sein Psychiater."

„Aber Sie haben eine Antwort, oder?"

Pokie zuckte die Schultern und sah David nachdenklich an. „Ich habe lediglich eine Theorie."

„Dieser Mann hat mein Leben bedroht, Leutnant", wandte Kate ein. „Ich denke, ich habe das Recht, mehr zu erfahren als seinen Namen."

„Das stimmt", pflichtete David ihr bei. „Auch wenn es nicht im Polizeihandbuch steht, hat sie das Recht zu erfahren, wer Charles Decker ist."

Seufzend zog Pokie ein Notizbuch aus dem Schreibtisch und blätterte es durch. „Okay, das habe ich bisher herausgefunden: Decker, Charles Louis, weiß, männlich, geboren in Cleveland, neununddreißig Jahre alt. Eltern geschieden. Bruder im Alter von fünfzehn Jahren bei Gang-Auseinandersetzungen ums Leben gekommen. Toller Start, was? Eine Schwester, verheiratet, lebt in Florida."

„Haben Sie mit ihr gesprochen?“

„Von ihr haben wir die meisten Informationen. Also weiter: trat mit einundzwanzig der Navy bei. An verschiedenen Standorten stationiert. San Diego, Bremerton. Diente als Assistent des Schiffsarztes auf der USS Cimarron. Nach Auskunft seiner Vorgesetzten war Decker ein Einzelgänger. Emotionale Probleme waren nicht bekannt.“ Pokie schnaubte: „So viel zur Genauigkeit von Militärakten.“ Er blätterte weiter. „Decker hatte eine saubere Personalakte, einige Belobigungen. Offenbar war er auf dem Weg nach oben. Und dann vor fünf Jahren passierte es.“

„Nervenzusammenbruch?“ fragte David.

„Schlimmer. Er lief praktisch Amok, und alles wegen einer Frau.“

„Sie meinen, er hatte eine Freundin?“

„Ja, ein Mädchen, das er hier auf den Inseln kennen gelernt hatte. Er bat um Heiratserlaubnis und erhielt sie. Doch dann lief sein Schiff unverhofft für sechs Monate zu einem Geheimauftrag aus. Ein anderer Seemann sagte, dass Decker jede freie Minute in seiner Kabine verbrachte und Gedichte für sie geschrieben hat. Er war verrückt nach ihr. Jedenfalls, als die Cimarron zurückkehrte, wartete sein Mädchen nicht am Pier. Und ab jetzt wird es ungenau. Wir wissen nur, dass Decker sich unerlaubt vom Schiff entfernte. Er brauchte nicht lange, um herauszufinden, was passiert war.“

„Sie hatte einen anderen“, vermutete David.

„Nein, sie war tot.“

Es entstand ein längeres Schweigen. Im Nachbarbüro läutete ein Telefon, und Schreibmaschinen klapperten unaufhörlich.

„Was ist ihr zugestoßen?“ fragte Kate leise.

„Komplikationen bei der Geburt ihres Kindes“, erklärte Pokie. „Sie hatte eine Art Schlaganfall im Kreißsaal. Das Baby, ein Mädchen, starb ebenfalls. Decker wusste gar nicht, dass seine

Freundin schwanger von ihm war. Jedenfalls verlor er da wohl den Boden unter den Füßen. Er erfuhr, dass Dr. Tanaka der behandelnde Arzt gewesen war. Laut Polizeibericht drang er in die Privatklinik ein und versuchte den Arzt zu erwürgen. Die Polizei kam und nahm Decker fest. Am nächsten Tag wurde er auf Kaution freigelassen. Er kaufte sich eine Waffe, aber nicht, um den Arzt zu erschießen. Er steckte sich den Lauf in den Mund und drückte ab."

Die endgültige Tat, dachte Kate. Er musste diese Frau wirklich geliebt haben. Aber der Mann war nicht tot, er lief herum und brachte Menschen um.

Pokie bemerkte ihren fragenden Blick, nachdem er sein Notizbuch zugeklappt hatte. „Es war eine billige Waffe. Sie hatte eine Fehlzündung und zerstörte ihm Mund und Rachen. Decker überlebte. Nach einigen Monaten in einer Rehabilitationsklinik kam er in die Nervenklinik. In den Berichten steht, dass alle Lebensfunktionen zurückkehrten, bis auf das Sprechen."

„Er ist stumm?" fragte David.

„Das nicht. Seine Stimmbänder waren gerissen. Er kann mit dem Mund Worte formen, aber seine Stimme klingt wie ein Zischen."

Die Erinnerung an dieses alptraumhafte Zischen im Treppenhaus ließ Kate schaudern.

Pokie fuhr fort: „Vor einem Monat wurde Decker aus der Klinik entlassen. Er sollte seinen Psychiater namens Nemechek weiter konsultieren, doch das tat er nicht."

„Haben Sie mit diesem Nemechek gesprochen?" fragte Kate.

„Nur am Telefon. Er ist auf einer Tagung in Los Angeles. Am Dienstag kommt er zurück. Er schwört allerdings, dass sein Patient harmlos sei. Aber der schützt sich nur selbst. Es sieht ja nicht gerade gut aus, wenn ein soeben entlassener Patient Leuten die Kehle durchschneidet."

„Dann wäre das Motiv: Rache für den Tod einer Frau", sagte David.

„Das ist die Theorie."

„Aber warum wurde Ann Richter getötet?"

„Erinnern Sie sich, dass der Pförtner eine blonde Frau über den Parkplatz rennen sah?"

„Sie meinen, das war sie?"

„Offenbar war sie mit Tanaka ... wie soll ich sagen, sehr gut bekannt."

„Bedeutet es das, was ich vermute?"

„Sagen wir, Ann Richters Nachbarn hatten keine Mühe, Dr. Tanakas Foto zu identifizieren. Er wurde mehr als einmal in Ann Richters Apartment gesehen. Am Abend, als er getötet wurde, wollte sie ihrem Lieblingsdoktor einen kleinen Privatbesuch abstatten. Dabei stieß sie auf etwas, das sie in Panik versetzte. Vielleicht sah sie Decker, und er sah sie."

„Warum ist sie dann nicht zur Polizei gegangen?"

„Vielleicht wollte sie vermeiden, dass ihre Affäre mit einem verheirateten Mann herauskam. Vielleicht fürchtete sie auch, dass sie der Tötung ihres Geliebten bezichtigt würde, wer weiß?"

„Dann war sie also nur eine Zeugin so wie ich", bemerkte Kate.

Pokie sah sie an. „Es gibt einen großen Unterschied zwischen ihr und Ihnen. Decker kann nicht an Sie heran. Außerhalb dieses Raumes weiß niemand, wo Sie stecken. Dabei sollte es bleiben." An David gewandt fragte er: „Es ist doch kein Problem, dass Sie bei Ihnen bleibt, oder?"

David erwiderte mit unbewegter Miene: „Sie kann bleiben."

„Gut, und es ist besser, wenn sie nicht ihr eigenes Auto benutzt."

„Warum nicht?" fragte Kate.

„Decker hat Ihre Tasche und Ihre Wagenschlüssel. Er weiß also, dass Sie einen Audi fahren, und wird danach Ausschau halten."

„Wie lange wird das alles dauern?" flüsterte Kate betroffen.

„Ein Weilchen. Aber haben Sie Geduld, Doktor. Er kann sich nicht immer verstecken."

Wirklich nicht? dachte Kate und entsann sich der vielen Versteckmöglichkeiten auf Oahu: die Winkel von Chinatown, wo niemand Fragen stellte, die kleinen Fischerhütten auf Sand Island, die grauen Betonalleen von Waikiki. Irgendwo dort in einem stillen Winkel trauerte Charlie Decker um eine tote Frau.

Sie standen auf, um zu gehen, als Kate plötzlich fragte: „Leutnant, was ist mit Ellen O'Brien?"

Pokie, der gerade Akten in eine Mappe schob, blickte auf. „Was soll mit ihr sein?"

„Hatte sie irgendeine Verbindung zu alledem?"

Pokie schaute ein letztes Mal in Charlie Deckers Akte und schloss sie. „Nein, absolut keine Verbindung."

„Aber es muss eine Verbindung geben!" sagte Kate nachdrücklich, als sie in den morgendlichen Sonnenschein hinaustraten. „Irgendein Beweisstück, das er noch nicht gefunden hat."

„Oder über das er nicht spricht", fügte David hinzu.

„Warum sollte er?" fragte sie stirnrunzelnd. „Ich dachte, ihr wärt Freunde."

„Nun, ich habe den Staatsdienst schnöde verlassen. Für manche Polizisten ist ihre Arbeit eine Art heiliger Krieg gegen das Verbrechen. Pokie hat eine Frau und vier Kinder, trotzdem arbeitet er praktisch in seiner ganzen Freizeit. Er ist ein fähiger Polizist, gründlich, aber nicht unfehlbar. Vielleicht irrt er sich diesmal. Aber eigentlich stimme ich ihm zu. Ich sehe auch nicht, wie Ellen O'Brien in diese Sache hineinpasst."

„Aber Decker war immerhin in seiner früheren Laufbahn Sanitäter, Assistent des Schiffsarztes."

„Trotzdem passt Decker nicht ins Bild, Kate. Ein Psychopath, der wie Jack the Ripper arbeitet, hantiert nicht mit Drogen, falschen Ampullen und EKGs. Dazu ist ein anderer Kopf notwendig."

Niedergeschlagen erwiderte sie: „Ich weiß einfach nicht, wie ich beweisen soll, dass Ellen ermordet wurde. Ich bin nicht einmal sicher, dass es machbar ist."

David blieb auf dem Bürgersteig stehen. „Okay, wir können nichts beweisen. Aber gehen wir einmal logisch vor. Ein Mann wie Decker, ein Außenseiter, der ein bisschen über Medizin weiß, wie würde der es anstellen, ins Krankenhaus zu kommen, um einen Patienten umzubringen?"

„Ich denke, er müsste ..." Sie hielt plötzlich inne und bemerkte den Zeitungsjungen, der die Sonntagszeitung anpries. „Ellen wurde an einem Sonntag eingeliefert." Sie blickte auf ihre Uhr. „Nur zehn Stunden später. Wir könnten Schritt für Schritt ..."

„Warte mal, ich verstehe dich nicht. Was genau tun wir in zehn Stunden?"

„Einen Mord durchspielen."

Der Besucherparkplatz war fast leer, als David seinen BMW um zehn Uhr an diesem Abend in die Krankenhauseinfahrt lenkte. Er parkte in einer Bucht neben dem Eingang, schaltete den Motor ab und blickte Kate an. „Damit beweisen wir gar nichts, das ist dir doch klar, oder?"

„Auch wenn ein Gericht den Beweis nicht anerkennt, David, ich muss wissen, ob es möglich ist."

Sie schaute zu dem roten Zeichen der Notaufnahme hinüber, das wie ein Leuchtfeuer in die Dunkelheit schien. Daneben parkte ein Krankenwagen, dessen Fahrer auf einer Bank in der Nähe eine Zigarette rauchte.

Es war Sonntagabend, ruhig wie immer. Die Besucher waren längst fort, und die meisten Patienten schlummerten schon.

„Okay", seufzte David, „fangen wir an."

Da die Türen zur Halle verschlossen waren, gingen sie durch die Notaufnahme, durch einen Warteraum, in dem ein Baby schrie, ein alter Mann in sein Taschentuch hustete und ein Junge einen Eisbeutel gegen sein geschwollenes Gesicht drückte. Die Schwester in der Aufnahme telefonierte gerade, sodass sie einfach an ihr vorbei zu den Fahrstühlen eilten.

„So leicht kommt man hier herein?“ wunderte sich David.

„Die Schwester kennt mich.“

„Aber sie hat kaum aufgeschaut.“

„Weil sie zu sehr damit beschäftigt war, dich anzustarren.“

„Du liebe Güte, hast du eine wilde Fantasie.“ Er blieb stehen und sah sich um. „Wo ist der Sicherheitsdienst? Gibt es hier nicht eine Wache oder so etwas?“

„Er macht vermutlich gerade seine Runde.“

„Soll das heißen, es gibt nur einen Mann?“

„Kliniken sind ziemlich langweilig“, erwiderte sie und drückte einen Knopf im Fahrstuhl. „Außerdem ist Sonntag.“

In der vierten Etage traten sie auf einen antiseptisch weißen Flur hinaus, und das frisch gewachste Linoleum glänzte im Lampenschein. Kate deutete auf die Doppeltüren mit der Aufschrift: Kein Zutritt.

„Die OPs sind dahinter.“

„Können wir hinein?“

Sie machte versuchsweise ein paar Schritte, und die Türen öffneten sich automatisch. „Kein Problem.“

Nur eine schwache Lampe erleuchtete den Empfangsbereich. Eine halb volle Tasse mit lauwarmem Kaffee stand auf dem Tresen und wartete, dass seine Besitzerin zurückkehrte. Kate deutete auf eine Wandtafel, auf der die Eingriffe für den nächsten Tag aufgelistet waren.

„Hier siehst du mit einem Blick, in welchem Raum welcher Patient von welchem Chirurgen operiert wird. Der Name des Anästhesisten ist auch aufgeführt.“

„Wo war Ellen?“

„Der Raum ist um die Ecke.“

Sie führte ihn einen unbeleuchteten Flur hinunter und öffnete die Tür zu OP 5. Als sie das Licht einschaltete, schmerzte die plötzliche Helligkeit in den Augen. „Der Wagen mit den Anästhesiedrogen ist dort drüben."

David ging hinüber und zog eine der Stahlschubladen auf. Die kleinen Ampullen schlugen klimpernd aneinander. „Sind diese Drogen immer unverschlossen?"

„Sie sind wertlos auf der Straße. Niemand würde sich die Mühe machen, sie zu stehlen. Die Narkotika sind dort im Wandschrank eingeschlossen."

David schaute sich um. „Hier arbeitest du also ... sehr beeindruckend. Sieht aus wie die Kulisse zu einem Science-Fiction-Film."

Kate lächelte. „Seltsam, ich habe mich hier immer sehr zu Hause gefühlt. Die vielen Apparaturen erschrecken mich vielleicht deshalb nicht, weil ich die Tochter eines Tüftlers bin. Ich kann mir allerdings denken, dass sie andere Menschen einschüchtern."

„Und du fühlst dich nie eingeschüchtert?" fragte David und blickte sie durchdringend an.

„Nicht im OP", antwortete sie leise.

David konzentrierte sich wieder auf den Wagen mit Medikamenten. „Wie lange braucht man, um die Ampullen auszutauschen?"

„Weniger als eine Minute. Er müsste sie nur herausnehmen und eine andere, entsprechend präparierte hineinlegen."

„So leicht ist das also."

„Ja, so leicht." Ihr Blick wanderte zögernd zum OP-Tisch. „Unsere Patienten sind wirklich völlig hilflos. Wir haben hier die absolute Kontrolle über ihr Leben. Beängstigend. So habe ich das noch nie gesehen."

„Dann ist ein Mord im OP gar nicht so schwierig."

„Nein, offenbar nicht."

„Bliebe noch das EKG, wie hat er das manipuliert?"

„Dazu müsste er an die Patientenkartei herankommen, und die wird im Schwesternzimmer in den Abteilungen aufbewahrt."

„Klingt schwierig. Dort wimmelt es doch von Schwestern."

„Richtig. Aber selbst heutzutage lassen sie sich noch von einem Arztkittel einschüchtern. Ich wette, wenn wir dich richtig ausstaffieren, kannst du dir Zutritt verschaffen, ohne gefragt zu werden."

Er neigte den Kopf ein wenig zur Seite. „Wollen wir es versuchen?"

„Du meinst jetzt?"

„Sicher. Gib mir einen Arztkittel. Ich wollte schon immer gerne einmal Doktor spielen."

Kate brauchte keine Minute, um im Umkleideraum für die Chirurgen einen einsam hängenden Arztkittel aufzutreiben. Die Kaffeeflecke auf der Vorderseite wiesen ihn als den von Guy Santini aus, und die Größe bestätigte es.

„Ich wusste gar nicht, dass King Kong auch in eurem Team ist", murmelte David, als er den großen Kittel anzog. Er knöpfte ihn zu und stand stramm. „Nun, was meinst du? Werden sich die Schwestern bei meinem Anblick totlachen?"

Kate trat zurück und betrachtete ihn kritisch. Die Schultern hingen auf den Armen, eine Seite des Kragens stand hoch, und trotzdem wirkte er unwiderstehlich und auf eine seltsame Art unangreifbar. Sie glättete ihm den Kragen, wobei ihr der kurze Kontakt mit seiner Haut sehr angenehm war. „So geht es", meinte sie.

„Sehe ich denn so schlimm aus?" Er schaute auf die Kaffeeflecke. „Ich komme mir ziemlich schlampig vor."

„Der Besitzer dieses Kittels ist schlampig. Also mach dir keine Gedanken, du passt gut hinein." Auf dem Weg zum Fahrstuhl fügte sie hinzu: „Du musst jetzt anfangen, wie ein Doktor zu denken. Versetz dich in die richtige Stimmung. Du weißt, du bist brillant, hingebungsvoll und mitfühlend."

„Nicht zu vergessen, bescheiden."

Sie klopfte ihm auf den Rücken. „Dann ab mit dir, Doktor."

Er betrat den Fahrstuhl. „Aber geh nicht weg. Falls ich entlarvt werde, brauche ich deine Hilfe."

„Ich warte im OP. Ach, David, noch etwas. Begeh keinen Kunstfehler, sonst musst du dich selbst verklagen."

Er verdrehte die Augen, als sich die Türen schlossen. Leise surrend setzte sich der Lift in Bewegung zur dritten Etage. Es war ein simpler Test. Selbst wenn David enttarnt wurde, genügte ein Wort von ihr, die Sache aufzuklären. Es konnte nichts schief gehen, trotzdem war Kate leicht beunruhigt, als sie den Flur entlangging.

Im OP 5 nahm sie ihren gewohnten Platz am Kopfende des Tisches ein und dachte an die vielen Stunden, die sie in dieser kleinen sicheren Welt verbracht hatte.

Der Klang einer zuschlagenden Tür ließ sie aufmerken. War David schon zurück? War etwas passiert? Sie hopste vom Hocker, drückte die Tür zum Korridor auf und blieb stehen.

Aus OP 7, ein Stück den Flur hinunter, drang ein schwacher Lichtschein. Kate lauschte und hörte, dass jemand Schubladen aufzog und wieder schloss. Irgendwer durchwühlte die Vorräte, eine Krankenschwester ... oder jemand, der nicht hierher gehörte?

Sie blickte zum Ende des Korridors, der ihre einzige Fluchtroute war. Der Empfangstresen lag um die Ecke. Wenn sie unerkannt am OP 7 vorbeikam, konnte sie hinauslaufen und den Wachdienst alarmieren. Sie musste sich sofort entscheiden. Wer in OP 7 war, ging vielleicht auch in die anderen OPs. Wenn sie sich nicht augenblicklich bewegte, saß sie in der Falle.

Auf leisen Sohlen schlich sie voran. Das Zuschlagen einer Schranktür verriet ihr jedoch, dass sie es nicht schaffen würde. Die Tür zum OP 7 schwang plötzlich auf. Von Panik ergriffen wich Kate zurück und sah Dr. Clarence Avery wie erstarrt im Türrahmen stehen. Etwas entglitt seiner Hand, und das Zersplittern von Glas klang unnatürlich laut in dem leeren Flur. Kate blickte in sein blasses, geradezu blutleeres Gesicht und fürchtete, er würde einen Herzanfall bekommen.

„Doktor ... Doktor Chesne", stammelte er. „Ich habe nicht erwartet ... ich meine, ich ..." Sein Blick glitt langsam zu den Scherben am Boden. Er schüttelte hilflos den Kopf. „Was habe ich nur angestellt."

„Es ist nicht so schlimm. Ich helfe Ihnen, es aufzuwischen."

Während Kate mit einer Hand voll Zellstofftüchern aus dem OP die Scherben aufnahm, stand er nur da und starrte zu Boden. Er war ihr noch nie so alt und zerbrechlich vorgekommen. Seine weißen Haare schienen auf dem Kopf zu zittern, und sie bemerkte, dass er eine weiße und eine blaue Socke trug. Kate nahm eine größere Scherbe der Ampulle in die Hand, auf der noch das Etikett klebte.

„Das Narkotikum ist für meine Hündin", erklärte Dr. Avery schwach. „Sie ist sehr krank."

Kate sah ihn nur an. „Tut mir Leid", war alles, was sie dazu hervorbrachte.

Mit gesenktem Kopf fuhr er fort: „Ich muss sie einschläfern. Sie wimmert schon den ganzen Morgen, und ich kann es nicht mehr mit anhören. Außerdem ist sie schon sehr alt. Es erscheint mir grausam, es vom Tierarzt machen zu lassen. Er ist ihr fremd, sie würde sich fürchten."

Kate erhob sich. „Sicher wäre der Tierarzt freundlich zu ihr. Sie müssen es nicht selbst tun."

„Aber ich glaube, es ist besser, wenn ich es selbst mache und mich von ihr verabschiede."

Kate ging, holte aus dem OP eine neue Ampulle und gab sie ihm. „Hier, das sollte genügen."

Er nickte. „Sie ist nicht sehr groß." Dann seufzte er zittrig und wandte sich zum Gehen. Nach wenigen Schritten blieb er stehen und blickte zurück. „Ich habe Sie immer gemocht, Kate. Sie sind die Einzige, die nicht hinter meinem Rücken über mich gelacht hat oder dauernd Anspielungen fallen ließ, dass ich alt sei und zurücktreten solle." Er schüttelte müde den Kopf. „Aber vielleicht haben die anderen recht." Im Hinausgehen hörte sie ihn noch sagen: „Ich tue für Sie, was ich kann, bei der Anhörung."

Während seine Schritte verhallten, blickte Kate auf die Scherben der Ampulle im Abfallkorb. Das Etikett sprang ihr geradezu ins Auge. Ein Narkotikum, dachte sie stirnrunzelnd. Wenn man zu viel davon spritzte, war es ein tödliches Gift und führte zu plötzlichem Herzstillstand. Und womit man einen Hund töten konnte, damit konnte man auch einen Menschen umbringen.

Die Aufsichtsschwester in Station 3 B saß vorgebeugt und völlig in einen Liebesroman vertieft an ihrem Tisch. Sie bemerkte nicht einmal, dass David an ihr vorbeiging. Erst als er neben ihr stand, blickte sie auf, errötete und klappte schamhaft das Buch zu.

„Oh, kann ich Ihnen helfen, Doktor ...?"

„Smith", stellte er sich vor und lächelte sie so strahlend an, dass sie völlig hingerissen schien. Junge, Junge, dachte er, während er in zwei schöne dunkelblaue Augen blickte, so ein Arztkittel hat's aber in sich. „Ich müsste eine der Patientenkarteien sehen."

„Welche?" fragte sie atemlos.

„Raum ..." Er blickte auf die Karteiboxen. „8 B."

„Mrs. Loomis?"

„Ja, das ist der Name."

Die Schwester erhob sich und schwebte geradezu zum Karteikasten. Dort brauchte sie ungewöhnlich lange, um Raum 8 B zu finden, obwohl er direkt vor ihr stand. David betrachtete unterdessen den geschmacklosen Einband des Romans und hätte fast gelacht.

„Hier ist sie", säuselte die Schwester und hielt ihm die Kartei mit beiden Händen hin wie einen Kultgegenstand.

„Danke, Miss ..."

„Mann, Janet."

Er räusperte sich, wandte sich ab und ging zu einem Sessel, der sehr weit weg war von Miss Janet Mann. Er hörte sie enttäuscht seufzen, als sie sich dem klingelnden Telefon zuwandte.

„Ich bringe sie sofort runter", sagte sie in den Hörer, nahm dann einige Ampullen mit Blut von einem Tablett und verschwand. David blieb allein zurück.

So einfach ist das also, dachte er und blätterte die dicke Kartei der unglücklichen Mrs. Loomis durch, die ein komplizierter Fall zu sein schien, gemessen an den vielen Ärzten, die sie behandelten. Er musste an das Sprichwort von den vielen Köchen denken, die den Brei verderben, und fürchtete, dass Mrs. Loomis keine Chance hatte.

Eine Krankenschwester rollte ein Medikamentenwägelchen vorbei. Eine andere ging ans Telefon und verschwand dann wieder. Keine von beiden schenkte ihm Beachtung.

David nahm den EKG-Streifen heraus, der hinten in der Kartei lag. Der Täter brauchte höchstens zehn Sekunden, um das Original gegen eine Fälschung zu tauschen. Und da so viele Ärzte hier ein- und ausgingen, sechs allein für Mrs. Loomis aus Raum 8 B, würde niemand etwas bemerken.

Ein Betrug dieser Art war wirklich simpel, man brauchte nichts weiter als einen weißen Kittel.

9. KAPITEL

„Ich denke, wir haben heute Abend deine Theorie von einem Mord im OP bewiesen“, sagte David und stellte zwei Gläser heiße Milch auf den Küchentisch.

„Bewiesen haben wir nur, dass Dr. Avery einen kranken Hund hat“, widersprach Kate. „Armer alter Dr. Avery. Ich habe ihn zu Tode erschreckt.“

„Das beruhte wohl auf Gegenseitigkeit. Hat er überhaupt einen Hund?“

„Er würde mich nicht anlügen.“

„Ich frage nur. Schließlich kenne ich den Mann nicht.“ Er trank einen Schluck Milch. Die Bartstoppeln in seinem Gesicht waren inzwischen deutlich sichtbar. Sein Hemd war zerknittert, und er hatte es am Hals geöffnet. Dabei kam etwas von der dunkelblonden Brustbehaarung zum Vorschein.

Kate starrte in ihr Glas. „Ich bin ziemlich sicher, dass er einen Hund hat. Ich meine mich zu erinnern, dass auf seinem Schreibtisch ein Foto von seiner Frau mit einem bräunlichen Terrier steht. Seine Frau war eine Schönheit. Vor einigen Monaten erlitt sie einen Schlaganfall, und es zerstörte den armen Mann fast, sie in einem Pflegeheim unterbringen zu müssen. Seither versieht er seine Pflichten wie in Trance.“ Auch Kate trank einen Schluck und fügte hinzu: „Ich wette, er kann seinen Hund nicht einschläfern. Manche Menschen können keiner Fliege etwas zuleide tun.“

„Und andere sind eines Mordes fähig.“

Sie blickte ihn an. „Du denkst immer noch, dass es Mord war?“

Dass er eine Weile nicht antwortete, beunruhigte sie. Ließ ihr einziger Verbündeter sie im Stich? „Ich weiß nicht, was ich denken soll. Bisher habe ich mich auf meine Instinkte verlassen, anstatt auf Fakten. Aber damit kann ich vor Gericht nicht bestehen.“

„Oder vor einer Ärztekommission", fügte sie niedergeschlagen hinzu.

„Deine Anhörung ist am Dienstag?"

„Und ich habe immer noch keinen Schimmer, was ich denen erzählen soll."

„Kannst du nicht einen Aufschub erwirken? Dann sage ich alle anderen Termine ab. Vielleicht finden wir noch einen Beweis."

„Meine Bitte um Aufschub wurde abgelehnt. Außerdem scheint es keine Beweise zu geben. Alles, was wir haben, sind einige Morde, die aber offenbar in keiner Verbindung zu Ellens Tod stehen."

David lehnte sich versonnen zurück. „Und wenn die Polizei nun auf der falschen Fährte ist? Wenn Charlie Decker gar nicht der Täter war?"

„Sie haben seine Fingerabdrücke gefunden, David. Und ich habe ihn am Tatort gesehen."

„Aber du hast nicht gesehen, wie er sie umbrachte."

„Nein, aber wer sollte sonst ein Motiv haben?"

„Denken wir einmal darüber nach." David schob den Salzstreuer in die Tischmitte. „Wir wissen, dass Dr. Tanaka ein sehr beschäftigter Mann war, womit ich nicht seine Praxis meine. Er hatte eine Affäre." David schob den Pfefferstreuer neben den Salzstreuer. „Möglicherweise mit Ann Richter."

„Okay, aber was hat das mit Ellen zu tun?"

„Das ist die große Frage." Er trommelte mit einem Finger auf die Zuckerdose.

„Eine Dreiecksgeschichte also", meinte Kate stirnrunzelnd.

„Vielleicht. Aber der Mann könnte auch ein Dutzend Geliebte gehabt haben, und jede von denen hatte möglicherweise wiederum einen eifersüchtigen Geliebten."

„Das wird ja jede Minute wilder. Ärzte, die an jedem Finger eine Geliebte haben, also ich kann mir das nicht vorstellen."

„So etwas passiert, und nicht nur in Krankenhäusern."

„In Anwaltskanzleien auch, was?“

„Ich rede nicht von mir, aber wir sind alle nur Menschen.“

Kate musste lächeln. „Seltsam, als ich dich kennen lernte, kamst du mir nicht menschlich vor. Du warst eine Bedrohung, ein Feind, wieder so ein verdammter Anwalt.“

„Ein Erzschurke also.“

„Jedenfalls hast du die Rolle gut gespielt.“

„Vielen Dank“, erwiderte er ironisch.

„Aber inzwischen sehe ich dich nicht mehr so, seit ...“ Sie verstummte und blickte ihm in die Augen.

„Seit ich dich geküsst habe?“ fragte er leise.

Kate stand plötzlich auf und brachte ihr Glas zum Spülbecken. Sie spürte, dass David sie leicht amüsiert beobachtete. „Es ist alles so kompliziert geworden“, seufzte sie.

„Weil ich menschlich bin?“

„Weil wir beide menschlich sind.“ Ohne David anzusehen, spürte sie die erotische Spannung zwischen ihnen. Sie wusch das Glas aus und setzte sich wieder an den Tisch.

Augenzwinkernd meinte David: „Ich gebe gern zu, dass es unbequem ist, menschlich zu sein und ein Sklave all jener lästigen biologischen Reaktionen.“

Das war eine sehr nüchterne Umschreibung für die Gefühle, die sich in ihr regten. Beim Anblick des Salzstreuers dachte sie an Dr. Tanaka und fragte sich, ob all diese Tode letztlich die Folge von Liebe und Eifersucht sein konnten? „Du hast recht“, stimmte sie versonnen zu. „Menschlich zu sein führt zu allen möglichen Komplikationen, vielleicht sogar zu Mord.“

Sie spürte, dass David eine Eingebung hatte. „Ich kann nicht fassen, dass wir nicht eher daran gedacht haben“, meinte er.

„Woran?“

Er schob das leere Milchglas neben die Zuckerdose, sodass sie mit Salz- und Pfefferstreuer ein Viereck bildeten. „Wir haben es nicht mit einer Dreiecks-, sondern mit einer Vierecksgeschichte zu tun."

„Deine Geometriekenntnisse in allen Ehren, aber was meinst du eigentlich?"

„Und wenn Tanaka eine zweite Geliebte hatte? Ellen O'Brien?"

„Dann sind wir wieder bei unserem Dreieck."

„Eben nicht. Wir haben jemand Wichtiges vergessen." Er deutete auf das Milchglas.

„Meine Güte", flüsterte Kate. „Mrs. Tanaka. An die habe ich überhaupt nicht gedacht."

„Das sollten wir aber."

Die Japanerin, die ihnen die Kliniktür öffnete, erinnerte mit ihrem knallroten Lippenstift und dem viel zu bleichen Gesichtspuder an eine Geisha. „Dann sind Sie nicht von der Polizei?" fragte sie.

„Nein", erwiderte David. „Aber wir hätten ein paar Fragen."

„Ich spreche nicht mehr mit Reportern." Sie wollte die Tür schließen.

„Wir sind nicht von der Presse, Mrs. Tanaka. Ich bin Anwalt, und das ist Dr. Kate Chesne."

„Also, was wollen Sie?"

„Wir sammeln Informationen über einen anderen Mord, der mit dem Tod Ihres Mannes in Verbindung steht."

Die Frau schien gelinde interessiert. „Dann sprechen Sie von dieser Krankenschwester, Ann Richter."

„Ja."

„Was wissen Sie von ihr?"

„Wir sagen es Ihnen gern, wenn wir hereinkommen dürfen."

Sie zögerte, offenbar zwischen Neugier und Vorsicht schwankend. Neugier siegte. Sie öffnete die Tür und führte sie in den Warteraum. Für eine Japanerin war sie groß, größer sogar als Kate. Sie trug ein schlichtes blaues Kleid, hochhackige Schuhe und goldene

Ohrstecker. Ihr Haar war so schwarz, dass es künstlich gewirkt hätte, wäre nicht die graue Strähne an der Schläfe gewesen. Mari Tanaka war eine auffallend schöne Frau.

„Verzeihen Sie das Durcheinander", entschuldigte sie sich in dem tadellos aufgeräumten Warteraum. „Aber es gab viel Verwirrung, und ich musste mich um viele Dinge kümmern." Sie blickte sich um, als fragte sie sich, wo all die Patienten hin waren. Die Magazine lagen ordentlich aufgestapelt auf dem Kaffeetisch, und in der Ecke stand eine Kiste mit Spielzeug. Einzig ein Strauß weißer Lilien und eine Beileidskarte, die offenbar von einer trauernden Patientin geschickt worden war, wiesen darauf hin, dass sich hier eine Tragödie ereignet hatte. Durch eine Glastrennwand sah man im Nebenbüro zwei Frauen, die sich durch einen Berg Akten wühlten.

„Wir haben so viele Patienten, die benachrichtigt werden müssen, und so viele unbezahlte Rechnungen. Ich hatte keine Ahnung, dass es so chaotisch sein würde. Henry hat sich immer selbst um alles gekümmert. Und jetzt, da er nicht mehr da ist ..." Seufzend ließ sie sich auf die Couch sinken. „Ich nehme an, Sie wissen von meinem Mann und dieser ... dieser Frau."

David nickte. „Und Sie?"

„Ich wusste es. Ich meine, ich wusste nicht, wie sie hieß, aber ich wusste, dass er eine Geliebte hatte. Seltsam, die Ehefrau erfährt es wohl immer zuletzt." Sie deutete auf die beiden nebenan. „Ich bin sicher, sie kannten sie und die Leute aus dem Krankenhaus wohl auch. Nur ich, die Ehefrau, wusste nicht, wer sie war." Sie blickte auf. „Sie wollten mir von dieser Ann Richter erzählen. Was wissen Sie über sie?"

„Ich habe mit ihr gearbeitet", begann Kate und zögerte, als sie Davids Blick begegnete.

„Tatsächlich?" Mrs. Tanaka schaute Kate an. „Ich habe Miss Richter nie kennen gelernt. Wie war sie? War sie hübsch?"

Kate zögerte. Sie spürte, dass Mrs. Tanaka auf Informationen aus war, um sich selbst zu quälen. Mari Tanaka schien von dem Drang besessen, sich selbst zu bestrafen. „Ann ... war attraktiv, denke ich."

„Intelligent?"

Kate nickte. „Sie war eine gute Krankenschwester."

„Das war ich auch." Mrs. Tanaka biss sich auf die Lippe und wandte sich ab. „Wie ich höre, war sie blond. Henry mochte Blondinen. Ist das nicht Ironie? Er mochte genau das, was ich nicht war." Plötzlich schaute sie David feindselig an. „Und Sie mögen vermutlich Asiatinnen, was?"

„Eine schöne Frau ist eine schöne Frau", erwiderte er ungerührt. „Ich mache da keine Unterschiede."

„Henry schon." Sie blinzelte ein paar Tränen fort.

„Hatte er noch andere Freundinnen?" fragte Kate vorsichtig.

„Vermutlich." Sie zuckte die Schultern. „Er war ein Mann, oder?"

„Haben Sie je den Namen Ellen O'Brien gehört?"

„Hatte sie eine ... Beziehung zu meinem Mann?"

„Wir hofften, dass Sie uns das sagen könnten."

„Er erwähnte nie Namen, und ich habe ihn nicht danach gefragt."

Kate zog die Stirn kraus. „Warum nicht?"

„Ich wollte nicht belogen werden."

„Hat die Polizei Ihnen gesagt, dass es einen Verdächtigen gibt?" fragte David.

Mrs. Tanaka sah ihn an. „Sie meinen Charles Decker? Sergeant Brophy suchte mich gestern Nachmittag auf und zeigte mir einige Fotos."

„Haben Sie das Gesicht erkannt?"

„Ich habe den Mann nie gesehen, Mr. Ransom. Ich wusste nicht einmal seinen Namen. Ich weiß nur, dass mein Mann vor fünf Jahren von einem Psychopathen angegriffen wurde, den die dumme Polizei schon am nächsten Tag laufen ließ."

„Weil Ihr Mann sich weigerte, Strafanzeige zu stellen", erklärte David. „Deshalb wurde Decker so schnell entlassen."

„Was? Davon hat Henry mir nichts gesagt. Aber er erzählte mir ohnehin kaum etwas. Dinge totzuschweigen war unsere Methode, um zusammenzubleiben. Er fragte mich nicht, wofür ich das Geld ausgab, und ich fragte ihn nicht nach seinen Frauen."

„Dann wissen Sie nichts weiter über Charles Decker?"

„Nein, aber vielleicht kann Peggy Ihnen weiterhelfen." Sie deutete in den Nebenraum. „Peggy macht bei uns die Aufnahme. Sie war schon hier, als das damals passierte."

Peggy war eine blonde Amazone um die vierzig in weißen Stretchhosen. Man bot ihr einen Platz an, doch sie zog es vor, stehen zu bleiben. Vielleicht wollte sie auch nicht auf derselben Couch sitzen wie Mari Tanaka.

„Ob ich mich an den Mann erinnere?" wiederholte Peggy. „Den werde ich nie vergessen. Ich säuberte gerade einen der Untersuchungsräume, als ich das Geschrei hörte. Ich kam heraus, der Irre war hier im Warteraum. Er hatte die Hände um Henrys ... Dr. Tanakas Hals gelegt und schrie ihn an."

„Sie meinen, er hat ihn verflucht?"

„Nein, er schrie: ‚Was haben Sie mit ihr gemacht?'"

„Und auf wen bezog er sich dabei? Auf eine Patientin?"

„Ja. Der Fall machte Dr. Tanaka schwer zu schaffen. Sie war eine nette, hübsche junge Frau gewesen. Und sie und ihr Baby starben bei der Geburt."

„Wie hieß sie?"

„Lassen Sie mich nachdenken. Jenny ... Brook. Ja, das war es. Jennifer Brook."

„Was haben Sie gemacht, als Sie sahen, dass der Arzt angegriffen wurde?"

„Nun, ich habe den Mann natürlich weggezogen, was denken Sie denn? Er hielt sich fest, aber ich konnte ihn schließlich wegzerren. Frauen sind nicht ganz hilflos, wissen Sie?“

„Das ist mir klar.“

„Jedenfalls klappte der Mann dann regelrecht zusammen. Er kauerte wie ein Häufchen Elend neben dem Kaffeetisch und weinte. Er saß noch da, als die Polizei eintraf. Ein paar Tage später hörten wir, dass er sich in den Mund geschossen hatte.“ Sie blickte zu Boden, als sähe sie den Mann noch dort hocken. „Es ist seltsam, aber er tat mir irgendwie Leid. Er weinte wie ein Kind. Und ich glaube, auch Henry hatte Mitleid ...“

„Mrs. Tanaka?“ Die zweite Angestellte steckte den Kopf zur Tür herein. „Da ist ein Anruf für Sie, Ihr Buchhalter. Ich lege das Gespräch ins hintere Büro.“

Mari Tanaka erhob sich. „Mehr können wir Ihnen nicht sagen. Und wir müssen auch wieder an die Arbeit.“ Sie warf Peggy einen bedeutungsvollen Blick zu. Zum Abschied nickte sie kaum merklich und ging graziös hinaus.

„Vierzehn Tage Kündigungsfrist hat sie uns gegeben“, beschwerte sich Peggy. „Bis dahin sollen wir das ganze Büro in Ordnung gebracht haben. Kein Wunder, dass Henry dieses Biest nicht hier haben wollte.“ Sie wollte gehen.

„Peggy, eine Frage noch“, sagte Kate. „Wie lange behalten Sie die medizinischen Berichte, wenn ein Patient gestorben ist?“

„Fünf Jahre. Bei Tod während der Geburt länger, falls Klage auf Kunstfehler erhoben wird.“

„Dann haben Sie die Karteikarte von Jenny Brook noch? Könnten Sie bitte nachsehen?“

„Bestimmt.“ Sie ging ins Büro und zog den Aktenschrank auf. Nachdem sie die Schublade für B und J zweimal durchsucht hatte, schob sie sie verwundert zu. „Das verstehe ich nicht. Sie müsste hier sein.“

David und Kate sahen sich an. „Die Akte ist weg?“ fragte Kate.

„Jedenfalls ist sie nicht hier. Dabei bin ich sehr sorgfältig mit diesen Dingen. Dieses Büro wird nicht schlampig geführt." Sie blickte ihre Kollegin an, als erwarte sie Einspruch von dort, doch es kam keiner.

„Was meinen Sie?" fragte David. „Hat jemand die Akte entfernt?"

„Das muss ja wohl so sein. Aber ich verstehe nicht, warum er das getan hat? Es sind kaum fünf Jahre vergangen."

„Wer hat es getan?" Peggy sah ihn an, als wäre er nicht ganz gescheit. „Dr. Tanaka natürlich."

„Jennifer Brook", sagte die Angestellte in der Registratur des Krankenhauses gleichmütig und tippte den Namen in den Computer. „Wird das mit oder ohne e am Ende geschrieben?"

„Das weiß ich nicht", antwortete Kate.

„Und in der Mitte?"

„Keine Ahnung."

„Geburtsdatum?"

Kate und David sahen sich an. „Das wissen wir nicht", antwortete Kate.

Die Angestellte wandte sich ihnen zu und betrachtete sie über den Rand ihrer Hornbrille hinweg. „Sie können mir wohl auch nicht die Nummer des medizinischen Berichtes geben, oder?" fragte sie resigniert.

Sie schüttelten beide den Kopf.

„Das hatte ich befürchtet." Die Angestellte drehte sich wieder zu ihrem Terminal um und gab ein neues Kommando ein. Nach ein paar Sekunden erschienen zwei Namen auf dem Bildschirm, einmal Brooke und einmal Brook, beide mit Vornamen Jennifer. „Ist es eine von denen?"

Ein Blick auf die Geburtsdaten zeigte, dass eine fünfundsiebzig und die andere fünfzehn war.

„Nein", sagte Kate.

„Das habe ich mir gedacht." Die Dame löschte seufzend den Bildschirm. „Dr. Chesne, warum brauchen Sie diesen Bericht?" Man merkte, dass ihre Geduld strapaziert war.

„Für ein Forschungsprogramm. Dr. Jones und ich ..."

„Dr. Jones?" Die Dame blickte David an. „Ich erinnere mich nicht an einen Dr. Jones in unserem Team."

Kate erklärte rasch: „Er ist von der Universität ..."

„Arizona", fügte David lächelnd hinzu.

„Es ist alles mit Dr. Averys Büro abgesprochen. Es geht um einen Bericht über Müttersterblichkeit und ..."

„Moment mal, soll das heißen, diese Patientin ist verstorben?"

„Ja."

„Kein Wunder, dass ich nichts finden konnte. Diese Unterlagen werden ganz woanders aufbewahrt." Sie sagte das so, als läge die Akte auf dem Mars. Dann erhob sie sich jedoch aus ihrem Sessel. „Es dauert eine Weile. Sie müssen warten." Im Schneckentempo verschwand sie durch die Hintertür.

Kate ließ sich gegen den Tresen sinken. „Lieber Himmel, bin ich froh, dass die nicht nach deinem Ausweis gefragt hat. Ich könnte in Teufels Küche geraten, weil ich dem Feind die Krankenhausberichte zeige."

„Sprichst du von mir?"

„Du bist doch Anwalt, oder?"

„Ich bin nur der arme Dr. Jones aus Arizona, ein Kollege, ein Arzt wie jeder andere."

Sie schauten sich im Raum um, aber außer einem Arzt, der lustlos ein Magazin durchblätterte, und einigen Krankenschwestern, die Medikamentenwagen vorbeischoben, gab es kaum etwas zu sehen.

Als Schritte erklangen, drehten sie sich wieder um. Die Angestellte kam mit leeren Händen zurück.

„Die Akte sollte da sein, ist es aber nicht", erklärte sie.

„Wurde sie ausgeliehen?" fragte David.

Die Dame blickte ihn strafend über den Brillenrand hinweg an. „Wir geben keine Originale heraus, Dr. Jones, weil sie immer verloren gehen."

„Ja, natürlich."

Die Dame setzte sich wieder an den Terminal und gab einen Befehl ein. „Sehen Sie? Da ist die Auflistung. Die Akte müsste im Aktenraum sein, aber dort ist sie nicht. Ich vermute, sie wurde verlegt." Halblaut fügte sie hinzu: „Was gleichbedeutend ist mit Verlust." Sie wollte gerade den Bildschirm ausschalten, als David fragte:

„Warten Sie. Was ist das für ein Kennzeichen dort?" Er wies auf einen Code.

„Das bedeutet, dass die Akte kopiert wurde."

„Jemand hat also eine Kopie verlangt?"

„Ja, Doktor, genau das heißt es."

„Und wer?"

Sie drückte wieder eine Taste, und Name und Adresse erschienen auf dem Monitor. „Joseph Kahanu. Anwalt bei Gericht. Alakea Street. Datum der Anfrage: 2. März."

David sagte stirnrunzelnd: „Das war vor einem knappen Monat. Warum interessiert sich ein Anwalt für einen Todesfall, der fünf Jahre zurückliegt?"

Die Dame sah ihn wieder über den Rand der Brille hinweg an und meinte trocken: „Das ist die Kardinalfrage."

Im Flur bröckelte die Farbe von den Wänden, und auf dem fadenscheinigen Läufer hatten zahllose Schritte in der Mitte einen Trampelpfad hinterlassen. Vor dem Büro hing ein Schild:

Joseph Kahanu, Anwalt bei Gericht.

Spezialist für Scheidungen, Sorgerechtsangelegenheiten, Testamente, Unfälle, Versicherungen, Alkohol am Steuer und Personenschäden

„Tolle Adresse", flüsterte David. „Vermutlich gibt es hier mehr Ratten als Klienten." Er klopfte an.

Ein groß gewachsener Hawaiianer im schlecht sitzenden Anzug öffnete die Tür. „Sie sind David Ransom?" fragte er brüsk.

David nickte. „Und das ist Dr. Chesne."

Der Mann sah Kate kurz ins Gesicht, dann trat er beiseite und ließ sie herein. In dem Büro konnte man glatt ersticken. Ein Fächer auf dem Tisch bewegte sich quietschend vor und zurück und verwirbelte nur die heiße Luft. Ein halb offenes, vor Schmutz starrendes Fenster ging auf eine schmale Gasse hinaus. Kate erkannte mit einem Blick alle Anzeichen einer Kanzlei, die sich kaum über Wasser hielt: eine alte Schreibmaschine, Kartons mit Klientenakten, Möbel aus zweiter Hand. Es gab kaum genügend Platz für den einsamen Schreibtisch. Mr. Kahanu schien es unerträglich heiß zu sein in seinem Jackett, trotzdem hatte er es wohl wegen seiner Besucher in letzter Minute angezogen.

„Ich habe die Polizei noch nicht benachrichtigt", begann Mr. Kahanu und setzte sich in einen unzuverlässig aussehenden Drehsessel.

„Warum nicht?" fragte David.

„Ich weiß nicht, wie Sie Ihre Kanzlei führen. Aber ich mache es mir zum Grundsatz, meine Klienten nicht zu verpfeifen."

„Ihnen ist klar, dass Decker wegen Mordes gesucht wird?"

„Das ist unmöglich. Es muss ein Irrtum sein."

„Hat Decker Ihnen das gesagt?"

„Ich konnte ihn nicht erreichen."

„Dann wird es vielleicht Zeit, dass die Polizei ihn endlich für Sie findet."

„Hören Sie", begann Anwalt Kahanu unwirsch. „Wir wissen beide, dass ich nicht in Ihrer Liga bin. Wie ich höre, führen Sie eine große Kanzlei in der Bishop Street. Vermutlich haben Sie auch ein paar Dutzend mit Computern ausgerüstete Assistenten." Er deutete mit einer Armbewegung auf den ganzen Raum. „Ich habe nur ein paar Klienten, die meistens vergessen, mich zu bezahlen. Aber es sind meine Klienten, und ich stelle mich nicht gegen sie!"

„Sie wissen, dass zwei Menschen ermordet wurden."

„Es gibt keinen Beweis, dass er es war."

„Die Polizei ist anderer Ansicht. Sie sagen, Charles Decker ist ein gefährlicher Mann, ein kranker Mann, der Hilfe braucht."

„Eine Gefängniszelle nennt man heutzutage Hilfe?" Aufgebracht zog er ein Taschentuch hervor und wischte sich die Stirn. „Aber vermutlich habe ich jetzt keine Wahl mehr. Irgendwann pocht die Polizei an meine Tür." Er faltete das Taschentuch und steckte es wieder weg. Dann holte er eine Akte aus der Schublade und legte sie auf den Tisch. „Da ist die Kopie, um die Sie baten. Anscheinend sind Sie nicht der Einzige, der sich dafür interessiert."

„Hat noch jemand danach gefragt?" erkundigte sich David versonnen.

„Nein. Aber in mein Büro wurde eingebrochen."

David blickte ihn verblüfft an. „Wann?"

„Letzte Woche. Sämtliche Akten waren herausgerissen. Gestohlen wurde nichts, dabei hatte ich sogar fünfzig Dollar in der Kasse. Ich konnte mir keinen Reim darauf machen. Aber als Sie mir heute Morgen von den fehlenden Berichten erzählten, wurde ich nachdenklich. Vielleicht war jemand hinter dieser Akte her. Aber in der Nacht des Einbruchs hatte ich sie zu Hause."

„Ist dies Ihre einzige Kopie?"

„Nein. Inzwischen habe ich sicherheitshalber noch einige weitere Kopien anfertigen lassen."

„Darf ich mal sehen?" fragte Kate, und David reichte ihr den Bericht.

„Nur zu, du bist der Arzt. Du kannst sicher mehr herauslesen als ich, Kate."

Kate öffnete die Akte mit der Aufschrift: Jennifer Brook. Die ersten Seiten zeigten nichts Ungewöhnliches. Eine achtundzwanzigjährige Frau war in der 36. Schwangerschaftswoche mit leichten Wehen in das Mid Pac Hospital eingeliefert worden. Die ersten, von Dr. Tanaka vorgenommenen Untersuchungen deuteten auf eine normale Geburt hin. Trotzdem ging dann im Kreißsaal alles schief. Die Atmung wurde unregelmäßig und setzte schließlich aus. Herzstillstand. Die Herzmassage blieb ohne Wirkung. Keine Reaktion auf Medikamente. Dr. Vaughn aus der Notaufnahme wurde zur Unterstützung hinzugezogen. Die Herztöne des Kindes waren noch zu hören, wurden jedoch schwächer. Das Kind wurde lebend geboren.

Mit Zuspitzung der Situation im Kreißsaal wurde die Handschrift der Schwester immer undeutlicher, sodass Kate einige Sätze nicht lesen konnte. Der Bericht endete mit der Eintragung: Wiederbelebung beendet. Tod der Patientin um 1.30 Uhr.

„Sie starb an Hirnblutung", erklärte Anwalt Kahanu. „Dabei war sie erst achtundzwanzig. Das Mädchen starb einige Stunden später."

David stieß Kate leicht an. „Sieh mal, wie der Bericht unterzeichnet ist."

Kate bemerkte drei Unterschriften: Dr. Tanaka, Ann Richter, Ellen O'Brien. „Da fehlt ein Name", sagte sie und schaute auf. „Es war auch ein Dr. Vaughn aus der Notaufnahme dabei. Vielleicht kann er uns etwas sagen."

„Kann er nicht", widersprach Mr. Kahanu. „Dr. Vaughn hatte einige Zeit nach Jennifer Brooks Tod einen tödlichen Autounfall. Frontalzusammenstoß. Die sind alle tot."

Kate ließ die Akte aus ihren tauben Fingern auf den Schreibtisch gleiten, als hafte ihr etwas Böses an.

Anwalt Kahanu blickte zum Fenster und erzählte: „Vor vier Wochen kam Charlie Decker in meine Kanzlei. Ich weiß nicht, wieso er auf mich kam. Vielleicht, weil es bequem war, vielleicht konnte er sich auch niemand anderes leisten. Er verlangte eine Rechtsauskunft über einen möglichen Fall von Kunstfehler."

„Wegen Jennifer Brooks Tod?" fragte David. „Das liegt fünf Jahre zurück, und er war nicht einmal ein Verwandter. Sie wissen so gut wie ich, dass eine Klage keine Aussicht auf Erfolg gehabt hätte."

„Er hat in bar bezahlt, Mr. Ransom."

Bargeld war offenbar das magische Wort für einen Anwalt wie ihn.

„Ich tat, worum er mich bat, ließ mir die Akte geben und schrieb einen Arzt und zwei Krankenschwestern an, die Jennifer Brook behandelt hatten. Aber keiner antwortete auf meine Briefe."

„Sie lebten nicht lange genug", erklärte David. „Decker fand sie zuerst."

„Warum sollte er sie töten?"

„Aus Rache, weil sie die Frau nicht retten konnten, die er liebte."

„Mein Klient hat niemanden getötet."

„Ihr Klient hatte ein Motiv, Mr. Kahanu. Und Sie haben ihm Namen und Adressen gegeben."

„Sie kennen Decker nicht, ich schon. Er ist kein gewalttätiger Mensch."

„Sie wären erstaunt, wie normal Killer erscheinen können. Ich habe das oft genug im Gerichtssaal erlebt."

„Und ich verteidige sie! Ich übernehme die Fälle, an die sich kein anderer mehr herantraut. Ich erkenne einen Killer, wenn ich einen sehe. Da fehlt etwas in ihren Augen, vielleicht die Seele, ich weiß es nicht. Ich sage Ihnen, Charlie Decker war nicht so."

Kate beugte sich vor. „Wie war er, Mr. Kahanu?"

Der Hawaiianer zögerte und blickte auf die Gasse hinaus. „Er war ein ... ganz normaler Mensch, mittelgroß, nur Haut und Knochen, so als äße er nicht richtig. Er tat mir Leid, er sah aus wie jemand, der Schlimmes erlebt hatte. Er redete nicht viel, sondern schrieb mir alles auf. Mit seiner Kehle war etwas nicht in Ordnung, und er konnte nur flüstern. Er saß in dem Sessel, in dem Sie jetzt sitzen, Dr. Chesne. Er sagte, er habe nicht viel Geld. Dann zog er seine Brieftasche heraus und zählte langsam 20 Dollar auf den Tisch. Wie er das tat, bewies mir, dass es wirklich alles war, was er besaß."

Mr. Kahanu schüttelte den Kopf und fügte hinzu: „Ich verstehe nicht, warum er das alles auf sich nahm. Die Frau ist tot und das Baby auch. In der Vergangenheit herumzuwühlen, macht sie nicht wieder lebendig."

„Wissen Sie, wo wir ihn finden können?" fragte David.

„Er hat ein Postschließfach", erwiderte der Anwalt. „Ich habe es schon nachgeprüft. Er hat seine Post seit drei Tagen nicht abgeholt."

„Haben Sie seine Adresse? Eine Telefonnummer?"

„Er hat sie mir nie gegeben. Ich weiß wirklich nicht, wo er ist. Soll die Polizei ihn finden, das ist schließlich ihre Aufgabe." Er schob sich vom Tisch fort. „Mehr weiß ich nicht. Wenn Sie mehr wissen wollen, müssen Sie Decker selbst fragen."

„Der untergetaucht ist", sagte David.

„Oder tot", fügte Mr. Kahanu finster hinzu.

10. KAPITEL

In seinen achtundvierzig Jahren als Friedhofswärter hatte Ben Hoomalu schon einiges an Absonderlichkeiten erlebt, trotzdem machte ihn dieses Auto stutzig. Während der letzten Woche hatte er den grauen Ford mit den abgedunkelten Scheiben jeden Tag durch das Tor fahren sehen, manchmal morgens, manchmal nachmittags. Er parkte beim Bogen zum „Ewigen Frieden" und blieb dort ein oder zwei Stunden. Seltsam war, dass nie einer ausstieg. Wenn jemand die letzte Ruhestätte einer nahe stehenden Person besuchte, sollte man dann nicht annehmen, dass er wenigstens aussteigen würde, um sich das Grab anzuschauen und dort etwas zu verweilen?

Komische Leute gab es. Ben nahm seine Heckenschere und begann den Hibiskus zu beschneiden. Er blickte auf, als ein alter Chevy durch die Pforte fuhr und parkte. Ein spindeldürrer Mann stieg aus und winkte Ben zu. Lächelnd erwiderte Ben den Gruß und beobachtete, wie sich drüben das stets gleiche Ritual vollzog. Der Mann hatte einen frischen Veilchenstrauß in der Hand. Er nahm die welken Blumen fort und legte die neuen hin. Dann säuberte er das Grab der jungen Frau von Blättern und Ästen, kniete nieder und verweilte einige Zeit so. Das tat er immer. Ben wusste, dass jeder Besuch genau gleich verlief.

Als der Mann sich endlich erhob, hatte Ben den Hibiskus bereits geschnitten und arbeitete jetzt an der Bougainvillea. Er blickte dem Mann nach, der in seinen alten Chevy stieg und vom Friedhof fuhr. Er wusste nicht, wie der Mann hieß, aber er war sicher, dass er die Person, die in jenem Grab lag, sehr geliebt hatte. Ben ließ die Heckenschere fallen und ging hinüber zu dem frischen Veilchenstrauß, um den ein rosa Band gewickelt war. Neben dem Grab war noch die Druckstelle im Gras, wo der Mann gekniet hatte.

Das Geräusch eines zweiten Automotors ließ Ben aufmerksam

werden. Er sah den grauen Ford anfahren und dem alten Chevy folgen. Was sollte das nun wieder?

Ben blickte auf die Steinplatte vor sich: Jennifer Brook, achtundzwanzig Jahre. Er dachte traurig: so eine junge Frau. Wie schade.

„Für Sie Schinken auf Vollkornbrot und ein Anruf auf Leitung vier", sagte Sergeant Brophy und stellte die braune Papiertüte auf den Schreibtisch.

Pokie hatte die Wahl zwischen seinem Sandwich und dem blinkenden Telefon. Das Sandwich siegte. Schließlich musste man Prioritäten setzen, und die Beschwichtigung seines knurrenden Magens stand wohl bei jedem auf der Prioritätenliste ganz oben. Er deutete mit dem Kopf aufs Telefon. „Wer ist dran?"

„David Ransom."

„Nicht schon wieder!"

„Er verlangt, dass wir über den O'Brien-Fall eine Akte anlegen. Er geht davon aus, dass es Mord war."

„Warum nervt er mich dauernd mit diesem Fall?"

„Ich denke, er hat eine Schwäche für ... für ..." Brophys Gesicht verzog sich, da ein Nieser im Anzug war, und er konnte gerade noch rechtzeitig ein Taschentuch herausholen, das den Explosionsknall dämpfte, „... für diese Ärztin."

„Davy?" lachte Pokie mit vollem Mund. „Männer wie David verlieben sich nicht. Die halten sich nämlich für viel zu klug für solchen romantischen Kram."

„So klug ist niemand", meinte Brophy.

Es klopfte, und ein uniformierter Beamter steckte seinen Kopf zur Tür herein. „Leutnant? Ein Anruf von ganz oben."

„Vom Chef?"

„Er hat das Büro voller Reporter. Sie wollen etwas über das vermisste Sasaki-Mädchen erfahren. Er will Sie sofort oben sehen."

Pokie blickte bedauernd auf sein Sandwich. Leider rangierten

Anrufe von ganz oben auf der Prioritätenliste etwa auf gleicher Ebene wie Atmen. Seufzend ließ er sein Sandwich im Stich und zog sein Jackett über.

„Was ist mit Ransom?" erinnerte Sergeant Brophy ihn.

„Sagen Sie ihm, dass ich zurückrufe."

„Wann?"

„Nächstes Jahr", murmelte Pokie und ging zur Tür. Halblaut fügte er hinzu: „Wenn er Glück hat."

Leise schimpfend setzte sich David auf den Fahrersitz und schlug die Tür zu. „Das war eine Abfuhr."

Kate blickte ihn durchdringend an. „Aber die haben Jenny Brooks Akte gesehen. Und sie haben mit Kahanu gesprochen ..."

„Die Polizei glaubt, für eine Morduntersuchung gebe es nicht genügend Beweise. Ihrer Ansicht nach ist Ellen O'Brien an einem Kunstfehler gestorben. Ende der Debatte."

„Dann sind wir auf uns allein gestellt."

„Falsch. Wir steigen aus." Aufgebracht startete er den Motor und fuhr los. „Die Sache wird zu gefährlich."

„Das war sie von Anfang an. Warum bekommst du jetzt kalte Füße?"

„Okay, ich gebe es zu: Bisher hatte ich immer noch leise Zweifel, ob ich dir glauben kann. Aber jetzt gehen seltsame Dinge vor: Krankenhausberichte verschwinden, in eine Anwaltskanzlei wird eingebrochen. Das ist nicht mehr das Werk eines wild gewordenen Psychopathen. Das ist zu vernünftig, zu methodisch." Stirnrunzelnd fügte er hinzu: „Und all das hat mit Jenny Brook zu tun. In der Krankenhausakte muss etwas Gefährliches stehen, etwas, das unser Killer geheim halten möchte."

„Aber wir sind das ein Dutzend Mal durchgegangen, David! Das ist nur ein medizinischer Bericht."

„Dann übersehen wir etwas. Und ich hoffe, dass Charles Decker uns mehr erzählen kann. Ich schlage vor, wir warten, bis die Polizei ihn gefunden hat.“

Kate blickte in den Nachmittagsverkehr hinaus und dachte, wie seltsam es war, dass ausgerechnet Charles Decker ihre Rettung sein sollte. Wenn sie sich an sein Gesicht im Spiegel erinnerte, packte sie blankes Entsetzen. Wenn sie die Umstände einmal beiseite ließ und nur seine Miene zu deuten versuchte, fragte sie sich jedoch, ob diese müden, hohlen Augen wirklich die eines Killers waren.

„Ich schnappe mir Pokie morgen“, sagte David ungeduldig. „Vielleicht kann ich seine Meinung über den O'Brien-Fall ändern.“

„Und wenn du ihn nicht überzeugen kannst? Schließlich will er mehr Beweise.“

„Dann soll er sie suchen. Wir sind so weit gegangen, wie wir können. Es wird Zeit, dass wir uns zurückziehen.“

„Das kann ich nicht, David. Meine berufliche Laufbahn steht auf dem Spiel.“

„Und was ist mit deinem Leben?“

„Mein Beruf ist mein Leben.“

„Da gibt es wohl einen entscheidenden Unterschied.“

Kate wandte das Gesicht ab. „Ich kann nicht erwarten, dass du mich verstehst. Schließlich ist es nicht dein Kampf.“

Er verstand sie nur zu gut. Ihre Hartnäckigkeit erinnerte ihn jedoch an einen Krieger des Altertums, der lieber starb, als sich geschlagen zu geben. „Du irrst dich, Kate, wenn du denkst, es sei nicht mein Kampf.“

„Du hast nichts zu verlieren.“

„Vergiss nicht, dass ich mich aus der Sache zurückgezogen habe – einem vermutlich lukrativen Fall.“

„Tut mir Leid, dass ich dich ein hübsches Honorar koste.“

„Du denkst, mir läge an dem Geld? Das interessiert mich nicht. Aber mein Ruf steht auf dem Spiel, weil ich zufällig deine verrückte Geschichte glaube. Mord auf dem OP-Tisch! Ich sehe wie ein Idiot aus, wenn ich das nicht beweisen kann. Also erzähl mir nicht, dass ich nichts zu verlieren hätte!“ David schrie jetzt geradezu. Er konnte es nicht ändern. Er ließ sich nicht einfach so vorwerfen, dass ihn die ganze Sache im Grunde nichts anging. Er umfasste das Lenkrad fester und blickte wieder auf die Straße. „Das Problem ist, ich bin ein lausiger Lügner. Die O'Briens werden merken, dass etwas im Busch ist.“

„Du meinst, du hast ihnen noch nichts gesagt?“

„Dass ihre Tochter vielleicht ermordet wurde? Nein. Ich habe den einfachen Ausweg gewählt und nur erklärt, ich befände mich in einem Interessenkonflikt. Das ist eine nette unverbindliche Entschuldigung. Ich denke, es wird sie nicht zu sehr aufregen, da ich ihren Fall an eine gute Kanzlei weiterleite.“

„Du tust was?“ Kate starrte ihn an.

„Kate, ich war ihr Anwalt. Ich muss ihre Interessen wahren.“

„Natürlich.“

„Das war nicht leicht, weißt du. Ich haue meine Klienten nicht übers Ohr. Sie haben genügend Tragödien in ihrem Leben durchgemacht. Das mindeste, was ich für sie tun kann, ist, ihnen eine faire Chance vor Gericht zu verschaffen. Es bedrückt mich sehr, wenn ich ein Versprechen zurücknehmen muss. Das verstehst du doch, oder?“

„Ja, und ob ich das verstehe!“

Ihr Ton verriet ihm, dass sie es nicht tat. Und das ärgerte ihn, denn sie hatte allen Grund, ihn zu verstehen.

Kate saß reglos da, als David in die Einfahrt bog. Er schaltete den Motor aus, doch sie traf keine Anstalten auszusteigen. Minutenlang saßen sie schweigend im dunklen Wagen, und als Kate zu sprechen begann, war ihre Stimme ausdruckslos und klang völlig fremd.

„Ich habe dich in eine kompromittierende Lage gebracht, nicht wahr?“

David nickte nur.

„Tut mir Leid."

„Denk einfach nicht dran, okay?" Er stieg aus und öffnete ihr die Tür, Kate saß starr wie eine Statue. „Was ist? Kommst du ins Haus?"

„Nur, um zu packen."

„Du willst fort?" Er versuchte zu ignorieren, wie sehr ihn ihr Vorhaben bestürzte.

„Ich danke dir für alles, was du für mich getan hast", sagte sie mit gepresster Stimme. „Du hast mir aus freien Stücken sehr geholfen. Am Anfang brauchten wir einander vielleicht. Aber es ist offensichtlich, dass dieses ... Arrangement nicht mehr in deinem Interesse ist. Und in meinem auch nicht."

„Verstehe", sagte er, obwohl er es nicht tat. Er fand, sie benahm sich kindisch. „Und wohin willst du gehen?"

„Zu Freunden."

„Na, großartig! Bring sie auch noch in Gefahr!"

„Dann ziehe ich eben in ein Hotel."

„Deine Tasche wurde gestohlen. Du besitzt weder Geld noch Kreditkarten, absolut nichts."

„Im Moment nicht, aber ..."

„Oder willst du mich um ein Darlehen bitten?"

„Ich brauche deine Hilfe nicht!" fuhr sie ihn an. „Ich habe nie die Hilfe irgendeines Mannes gebraucht!"

Er überlegte, ob er sie mit Gewalt ins Haus schleppen sollte. Bei einer stolzen Frau wie Kate würde er damit jedoch nur alles verschlimmern. Deshalb erwiderte er nur: „Wie du willst." Und ging hinein.

Während Kate packte, lief er unruhig in der Küche hin und her. Er trank einen Schluck Milch direkt aus dem Karton und dachte: Ich sollte ihr befehlen zu bleiben. Er stellte die Milch in den Kühlschrank zurück, schlug die Tür zu und eilte auf Kates Zimmer zu. Doch vor ihrer Tür blieb er stehen. Nein, das war keine gute Idee. Er wusste genau, wie sie reagierte, wenn er ihr etwas befahl. Eine Frau wie Kate Chesne kommandierte man nicht herum, wenn man klug war. Von der offenen Tür her beobachtete er, wie sie ihre Kleidung ordentlich im Koffer verstaute. Es tat ihm weh, den Bluterguss auf ihrer Wange zu sehen. Trotz ihres Stolzes und ihrer so genannten Unabhängigkeit blieb sie eine verletzbare Frau.

Sie bemerkte ihn in der Tür und hielt kurz in der Bewegung inne. „Ich bin gleich fertig", sagte sie gleichmütig und warf ein Nachthemd auf die anderen Sachen. „Hast du mir schon ein Taxi gerufen?" Sie wandte sich der Kommode zu.

„Nein, noch nicht."

„Nun, ich brauche nur noch eine Minute. Könntest du mir eines rufen?"

„Das werde ich nicht tun."

Sie drehte sich verblüfft um. „Wie bitte?" Nach einem Moment fügte sie hinzu: „Okay, dann bestelle ich mir selbst eines." Sie wollte sich an ihm vorbeidrängen, doch David hielt sie am Arm fest.

„Kate, tu das nicht!" Er drehte sie zu sich herum. „Du solltest hier bleiben. Alles andere ist nicht sicher genug."

„Das ganze Leben ist gefährlich. Bisher ist mir nichts zugestoßen."

„Und was passiert, wenn Charles Decker dich erwischt?"

Sie entzog ihm den Arm. „Kannst du dich nicht um wichtigere Dinge kümmern?"

„Zum Beispiel?"

„Dein Berufsethos. Schließlich will ich nicht deinen wertvollen Ruf zerstören!"

„Danke, aber ich kümmere mich schon selbst um meinen Ruf!"

Sie warf den Kopf zurück und blickte ihn zornig an. „Dann wird es wohl Zeit, dass ich mich um meinen kümmere."

Sie standen so nah beieinander, dass David glaubte, ihre Körperwärme zu spüren. Sie sahen sich in die Augen, und es geschah etwas völlig Unerwartetes.

„Ach, zum Teufel!“ raunte David schließlich. „Ich glaube, wir haben beide keinen Ruf mehr zu verlieren.“ Dann gab er dem Impuls nach, der ihn schon den ganzen Tag quälte. Er zog Kate in die Arme und küsste sie. Kate erwiderte den Kuss voller Leidenschaft. David presste sich unbewusst so sehr an sie, dass sie den Türrahmen im Rücken spürte. Der leidenschaftliche Kuss weckte in beiden heftiges Verlangen. David knöpfte ihr die Bluse auf und fuhr mit der Hand hinein. Als Kate spürte, dass er ihre Brust umfasste, öffnete sie ihm ebenfalls das Hemd und ließ die Hände über seine nackte Haut gleiten. Doch solche Zärtlichkeiten genügten ihnen nicht mehr.

Ungeduldig führte David Kate in sein halbdunkles Schlafzimmer, wo sie sich eilig entkleideten. Das große Bett quietschte leise protestierend, als sie sich niederlegten und beinah hastig die körperliche Vereinigung suchten.

Erschöpft hörte Kate über dem Rauschen der Wellen, das von draußen hereindrang, eine Weile nur ihr heftiges Atmen. Sie spürte Schweiß von Davids Rücken auf ihren nackten Bauch rinnen. „Jetzt weiß ich, wie es ist, verschlungen zu werden“, flüsterte sie und sah aus dem Fenster. Draußen verschwand das letzte Licht der Abenddämmerung.

„Habe ich dich tatsächlich verschlungen?“ fragte David.

„Restlos.“

Er lachte leise, und sein Mund glitt warm zu ihrem Ohrläppchen. „Ich glaube, hier ist noch etwas Essbares.“

Kate schloss die Augen und genoss die Liebkosung. „Ich hätte nie gedacht, dass du so sein kannst.“

„Wie?“

„So leidenschaftlich.“

„Was hast du erwartet?“

„Dass du irgendwie eisig bist.“

Er wickelte sich eine Strähne ihres Haares um den Finger. „Ich fürchte, ich kann ziemlich eisig wirken. Das liegt wohl in der Familie, väterliches Erbe. Strenge alte Neuenglandschule. Meinem Vater im Gerichtssaal gegenüberzustehen muss ziemlich erschreckend gewesen sein."

„Er war auch Anwalt?"

„Richter im Bezirksgericht. Er starb vor vier Jahren, kippte mitten im Urteilsspruch in der Bank vornüber. Diesen Tod hätte er sich gewünscht." Lächelnd fügte er hinzu: „Man nannte ihn ‚Buchtesie-ein-Ransom'."

„Ein Law and Order-Typ also."

„Absolut. Im Gegensatz zu meiner Mutter, die ein regelrechter Anarchist ist."

Kate lachte: „Das muss ja eine explosive Mischung gewesen sein."

„Ja, das war es." Er ließ einen Finger über ihre Lippen gleiten. „Fast so explosiv wie wir. Ich habe ihre Beziehung nie ganz durchschaut. Sie rieben sich aneinander, und trotzdem verstanden sie sich und waren glücklich, obwohl es bestimmt eine anstrengende Verbindung war." Er streichelte sanft ihren Körper und flüsterte: „Du bist schön, ich hätte nie gedacht, dass ich mit einer Anwälte hassenden Ärztin ins Bett gehen würde. Wir sind schon ein seltsames Paar."

Sie lachte leise. „Und ich komme mir vor wie eine Maus, die sich an die Katze kuschelt. Ich werde das Gefühl nicht los, dass du mein Gegner bist."

„Wenn ich der Gegner bin ..." Er küsste sacht ihr Ohr, „... dann hat sich einer von uns heute ergeben."

„Denkst du immer in solchen Kategorien, Herr Anwalt?"

„Seit ich dich kenne."

„Und vorher?"

„War mein Leben sehr eintönig."

„Das kann ich kaum glauben."

„Ich behaupte nicht, dass ich im Zölibat gelebt hätte, aber ich bin ein sehr vorsichtiger Mann, und es fällt mir schwer, Menschen gefühlsmäßig nahe zu kommen. Vielleicht habe ich Angst, etwaigen Beziehungsproblemen nicht gewachsen zu sein."

„Was ist mit deiner Ehe schief gegangen, David?"

Er rollte sich auf den Rücken und seufzte: „Eigentlich nichts, auf das man den Finger legen könnte. Das zeigt vielleicht schon, was für ein gefühlloser Klotz ich bin. Linda beklagte sich immer, dass ich meine Gefühle nicht zeigen könnte, dass ich so kalt wäre wie mein Vater. Ich bestritt das natürlich, aber heute denke ich, sie hatte vielleicht Recht."

„Und ich denke, du versteckst dich nur hinter deiner eisigen Maske."

„Seit wann bist du Psychiater?"

„Seit ich mich mit einem sehr komplexen Mann eingelassen habe."

Er strich ihr eine Strähne aus dem Gesicht. „Der Bluterguss auf deiner Wange wird schon schwächer. Immer wenn ich ihn sehe, werde ich zornig. Außerdem weckt er in mir Beschützerinstinkte. Das muss ein sehr alter männlicher Instinkt sein, vermutlich aus der Zeit stammend, als wir andere Höhlenbewohner daran hindern mussten, unsere Frauen zu stehlen." Er versetzte ihr einen freundschaftlichen Klaps auf den Po. „So, und jetzt habe ich Hunger. Warum machen wir uns nicht etwas von Mrs. Feldmanns Spaghettisauce warm und öffnen eine Flasche Wein? Und dann ..." Er nahm Kate wieder in die Arme. „Mache ich mit dir, was Anwälte schon immer mit Ärztinnen gemacht haben."

„David!" empörte sie sich lachend.

Er nahm abwehrend beide Hände hoch und stand auf. „Komm." Er zog sie vom Bett. „Und sieh mich nicht so lüstern an, sonst kommen wir nie aus dem Schlafzimmer und man findet uns eng umschlungen, aber verhungert auf dem Bett."

„Was für ein Ende!“ schwärmte Kate keck.

Kate wurde vom Klatschen der Wellen gegen den Damm geweckt und langte schläfrig zu David hinüber. Doch das sonnenwarme Kissen war leer. Sie öffnete die Augen und fühlte sich einsam, als sie merkte, dass sie in dem großen zerwühlten Bett allein war. „David?“ rief sie. Keine Antwort.

Nackt wie sie war, setzte sie sich auf die Bettkante und schaute sich benommen um. Beim Anblick der Weinflasche erinnerte sie sich an die leidenschaftlichen Umarmungen der Nacht. Sie bemerkte, dass ihre achtlos zu Boden geworfene Kleidung aufgenommen und ordentlich über einen Stuhl gelegt worden war. Leise lachend wickelte sie sich in ein Bettlaken ein, dem noch Davids Geruch anhaftete.

„David?“ rief sie erneut, stand auf und ging ins Bad. Es war leer, nur ein feuchtes Handtuch hing über einer Stange. Sie schlenderte in den sonnendurchfluteten Wohnraum, von dort in die Küche. Nirgends eine Menschenseele. Kate suchte weiter, öffnete Türen und blickte in Zimmer. Mehr und mehr drängte sich ihr der Eindruck auf, in einem unbewohnten Haus zu sein. Einem unerklärlichen Impuls folgend, öffnete sie Davids Kleiderschrank und blickte auf eine Reihe makelloser Anzüge. Doch auch die brachten ihr den Menschen nicht näher. Sie kehrte in den Flur zurück und ging von dort in sein Büro. Es war ein wohlgeordneter Raum mit Eichenmöbeln, Messinglampen und vielen Büchern ... aber seelenlos.

Als sie die letzte Tür am Ende des Flurs öffnete, schlug ihr abgestandene Luft entgegen. Kate bemerkte zu ihrem Erstaunen, dass es ein Kinderzimmer war. Vor dem Fenster bewegte sich ein Mobile aus Prismen. Es sandte bunte Lichter über die Tapete mit den kleinen bunten Pferdchen, über die Regale voller Spielzeug und das Bett mit der geblümten Decke. Kate trat vorsichtig an den Schreibtisch, auf dem ein Stapel Bücher lag. Sie öffnete eines und las im Innendeckel: Noah Ransom.

„Tut mir Leid, David“, flüsterte Kate den Tränen nahe, dann wandte sie sich ab, lief schnell hinaus und schlug die Tür beinahe panikartig hinter sich zu.

Wieder in der Küche, setzte sie sich zu einer Tasse Kaffee an den Tisch und las noch einmal die nüchterne Mitteilung, die sie schließlich auf der weißgefliesten Arbeitsplatte entdeckt hatte.

Glickman nimmt mich mit. Der Wagen gehört heute dir. Bis heute Abend.

Daneben hatten die Autoschlüssel gelegen. Das war also David Ransom, der Mann aus Eis, Herr eines seelenlosen Hauses. Sie hatten eine leidenschaftliche Liebesnacht miteinander verbracht, und er hinterließ ihr eine unpersönliche Nachricht, ohne ein zärtliches Wort, sogar ohne Unterschrift.

Offenbar hatte er sein Leben ordentlich in verschiedene Abteilungen gegliedert und sperrte seine Gefühle in Schubfächer ein, die er nur bei Bedarf öffnete. Sie konnte das nicht. Er fehlte ihr bereits jetzt, nach nur einer zusammen verbrachten Nacht. Vielleicht liebte sie ihn sogar, obwohl das verrückt und unlogisch wäre.

Ärgerlich über sich selbst stand sie auf und spülte die Tasse aus. Verdammt, sie hatte sich um Wichtigeres zu sorgen als um einen Mann. Heute Nachmittag war die Anhörung vor dem Ärztekomitee. Sie nahm Jennifer Brooks Krankenhausakte an sich, die auf dem Küchentisch gelegen hatte. Dieses Dokument enthielt irgendein Geheimnis, das bereits mehrere Menschen das Leben gekostet hatte. Und nur Charles Decker schien es zu kennen. Dieser Mann, den die Polizei für ein gefährliches Monster und Anwalt Kahanu für eine verlorene, aber harmlose Seele hielt. Kate stutzte. Natürlich, das war es! Der Mann hatte zwei Gesichter wie Dr. Jekyll und Mr. Hyde.

„Die gespaltene Persönlichkeit ist ein seltenes Phänomen, wird aber in der Fachliteratur sehr gut beschrieben." Susan Santini wandte sich mit dem Drehsessel um, nahm ein Buch aus dem Regal und legte es auf ihren Schreibtisch. Ihr widerspenstiges rotes Haar war heute zu einem ordentlichen Knoten zusammengefasst. Hinter ihr an der Wand hing eine beeindruckende Anzahl von Auszeichnungen, die bewiesen, dass Susan auf ihrem Gebiet eine Kapazität war. Sie beugte sich über das geöffnete Buch. „Hier ist eine Reihe solcher Fälle beschrieben."

„Hast du selbst mal so einen Fall gehabt?" fragte Kate.

„Das habe ich gedacht, als ich noch fürs Gericht arbeitete. Aber der Mann war nur ein guter Schauspieler, eine Minute sanft wie ein Lamm, in der nächsten das reinste Ungeheuer. Eine großartige schauspielerische Leistung."

„Ist es möglich, dass ein Mensch aus zwei völlig verschiedenen Persönlichkeiten besteht?"

„Die menschliche Psyche besteht aus Gegensätzen, aus Impuls und Kontrolle. Denk an Gewalt. Die meisten Menschen können gewalttätige Neigungen beherrschen, andere können das nicht, vielleicht weil sie als Kinder missbraucht wurden oder weil etwas in ihrem Gehirn nicht richtig funktioniert. Diese Leute sind wandelnde Zeitbomben, die wir aber nicht als solche erkennen. Erst wenn derjenige über das Maß des Erträglichen unter Stress gerät, bricht die Gewalttätigkeit auf."

„Glaubst du, dass Charles Decker eine solche Zeitbombe ist?"

„Das ist schwer zu sagen. Offenbar kam er aus unglücklichen Familienverhältnissen, und dann wurde er vor fünf Jahren wegen Sachbeschädigung und tätlichen Angriffs eingesperrt. Trotzdem war er nicht sein Leben lang gewalttätig. Und das einzige Mal, als er eine Waffe benutzte, richtete er sie gegen sich selbst. Wenn er jedoch in eine Krise gerät ..."

„So wie durch den Tod seiner Verlobten? Die Polizei glaubt, das habe einen Tötungswahn in ihm ausgelöst, dass er jeden umbringen will, der seiner Meinung nach an ihrem Tod schuld ist."

„Es klingt seltsam, doch der Grund für die meisten Gewalttätigkeiten ist Liebe. Denk nur an die vielen Delikte aus Leidenschaft."

„Tja, Liebe und Gewalt scheinen zwei Seiten derselben Medaille zu sein."

„Genau." Susan gab Kate Jennifer Brooks Akte zurück. „Aber das ist alles nur Spekulation. Ich müsste mit dem Mann sprechen, um ihn einschätzen zu können. Hat die Polizei ihn schon?"

„Ich weiß es nicht. Man sagt mir kaum etwas."

Susan Santini wurde dann über die Sprechanlage an ihren Termin um drei Uhr erinnert.

Kate blickte auf ihre Uhr. „Tut mir Leid, ich halte dich auf."

„Du weißt, ich helfe dir gern." Susan erhob sich, und beide Frauen gingen zur Tür. „Kate, ist dein derzeitiger Aufenthaltsort absolut sicher?"

Kate sah, wie besorgt Susan war. „Ich denke schon."

Susan meinte zögernd: „Ich möchte dich nicht ängstigen. Aber wenn du Recht hast mit deiner Vermutung über Charles Decker, ist er völlig unberechenbar. Sei bitte sehr, sehr vorsichtig."

Kate schluckte trocken. „Du hältst ihn für so gefährlich?"

Susan nickte. „Extrem gefährlich."

11. KAPITEL

Kate nahm vor dem langen Konferenztisch Platz, an dem die Ärzte wie bei einem Inquisitionsgericht saßen. Entgegen seinem Versprechen war Dr. Avery, der Chef der Anästhesie, nicht anwesend. Das einzige freundliche Gesicht im Saal gehörte Guy Santini, der jedoch nur als Zeuge geladen war und so nervös wirkte, wie Kate es war.

Die Ärzte stellten sachlich ihre Fragen, und noch einmal wurde das ganze schreckliche Geschehen aufgerollt. Guy Santini bestätigte einige Fakten und sprach Kate das Vertrauen aus. Zum Schluss gestand man Kate eine letzte Erklärung zu.

Sie sagte ruhig: „Ich weiß, die Geschichte klingt bizarr, und ich kann sie noch nicht beweisen. Aber ich bin sicher, dass ich Ellen O'Brien die bestmögliche medizinische Versorgung gegeben habe, obwohl der Bericht zu beweisen scheint, dass mir ein Fehler unterlaufen ist. Ich glaube nicht, dass ich den Tod der Patientin verschuldet habe ..." Da es nichts mehr zu sagen gab, raunte sie nur ein leises „Danke" und verließ den Raum.

Nach zehn Minuten hatten die Ärzte ihr Urteil gesprochen, und sie wurde zurückgerufen. Als sie Platz nahm, entdeckte sie besorgt zwei neue Gesichter am Konferenztisch. Ein zufrieden wirkender George Bettencourt und der Anwalt des Krankenhauses hatten sich hinzugesellt.

Dr. Newhouse, der Komiteevorsitzende, verkündete das Urteil.

„Wir sind uns bewusst, dass Ihr Bericht nicht in Einklang steht mit der medizinischen Akte. Wir müssen uns aber nach dieser Akte richten, aus der zweifelsfrei hervorgeht, dass Ihre Behandlung der Patientin nachlässig war." Bei diesen Worten zuckte Kate zusammen. Dr. Newhouse nahm seufzend seine Brille ab. Diese müde Geste zeigte, welche Last er trug. „Sie sind erst knapp ein Jahr bei uns, Dr. Chesne. Und ein solches Missgeschick in so kurzer Zeit beunruhigt uns sehr. Nach allem, was wir gehört haben, müssen wir diesen Fall an den Disziplinarausschuss weiterleiten. Dort wird entschieden werden, wie Ihre zukünftige Position am Mid Pac Hospital aussehen wird."

Mit einem Seitenblick auf George Bettencourt fügte er hinzu: „Bis dahin haben wir keine Einwände gegen Ihre Suspendierung."

Alles vorbei! dachte Kate. Wie dumm von mir, etwas anderes zu erwarten.

Man billigte ihr ein letztes Wort zu, doch ihre Stimme versagte. Während die Ärzte langsam hinausgingen, blieb sie starr sitzen. „Tut mir Leid, Kate", sagte Guy Santini leise und verweilte einen Moment neben ihrem Stuhl, bevor auch er ging.

Kate wurde zweimal angesprochen, bevor sie aufmerkte und George Bettencourt und den Anwalt des Krankenhauses vor sich sah.

„Ich denke, es ist Zeit, über einen Vergleich zu sprechen, Dr. Chesne", schlug der Anwalt vor.

„Aber wieso denn? Ist das nicht ein bisschen früh?"

„Ein Reporter war in meinem Büro. Die O'Briens haben ihre Geschichte an die Presse weitergegeben. In der Zeitung sind Sie bereits verurteilt. Wir müssen das Krankenhaus aus den Schlagzeilen heraushalten. Das gelingt nur durch einen stillschweigenden außergerichtlichen Vergleich. Wir brauchen lediglich Ihre Zustimmung. Ich werde die Verhandlungen bei einer halben Million beginnen, aber vermutlich wollen die mehr."

Es erschien Kate obszön, ein Menschenleben in Geld aufzuwiegen. „Nein", sagte sie.

„Wie bitte?" fragte der Anwalt verdutzt.

„Bis zum Prozess habe ich alle notwendigen Beweise für meine Unschuld."

„Es gibt keinen Prozess, Doktor. Dieser Fall wird vorher beigelegt, mit oder ohne Ihre Erlaubnis."

„Dann nehme ich mir eben einen eigenen Anwalt, der meine Interessen vertritt und nicht die des Krankenhauses", gab sie zurück.

Die beiden Männer sahen sich an, und der Anwalt erwiderte unfreundlich: „Ihnen ist wohl nicht klar, was ein Gerichtsverfahren bedeutet. Sie werden als Beklagte allein dastehen, und David Ransom wird Sie mit Wonne demontieren. Ich habe das schon erlebt."

„Mr. Ransom hat den Fall abgegeben."

Er schnaubte: „Woher haben Sie das denn?"

„Er hat es mir selbst gesagt, als ich letzte Woche in seinem Büro war und ihm von dem EKG erzählte."

„Allmächtiger!" Der Anwalt warf seinen Kuli in die Aktentasche. „Also, Leute, das war's. Jetzt haben wir echte Probleme. Er wird Ihre verrückte Geschichte benutzen, um eine höhere Entschädigung herauszuschlagen."

„Aber wieso denn? Er hat mir geglaubt, deshalb hat er den Fall ja an einen Kollegen abgegeben ..."

„Er hat Ihnen bestimmt nicht geglaubt! Ich kenne den Mann besser!"

Ich auch! hätte sie am liebsten geschrien. Doch das hatte keinen Sinn, die zwei würden ihr sowieso nicht glauben. Kate schüttelte nur den Kopf. „Ich stimme einem Vergleich nicht zu."

Der Anwalt klappte seine Aktentasche zu und wandte sich frustriert an Bettencourt. „George?"

Kate blickte den Verwaltungschef an, der sie mit unbewegtem Pokergesicht betrachtete. „Ich bin besorgt um Ihre Zukunft, Dr. Chesne. Möglicherweise wird der Disziplinarausschuss in Ihrem Fall harsch urteilen. Das würde sofortigen Hinauswurf bedeuten. Ein Schandfleck in Ihrer Personalakte. Deshalb biete ich Ihnen diesen Ausweg an." Er schob ihr eine vorbereitete Kündigung hin. „Wenn Sie hier unterzeichnen, erscheint nichts weiter in Ihrer Akte. Und selbst wenn es noch zu einem Prozess kommen sollte, bekämen

Sie trotzdem wieder eine Anstellung als Arzt, wenn auch nicht in dieser Stadt." Er reichte ihr einen Füllhalter. „Unterzeichnen Sie. Es ist zu Ihrem Besten."

Kate starrte nur auf das Papier.

„Wir warten, Dr. Chesne", drängte George Bettencourt.

Kate stand auf, sah ihm in die Augen und zerriss das Blatt. „Da haben Sie Ihre Kündigung", sagte sie und ging hinaus.

Als Kate am Verwaltungstrakt vorbeikam, wurde ihr bewusst, was sie getan hatte. Sie hatte eine ausgestreckte Hand ausgeschlagen. Jetzt musste sie diese Sache bis zum Ende durchstehen.

Es war Viertel nach fünf. Auf dem Flur war nur noch das Reinigungspersonal. Die letzten Sekretärinnen gingen zum Fahrstuhl. Am Ende des Korridors schimmerte unter Dr. Averys Bürotür ein schwacher Lichtschein hindurch. Kate fragte sich, warum er nicht bei der Anhörung gewesen war. Sie ging in sein Büro und war enttäuscht, nur seine Sekretärin anzutreffen. „Ist Dr. Avery noch im Hospital?" fragte sie.

„Haben Sie es denn nicht gehört?" Die Sekretärin blickte traurig das Foto auf dem Schreibtisch an. „Seine Frau ist letzte Nacht in einem Pflegeheim gestorben. Es kam ziemlich unerwartet. Man vermutet eine Herzattacke ... Geht es Ihnen gut, Dr. Chesne? Sie sehen krank aus."

„Danke, es ... es ist schon okay." Benommen ging Kate zum Lift. Während sie in die Eingangshalle hinunterfuhr, erinnerte sie sich deutlich an die zerbrochene Ampulle und Dr. Averys Worte: Ich muss sie einschläfern, es ist besser, wenn ich es mache.

Als sie in die grelle Halle hinaustrat, wollte sie nur noch wegrennen und irgendwo Schutz suchen ... am liebsten bei David. Sie musste unbedingt zu ihm. Kate eilte zum Auto und fuhr los. Doch in der Rushhour kam sie nicht so schnell voran, wie sie wollte. Mit jeder Minute steigerte sich ihre Angst, David nicht mehr anzutreffen und vor der geschlossenen Bürotür zu stehen. Bitte, sei da! betete sie im Stillen. Bitte!

„Mr. Ransom, ich möchte nur eine Erklärung haben. Vor einer Woche sagten Sie, unsere Chancen zu gewinnen seien gut, und jetzt ziehen Sie sich aus dem Fall zurück. Warum?“

David blickte verunsichert in Mary O'Briens silbergraue Augen. Er würde ihr nicht die Wahrheit sagen, aber er schuldete ihr eine Erklärung, und nach ihrem Blick zu urteilen, eine gute.

Er hörte das Knarren von Holz und Leder und sah ungehalten zu Phil Glickman hinüber, der sich in seinem Sessel regelrecht wand. David sandte ihm einen kurzen warnenden Blick zu, er solle sich beruhigen. Phil kannte die Wahrheit und schien damit herausplatzen zu wollen.

„Wie ich schon sagte, Mrs. O'Brien, ich habe einen Interessenkonflikt entdeckt.“

„Was soll das heißen? Arbeiten Sie etwa für das Krankenhaus?“

„Eigentlich nicht ... es ist vertraulich. Ich kann nicht darüber reden.“ Dann wechselte er geschickt das Thema. „Ihr Einverständnis vorausgesetzt, übergebe ich den Fall an Sullivan und March. Das ist eine ausgezeichnete Kanzlei.“

„Sie haben meine Frage nicht beantwortet. Was bedeutet Interessenkonflikt?“ Mary O'Brien beugte sich vor und stemmte ihre knochigen Hände auf den Tisch.

„Tut mir Leid, Mrs. O'Brien. Ich kann Ihr Anliegen nicht mehr objektiv vertreten. Ich habe keine andere Wahl, als mich zurückzuziehen.“

Der Abschied, ein kühler geschäftsmäßiger Handschlag, fiel ganz anders aus als das letzte Mal. Dann begleiteten David und Phil Glickman die Klientin hinaus.

„Ich hoffe doch sehr, dass es wegen dieser Sache keine Verzögerungen gibt“, sagte sie.

„Wahrscheinlich nicht. Die grundsätzliche Arbeit ist ja bereits getan.“ Stirnrunzelnd bemerkte er den warnenden Gesichtsausdruck seiner Sekretärin.

„Sie glauben immer noch, die werden einen Vergleich anstreben?“

„Es ist unmöglich, etwas Endgültiges zu sagen ...“ Er brach ab, als seine Sekretärin jetzt fast in Panik zu geraten schien.

„Sie sagten zuvor, dass die einen Vergleich wollen.“

Er hatte es plötzlich eilig, sie loszuwerden, und schob sie fast in den Empfangsraum. „Also, machen Sie sich keine Gedanken, Mrs. O’Brien. Ich kann fast garantieren, dass die andere Seite schon einen Vergleich diskutiert ...“ Plötzlich blieb er wie angewurzelt stehen.

Vor ihm stand Kate. Langsam wanderte ihr ungläubiger Blick zu Mary O’Brien.

„Oh Himmel!“ stöhnte Phil Glickman. Es war eine Szene wie aus einem Film: Die schockierten Parteien starrten einander an.

„Ich kann alles erklären“, versicherte David.

„Das bezweifle ich“, entgegnete Mary O’Brien.

Kate drehte sich wortlos um und eilte aus der Suite. Das Zuschlagen der Tür riss David aus seiner Erstarrung, und er folgte Kate. Bevor er den Flur erreichte, hörte er Mary O’Briens empörte Stimme: „Jetzt weiß ich, was Interessenkonflikt bedeutet!“

Da Kate bereits im Fahrstuhl nach unten fuhr, rannte er durch das Treppenhaus hinab. In der Eingangshalle war von Kate nichts zu sehen. Er lief auf die Straße und entdeckte sie einen Block entfernt, wie sie auf einen Bus zusteuerte. Eilig zwängte er sich durch die Passanten und schaffte es, Kate am Arm festzuhalten, als sie gerade einsteigen wollte.

„Lass mich los!“ fuhr sie ihn an.

„Wohin willst du zum Teufel?“

„Oh ja, das hätte ich fast vergessen.“ Sie nahm die Autoschlüssel aus der Tasche und stopfte sie ihm in die Hand. „Ich möchte nicht beschuldigt werden, deinen wertvollen BMW gestohlen zu haben!"

Kate sah sich enttäuscht um, als der Bus hinter ihr davonfuhr. Sie entriss David den Arm und stürmte davon. Er folgte ihr.

„Lass mich erklären, Kate."

„Was hast du deiner Klientin gesagt? Dass mit dem Vergleich alles klargeht, nachdem du die dumme Ärztin dazu gebracht hast, dir aus der Hand zu fressen?" Sie drehte sich ruckartig zu ihm um. „Lernt man im Jurastudium, dass man mit der Gegenseite ins Bett geht, wenn nichts anderes mehr hilft?"

Das war zu viel. David packte sie am Arm und zerrte sie regelrecht in einen nahen Pub.

David schob Kate durch eine lärmende Menge in den hinteren Teil des Lokals an einen kleinen Zweiertisch und drückte sie unsanft auf die Sitzbank nieder.

„Guten Abend", sagte eine freundliche Stimme.

„Was ist?" fuhr David die erschrockene Kellnerin an, die lediglich ihre Bestellung aufnehmen wollte.

„Haben Sie einen Wunsch?"

„Bringen Sie uns einfach zwei Bier", entgegnete er unwirsch.

„Natürlich." Nach einem mitleidigen Blick auf Kate zog sie sich zurück.

Eine Minute starrten Kate und David sich unverhohlen feindselig an, dann fragte Kate: „Warum hast du Mrs. O'Brien gesagt, dass eine Vereinbarung in Arbeit sei?"

„Ich wollte sie aus dem Büro haben."

„Und wie fand sie die Tatsache, dass du dich in diesem Prozess auf beiden Seiten tummelst?"

„Für eine intelligente Frau hast du erstaunliche Probleme zu begreifen, dass ich den Fall freiwillig und endgültig abgegeben habe. Mary O'Brien verlangte eine Erklärung dafür."

„Hast du ihr von uns erzählt?"

„Bin ich verrückt? Ich gestehe doch nicht freiwillig, dass ich mich mit der Gegenseite im Heu gerollt habe."

Seine Worte trafen sie wie ein Schlag ins Gesicht, da sie ihre Liebesbeziehung zu etwas Billigem machten. Für David war es offenbar eine flüchtige Affäre gewesen, die ihm nur Komplikationen einbrachte: eine verärgerte Klientin, den Rückzug aus dem Fall und die Demütigung, eine verbotene Romanze gestehen zu müssen, die er unbedingt geheim halten wollte. Aber man hielt wohl nur Dinge geheim, deren man sich schämte.

„Dann war ich nichts weiter als eine flüchtige Affäre, nicht wahr? Keine Sorge, David, ich bereite dir keine Ungelegenheiten mehr."

Kate wollte aufstehen, doch er sagte scharf: „Setz dich!" und fügte freundlicher hinzu: „Bitte!" Die Kellnerin stellte zwei Bier hin. Nachdem sie fort war, erklärte David: „Du warst nicht nur eine flüchtige Affäre, und was ich in meiner Freizeit mache, geht die O'Briens nichts an. Aber es war mir unangenehm, mich vor Mrs. O'Brien so herauswinden zu müssen."

Kate starrte in ihr Glas. Sie hasste Bier, sie hasste Streitereien, und am meisten hasste sie diesen Abgrund zwischen ihnen. „Tut mir Leid, wenn ich voreilige Schlüsse gezogen habe. Aber ich habe Anwälten eben nie getraut."

„Und ich traue Ärzten nicht. Dann sind wir quitt."

Nach längerem Schweigen fragte Kate: „Kannst du wirklich Schwierigkeiten bekommen? Und wenn sich die O'Briens nun an ein Aufsichtsgremium wenden?"

„Ich habe keine Angst. Schlimmstenfalls verliere ich meine Zulassung oder lande im Gefängnis", erwiderte er mit Galgenhumor. „Da fällt mir ein, wie war deine Anhörung?"

„Schlecht. Sie ging gegen mich aus. Meine Fürsorge für die Patientin war ihrer Ansicht nach nicht ausreichend, was wohl eine freundliche Umschreibung dafür ist, dass ich eine lausige Ärztin bin." David nahm wortlos ihre Hand und drückte sie mitfühlend. „Es ist seltsam. Ich wollte immer nur Ärztin sein. Und jetzt, da ich meinen Job verliere, merke ich, dass ich nichts anderes kann. Ich kann nicht tippen, keine Diktate aufnehmen, ich kann nicht einmal kochen."

„Das ist allerdings ein schwer wiegender Mangel. Vielleicht musst du an Straßenecken betteln."

Schwach lächelnd fragte Kate: „Wirfst du mir eine Münze in den Hut?"

„Ich tue sogar noch mehr, ich spendiere dir ein Essen."

„Danke, aber ich habe keinen Hunger."

„Du solltest das Angebot annehmen, wer weiß, wo dein nächstes Essen herkommt."

Kate sah ihn an. „Ich möchte nur nach Hause mit dir und in den Arm genommen werden. Nicht notwendigerweise in dieser Reihenfolge."

David kam um den Tisch herum, setzte sich neben sie und zog sie an sich. Genau das brauchte sie jetzt, die beschützende Umarmung eines Freundes.

Die Kellnerin räusperte sich neben ihnen und fragte: „Möchten Sie sonst noch etwas?"

„Ja", antwortete David freundlich lächelnd, „unter uns sein."

Als sich Kate nach dem Dinner wieder auf dem Beifahrersitz des BMW anschnallte, hatte sie wie stets das Gefühl, sich hier in einem sicheren Kokon zu befinden, wo ihr niemand etwas anhaben konnte. Dieses Gefühl hielt an, als sie den Pali Highway entlangfuhren, den Tunnel durch den Koolau Berg passierten und auf der anderen Seite die gewundene Straße den Hang hinabrollten. Doch dann schaute David stirnrunzelnd in den Rückspiegel und fluchte leise.

„Verdammt. Ich glaube, wir werden verfolgt."

Kate sah sich ruckartig um und entdeckte in einiger Entfernung zwei Scheinwerfer. „Bist du sicher?"

„Ich habe ihn schon eine Weile im Auge, weil seine linke Parkleuchte defekt ist. Mal sehen, was er macht." David ging mit dem Tempo bis unter die Geschwindigkeitsbegrenzung herunter, doch der Wagen überholte sie nicht. „Schlauer Bursche", sagte David. „Er bleibt immer so weit zurück, dass ich sein Nummernschild nicht erkennen kann."

„Dort ist eine Abzweigung. Bitte fahr ab! Ich will sehen, ob es uns weiter verfolgt."

David bog in die schmale, fast von Buschwerk überwucherte Straße ein und gab Gas, dass die Äste heftig gegen die Windschutzscheibe schlugen.

Kate drehte sich wieder um, und die Scheinwerfer leuchteten hinter ihnen wie zuvor. „Es ist der Killer!" flüsterte sie, und ihr wurde übel vor Entsetzen, als sie sich klar machte, wie nah er ihr gewesen sein musste.

„Verdammt, ich hätte es wissen müssen! Er hat das Krankenhaus beobachtet. Und dann ist er dir gefolgt."

David bog noch einmal scharf ab und gab Gas. Häuser und Bäume flogen nur so an den Fenstern vorbei. Kate konnte nicht mehr tun, als sich kräftig festzuhalten. Unvermittelt bog David in eine Einfahrt. Der Sicherheitsgurt schnitt in Kates Oberkörper, als der Wagen plötzlich in einer dunklen Garage zum Stehen kam. David schaltete Motor und Licht aus und zog Kate auf den Sitz herunter. Mit heftig pochendem Herzen beobachteten sie, wie ein Scheinwerferlicht näher kam. David hatte beide Arme um Kate gelegt und schützte sie mit seinem Körper.

Sie hörten das Motorengeräusch sich langsam verstärken und warteten atemlos, bis es wieder verklang. Schließlich richteten sie sich vorsichtig auf und blickten durch das Heckfenster. Die Straße war dunkel, der Wagen war fort.

„Nichts wie weg hier." David startete den Motor und setzte zurück.

Auf der Rückfahrt blickte Kate sich immer wieder ängstlich um, doch der Wagen tauchte nicht wieder auf. „Wohin fahren wir?"

„Nach Hause können wir nicht. Falls er dir vom Krankenhaus gefolgt ist, kennt er auch meine Adresse. Ich stehe im Telefonbuch. Aber es gibt noch einen Schlupfwinkel. Du wirst nicht allein sein, und es ist sicher dort." Nach einer Pause fügte er schmunzelnd hinzu: „Aber du darfst den Kaffee nicht trinken." Auf ihren fragenden Blick hin erklärte er: „Ich bringe dich zu meiner Mutter."

12. KAPITEL

Die kleine grauhaarige Frau, die ihnen in einem alten Bademantel und rosa Hausschuhen die Tür öffnete, sah sie an wie eine verblüffte kleine Maus. Dann freute sie sich jedoch über den Besuch und ließ sie beide eintreten. David stellte Kate und Gracie einander vor, dann schloss und verriegelte er die Tür und führte Kate in den Wohnraum. Dort saß seine Mutter mit dem Rücken zur Tür königlich in einem Sessel, den bandagierten Fuß auf ein Sitzkissen gelegt, neben sich ein Brett mit Scrabble.

„Ich glaube es einfach nicht, mein Sohn besucht mich", sagte sie. „Was ist los? Geht die Welt unter?"

„Schön, dich zu sehen, Mutter", erwiderte David trocken und holte tief Luft, um sich Mut zu machen. „Wir brauchen deine Hilfe."

Die grauhaarige Dame drehte sich um, sah ihren Sohn an und dann Kate. Sie bemerkte, dass David schützend einen Arm um Kates Schultern gelegt hatte, und ein Lächeln überzog ihr Gesicht. Mit einem Blick zum Himmel seufzte sie: „Na, dem Himmel sei Dank."

Als David später mit seiner Mutter bei einer Tasse heißem Kakao in der Küche saß, fühlte er sich wieder wie ein Sechsjähriger.

„Du erzählst mir nie etwas", beklagte sich Jinx Ransom. „Da gibt es eine Frau in deinem Leben, und du verheimlichst sie mir, als würdest du dich ihrer schämen. Oder schämst du dich nur deiner menschlichen Regungen?"

„Spar dir deine Psychoanalyse, Mutter."

„Mein Lieber, ich habe dich in Windeln gewickelt, und ich habe deine Wunden versorgt, als du klein warst. Sogar als du dir den Arm gebrochen hast, hast du nicht geweint. Da fehlt dir wohl ein Gen, genau wie deinem Vater. Du kannst nicht weinen. Gefühle hast du schon, du kannst sie nur nicht zeigen. Sogar als Noah starb ..."

„Ich will nicht über Noah sprechen."

„Siehst du? Der Junge ist seit acht Jahren tot. Aber ich muss nur seinen Namen erwähnen, und du verschließt dich wie eine Muschel."

„Komm zur Sache, Mutter."

„Die Sache heißt Kate. Du hast ihre Hand gehalten. Habt ihr schon miteinander geschlafen?"

David verschluckte sich an seinem Kakao und bekleckerte Hemd und Tischdecke. „Mutter!"

„Was regst du dich auf? Die Menschen tun das eben, die Natur hat es so gewollt. Nur du hältst dich offenbar für immun gegen alle Gefühle. Aber heute Abend habe ich einen bestimmten Ausdruck in deinen Augen entdeckt."

David versuchte, mit einem Küchenkrepp sein Hemd zu säubern. „Ich brauche ein neues Hemd für morgen."

„Zieh eins von deinem Vater an." Bevor seine Mutter weiterbohren konnte, ertönte lautes Poltern.

„Was macht Gracie denn da oben?"

„Sie sucht ein paar Sachen für Kate heraus."

David schauderte. Da er Gracies unvergleichlichen Geschmack kannte, würde Kate vermutlich in irgendeinem entsetzlichen Fummel in bonbonrosa herunterkommen. Seltsam, sie waren erst seit einer Viertelstunde getrennt, und sie fehlte ihm schon. Solche Empfindungen waren ihm lästig, weil er sich dadurch schwach, hilflos und nur zu menschlich fühlte. Als er Schritte auf der Treppe hörte, drehte er sich hoffnungsvoll um. Doch es war nur Gracie. „Wo ist Kate?"

„Sie kommt gleich. Sie schaut sich Ihre Flugzeugmodelle an." An Jinx gewandt meinte sie lachend: „Ich habe sie ihr gezeigt, um zu beweisen, dass David einmal ein Kind war."

„War er nicht", widersprach Jinx Ransom. „Er kam als Erwachsener auf die Welt, nur eben kleiner. Aber vielleicht entwickelt er sich ja rückwärts. Vielleicht lockert er mit der Zeit noch einmal richtig auf und wird kindisch."

„Wie du, Mutter." In diesem Moment schrillte das Telefon. „Lieber Himmel, es ist nach zehn!" David nahm den Hörer auf. „Hallo?"

„Ich habe Neuigkeiten", erklärte Pokie triumphierend. „Wir haben den Mann, Decker. Ich brauche Dr. Chesne hier, um ihn zu identifizieren. In einer halben Stunde, okay?"

David blickte auf, da Kate in der Tür stand, und machte ihr das Siegeszeichen mit dem Daumen nach oben. „Wir sind gleich da. Wo halten Sie ihn fest, Pokie? Im Präsidium?"

Es entstand eine Pause. „Nein. Im Leichenschauhaus."

„Ich hoffe, Sie haben starke Mägen." M.J., die quirlige Leichenbeschauerin, zog die Stahlschublade heraus und öffnete den Reißverschluss der Leichenumhüllung. Unter der grellen Beleuchtung wirkte das Gesicht des Mannes unecht, wächsern.

„Ein Jachtbesitzer hat ihn heute Abend aufgefischt, trieb, Gesicht nach unten, im Hafen", erklärte Pokie und sah Kate erwartungsvoll an.

Kate betrachtete das aufgedunsene Gesicht des Mannes. Trotz der Entstellung waren diese besonderen Augen zu erkennen. Kate nickte. „Das ist er."

„Bingo", raunte Pokie.

M.J. fuhr mit behandschuhten Fingern über den Kopf des Toten. „Fühlt sich an, als hätte er hier eine Schädelfraktur." Dann schlug sie das Leichentuch zurück. „Sieht aus, als hätte er längere Zeit im Wasser gelegen."

Kate musste sich abwenden und legte den Kopf an Davids Schulter. David umarmte sie tröstend und sagte: „Um Himmels willen, M.J., decken Sie ihn wieder zu. Komm, Kate, wir gehen hinaus."

M.J.s Büro wirkte mit den vielen Pflanzen und alten Filmpostern bewusst fröhlich. Pokie schenkte Kaffee ein, gab David und Kate eine Tasse und setzte sich ihnen seufzend gegenüber. „Tja, das war's dann. Kein Prozess, kein Aufsehen. Gerechtigkeit durch den Tod des Killers."

„Wie ist er gestorben, Leutnant?" flüsterte Kate.

„Ich weiß nicht. Vielleicht fiel er betrunken vom Pier und wurde von einem Boot erwischt. Das passiert manchmal." Er sah M.J. an. „Was glauben Sie?"

„Ich kann noch gar nichts sagen." M.J. schlang gerade ein Sandwich hinunter. „Wenn eine Leiche so lange im Wasser gelegen hat, verändert sich die Anatomie. Nach der Autopsie weiß ich mehr."

„Wie lange war er im Wasser?" fragte David.

„Einen Tag, mehr oder weniger."

„Einen Tag?" Er sah Pokie an. „Wer zum Teufel hat uns dann im Auto verfolgt?"

„Sie haben zu viel Fantasie, Davy", meinte Pokie.

„Wer es auch war, der Bursche da in der Schublade jedenfalls nicht", fügte M.J. hinzu und biss herzhaft in einen Apfel.

„Wann kennen Sie die genaue Todesursache?" wollte David wissen.

„Nach meinem Dinner hier mache ich die Autopsie und die notwendigen Untersuchungen." M.J. drehte sich um und nahm einen Karton vom Regal. „Hier, seine persönlichen Sachen."

Unter den vielen in Plastik eingeschweißten Kleinigkeiten war auch ein Schlüssel mit Anhänger und dem Aufdruck „Victory Hotel".

„Victory Hotel", sagte Kate leise und nahm den Schlüsselbund hoch. „Hat er da gelebt?"

Pokie nickte. „Wir haben es überprüft, ein richtiges Loch, Ratten überall. Er war Samstagabend dort. Da hat man ihn auch das letzte

Mal lebend gesehen." Pokie lächelte sie an. „Es ist vorbei, Doc. Unser Mann ist tot. Sie können nach Hause gehen."

„Ja", erwiderte sie müde und streifte David mit einem Blick, doch der schaute in eine andere Richtung. „Ich kann nach Hause gehen."

„Es ist zu einfach, David", sagte Kate leise auf der Heimfahrt, starrte in die Dunkelheit und sah Charles Deckers Gesicht im Spiegel vor sich. „Lieber Himmel, ich habe es in seinen Augen gelesen, aber ich war zu sehr in Panik, um es zu erkennen! Er hatte Angst, schreckliche Angst. Er muss etwas Furchtbares gewusst haben. Deshalb musste er sterben, genau wie die anderen ..."

„Soll das heißen, er war ein Opfer? Warum hat er dich dann bedroht? Warum hat er im Cottage angerufen?"

„Vielleicht war es keine Drohung. Ja, vielleicht war es eine Warnung vor jemandem." „Und die Beweise?"

„Welche Beweise? Ein paar Fingerabdrücke und seine Behandlung in der Psychiatrie? Vielleicht war eigentlich er der Zeuge in Anns Apartment. Vier Menschen sind tot, David, und alle kannten Jennifer Brook. Wenn ich nur wüsste, warum sie so wichtig war."

„Kate", seufzte David. „Der Mann ist tot, der Fall abgeschlossen."

„Nicht für mich. Vielleicht erfahren wir etwas im Victory Hotel."

„Lass dies nicht zur Besessenheit werden. Ich kann ja verstehen, dass du deinen Namen reinwaschen willst, aber es lohnt sich vielleicht nicht. Wenn du auf Vergeltung aus bist, die erreichst du nicht, jedenfalls nicht vor Gericht. Solche Chancen einzuschätzen gehört zu meinem Beruf. Ich habe viel Geld damit verdient, Ärzte vor Gericht fertig zu machen. Ich möchte dir eine solche Erfahrung ersparen. Lass dich diskret auf einen außergerichtlichen Vergleich ein, bevor dein Name durch den Dreck gezogen wird."

„Würdest du einen Vergleich anstreben?“

Nach einer längeren Pause antwortete er: „Ja.“

„Dann sind wir sehr verschieden. Ich kann nicht aufgeben, nicht kampflos.“

„Dann wirst du verlieren.“

„Und Anwälte übernehmen keine aussichtslosen Fälle, was?“

„Nicht dieser Anwalt.“

„Seltsam, Ärzte tun das ständig. Mit einem Infarkt oder Krebs lässt sich nicht handeln.“

„Und genau deshalb habe ich so gut verdient“, entgegnete er.

„Durch die Arroganz der Ärzte!“ Es war eine bösartige Erwiderung, die er sofort bedauerte. Doch er musste Kate unbedingt davon abhalten, noch mehr in Schwierigkeiten zu geraten. Trotzdem erschreckten ihn seine brutalen Worte. Sie zeigten wohl, wie hoch die Barrieren zwischen ihnen wirklich waren.

Den Rest des Weges fuhren sie schweigend. Zu Hause gingen sie wie zwei Fremde ins Schlafzimmer. Kate holte ihren Koffer hervor, doch David schob ihn in den Schrank zurück. „Warte bis morgen“, sagte er nur, nahm Kate in die Arme, küsste ihre kühlen Lippen und hielt sie warm.

In dieser Nacht schliefen sie wieder miteinander. Doch es war mehr die Befriedigung von Lust und deshalb unbefriedigend. Anschließend lag David wach neben Kate und lauschte auf ihre ruhigen Atemzüge.

Er wollte nicht lieben, das machte ihn zu verletzlich. Seit Noahs Tod hatte er es vermieden, sich auf Gefühle einzulassen, und deshalb teilweise, wie ein Roboter funktioniert. Als Linda ihn seinerzeit verließ, war das nur ein zusätzlicher Schmerz in all den Qualen gewesen, die er ohnehin litt. Er hatte sie einmal geliebt, doch nicht mit dieser bedingungslosen Liebe, die er Noah entgegengebracht hatte. Und er maß Liebe stets daran, wie sehr er durch ihren Verlust litt.

Schließlich stand er auf und ging in das Zimmer seines Sohnes, das er lange nicht betreten hatte. Er blieb hier eine Weile und hielt an Noahs Bett stumme Zwiesprache mit ihm. Nach einiger Zeit kehrte er ins Schlafzimmer zurück, legte sich neben Kate und schlief ein.

David erwachte im Morgengrauen, stand auf, duschte und zog sich an. Danach trank er in der Küche allein eine Tasse Kaffee. Kate würde heute ausziehen, und das war gut so. Ein paar Tage oder Wochen der Trennung, und er konnte wieder klarer denken.

Trotzdem machte er sich Sorgen um sie, da er wusste, dass sie weiter in Charles Deckers Vergangenheit suchen würde. Außerdem war er nicht aufrichtig zu ihr gewesen. Auch er war überzeugt, dass hinter den Todesfällen mehr steckte als die Raserei eines Verrückten. Vier Menschen hatten ihr Leben lassen müssen, und er wollte nicht, dass Kate das fünfte Opfer wurde.

Sie brauchte ihn immer noch. Und sie hatten zwei leidenschaftliche Nächte miteinander verbracht, dafür schuldete er ihr etwas.

David ging ins Schlafzimmer und schüttelte sie sacht. „Kate?"

Sie öffnete langsam und schläfrig die Augen. Er hätte sie gern geküsst, doch es war besser, es zu lassen. „Möchtest du immer noch ins Victory Hotel?"

Mrs. Tubbs, die Managerin des Victory Hotel, war eine fette Frau mit zwei blassen Augenschlitzen. Trotz der Hitze trug sie eine alte graue Jacke über ihrem geblümten Kleid. Durch ein Loch im Socken lugte ein enorm geschwollener großer Zeh. Hinter ihr plärrte ein Fernseher, als sie Kate und David durch die halb offene Tür argwöhnisch betrachtete und sagte: „Charlie lebt nich' mehr hier. Is' tot. Die Polizei war schon da."

„Wir würden gern sein Zimmer sehen", erwiderte Kate. „Wir brauchen Informationen."

„Wenn Sie nich' von der Polizei sind, kann ich Sie nich'

reinlassen. Anweisung von oben. Hab schon Ärger genug mit den Bullen. Machen alle Leute im Haus nervös." Sie wollte die Tür schließen, doch David hielt sie mit der Hand auf.

„Ich denke, Sie könnten eine neue Jacke gebrauchen, Mrs. Tubbs." Er drückte ihr zwanzig Dollar in die feiste Hand.

Sie blickte auf das Geld. „Der Hotelbesitzer bringt mich um, wenn er es rauskriegt."

„Wird er nicht." David gab ihr noch einen Zwanziger.

„Der zahlt mir 'nen Hungerlohn dafür, dass ich diesen Abfallhaufen manage. Und dann muss ich auch noch den Beamten vom Ordnungsamt ausbezahlen." Sie faltete die Banknoten und stopfte sie in die unergründlichen Tiefen ihres Ausschnitts. Auf Socken führte sie Kate und David die Treppe hinauf. Oben angekommen, schloss sie schwer atmend die Tür von Zimmer 203 auf. „Charlie hat hier 'n Monat gelebt", japste sie. „War immer ruhig ... nich' so wie andere ..."

Am Ende des Flurs öffnete sich eine Tür, und zwei blasse Kindergesichter kamen zum Vorschein. „Kommt Charlie zurück?" rief das kleine Mädchen.

„Ich hab euch schon gesagt, Charlie is' für immer weg", antwortete Mrs. Tubbs. „Warum seid ihr nich' in der Schule?"

„Gabe ist krank", erklärte das Mädchen. Wie zur Bestätigung wischte sich Klein-Gabe die verschnupfte Nase mit der Hand.

„Wo is' eure Ma?"

Das Mädchen zuckte die Schultern. „Arbeiten."

„Ja. Und lässt euch beide allein hier, damit ihr mir das ganze Haus abbrennt."

Die Kinder schüttelten ernsthaft die Köpfe. „Sie hat uns die Streichhölzer weggenommen."

Als sie den kleinen Raum betraten, huschte etwas Braunes über den Boden und verschwand in einer Ecke. Es roch nach kaltem Zigarettenrauch und altem Fett. Mrs. Tubbs schob die Gardine zurück, sodass durch das schmutzige Fenster etwas Sonnenlicht hereinfiel. Es war leicht zu sehen, warum sie das Ordnungsamt fürchtete. Neben dem Abfalleimer stand eine Rattenfalle, derzeit unbewohnt. Von der Decke hing eine einzelne nackte Glühbirne, und auf einer Kochplatte stand eine Pfanne mit einem dicken Rand aus altem Fett. Außer dem Fenster gab es keine Belüftung. Wenn hier jemand kochte, waberte die Luft von Fettschwaden.

Kate betrachtete die traurige Umgebung: ein zerwühltes Bett, ein Aschenbecher voller Kippen und ein Kaffeetisch voller einzelner Zettel. Sie nahm einen davon hoch und las ein kurzes Geburtstagsgedicht darauf. Es endete mit: Herzlichen Glückwunsch, Jocelyn. „Wer ist Jocelyn, Mrs. Tubbs?"

„Die Göre von 210. Die Mutter arbeitet immer, sagt sie jedenfalls. Die Kinder hätten mir fast das Haus angezündet. Hätte sie am liebsten rausgeschmissen. Aber die zahlen immer in bar."

„Wie hoch ist die Miete?" fragte David.

„Vierhundert."

„Sie machen Witze."

„He, das is' 'ne gute Wohnlage, nah an der Buslinie. Wasser und Elektrizität frei." Eine Schabe krabbelte über den Boden. „Und wir gestatten Haustiere."

„Wie war Charlie, Mrs. Tubbs?" erkundigte sich Kate.

„Was soll ich sagen? Er war 'n Einzelgänger. Machte nie Lärm, beklagte sich nie. War 'n guter Mieter."

Die weitere Inspektion förderte nur ein paar zerknitterte Hemden, etwas Unterwäsche und einige Dosen Fertignahrung zutage. Kate ging zum Fenster und sah hinaus. Ein trostloser Anblick bot sich ihr: zerfallene Häuser, Müll und Betrunkene, die am Straßenrand lungerten. In diese Gegend verschlug es die, die nicht mehr tiefer fallen konnten im Leben, außer ins Grab.

„Kate?" David holte aus dem Nachttisch ein Rezept von Dr. Nemecheck und eine gerahmte Fotografie.

Kate wusste sofort, wer die junge lächelnde Frau im Badeanzug war. Sie hatte ausdrucksvolle braune Augen, aus denen die pure Lebenslust leuchtete. Kate nahm das Foto aus dem Rahmen. Die Ecken waren abgegriffen vom jahrelangen Anfassen. Auf der Rückseite stand: Bis zum Wiedersehen, Jenny. „Jenny", sagte Kate leise und betrachtete das Bild. Charlie hatte so wenig besessen im Leben. Nur dieses Foto hatte er all die Jahre aufbewahrt. Verständlich, denn diese Frau strahlte so eine Lebensfreude aus, dass man ihren Tod nicht fassen konnte. „Mrs. Tubbs, was werden Sie mit seinen Sachen machen?"

„Verkaufen. Er schuldet mir noch 'ne Woche Miete. Aber er hatte nix Wertvolles, nur das, was Sie da haben."

Kate schaute das Foto an. „Ja, sie ist hübsch, nicht wahr?"

„Ich meine nich' das Bild. Den Rahmen. Er is' aus Silber."

Jocelyn und ihr Bruder hingen wie kleine Affen am Gitterzaun und kletterten herunter, als Kate und David das Hotel verließen. Das Mädchen, etwa zehn, war spindeldürr und ihre nackten Füße sehr schmutzig. Der Junge, etwa sechs, war ebenso schmuddelig und hielt sich am Rockzipfel seiner Schwester fest.

„Er ist tot, stimmt's", meinte Jocelyn. Auf Kates Nicken hin sagte sie offenbar zu den Flecken auf ihrem Kleid: „Die Erwachsenen sind so dumm, sagen uns nie die Wahrheit."

„Was haben sie dir über Charlie gesagt?" fragte Kate.

„Dass er einfach weggegangen ist. Aber er hat mir mein Geburtstagsgeschenk nicht gegeben." Jocelyn starrte auf ihre Füße. „Ich bin zehn."

„Und ich sieben", fügte ihr Bruder automatisch hinzu.

„Ihr müsst gute Freunde von Charlie gewesen sein", meinte David lächelnd.

Das Mädchen schaute auf, sah sein Lächeln, senkte scheu den Blick und zog mit dem bloßen Zeh schüchtern eine Linie auf den

Gehweg. „Charlie hatte keine Freunde, genau wie ich. Ich habe nur Gabe hier, aber der ist bloß mein Bruder."

Gabe rieb lächelnd seine schleimige Nase an ihrem Kleid.

„Hat außer euch jemand Charlie gut gekannt?" fragte David.

Jocelyn dachte nach. „Nun ja ... vielleicht versuchen Sie's mal bei Maloneys, das ist eine Bar, die Straße runter."

„Was habt ihr Gören hier schon wieder verloren? Haut ab, bevor ich meine Lizenz verliere!" schimpfte der Barkeeper, als die beiden Kinder durch das Halbdunkel hüpften und zwei Barhocker erklommen.

„Die Leute wollen dich sprechen, Sam", erklärte Jocelyn.

„Kann ich eine Olive haben?" fragte Gabe.

Sam griff mürrisch in ein Glas und warf eine Hand voll auf den Tresen. „Es ist nicht meine Schuld", sagte er an David gewandt. „Die Kinder kommen von der Straße herein ..."

„Sie sind nicht vom Amt", versicherte Jocelyn und steckte sich eine Olive in den Mund.

Offenbar hatte in dieser Gegend jeder Angst vor irgendeiner Behörde. „Wir brauchen Auskunft über einen Ihrer Gäste, Charlie Decker."

Sam taxierte David offenkundig: teurer Anzug, Seidenkrawatte. „Bestellen Sie etwas?"

David verstand den Wink. Er bestellte Saft für die Kinder und Bier für Kate und sich. Nachdem er die überhöhte Rechnung bezahlt und noch ein üppiges Trinkgeld gegeben hatte, erinnerte er Sam: „Wir sprachen von Charlie Decker."

„Oh ja, Charlie. Fast 'nen Monat lang kam er jeden Abend, trank ein, zwei Whisky. Er sprach nicht viel wegen seiner Kehle. Dann kam er nicht mehr. Es gab ein Gerücht, er soll jemand umgebracht haben." Sam lachte: „Völlig unmöglich. Nicht Charlie, der saß immer nur da und schrieb Gedichte auf kleine Zettel. Er nahm das wirklich ernst. Als er einmal kein Geld hatte, gab er mir ein Gedicht und meinte, es könnte etwas wert sein."

„Haben Sie es noch?" fragte Kate.

Er nahm einen Zettel von der Pinnwand und hielt ihn ihr hin. Es begann:

Und das habe ich ihnen gesagt:
Heilung kommt nicht aus dem Vergessen ...

Nachdem Kate zu Ende gelesen hatte, fragte Sam: „Nun, was meinen Sie, ist es gut?"

„Es muss gut sein, wenn es von Charlie ist", sagte Jocelyn.

Sam zuckte die Schultern. „Das hat nichts zu bedeuten."

„Wir stecken in einer Sackgasse", erklärte David, als sie wieder in den Sonnenschein hinaustraten. Er steckte die Hände tief in die Taschen und blickte auf einen Betrunkenen am Wegesrand.

Kate dachte, wenn David doch nur lächeln oder durch einen Blick sagen würde, dass nicht alles aus ist zwischen uns. Aber er war wie aus Eis. Sie kamen an einer Gasse vorbei, in der sich zerbrochene Bierflaschen türmten. „Ich verstehe nicht, wie die Polizei die Akte schließen kann bei den vielen offenen Fragen." Mit einem Blick zum Victory Hotel zurück fügte Kate hinzu: „Ist es nicht traurig, wenn jemand stirbt, ohne eine Spur zu hinterlassen, wer oder was er war?"

„Das ist bei uns auch nicht anders. Es sei denn, jemand hinterlässt ein Buch oder berühmte Bauwerke."

„Oder Kinder."

Nach einer Pause bestätigte er: „Ja, wenn man Glück hat."

„Eines wissen wir jedenfalls, er hat Jenny Brook geliebt." Nach einem Moment fuhr sie plötzlich mit Nachdruck fort: „Es wird mir gut tun, wieder zu Hause zu sein. Ich bin es gewohnt, allein zu leben."

David erwiderte schulterzuckend: „Ich auch."

Sie hatten sich beide in ihre Schneckenhäuser zurückgezogen. Ihnen blieb nur noch wenig gemeinsame Zeit, trotzdem redeten sie wie zwei Fremde. Beim Frühstück am Morgen hatten sie über alles Mögliche gesprochen, nur nicht über das, was Kate am meisten bewegte. Während des Packens dann wartete sie darauf, dass David sie bitten würde zu bleiben. Er tat es nicht. Sie war froh, dass ihre eiserne Selbstbeherrschung sie nie im Stich ließ. Es würde keine Tränen geben.

Die Heimfahrt war viel zu kurz. Kate streifte David mit einem Seitenblick und dachte an den Tag ihres Kennenlernens. Damals hatte er genauso unnahbar gewirkt wie heute.

Als sie vor ihrem Haus angekommen waren, trug David ihr den Koffer zur Tür und schien eilig wieder wegfahren zu wollen.

„Möchtest du auf eine Tasse Kaffee mit hineinkommen?" fragte sie und kannte die Antwort.

„Ich kann jetzt nicht, aber ich rufe dich an."

Die berühmten letzten Worte, sie gehörten wohl zum Ritual. Kate sah, dass David auf seine Uhr blickte, schloss automatisch die Tür auf und gab ihr einen Schubs. Als sie in den Raum blickte, blieb sie starr auf der Türschwelle stehen. Dann wich sie entsetzt zurück und spürte, wie David sie stützend auffing.

Auf die gegenüberliegende Wand hatte jemand mit roter Farbe gesprüht: Hör auf zu schnüffeln!

Darunter prangte ein Totenkopf mit zwei gekreuzten Knochen.

13. KAPITEL

„Unmöglich, Davy. Die Akte ist geschlossen." Pokie Ah Ching balancierte seinen Kaffee gelassen durch den überfüllten Vorraum in sein Büro und setzte sich.

„Aber das war eine Warnung für Kate!" sagte David mit Nachdruck. „Und sie kann nicht von Charlie Decker stammen. Die Nachbarn waren am Dienstag im Haus. Da war noch alles in Ordnung."

„Vielleicht ein Kinderstreich."

„So ein Unsinn!" David stemmte die Hände auf die Tischplatte. „Gestern haben Sie mir schon nicht geglaubt, dass wir verfolgt wurden. Dann liegt Charlie Decker im Leichenschauhaus und hatte einen praktischen kleinen Unfall!"

„Ich wittere eine Verschwörungstheorie." Pokie setzte seine Tasse ab und bespritzte dabei einige Papiere. „Also gut, ich gebe Ihnen eine Minute für Ihre Geschichte, dann werfe ich Sie hinaus."

David zog sich einen Stuhl heran und setzte sich. „Vier Tote: Tanaka, Richter, Decker und Ellen O'Brien. Es gibt jemanden, der es in wenigen Wochen geschafft hat, sich dieser vier Menschen zu entledigen. Jemand, der klug, umsichtig und medizinisch gebildet ist und sehr, sehr viel Angst hat."

„Wovor?"

„Kate Chesne. Vielleicht ist sie bei ihren Nachforschungen auf etwas Wichtiges gestoßen, dessen sie sich noch gar nicht bewusst ist. Jedenfalls ist der Killer so nervös, dass er ihr Warnungen an die Wand sprüht. Ich habe Ihnen bereits eine Liste mit Verdächtigen gemacht. Beginnen Sie mit Dr. Avery, dem Chef der Anästhesie. Seine Frau starb Dienstagnacht in einem Pflegeheim angeblich eines natürlichen Todes. Seltsam ist nur, dass Dr. Avery am Vortag Ampullen mit irgendeinem Narkotikum aus dem Krankenhaus geholt hat."

Pokie lachte: „Ein alternder Jack the Ripper, das kann ich mir nicht vorstellen. Außerdem, was sollte er für ein Motiv haben, Leute seines Teams umzubringen?“

David seufzte: „Das weiß ich nicht, aber es muss mit Jenny Brook zu tun haben.“

Es klopfte, und ein rotäugiger, schniefender Sergeant Brophy kam herein und legte einige Papiere auf Pokies Schreibtisch. „Hier ist der Bericht, auf den Sie warten. Außerdem haben wir wieder einen Hinweis auf das vermisste Sasaki-Mädchen bekommen.“

„Gehen Sie dem nach“, erwiderte Pokie, als Sergeant Brophy bereits das Büro verließ. Dann zog er den Bericht zu sich heran und sagte: „Das war’s, Davy. Ich habe zu arbeiten.“

„Werden Sie den Fall wieder aufnehmen?“

„Ich denke darüber nach.“

„Was ist mit Dr. Avery? Wenn ich Sie wäre ...“

„Ich sagte, ich denke darüber nach.“ Er öffnete den Bericht – eine Geste, die das Ende des Gesprächs unterstrich.

David merkte, dass weiteres Beharren sinnlos wäre, und ging zur Tür.

„Warten Sie, Davy.“ Als David stehen blieb, fuhr Pokie fort: „Wo ist Kate jetzt?“

„Ich habe sie zu meiner Mutter gebracht. Ich wollte sie nicht allein lassen.“

„Dann ist sie in Sicherheit?“

„Wenn man es für sicher hält, in Gegenwart meiner Mutter zu sein, ja. Warum?“

Pokie schwenkte den Bericht. „Das ist gerade aus M.J.s Büro gekommen, Deckers Autopsiebericht. Er ist nicht ertrunken.“ Pokie lehnte sich leise fluchend zurück, bevor er hinzufügte: „Er war seit Stunden tot, bevor er ins Wasser fiel.“

Jinx Ransom biss in einen frisch gebackenen Ingwerkeks und meinte: „Rache ist ein sehr logisches Motiv für Mord.“

Sie und Kate saßen auf der hinteren Veranda mit Blick auf den Friedhof. Es war ein windstiller Nachmittag. Nichts bewegte sich, kein Blatt, nicht einmal die Luft. Gracie kam mit einem Tablett, auf dem die Kaffeetassen und Löffel aneinander schlugen, aus der Küche und blickte zum Himmel.

„Es wird regnen", stellte sie fest.

„Charlie Decker war ein Poet", sagte Kate. „Er liebte Kinder, und Kinder liebten ihn. Glauben Sie nicht, dass sie etwas gemerkt hätten, wenn er gefährlich gewesen wäre?"

„Nein. Kinder sind genauso dumm wie wir alle. Und dass er ein Poet war, bedeutet auch nichts. Er hatte fünf Jahre Zeit über seinen Verlust zu brüten. Das reicht, um aus einer Besessenheit Gewalttätigkeit werden zu lassen."

„Aber die Menschen, die ihn kannten, sind einstimmig der Meinung, dass er kein gewalttätiger Mann war."

„Gewalttätig sind wir alle, besonders wenn es um Menschen geht, die wir lieben. Liebe und Hass sind miteinander verknüpft."

„Das ist eine harte Einschätzung der menschlichen Natur."

„Aber eine realistische. Mein Mann war Richter, mein Sohn Staatsanwalt. Glauben Sie mir, die Realität ist grausamer als unsere Fantasie. Ich habe all ihre Geschichten gehört."

Kate blickte über die weite Rasenfläche und fragte: „Warum hat David das Büro des Staatsanwaltes verlassen? Er sprach zwar einmal von einem Sklavengehalt, aber ich glaube, Geld bedeutet ihm nicht wirklich etwas."

„Das ist richtig." Jinx blickte unentschlossen auf ihren angebissenen Keks, sah dann Kate an und sagte: „Sie waren eine Überraschung für mich, Kate. Nicht nur, weil David mir selten eine Frau vorstellt, sondern weil Sie Ärztin sind."

„David mag Ärzte nicht", fügte Gracie erklärend hinzu. „Man könnte schon sagen, er verachtet sie."

Jinx griff nach ihrem Stock und stand auf. „Kommen Sie, Kate.

Ich möchte Ihnen etwas zeigen." Sie gingen langsam hinüber zum Friedhof zu einem schattigen Platz unter einem Baum. Zu ihren Füßen lag ein kleiner Blumenstrauß auf einem Grab.

Noah Ransom
sieben Jahre

stand auf der Grabplatte.

„Mein Enkel", sagte Jinx.

„Es muss schrecklich für David gewesen sein, sein einziges Kind zu verlieren", erwiderte Kate leise.

„Es war für uns alle schrecklich, aber für David vielleicht am schlimmsten. In gewisser Weise ist er wie sein Vater. Er verschenkt seine Liebe nicht leicht, aber wenn, dann vorbehaltlos. Dieser Junge war das Wertvollste, das er im Leben hatte, und er hat seinen Tod nie verwunden. Vielleicht hat er deshalb so viele Probleme mit Ihnen, Kate." Sie wandte sich ihr zu. „Wissen Sie, wie der Junge starb?"

„David erwähnte einmal etwas von Meningitis."

„Bakterielle Meningitis, eine heilbare Erkrankung, richtig?"

„Wenn sie rechtzeitig erkannt wird."

„Wenn! Und genau das bringt David um den Verstand. Als der Junge seinerzeit erkrankte, war David zu einer Tagung in Chicago. Linda dachte sich zunächst nichts Schlimmes, Kinder fangen sich immer schnell etwas ein. Erst als das Fieber nicht sank und der Junge über starke Kopfschmerzen klagte, brachte sie ihn zu einem Arzt. Ihr Hausarzt war in Urlaub, deshalb gingen sie zu einer Vertretung. Dort saßen sie zwei Stunden im Wartezimmer, dann befasste sich der Arzt fünf Minuten mit dem Kind und schickte sie nach Hause."

Kate starrte auf das Grab und fürchtete zu wissen, was nun kam.

„Linda rief den Arzt noch dreimal in dieser Nacht an, doch sie wurde nur als überängstliche Mutter beschimpft, die aus einer Erkältung eine Katastrophe mache. Als sie Noah schließlich ins

Krankenhaus brachte, war er schon im Delirium und fragte immer nur nach seinem Daddy. Die Ärzte taten, was sie konnten, aber ..." Jinx zuckte die Schultern. „Es war für beide nicht leicht. Linda hatte Schuldgefühle, und David zog sich in sein Schneckenhaus zurück und kam nicht mehr hervor. Es überraschte mich nicht, dass Linda ihn verließ."

Jinx blickte auf und sah zum Haus hinüber, als sie fortfuhr: „Es kam heraus, dass der behandelnde Arzt in Kalifornien wegen Alkoholismus seine Zulassung verloren hatte. Da begann David seinen persönlichen Kreuzzug. Er ruinierte den Mann. Doch der Drang, Ärzte für ihre Fehler zur Rechenschaft zu ziehen, beherrschte bald sein Leben. Er verließ das Büro des Staatsanwaltes und wurde Anwalt. Er verdiente viel Geld mit Kunstfehlerprozessen, aber irgendwie ruinierte er immer jenen einen Arzt, der Noah auf dem Gewissen hatte."

Deshalb hatten wir nie eine Chance, dachte Kate. Ich war immer der Feind, den es zu besiegen galt.

Während Jinx allein zum Haus zurückging, blieb Kate unter dem Baum stehen und dachte darüber nach, was für eine gewaltige Kraft die Liebe zu einem Kind war. David hatte den Schmerz über Noahs Verlust all die Jahre hindurch konserviert. So wie Charlie den Verlust seiner Liebe fünf Jahre in der Nervenklinik betrauert hatte.

Nervenklinik! Kate stutzte und dachte an das Rezept von Dr. Nemecheck, das sie gefunden hatten. Die Luft war so drückend, dass man das Gefühl hatte, eine tonnenschwere Last liege auf den Schultern. Zweifellos gab es bald ein Gewitter.

Wenn sie sich beeilte, war sie in der Nervenklinik, bevor das Unwetter losbrach.

Dr. Nemecheck war ein dünner, zerbrechlich wirkender Mann, der aussah, als hätte er in seinem zerknitterten Hemd und dem weißen Kittel geschlafen.

Während er mit Kate über das Krankenhausgelände ging, sprach er immer wieder Patienten mit ein paar Worten Trost zu. Auf dem Rasen blieb er stehen und sah sich um. „Charlie Decker gehörte nicht hierher. Ich habe denen von Anfang an gesagt, dass er kein Irrer mit kriminellen Neigungen ist. Aber das Gericht hatte einen so genannten Gutachter vom Festland, und damit war die Sache erledigt. Charlie Decker war in sich gekehrt, sehr depressiv, und manchmal litt er vielleicht unter Wahnvorstellungen."

„Dann war er geistesgestört?"

„Aber nicht in gefährlicher Weise", widersprach Dr. Nemecheck nachdrücklich. „Seine geistigen Störungen waren mehr ein Schutzschild vor dem Schmerz. Seine Selbsttäuschungen hielten ihn am Leben. Deshalb habe ich nie versucht, sie ihm zu nehmen. Hätte ich das getan, hätte ich ihn umgebracht."

„Die Polizei meint, er war ein Mörder."

„Lächerlich. Er war ein sehr freundlicher Mensch, er konnte nicht einmal einen Grashüpfer zertreten."

„Vielleicht fiel es ihm leichter, Menschen umzubringen."

Dr. Nemecheck winkte ab. „Er hatte keinen Grund dazu."

„Und was ist mit Jenny Brook? War ihr Tod kein Grund?"

„Charlies Wahnvorstellungen hatten nichts mit Jenny zu tun. Deren Tod hatte er als etwas Unabänderliches hingenommen. Charlies Wahn bestand darin, dass er glaubte, seine Tochter lebe noch. Einer der Ärzte hatte ihm gesagt, dass das Kind lebend geboren worden war. Jeden August hielt er eine kleine Geburtstagsfeier ab und sagte uns, wie alt seine Tochter jetzt sei. Er wollte sie finden und großziehen. Aber ich wusste, dass er sie nie ernsthaft suchen würde, weil er Angst vor der Wahrheit hatte: dass das Baby tot war."

Die ersten Regentropfen ließen beide aufblicken. Der Wind frischte auf, und die Krankenschwestern ringsum drängten die Patienten, ins Haus zu gehen.

„Besteht eine Chance, dass das Kind noch lebt?" fragte Kate.

„Ausgeschlossen." Der Regen wurde heftiger. „Das Baby ist tot. Es existierte nur noch in Charlie Deckers Fantasie."

Während Kate durch den Regen zu Jinx Ransoms Haus zurückfuhr, dachte sie immer wieder an Dr. Nemechecks Worte: Das Baby ist tot. Wie die Kleine wohl ausgesehen hätte, wenn sie am Leben geblieben wäre? Ob sie die dunklen Haare des Vaters und die eindrucksvollen, lachenden Augen der Mutter gehabt hätte? Kate sah lebhaft Jenny Brooks Gesicht auf der Fotografie vor sich und wurde sehr nachdenklich. Dieses Gesicht war ihr irgendwie vertraut, vor allem diese lebhaften, lachenden Augen. Die Erkenntnis, an wen es sie erinnerte, traf sie wie ein Schlag. Vor Schreck trat sie auf die Bremse. So musste es sein! Jenny Brooks Kind lebte!

Und er war fünf Jahre alt.

„Wo zum Teufel steckt sie bloß?" David warf den Hörer auf die Gabel und blickte gereizt zu Phil Glickman hinüber, der sich mit Stäbchen gebratene Reisnudeln in den Mund schob. „Dr. Nemecheck sagt, dass Kate das Krankenhaus um fünf verlassen hat. Sie müsste längst zu Hause sein. Ich verstehe einfach nicht, wo sie nur sein kann."

„Wissen Sie", meinte Phil Glickman kauend, „dieser Fall wird von Tag zu Tag komplizierter. Alles fing mit einem simplen Kunstfehlerprozess an und endete mit mehrfachem Mord. Ich bin gespannt, wo das hinführt."

„Ich auch", seufzte David und drehte sich im Sessel zum Fenster. Er versuchte, die appetitanregenden Düfte von Phil Glickmans chinesischem Gericht zu ignorieren. Die Wolken draußen waren dunkelgrau. Erst jetzt wurde ihm klar, wie spät es schon war. Normalerweise würde er jetzt seine Aktentasche packen und heimfahren. Aber er musste nachdenken, und das konnte er am besten hier vor dem Fenster.

„Jemandem die Halsschlagader durchzuschneiden, ist schon eine schlimme Art, einen Mord zu begehen“, sagte Phil Glickman. „Man denke nur an das viele Blut. Das erfordert viel Mut.“

„Oder Verzweiflung.“

„Außerdem ist es bestimmt nicht einfach. Man muss sehr nah an sein Opfer herankommen, um die Arterie zu durchtrennen. Es gibt einfachere Wege. Gift zum Beispiel, etwas, das tötet und nicht nachzuweisen ist.“

„Sie vergessen etwas. Wo bleibt die Befriedigung, wenn man das Opfer nicht leiden sieht?“

„Das ist ein Problem“, stimmte Phil Glickman zu. „Dann lässt man es durch Terror leiden, durch Warnungen und Drohungen.“

David dachte an den roten Totenkopf auf Kates Wohnzimmerwand. Ihm wurde immer unbehaglicher zumute. Irgendwie hatte er eine Ahnung drohenden Unheils. Er stand auf und packte einige Unterlagen in seine Aktentasche. Es war sinnlos, hier zu bleiben. Sorgen machen konnte er sich auch zu Hause bei seiner Mutter.

„Wissen Sie, etwas leuchtet mir bei der ganzen Sache nicht ein“, bemerkte Phil Glickman und beendete sein Mahl. „Dr. Tanaka und Ann Richter wurden auf blutigste Weise umgebracht. Warum ging der Mörder bei Ellen O'Brien anders vor und ließ ihren Tod wie eine Herzattacke aussehen?“

„Eines habe ich während meiner Zeit beim Staatsanwalt gelernt.“ David klappte seine Tasche zu. „Mord muss nicht sinnvoll sein.“

„Mir scheint, dass sich unser Killer viel Mühe gegeben hat, die Schuld auf Kate Chesne abzuwälzen.“

David war schon fast an der Tür, als er wie angewurzelt stehen blieb. „Was haben Sie da gesagt?“

„Ich sagte, dass sich der Killer Mühe gab, Kate Chesne die Schuld ...“

„Nein, Sie benutzten das Wort abwälzen."

„Vielleicht."

„Also, wer wird verklagt, wenn ein Patient unerwartet auf dem OP-Tisch stirbt?"

„Die Schuld wird meist geteilt von Anästhesist und ..." Phil Glickman brach ab. „Oh Himmel! Warum habe ich nicht eher daran gedacht?"

David griff bereits nach dem Telefonhörer und wählte die Nummer der Polizei. Er verfluchte sich im Stillen für seine Blindheit. Der Mörder war die ganze Zeit zugegen gewesen, beobachtend, abwartend. Er wusste, dass Kate nahe daran war, Antworten auf ihre Fragen zu finden, und er hatte Angst. Angst genug, um Warnungen an Kates Wände zu sprühen und sie auf einem dunklen Highway im Auto zu verfolgen. Und vielleicht trieb diese Angst ihn auch zu einem weiteren Mord.

Es war halb sechs, und die meisten Angestellten in der Abteilung für medizinische Berichte waren schon fort. Die einzige Dame, die noch dort war, nahm murrend Kates Anfragezettel entgegen und rief dann im Computersaal den Standort der Akte ab.

„Diese Patientin ist tot", sagte sie und deutete auf den Monitor. „Die Akte ist in der Ablage. Es wird eine Weile dauern, sie zu finden. Warum kommen Sie nicht morgen wieder?"

Kate erinnerte sich an ihre letzten Schwierigkeiten in dieser Abteilung und erwiderte etwas unwirsch: „Ich brauche die Akte jetzt." Und es ist eine Frage von Leben und Tod, fügte sie im Stillen hinzu.

Die Angestellte blickte auf die Uhr, tippte mit dem Kuli auf die Schreibtischplatte, erhob sich langsam und verschwand schließlich im Aktenraum.

Nach einer Viertelstunde kehrte sie mit dem Bericht wieder. Kate zog sich an einen Ecktisch zurück und las. Brook, Baby, weiblich. Die Akte enthielt nur wenige Blätter. Der Tod des Kindes wurde am

17. August um 2 Uhr früh festgestellt. Todesursache war eine Unterversorgung des Gehirns mit Sauerstoff. Den Totenschein hatte Dr. Tanaka unterschrieben.

Kate blickte noch einmal in die Kopie von Jenny Brooks Krankenakte, die sie mitgebracht hatte. Obwohl sie den Text schon so oft gelesen hatte, fiel ihr plötzlich etwas auf. Da es in der Familie einige Fälle von Spina bifida gegeben hatte, war in den ersten Schwangerschaftswochen eine Fruchtwasseranalyse vorgenommen worden. Damit konnten nicht nur mögliche Missbildungen des Fötus festgestellt werden, sondern auch das Geschlecht des Kindes.

Die Ergebnisse der Untersuchung waren nicht in der Krankenhausakte, was Kate nicht verwunderte. Vermutlich waren sie in Dr. Tanakas Patientenkartei. Aber dort waren sie auf wundersame Weise verschwunden! Kate schloss die Akte und legte sie hin. „Ich brauche noch einen Bericht", sagte sie wie im Fieber. „Der Name ist William Santini."

Es dauerte nur eine Minute, den zu finden. Als Kate ihn in Händen hielt, hatte sie fast Angst, ihn zu öffnen. Als Erstes sprang ihr eine Kopie der Geburtsurkunde ins Auge:

Name: William Santini
Geburtsdatum: 17. August
Zeit: 3 Uhr früh

Beide Kinder waren am 17. August geboren, aber nicht zur selben Zeit. Eine Stunde nachdem Baby Brook die Welt verlassen hatte, war William Santini in sie eingetreten.

Zwei Kinder: Eines lebte, eines war tot. Hatte es je ein besseres Motiv für Mord gegeben?

„Erzähl mir nicht, du hast noch Akten aufzuarbeiten", bemerkte eine erschreckend vertraute Stimme.

Kate hob ruckartig den Kopf. Guy Santini war gerade zur Tür

hereingekommen. Sie klappte sofort die Akte zu, merkte aber, dass der Name mit Tinte in großen schwarzen Lettern auf dem Deckel stand. Sie presste die Akte an die Brust und setzte ein automatisches Lächeln auf.

„Ich ... ich muss noch ein bisschen Papierkram erledigen." Dann fügte sie im Konversationston hinzu: „Du bist spät dran hier."

„Ich bin wieder gestrandet. Der Wagen ist in der Werkstatt. Susan holt mich ab." Er blickte sich nach der Angestellten um, die vorübergehend verschwunden war. „Wo ist die Dame hier eigentlich?"

„Sie war gerade noch da", erwiderte Kate und bewegte sich vorsichtig auf den Ausgang zu.

„Ich vermute, du hast von Dr. Averys Frau gehört. Es war ein Segen, wenn man bedenkt ..." Er sah sie an, und sie erstarrte zwei Schritte von der Tür entfernt.

„Ist etwas nicht in Ordnung?" fragte er stirnrunzelnd.

„Nein. Ich muss ... also, ich bin wirklich in Eile." Sie wandte sich ab und wollte fliehen, als die Dame aus der Registratur rief:

„Dr. Chesne!"

„Was?" Kate drehte sich um und sah die Frau vorwurfsvoll hinter einem Regal hervorspähen.

„Die Akte. Sie dürfen sie nicht aus der Abteilung mitnehmen, Dr. Chesne, das wissen Sie doch."

Kate blickte auf die Akte, die sie immer noch an die Brust presste, und überlegte sich fieberhaft ihren nächsten Schritt. Sie konnte das Dokument unmöglich zurückgeben, solange Guy noch am Tresen stand und die Aufschrift lesen konnte. Aber hier stehen zu bleiben wie eine Halbgescheite, war auch unmöglich.

Die beiden blickten sie verwundert an und warteten auf eine Antwort.

„Also, wenn Sie noch nicht fertig damit sind, kann ich sie für Sie hier behalten", bot ihr die Dame an und kam zum Tresen.

„Nein, ich meine …“

Guy lachte: „Was steht denn darin? Staatsgeheimnisse?“

Kate merkte, dass sie die Akte so fest hielt, als fürchtete sie, man würde sie ihr entreißen. Mit heftigem Herzklopfen ging sie zum Tresen und legte die Akte, Frontseite nach unten, darauf. „Ich bin noch nicht fertig damit“, sagte sie.

„Dann halte ich sie für Sie zurück.“ Die Dame griff danach, und einen Moment sah es so aus, als würde sie den Namen des Patienten preisgeben, doch sie nahm nur den Anforderungszettel von Guy Santini. „Setzen Sie sich doch, Dr. Santini“, schlug sie vor. „Ich bringe Ihnen den Bericht an den Tisch.“

Jetzt nichts wie raus hier, dachte Kate. Es kostete sie Mühe, nicht loszurennen. Als sie langsam zur Tür ging, spürte sie regelrecht Guys Blick im Rücken. Erst auf dem Flur draußen wurde ihr das ganze Ausmaß dessen, was sie gerade entdeckt hatte, bewusst. Guy Santini war ihr Kollege, ein Freund.

Er war aber auch ein Mörder, und sie war die Einzige, die das wusste.

Guy Santini starrte die Tür an, durch die Kate gerade verschwunden war. Er kannte Kate Chesne jetzt fast ein Jahr, aber er hatte sie noch nie so nervös erlebt. Verwundert setzte er sich an einen Ecktisch. Er liebte diese Nische in dem großen, unpersönlichen Raum. Noch jemand schien diesen Platz zu mögen, denn es lagen zwei Akten dort. Er wollte sie gerade beiseite schieben, als sein Blick auf den Namen fiel: Brook, Baby, weiblich, verstorben.

Der Schreck fuhr ihm in die Glieder. Das konnte nicht dieselbe Brook sein. Hastig öffnete er die Akte und las den Namen der Mutter: Brook, Jennifer.

Dieselbe Frau, dasselbe Baby. Er musste nachdenken und Ruhe bewahren. Es gab nichts zu befürchten. Alle, die mit der Tragödie vor fünf Jahren zu tun hatten, waren tot. Niemand hatte einen Grund, neugierig zu sein. Oder doch?

Er sprang auf und eilte zum Tresen. Dort lag noch die Akte, die Kate Chesne so zögernd zurückgegeben hatte. Er nahm sie hoch und drehte sie um. Da stand der Name seines Sohnes.

Kate Chesne wusste also Bescheid. Dann musste er sie aufhalten!

„Das hätten wir." Die Dame von der Registratur kam mit einem Arm voller Akten vom Regal herunter. „Ich glaube, ich habe alle ..." Sie hielt verblüfft inne. „Wohin wollen Sie, Dr. Santini?"

Doch Guy antwortete nicht. Er rannte auf den Flur und hinter Kate her.

Die Eingangshalle war beruhigend hell, als Kate aus dem Lift heraustrat. Ein paar Besucher warteten noch an der Eingangstür und schauten in das Gewitter hinaus. Ein Sicherheitsbeamter lehnte am Informationstisch und plauderte mit der hübschen jungen Dame. Kate eilte zu den Telefonkabinen. Die erste war defekt, die zweite besetzt. Kate stellte sich hinter den Mann, der gerade eine neue Münze einwarf, und wartete. Wind rappelte an den Fenstern, und der Parkplatz draußen verschwand hinter einem dunklen Regenschleier.

Kate betete, dass Leutnant Ah Ching in seinem Büro sein würde, und sie sehnte sich danach, Davids Stimme zu hören.

Der Mann telefonierte immer noch. Sie blickte sich um und bemerkte beunruhigt, dass der Sicherheitsbeamte fort war. Die junge Dame schloss den Informationsstand. Die Halle leerte sich zu rasch. Kate wollte auf keinen Fall allein hier zurückbleiben ... nicht mit dem, was sie wusste.

Kurz entschlossen lief sie hinaus in den windgepeitschten tropischen Regen. Sie hatte Jinx Ransoms Wagen am Ende des Parkplatzes abgestellt, und als sie dort ankam, war ihre Kleidung völlig durchweicht. Sie brauchte einige Zeit, sich mit dem unbekannten

Schlüsselbund zurechtzufinden und die Tür zu öffnen. So bemerkte sie den Schatten nicht, der sich ihr näherte. Als sie gerade einsteigen wollte, legte sich eine Hand auf ihren Arm.

Kate blickte auf und sah sich Guy Santini gegenüber.

14. KAPITEL

„Rutsch rüber“, sagte Santini.

„Guy, mein Arm ...“

„Ich sagte: Rutsch rüber!“

Kate stellte entsetzt fest, dass der Parkplatz wie ausgestorben war. Niemand würde sie schreien hören und ihr zu Hilfe eilen. Das Regentrommeln auf dem Autodach war das einzige Geräusch ringsum. Flucht war ebenfalls unmöglich. Guy versperrte den Fahrerausstieg, und zur anderen Seite würde sie es nicht so schnell schaffen. Bevor sie weitere Schritte planen konnte, schob Guy sie beiseite, nahm die Schlüssel, die auf den Sitz gefallen waren, und zündete den Motor.

Kate versuchte, sich auf Guy zu stürzen, ihm das Gesicht zu zerkratzen. Doch er reagierte rasch. Mit einer heftigen Abwehrbewegung eines Armes schob er Kate zurück, sodass sie gegen die Sitzlehne prallte. „Ich schwöre dir, wenn nötig, breche ich dir den Arm“, drohte er mit ruhiger Stimme. Er setzte den Wagen zurück, trat aufs Gas, und sie schossen geradezu auf die Straße hinaus.

„Wohin bringst du mich?“ fragte sie.

„Irgendwohin. Ich habe dir etwas zu sagen, und du wirst zuhören.“

„Worum ... worum geht es denn?“

„Das weißt du verdammt gut.“

Sie näherten sich einer Kreuzung mit Ampel. Kate überlegte, dass sie sich hinausfallen lassen könnte, falls der Wagen zum Stehen kam. Doch Guy ahnte, was sie vorhatte, hielt sie am Arm fest, bis sie wieder freie Fahrt hatten, und gab erneut Gas. Ihr Tempo war geradezu halsbrecherisch. „Du hattest kein Recht, dich hier einzumischen, Kate.“ Guy konzentrierte sich wieder auf die Straße. „Die Sache ging dich nichts an.“

„Ellen war meine Patientin ... unsere Patientin!“

„Das gibt dir nicht das Recht, mein Leben zu zerstören!“

„Und was war mit ihrem Leben und dem von Ann? Die beiden sind tot, Guy!“

„Und mit ihnen wurde die Vergangenheit begraben. Lass es so!“

„Allgütiger! Ich dachte, ich würde dich kennen. Ich dachte, wir wären Freunde.“

„Ich muss meinen Sohn beschützen und Susan. Glaubst du, dass ich ruhig zusehe, wie ihnen Schaden zugefügt wird?“

„Man wird euch den Jungen nicht wegnehmen. Nicht nach fünf Jahren. Das Gericht wird euch das Sorgerecht ...“

„Wegen des Sorgerechts mache ich mir keine Gedanken. Kein Gericht der Welt würde uns den Jungen nehmen, um ihn einem Irren wie Decker zu übergeben. Nein, ich mache mir Sorgen um Susan.“

„Das verstehe ich nicht.“ Die Straße war glitschig vom Regen, sodass Guy das Lenkrad mit beiden Händen festhalten musste. Kate überlegte, dass es für sie möglicherweise tödlich ausging, wenn sie ihm noch einmal in den Arm zu fallen versuchte. Sie musste auf eine bessere Gelegenheit warten. Deshalb fragte sie so ruhig wie möglich: „Warum bist du wegen Susan besorgt?“

„Sie weiß von nichts. Sie denkt, William sei ihr Sohn.“

„Das kann doch nicht sein!“

„Ich habe es all die Jahre vor ihr verheimlichen können. Sie war in Narkose, als unser Baby geboren wurde. Es war ein Notfall, ein Kaiserschnitt. Es war unser drittes Kind, unsere letzte Chance, und das Mädchen kam wieder tot zur Welt ...“ Er machte eine Pause und räusperte sich. Als er wieder sprach, klang seine Stimme leicht brüchig vor innerer Bewegung. „Ich wusste nicht, was ich tun oder Susan sagen sollte. Sie lag da, friedlich schlafend, während ich unser totes Kind in den Armen hielt.“

„Und da hast du Jenny Brooks Baby als eures ausgegeben?“

Er wischte sich rasch mit dem Handrücken über die Stirn. „Es war ein Akt der Vorsehung, begreifst du das nicht? Mir jedenfalls kam es so vor. Die junge Frau war gerade gestorben, und der Junge, ein absolut gesundes Kind, schrie nebenan. Er hatte niemanden, der ihn halten und lieben würde. Über den Vater des Kindes war nichts bekannt, und es schien keine Verwandten zu geben. Susan begann schon aufzuwachen. Verstehst du nicht? Es hätte sie umgebracht, die Wahrheit zu erfahren. Dieser Junge war ein Gottesgeschenk. Es war Schicksal, dass alles so kam. Wir fühlten alle so, Ann, Ellen, nur Dr. Tanaka ..."

„Er war nicht einverstanden?"

„Nein, zuerst nicht. Ich sprach mit ihm, flehte ihn praktisch an. Doch erst als Susan aufwachte und nach dem Baby fragte, stimmte er schließlich zu. Ellen legte ihr den Jungen in die Arme. Und Susan ... sie sah ihn an ... und begann zu weinen." Guy wischte sich mit dem Ärmel über die Augen. „Da wussten wir, dass wir das Richtige getan hatten."

Auch Kate hatte das Gefühl, es sei eine salomonisch kluge Entscheidung gewesen. Dennoch hatte sie zu vier Morden geführt. Und bald würde ein fünfter folgen.

Der Wagen fuhr langsamer, und Kate schöpfte wieder Hoffnung. Der Verkehr wurde dichter. Vor ihnen lag hinter einem Regenschleier der Pali Tunnel. Sie wusste, dass irgendwo an der Einfahrt ein Notruftelefon war. Wenn Guy noch weiter mit dem Tempo herunterging, würde sie die Tür aufdrücken und sich herausfallen lassen.

Doch sie erhielt diese Chance nicht. Guy fuhr in einen dichtbewaldeten Seitenweg, vorbei an einem Hinweisschild zum Pali Aussichtspunkt. Das war's dann, dachte Kate. Das Kliff hoch über dem Tal war der Punkt, an dem lebensmüde Liebespaare ihren Pakt besiegelten, von dem Krieger im Altertum in den Tod gestürzt wurden. Der ideale Ort für einen Mord.

In einem letzten verzweifelten Versuch warf Kate sich gegen die

Tür, doch Guy hielt sie fest. Dann trommelte sie mit beiden Fäusten auf ihn ein. Er verlor für einen Moment die Gewalt über das Steuer, doch mit seiner überlegenen Kraft entschied er den Kampf und lenkte das schlingernde Fahrzeug auf die Straße zurück. Kate sah entsetzt, wie sie die letzten Meter zum Aussichtspunkt zurücklegten.

Guy hielt den Wagen an und stellte den Motor ab. Dann saß er lange schweigend da, als sammele er Mut für seine Tat. Der Regen war zu einem kräftigen Nebel geworden. Hinter dem Kliffrand wallte Nebel empor und verwehrte den Blick auf den tödlichen Abgrund.

„Was du eben gemacht hast, war komplett verrückt", sagte Guy ruhig. „Warum hast du das getan?"

Sie senkte langsam, müde und resigniert den Kopf. „Weil du mich wie die anderen umbringen wirst."

„Ich werde was?"

Kate sah ihn an und suchte in seinem Blick nach Anzeichen für Reue. Sie hoffte, an einen letzten Rest von Menschlichkeit in ihm appellieren zu können. „War es leicht, Ann die Kehle durchzuschneiden und sie verbluten zu sehen? War das viele Blut für dich nichts Erschreckendes?"

„Du meinst ... du glaubst wirklich ... Allmächtiger!" Er schlug beide Hände vor das Gesicht. Plötzlich begann er zu lachen, leise zuerst, dann immer heftiger, bis sich sein ganzer Körper schüttelte vor Lachen oder Schluchzen. Er bemerkte die Scheinwerfer nicht, die sich durch den Nebel näherten. Kate sah den zweiten Wagen die Straße heraufkommen. Dies war ihre Chance. Sie konnte die Tür öffnen und Hilfe holen. Doch sie unterließ es. Sie wusste plötzlich, dass Guy nicht vorhatte, ihr etwas zu tun. Er war unfähig, einen Mord zu begehen.

Er öffnete die Tür, stieg aus und ging zum Kliffrand. Dort blieb er mit gesenktem Kopf und hängenden Schultern stehen. Kate folgte ihm und berührte sacht seinen Arm. „Dann hast du sie nicht getötet?"

Er blickte auf und atmete tief durch. „Ich würde fast alles tun, um meinen Sohn zu behalten. Aber Mord? Ich hatte mir schon den Kopf zerbrochen, wie wir Charles Decker loswerden könnten, denn er gab nicht auf, fragte überall nach, wo das Baby sein könnte."

„Woher wusste er überhaupt, dass es noch lebte?"

„In jener Nacht war noch ein Arzt im Kreißsaal."

„Du meinst, Dr. Vaughn?"

„Ja, Decker sprach mit ihm und erfuhr einiges."

„Und dann starb Dr. Vaughn bei einem Autounfall."

„Ja, und ich dachte, nun sei alles erledigt. Aber als Decker aus der Nervenklinik entlassen wurde, ging es wieder los. Früher oder später hätte jemand geredet. Dr. Tanaka war bereit dazu, und Ann Richter hatte schreckliche Angst. Ich gab ihr Geld, damit sie die Inseln verlassen konnte. Doch Decker erwischte sie vorher."

„Guy, das ergibt keinen Sinn. Warum sollte er Menschen umbringen, die ihm seine Fragen beantworten konnten?"

„Aber er muss es gewesen sein. Es gab sonst niemanden, der ..."

Von irgendwo aus dem Nebel erklang ein hartes, metallisches Klicken. Guy und Kate erschraken, als sich langsam Schritte näherten. Aus dem Halbdunkel tauchte eine Gestalt auf, deren rotes Haar gut zu erkennen war. Vor allem das dunkle Grau der Waffe in ihrer Hand fesselte jedoch Kates Blick, als Susan Santini vor ihnen stehen blieb.

„Geh aus dem Weg, Guy!" befahl sie leise.

Doch Guy regte sich nicht vor Verblüffung.

„Du warst es", flüsterte Kate. „Du warst der Täter, nicht Decker! Du wolltest es auf ihn und auf mich abwälzen."

Langsam richtete Susan ihren starren Blick auf Kate. Durch den Nebel wirkte ihr Gesicht geisterhaft. „Du verstehst mich nicht, Kate, oder? Du hattest nie ein Kind, hast dir nie Sorgen gemacht, dass ihm etwas zustoßen könnte. Ich war immer in Sorge um ihn."

„Susan!" stöhnte Guy. „Ist dir klar, was du getan hast?"

„Du hättest es nicht getan, also musste ich es tun. All die Jahre hatte ich keine Ahnung wegen William. Du hättest es mir sagen müssen, Guy. Ich habe es von Dr. Tanaka erfahren."

„Du hast vier Menschen umgebracht, Susan!"

„Drei. Die vierte hat sie mir abgenommen." Sie starrte Kate an. „In der Ampulle war kein Succinylcholin, sondern ein Narkotikum. Du hast Ellen die tödliche Dosis gespritzt." Sie sah wieder ihren Mann an. „Ich wollte nicht, dass man dir auch eine Schuld zuweist, Darling. Deshalb habe ich das EKG vertauscht und Kates Initialen darauf geschrieben."

„Und damit war ich schuldig."

Susan nickte und hob die Waffe. „Ja, Kate. Und jetzt geh bitte zur Seite, Guy. Es muss getan werden, für William!" Da er sich nicht bewegte, runzelte sie ungläubig die Stirn. „Sie werden ihn mir wegnehmen. Verstehst du nicht? Sie werden mir mein Baby wegnehmen!"

„Das wird nicht geschehen, ich verspreche es."

Susan schüttelte den Kopf. „Zu spät, Guy. Ich habe die anderen umgebracht, und sie ist die Einzige, die es weiß."

„Aber ich weiß es auch! Willst du mich auch umbringen?"

„Du wirst mich nicht verraten, du bist mein Mann."

„Susan, gib mir die Waffe." Mit ausgestreckter Hand ging er langsam auf sie zu und wiederholte mit zärtlicher Stimme: „Gib mir die Waffe, Darling. Nichts wird geschehen, dafür sorge ich."

Sie wich einen Schritt zurück und verlor auf dem unebenen Boden fast das Gleichgewicht. Guy verharrte, als der Lauf der Waffe schwankte und für einen Moment auf ihn zeigte.

„Du wirst mir doch nichts tun, Susan. Oder?" Er machte wieder einen Schritt vor.

„Ich liebe dich!" stöhnte sie.

„Dann gib mir die Waffe, Darling! Gib sie mir ..." Der Abstand zwischen ihnen wurde immer geringer. Susan schien wie gelähmt, da sie ihre Niederlage erkannte. Guy spürte seinen Vorteil und ergriff die Waffe am Lauf. Doch Susans Widerstandskraft flackerte noch einmal auf. Sie rangen einen Moment miteinander. Plötzlich löste sich ein Schuss. Beide schienen für Sekunden wie versteinert, dann fiel Guy hintenüber und umklammerte sein Bein.

„Nein!" schrie Susan auf. Ihre Stimme klang unheimlich. Langsam wandte sie sich Kate zu und hielt immer noch die Waffe in der Hand.

Kate rannte blindlings in den Nebel hinein. Sie hörte einen Schuss, und die Kugel schlug hinter ihr in den Boden ein. Es ging plötzlich bergan. Durch den sich kurzzeitig lichtenden Nebel sah sie einen steilen, kaum mit Buschwerk bewachsenen Berghang vor sich. Der Rückweg war durch Susan blockiert. Ihre einzige Fluchtchance lag linker Hand. Sie musste zur alten Pali Road, dem ursprünglichen Pass über das Kliff. Susans Schritte kamen näher. Kate kletterte über eine alte Betonmauer, schlitterte, sich an Ästen und Weiden festhaltend, einen lehmigen Hang hinunter und landete verkratzt und atemlos auf einem Stück Asphalt: die alte Pali Road.

„Es gibt keinen Ausweg", ertönte Susans irre Stimme von oben. „Die alte Straße führt nicht weit, ein falscher Schritt, und du stürzt ab." Das Rascheln der Büsche bewies, dass Susan sich näherte.

Kate sprang auf und rannte weiter. Die alte Straße war verfallen und voller Schlaglöcher. Durch den Nebel sah sie immer nur ein paar Schritte voraus und konnte nur hoffen, dass sie nicht in vollem Lauf über den Abgrund in die Tiefe stürzte. Sie stolperte über einen Stein, schlug lang hin, rappelte sich wieder hoch und hastete ungeachtet der schmerzenden Knie weiter.

Eine Windböe fegte für Augenblicke den Nebel fort. Kate

erkannte zu ihrer Linken den abgebrochenen Straßenrand über dem steilen Abgrund. Zur Rechten ging es ebenso steil den Berg hinauf. Dieser Hang war jedoch dicht mit Buschwerk bewachsen, und auf halber Höhe entdeckte sie den Eingang einer Höhle. Wenn sie rechtzeitig dorthin gelangte, konnte sie sich im Schutz der Dunkelheit verstecken, bis Hilfe kam. Verzweifelt begann Kate den Aufstieg. Der Regen hatte den Untergrund schlüpfrig gemacht, und es bestand die Gefahr, abzustürzen oder einen Felsbrocken zu lösen, der Susan aufmerksam machen würde.

Sie zog sich an Ästen hoch und hatte ein gutes Stück hinter sich gebracht, als sie unten auf der Straße Susans Schritte vernahm. Sie wurden langsamer und verharrten. Kate regte sich nicht. Nebel trieb jetzt wieder in dichten Schwaden den Hang hinauf und verbarg sie. Erst als die Schritte sich langsam entfernten, kletterte Kate weiter. Völlig erschöpft erreichte sie den Höhleneingang und kauerte sich zitternd und heftig nach Atem ringend zusammen. Sie schloss die Augen und dachte an David. Würde er betroffen sein über ihren Tod oder nur mit einem Schulterzucken darüber hinweggehen? Sie hatte sich noch nie so verlassen und einsam gefühlt wie jetzt.

Doch das Gefühl, niemandem wichtig zu sein, verlieh ihr auch eine letzte verzweifelte Kraft. Wenn sie sich retten wollte, musste sie selbst etwas unternehmen. Wieder näherten sich Schritte, und sie blickte vorsichtig über den Rand der Höhle nach unten. Der Nebel hatte sich gelichtet, und im Dämmerlicht war der Höhleneingang von der Straße aus noch zu sehen.

„Du bist da oben, stimmt's?" schrie Susan hinauf. „Ich hätte dich fast übersehen. Aber Höhlen haben einen Nachteil, Kate. Es sind Sackgassen." Steine lösten sich und polterten den Hang hinunter, als Susan den Hang in Angriff nahm.

Kate erkannte entsetzt, dass sie ihre Zuflucht verlassen und bis zum Bergrücken weiterklettern musste, auch wenn sie dabei in Susans Schusslinie geriet. Sie nahm einen faustgroßen Stein und spähte vorsichtig nach unten. Susan war auf halbem Weg. Ihre Blicke begegneten sich, und jede erkannte die Verzweiflung der anderen. Eine kämpfte um ihr Leben, die andere um ihr Kind, und für beide gab es keinen Kompromiss.

Kate warf den Stein. Er sprang vom Hang ab und prallte gegen Susans Schulter. Aufschreiend fiel sie wieder einige Meter zurück. Kate kam eilig aus der Höhle und kletterte weiter. Sie zog sich an Ästen empor, und ihre zitternden Arme und Beine arbeiteten exakt wie durch ein Wunder, geleitet vom schieren Überlebensinstinkt. Ihre Gliedmaßen waren blutig gekratzt, doch sie spürte keinen Schmerz. Bevor sie einen berankten Felsüberhang erreichte, schlug neben ihr eine Kugel ein. Erde und Steinsplitter spritzten ihr ins Gesicht. Glücklicherweise konnte Susan nicht genau zielen, da sie sich gleichzeitig festhalten musste.

Kate packte die Ranken und versuchte sich über den blanken Fels hochzuziehen. Doch sie war unendlich erschöpft. Ein zweiter Schuss pfiff nah an ihrer Wange vorbei. Mit letzter Kraft zog Kate sich hoch, ihr Schuh rollte den Hang hinab. Jeder Zentimeter wurde zur Qual. Ihre Muskeln schmerzten so sehr, dass sie glaubte, es nicht einmal zu spüren, falls die nächste Kugel sie traf. Doch sie schaffte es und ließ sich, einem Kollaps nahe, auf den schmalen Felssims rollen. Hier wollte sie liegen bleiben und schlafen. Doch es gab keine Pause, Susan war ihr auf den Fersen.

Kate erhob sich schwankend. Bei jedem Schritt stachen ihr jetzt Dornen in den nackten Fuß. Ansonsten war der Anstieg von hier aus leichter, und es waren nur noch wenige Meter bis zur Bergkuppe. Sie musste es einfach schaffen!

Kate schaffte es.

Ein neuer Schuss zerriss die Stille. Kate empfand nicht Schmerz, sondern Überraschung, als die Kugel dumpf in ihre Schulter schlug. Der Himmel drehte sich über ihr, dann kippte sie hintenüber und überschlug sich mehrfach. Ein Halekoa-Busch, der seine Wurzeln tief in die Erde gerammt hatte, fing ihren Fall ab, bevor sie über einen Felsvorsprung in die Tiefe stürzen konnte.

Während Kate dort lag und sich klar zu werden versuchte, was geschehen war, hörte sie in der Ferne Sirenengeheul, das näher kam.

Benommen öffnete sie die Augen und sah einen Schatten über sich. Im schwindenden Tageslicht war Susans Kopf nur ein dunkler Umriss mit wehendem Haar. Wortlos richtete Susan die Waffe auf Kates Kopf. Die Sirene verstummte plötzlich, und Männer riefen etwas vom Tal herauf.

Kate richtete sich etwas auf und sagte ruhig: „Es besteht kein Grund mehr, mich zu töten, Susan. Die dort wissen auch von William." Sie deutete mit dem Kopf in die Richtung der Stimmen. „Ich habe es ihnen gesagt."

„Das kannst du nicht! Du warst dir nicht sicher!"

„Du brauchst Hilfe, Susan, und ich sorge dafür, dass du sie bekommst."

Die Waffe zeigte noch immer auf ihren Kopf, und Kate wunderte sich, wie gelassen sie ihrem Tod ins Auge sah. Sie hatte um ihr Leben gekämpft und verloren. Jetzt konnte sie nur noch auf das Ende warten. Doch plötzlich hörte sie durch das Heulen des Windes jemanden ihren Namen rufen. Es war Davids Stimme!

In diesem Moment wusste sie, dass sie um jeden Preis leben und ihm all das sagen wollte, was sie aus Stolz verschwiegen hatte: dass das Leben zu wertvoll sei, um es mit Rachefeldzügen zu vergeuden. Und dass sie ihm helfen würde, seine Trauer zu überwinden, wenn er sie nur ließ.

„Bitte, Susan", flüsterte sie. „Leg die Waffe weg!"

Susan bewegte sich, ohne die Waffe loszulassen. Sie schien auf die Stimmen zu lauschen, die sich von der alten Pali Road näherten.

„Verstehst du denn nicht?" schrie Kate. „Wenn du mich tötest, nimmst du dir die letzte Chance, deinen Sohn zu behalten!"

Bei diesen Worten schien alle Kraft aus Susans Armen zu weichen. Langsam ließ sie die Waffe fallen und senkte wie in Trauer den Kopf. „Es ist sowieso zu spät", flüsterte sie kaum hörbar. „Ich habe ihn schon verloren."

Ein Chor von Rufen zeigte an, dass man sie entdeckt hatte. Susan blickte auf die Ansammlung von Männern unten auf der Straße. „Es ist besser so", sagte sie leise. „So behält er mich in guter Erinnerung, und das ist wichtig für ein Kind."

Vielleicht war es eine plötzliche Windböe, die sie aus dem Gleichgewicht brachte, Kate konnte es nicht sagen. Jedenfalls schwankte Susan über dem Felsrand, und im nächsten Moment war sie fort.

Sie fiel geräuschlos, ohne den leisesten Schrei.

Nur Kate schluchzte auf, als sie auf dem kalten Fels zusammenbrach und die Welt ringsum sich zu drehen begann.

15. KAPITEL

David war als Erster bei Kate.

Er fand sie unterhalb der Bergkuppe auf einem blutverschmierten Fels liegend. Von Panik ergriffen warf er sein Jackett über sie. Du darfst nicht sterben! flehte er im Stillen. Hörst du mich, Kate? Du darfst nicht sterben! Er nahm sie in die Arme, und ihr Blut durchnässte sein Hemd. Immer wieder flüsterte er ihren Namen, als könnte er so verhindern, dass sie ihr Leben aushauchte. Er achtete kaum auf die Rufe der näherkommenden Retter. Kate fühlte sich so kalt an, er wünschte, ihr etwas von seiner Wärme und seinem Lebenswillen geben zu können. Schon einmal hatte er diesen Wunsch gehabt, als sein Kind in seinen Armen gestorben war.

Nicht noch einmal! flehte er im Stillen und zog sie fest an sich. Nimm sie mir nicht auch noch!

Er wiederholte diesen Wunsch im Geist, als die Retter kamen, sie den Berg hinabtrugen und in den Krankenwagen schoben. Er hasste es, hilflos zusehen zu müssen, wie sie fortgebracht wurde, doch es war ihre einzige Chance.

Eine Hand legte sich auf seine Schulter. „Sind Sie okay, Davy?“ fragte Pokie.

„Ja“, seufzte er, „ja, ich bin okay. Wenn man unter diesen Umständen okay sein kann ...“

„Sie wird es schaffen. Ich habe einen sechsten Sinn für so etwas.“ Er drehte sich um, als jemand nieste.

Sergeant Brophy näherte sich, das halbe Gesicht in einem Taschentuch verborgen. „Sie haben die Leiche heraufgeholt“, sagte er. „Sie war in dem ...“ Er schnauzte sich die Nase, „... dem Buschwerk hängen geblieben. Genickbruch. Wollen Sie sie sehen, bevor sie ins Leichenschauhaus gebracht wird?“

„Nein“, sagte Pokie. „Ich glaube Ihnen.“ Auf dem Weg zum Wagen fragte er: „Wie hat Dr. Santini die Nachricht aufgenommen?“

„Das war seltsam“, erwiderte der Sergeant. „Er schien es irgendwie erwartet zu haben.“

Pokie sah stirnrunzelnd zu, wie Susan Santinis bedeckte Leiche in den Ambulanzwagen geschoben wurde, und seufzte: „Vielleicht hatte er die ganze Zeit eine Ahnung und wollte es auch vor sich selbst nicht zugeben.“

Sergeant Brophy öffnete die Autotür. „Wohin, Leutnant?“ „Ins Krankenhaus. Und beeilen Sie sich.“ Er deutete mit dem Kopf auf David. „Dieser Mann hat ein langes Warten vor sich.“

Es dauerte vier Stunden, bevor gegen Mitternacht eine Schwester den Kopf zur Tür des Warteraumes hereinsteckte: „Sind Sie Mr. Ransom?“

„Ja!“ antwortete David mit heftig pochendem Herzen.

„Ich dachte, Sie würden gern wissen, dass die Operation beendet ist.“

„Dann ... ist alles in Ordnung?“

„Der Eingriff ist gut verlaufen.“ David seufzte erleichtert. „Wenn Sie heimgehen möchten, rufen wir Sie an, falls ...“

„Ich muss sie sehen.“

„Sie ist noch nicht bei Bewusstsein. Außerdem erlauben wir nur Familienangehörigen ...“ Sie verstummte, als sie seinen durchdringenden Blick auffing. Dann räusperte sie sich. „Fünf Minuten, Mr. Ransom, mehr geht nicht. Sie verstehen?“

Er verstand sehr wohl, doch es kümmerte ihn nicht. Er drängte sich an ihr vorbei in den Aufwachraum. Kate lag blass und zerbrechlich im letzten Bett einer Reihe, nur durch einen Vorhang vom nächsten Patienten getrennt. David blieb am Fußende des Bettes stehen, während Schwestern um ihn herum mit Infusionsnadeln und Beatmungsgerät hantierten. Er sah erleichtert auf dem Monitor, dass Kates Herztöne gleichmäßig und kräftig waren. Ein Arzt kam und prüfte Kates Lungentätigkeit. David fühlte sich überflüssig. Er stand wie ein großer Fels nur allen im Weg, doch er konnte sich nicht überwinden zu gehen. Eine der Schwestern deutete auf ihre Uhr und sagte: „Wir können so nicht arbeiten. Sie müssen jetzt gehen."

Es war ihm unmöglich. Er musste erst wissen, dass es ihr gut ging.

„Sie wacht auf."

Kate hatte das Gefühl, das Licht von tausend Sonnen stäche ihr in die Augen, als sie langsam die Augen aufschlug. Verschwommen sah sie lächelnde Gesichter und erkannte die Krankenschwester Julie Sanders.

„Hören Sie mich, Dr. Chesne?" fragte Julie.

Kate versuchte zu nicken.

„Sie sind im Aufwachraum. Haben Sie Schmerzen?"

Kate wusste es nicht. Ihre Sinne kehrten erst langsam zurück, und der Schmerz musste wohl noch geweckt werden. Allmählich nahm sie auch andere Signale wahr: das Zischen von Sauerstoff an ihrer Nase, das Piepen des Herzmonitors über ihrem Kopf. Aber kein Schmerz. Sie fühlte sich nur leer und erschöpft und wollte schlafen.

Weitere Gesichter kamen in ihr Blickfeld: eine zweite Schwester und der ewig säuerliche Dr. Tarn. Dann hörte sie eine leise Stimme: „Kate?" Sie drehte den Kopf und sah Davids eingefallenes Gesicht. Verwundert versuchte sie die Hand zu heben, doch die war in einer Unzahl von Schläuchen gefangen, und sie ließ sie wieder sinken.

„Es ist alles in Ordnung", flüsterte David, nahm vorsichtig ihre Hand und drückte seine Lippen in die Handfläche.

„Ich erinnere mich nicht."

„Du bist operiert worden. Aber jetzt ist die Kugel raus."

Die Zusammenhänge fielen ihr wieder ein. Der Abhang, Susan Santini, die plötzlich im Nichts verschwand. „Ist sie tot?" Als David nickte, fragte sie: „Und Guy?"

„Er wird eine Weile nicht laufen können. Ich weiß nicht, wie er es zu dem Telefon geschafft hat."

„Er hat mir das Leben gerettet, und jetzt hat er alles verloren."

„Nicht alles. Er hat noch seinen Sohn."

Das stimmte. William würde für immer Guys Sohn sein. So blieb in dieser Tragödie wenigstens etwas intakt.

„Mr. Ransom, Sie müssen jetzt wirklich gehen", drängte Dr. Tarn.

David nickte, beugte sich herunter und gab Kate einen linkischen Kuss. Wenn er etwas Zärtliches gesagt hätte, hätte sie auch Gefallen an dieser trockenen Berührung der Lippen gefunden, doch David ließ nur rasch ihre Hand los und ging.

Der Raum verschwamm vor ihren Augen. Dr. Tarn stellte weitere Fragen, die sie nicht beantworten konnte. Schwestern hantierten mit Schläuchen und zupften die Laken zurecht. Und dann gab man ihr noch eine Spritze, und sie wurde immer müder. Als man sie aus dem Aufwachraum hinausrollte, bemühte sie sich, wach zu bleiben. Sie hatte das Gefühl, dies sei ihre letzte Chance, David ihre Liebe zu gestehen. Doch sie hörte seine Stimme schon nicht mehr. Und selbst in diesem Zustand hielt ein letzter Rest von Stolz sie davon ab, ihre Gefühle zu offenbaren.

David blieb im Krankenzimmer bis zum Morgengrauen an Kates Bett. Er hoffte, dass sie im Schlaf wenigstens seinen Namen murmeln würde. Dann hätte er gewusst, dass sie ihn brauchte, und er hätte ihr gestanden, dass auch er sie brauchte. Doch sie schlief fest und regte sich nicht. Schließlich fuhr er heim und rief von zu Hause noch einmal das Krankenhaus an. Kates Zustand sei stabil, sagte man ihm zu seiner Erleichterung. Dann beauftragte er einen Floristen, Kate Rosen ins Krankenhaus zu bringen, und ließ sich schließlich erschöpft auf die Couch fallen.

Er dachte sich gute Gründe aus, warum er nicht verliebt sein konnte. Er hatte eine Existenz gegründet, die nur auf ihn zugeschnitten war. Er hatte sich ein Heim geschaffen. Doch als er sich umsah, fiel ihm auf, wie leblos seine Umgebung wirkte, wie eine sterile Hülle.

Ach zum Teufel! schimpfte er im Stillen. Vielleicht wollte Kate ihn ja auch gar nicht. Ihre Affäre war unter besonderen Umständen zustande gekommen. Kate hatte Angst gehabt, und er hatte sie getröstet. Bald stand sie wieder auf eigenen Beinen und nahm ihren Beruf wieder auf. Eine Frau wie Kate legte man nicht an die Leine.

Er bewunderte sie, und er sehnte sich nach ihr. Aber liebte er sie auch? Er hoffte nicht, denn er wusste am besten, dass Liebe der Beginn von Kummer war.

Dr. Clarence Avery brachte Kate schüchtern einen Strauß lustig gesprenkelter Nelken. Auf ihre Bitte hin stellte er sie in eine Vase, und sie bekamen einen Ehrenplatz neben Davids Rosen.

Dr. Avery betrachtete einen Moment die Blüten, dann räusperte er sich und begann: „Dr. Chesne, dies ist nicht nur ein Höflichkeitsbesuch. Ich bin hier, um mit Ihnen über Ihre Position hier am Mid Pac Hospital zu sprechen."

„Dann gibt es eine Entscheidung", sagte sie ruhig.

„Nun, bei all den neuen Erkenntnissen ..." Er zuckte leicht die Schultern. „Ich hätte mich wohl eher auf Ihre Seite stellen sollen. Ich denke, ich war ... es tut mir Leid." Er blickte an seinem tintenverschmierten Laborkittel hinab. „Ich weiß auch nicht, warum ich mich an diese verdammte Chefarztposition geklammert habe. Sie hat mir nichts als Magengeschwüre eingebracht. Nun ja, ich bin hier, um Ihnen Ihren alten Job anzubieten. Es wird keinen Eintrag in Ihre Personalakte geben, nur einen Hinweis, dass eine Anklage gegen Sie erhoben und später fallen gelassen wurde. Was geschehen wird, wie man mir versicherte."

Seufzend schaute Kate aus dem Fenster. „Ich bin nicht sicher, ob ich meinen Job zurückhaben möchte, Dr. Avery. Ich habe in den letzten Tagen viel nachgedacht. Und ich frage mich, ob es nicht besser wäre, ganz wegzugehen von hier." Und weg von David, dachte sie.

„Ach herrje!"

„Sie finden bestimmt einen Ersatz. Es muss Hunderte von Ärzten geben, die gern im Paradies leben möchten."

„Das ist es nicht. Ich bin nur erstaunt. Nach all der Arbeit, die Mr. Ransom sich gemacht hat, war ich sicher, dass Sie ..."

„Wie meinen Sie das?"

„Nun, er hat sich bei jedem Mitglied des Krankenhausvorstandes für Sie eingesetzt." Eine Abschiedsgeste, dachte sie, dafür sollte ich ihm dankbar sein. „Ich muss sagen, es ist schon ungewöhnlich, wenn der Anwalt der klagenden Partei verlangt, dass der beklagte Arzt wieder eingestellt wird. Aber wegen der neuen Beweise und Dr. Santinis Aussage brauchte das Gremium ganze fünf Minuten für die Entscheidung, und natürlich hatten wir unterstellt, dass Sie Ihren Job zurückhaben wollen."

„Das war vielleicht einmal so. Aber die Dinge ändern sich." Sie wunderte sich, dass sie kein Triumphgefühl empfand, und blickte auf die Rosen.

Dr. Avery räusperte sich erneut. „Jedenfalls wartet Ihr Job auf Sie und ich brauche Sie im Team. Besonders, da mein Ausscheiden bevorsteht."

Sie sah ihn erstaunt an. „Sie wollen aufhören?"

„Ich bin vierundsechzig, wie Sie wissen. Das ist lange genug. Meine Frau und ich wollten nach meiner Pensionierung durchs Land reisen, sie hätte zweifellos gewollt, dass ich die Reise jetzt allein mache, glauben Sie nicht?"

„Bestimmt", bestätigte Kate lächelnd und verabschiedete sich von Dr. Avery.

Es regnete in Strömen, als David am Spätnachmittag zu Besuch kam.

Kate saß im Solarium und blickte in den regenverhangenen Hof hinaus. Die Schwester hatte ihr gerade die Haare gewaschen, die jetzt zu kleinen Locken trockneten.

Als David sie ansprach, drehte Kate sich um. Seine windzerzausten Haare waren feucht, genau wie sein Anzug. Er wirkte müde. Sie hoffte, er würde sie umarmen, doch er gab ihr nur einen flüchtigen Kuss auf die Stirn.

„Wie ich sehe, bist du aufgestanden. Offenbar geht es dir schon besser."

Sie lächelte schwach. „Ich konnte noch nie den ganzen Tag im Bett liegen."

„Oh, ich habe dir etwas mitgebracht." Er legte ihr eine Schachtel Pralinen in den Schoß.

„Danke", flüsterte sie. „Und danke auch für die Rosen." Dann wandte sie sich wieder ab und blickte in den Regen hinaus. Es entstand ein längeres Schweigen, als wäre beiden der Gesprächsstoff ausgegangen.

„Ich habe gerade mit Dr. Avery gesprochen", sagte David schließlich. „Wie ich höre, bekommst du deinen Job zurück."

„Ja, dafür muss ich dir wohl auch danken. Dr. Avery sagte, du hast dich sehr für mich eingesetzt."

„Das war keine große Sache." Er holte tief Luft und fuhr gezwungen munter fort: „Dann bist du also bald wieder im OP, hoffentlich mit einer gehörigen Gehaltserhöhung."

„Ich bin nicht sicher, ob ich den Job will. Weißt du, ich habe über andere Möglichkeiten nachgedacht, über andere Orte, fern von Hawaii." Als er schwieg, fügte sie hinzu: „Es hält mich doch nichts hier."

Nach einer längeren Pause fragte er: „Wirklich nicht?"

Kate antwortete nicht. Sie saß nur reglos da und schwieg. Ein feines Paar sind wir, dachte David. Zwei angeblich intelligente Menschen bringen es nicht fertig, sich auszusprechen.

„Dr. Chesne?“ Eine Schwester erschien in der Tür. „Möchten Sie wieder in Ihr Zimmer?“

„Ja“, antwortete Kate. „Ich denke, ich sollte schlafen.“

„Sie sehen wirklich müde aus.“ Die Schwester streifte David mit einem Blick. „Vielleicht sollten Sie besser gehen, Sir.“

„Nein!“ widersprach er und richtete sich zu voller Größe auf.

„Wie bitte?“

„Ich gehe nicht ... noch nicht.“ Er sah Kate durchdringend an. „Nicht bevor ich mich endgültig zum Narren gemacht habe. Würden Sie uns jetzt bitte allein lassen?“

„Aber Sir ...“

„Bitte!“

Die Schwester zögerte, spürte jedoch, dass hier etwas Entscheidendes vor sich ging, und zog sich zurück.

Kate beobachtete ihn verunsichert und besorgt. David beugte sich herunter und streichelte zart ihre Wange. „Und nun wiederhole, was du eben gesagt hast, dass dich hier nichts hält.“

„Ich meinte damit ...“

„Nenn mir den wahren Grund, warum du von hier wegwillst.“

Sie schwieg, doch er las die Antwort in ihren Augen. „Oh, Kate“, raunte er. „Du bist ja ein noch größerer Feigling als ich.“

„Feigling?“

„Allerdings.“ Er richtete sich auf, steckte die Hände tief in die Hosentaschen und ging unruhig im Raum hin und her. „Ich wollte dir das nicht sagen, noch nicht. Aber da du vom Weggehen sprichst, habe ich keine Wahl.“ Er blieb am Fenster stehen und blickte in das silbrige Licht hinaus. „Also gut“, seufzte er. „Da du den Mut nicht aufbringst, muss ich es tun, obwohl es nicht leicht ist. Seit Noahs Tod hatte ich meine Gefühle begraben. Das funktionierte gut, bis ich dich kennen lernte ...“ Er schüttelte leise lachend den Kopf. „Ich wünschte, ich hätte eines von Charlie Deckers Gedichten parat. Vielleicht könnte ich ein paar Zeilen zitieren, irgendetwas, das halbwegs intelligent klingt. Der arme Charlie, er hatte mir Beredsamkeit voraus."

David blickte sie mit einem schwachen Lächeln an. „Ich habe es immer noch nicht gesagt, was? Aber du bekommst eine Ahnung."

„Feigling", flüsterte sie.

Er ging lachend zu ihr und hob ihr Gesicht an. „Also gut, ich liebe dich. Ich liebe deine Halsstarrigkeit, deinen Stolz und deine Unabhängigkeit. Ich wollte es nicht, aber nun ist es geschehen und es ist mir unvorstellbar, dich nicht mehr zu lieben." Er bot ihr eine Chance, sich zu entziehen. Doch sie hielt ganz still und umklammerte die Pralinenschachtel, wie um sich zu vergewissern, dass alles kein Traum war.

„Mit mir zu leben, wird nicht leicht sein", fuhr er fort. „Vielleicht wird es Tage geben, an denen du mich anschreien möchtest, damit ich endlich sage, dass ich dich liebe. Aber auch wenn ich es nicht sage, heißt das nicht, dass ich es nicht fühle." Er atmete tief durch. „Also, das war's dann. Ich hoffe, du hast zugehört, denn ich bin nicht sicher, dass ich meine Ansprache wiederholen kann. Und leider habe ich diesmal meinen Kassettenrekorder nicht dabei."

„Ich habe zugehört."

„Und?" Er wandte den Blick nicht von ihrem Gesicht ab. „Höre ich jetzt das Urteil, oder tagt die Jury noch?"

„Die Jury befindet sich im Schockzustand", flüsterte sie. „Und bedarf dringend der Mund-zu-Mund- ..."

Falls er Wiederbelebung im Sinn gehabt hatte, so bewirkte sein Kuss eher das Gegenteil. Kate hatte das Gefühl, alle Muskeln in ihrem Körper gäben nach.

„Also, Feigling", raunte David nah an ihren Lippen. „Du bist dran."

„Ich liebe dich", gestand sie.

„Auf dieses Urteil hatte ich gehofft." Plötzlich hielt er sie etwas von sich ab. „Du bist wirklich sehr blass. Ich sollte die Schwester rufen, damit sie dir etwas Sauerstoff gibt ..."

Kate schlang ihm die Arme um den Nacken. „Ich brauche keinen Sauerstoff", flüsterte sie und küsste ihn erneut.

EPILOG

Dass ein Baby zu Besuch war, ließ sich am Protestgeheul aus dem oberen Schlafzimmer unschwer erkennen. Jinx Ransom steckte den Kopf zur Tür herein. „Was um alles in der Welt ist denn jetzt wieder mit Emma los?"

Gracie, im Mund eine rosa Sicherheitsnadel, blickte hilflos von dem schreienden Kind auf. „Es ist alles so neu für mich, Jinx. Ich fürchte, ich habe kein Geschick mehr."

„Wann hättest du das je gehabt im Umgang mit Babys?"

„Du hast Recht." Gracie nahm seufzend die Sicherheitsnadel aus dem Mund.

„Mit Babys umzugehen verlangt viel Übung, genau wie Klavierspielen."

Gracie schüttelte den Kopf. „Klavierspielen ist einfacher." Sie nahm die Nadel wieder in den Mund. „Und sieh dir diese unmöglichen Windeln an. Ich verstehe einfach nicht, wie man durch all dies Papier und Plastik eine Nadel stecken soll." Jinx lachte so hell auf, dass Gracie sie pikiert ansah. „Und was ist an meiner Bemerkung so witzig?"

„Liebe Gracie, hast du es noch nicht begriffen?" Jinx öffnete den Klettverschluss. „Für diese Windeln braucht man keine Sicherheitsnadel. Das ist ja der Witz." Sie blickte erstaunt hinab, als Baby Emma plötzlich wieder losheulte.

„Siehst du?" schniefte Gracie. „Ihr gefiel dein Lachen auch nicht."

Ein Blatt fiel vom Baum auf die frischen Gänseblümchen, und Sonnenlicht tanzte über das Gras und Davids blondes Haar. Wie viele Male hatte er in Trauer unter diesem Baum gestanden, aber heute lächelte er. Und er hörte, dass auch Noah lächelte, als er wieder mit ihm Zwiesprache hielt.

Ja, Noah, ich bin es. Du hast eine Schwester.
Ich habe mir immer eine Schwester gewünscht.
Sie nuckelt an zwei Fingern, genau wie du.
Wirklich?
Und sie lächelt immer, wenn ich ins Zimmer komme.
Das habe ich auch immer gemacht. Erinnerst du dich?
Ja, ich erinnere mich.
Und du vergisst es nie, nicht wahr, Daddy? Versprich mir, dass du es nie vergisst.
Nein, ich werde es nie vergessen, das schwöre ich dir, Noah.

David wandte sich ab und sah durch einen Tränenschleier Kate einige Schritte entfernt. Worte waren nicht nötig zwischen ihnen, nur ein Blick und eine ausgestreckte Hand. Gemeinsam verließen sie den traurigen Ort, und als sie aus dem Schatten des Baumes traten, zog David sie in die Arme.

Sie berührte sein Gesicht. Er spürte die Wärme der Sonne in ihren Fingerspitzen. Und er war geheilt. Er war geheilt.

– ENDE –

Nora Roberts

Die Traumfängerin

Eine hinreißende Lovestory von der großartigen Nora Roberts – und mehr: ein faszinierender Roman über die geheimnisvolle Gabe übernatürlicher Kräfte ...

Band-Nr. 25105
6,95 € (D)
ISBN 3-89941-141-2

Band-Nr. 25104
6,95 € (D)
ISBN 3-89941-140-4

Nora Roberts

Die MacGregors 4

Ein neuer Doppelband von Top-Autorin Nora Roberts um die faszinierende MacGregor-Dynastie: romantisch, sinnlich, spannend!

Das Spiel geht weiter
Glück im Spiel – Pech in der Liebe? Von wegen! Darcy setzt ihren letzten Dollar – und knackt nicht nur den Jackpot. Sondern gewinnt das Herz von Kasinobesitzer Mac Blade gleich dazu ...

Herz gewinnt
Wie kann Cybil ihren Nachbarn nur von ihrer Liebe überzeugen? Selbst in bitterer Armut würde sie mit dem erfolglosen Musiker leben! Sie ahnt nicht, wer ihr Traummann in Wirklichkeit ist ...

Nora Roberts

Sommerträume 2

Band-Nr. 25096

6,95 € (D)

ISBN 3-89941-129-3

Nora Roberts

Ein Meer von Leidenschaft

Band-Nr. 25087

6,95 € (D)

ISBN 3-89941-114-5

Nora Roberts

Die MacGregors (Band 2)

Band-Nr. 25086

6,95 € (D)

ISBN 3-89941-113-7

Nora Roberts

Die MacGregors (Band 3)

Band-Nr. 25095

7,95 € (D)

ISBN 3-89941-128-5

Sherryl Woods
Frühling der Liebe
Band-Nr. 25088
6,95 € (D)
ISBN 3-89941-115-3

Sandra Brown
Dschungel der Gefühle
Band-Nr. 25097
6,95 € (D)
ISBN 3-89941-130-7

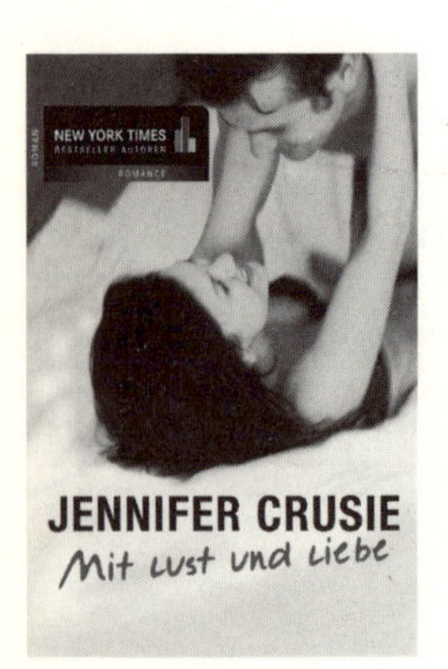

Jennifer Cruise
Mit Lust und Liebe
Band-Nr. 25098
6,95 € (D)
ISBN 3-89941-131-5

Nora Roberts
Sommerträume
Band-Nr. 25059
6,95 € (D)
ISBN 3-89941-074-2